W0232988

Ökologisches Weltethos im Dialog der Kulturen und Religionen

Ökologisches Weltethos im Dialog der Kulturen und Religionen

Herausgegeben von
Hans Kessler

im Auftrag von
„Theologie Interkulturell“

Wissenschaftliche Buchgesellschaft
Darmstadt

Einbandgestaltung: Neil McBeath, Stuttgart.

Einbandbild: Miriam Rose Ungunmerr, The Tree of Life.
Painting in St. Mary's Cathedral, Darwin NT Australia.

Die Deutsche Bibliothek – CIP-Einheitsaufnahme

Ökologisches Weltethos im Dialog der Kulturen und Religionen / hrsg. von Hans Kessler im Auftr. von „Theologie Interkulturell". – Darmstadt: Wiss. Buchges., 1996
ISBN 3-534-12969-5
NE: Kessler, Hans [Hrsg.]

Bestellnummer 12969-5

Gedruckt auf säurefreiem und alterungsbeständigem Offsetpapier
Satz: Setzerei Gutowski, Weiterstadt
Druck und Einband: VDD – Darmstadt
Printed in Germany
Schrift: Linotype Times, 9.5/11

ISBN 3-534-12969-5

Inhalt

Vorwort

Von Hans Kessler

Die großen Konflikte unserer Zeit haben den Charakter planetarischer Bedrohung angenommen. Sie sind nur in universaler Solidarität und deshalb unter der Voraussetzung gelingender interkultureller Verständigung zu bewältigen. Daher muß eine Weltgemeinschaft, die einen Weg zu Gerechtigkeit, Frieden und Erhaltung der natürlichen Lebensgrundlagen sucht, als fundamentale Voraussetzung interkulturelle Kommunikations- und Handlungskompetenz erwerben. Deren harter Kern besteht in der Anerkennung des andern in seiner Andersheit. Methodisch verlangt das eine thematisierte Perspektivenübernahme: sich selbst, die eigene kulturelle Lebensform und die gemeinsame Welt mit den Augen des andern sehen, auf die überhörte oder unterdrückte Stimme des kulturell anderen hören.

Aus dieser Einsicht heraus hat sich der Fachbereich Katholische Theologie der Johann Wolfgang Goethe-Universität Frankfurt am Main auf das Gespräch mit Experten aus anderen Kulturen eingelassen und in eigener Initiative eine Gastprofessur „Theologie Interkulturell" begründet, an der seit 1985 jeweils im Wintersemester eine Theologin oder ein Theologe aus einer anderen Kultur (aus Afrika, Indien, den Philippinen, Melanesien, Argentinien, China, Rußland, Mexiko, Pakistan, Japan und den USA) gelehrt hat. Bald erwuchs aus dem so institutionalisierten Kulturschock und interkulturellen Dialog auch ein gemeinsamer Forschungsschwerpunkt „Theologie Interkulturell", für den die Kooperation mit Wissenschaftlerinnen und Wissenschaftlern aus verschiedenen Kulturen und Disziplinen wesentlich ist. Die im Zwei-Jahres-Rhythmus wechselnden Forschungsprojekte setzen bei nicht gelungener Interaktion an, bei Störungen, Mißverständnissen und Konflikten zwischen den Kulturen. So ging es der Reihe nach um das Synkretismusproblem, die Menschenrechte aus der Sicht unterschiedlicher Kulturen, um kultureigene Vernunft- und Entwicklungspotentiale und jüngst um ökologisches Weltethos.

Der vorliegende Band ist erwachsen aus diesem vom Herausgeber geleiteten Forschungsprojekt („Mensch und Natur. Das Problem eines ökologischen Weltethos im Dialog der Kulturen und Religionen"), in dessen Rahmen 1993 und 1994 zwei Symposien durchgeführt wurden. An diesen nahmen Vertreter verschiedener Wissenschaften sowie gesellschaftlicher und kirchlicher Organisationen teil. Die eigentlichen Dialogpartner aber waren Expertinnen und Experten aus Schwarzafrika (Kenia, Zaire), Indien, dem islamischen Kulturbereich (Ägypten, Pakistan) und Europa beim ersten, aus Japan, China (Taiwan), den Philippinen, Australien (Aborigines), Bolivien (Quechua) und den USA (Dakota) beim zweiten Symposium. Die wichtigsten Beiträge beider Symposien sind in diesem Band abgedruckt.

Im Problemaufriß wird zunächst die gewaltige öko-soziale Herausforderung für die Kulturen und Religionen in den Blick gerückt; sodann werden das Natur- und Selbstverhältnis der Moderne (aufgezeigt an den Bereichen Naturwissenschaft/Technik, Ökonomie und Lebensstil), seine Hintergründe und sich globalisierenden Folgen analysiert und die mit dem nötigen Kurswechsel gegebenen Probleme der handlungsmotivierenden Triebkräfte, darunter der mythisch-religiösen Grundeinstellung zum Dasein und des Ethos, thematisiert; daran schließen sich Rahmenhypothesen zu einem interkulturellen ökologischen Ethos an, woraus sich die Frage nach den kritisch-kreativen Potentialen in den Kulturen und Religionen ergibt: Was können diese zu einem veränderten Natur- und Selbstverhältnis bzw. zu einem planetarischen ökologischen Ethos beitragen? Wie wäre ein solches Ethos zu verstehen und was würde es versprechen?

Auf die damit aufgeworfenen Fragen gehen Expertinnen und Experten aus der jeweiligen Perspektive ihrer Kultur (Schwarzafrika, Indien, Japan, China, Australiens Aborigines, andine Quechuas und Aymaras, Europa) und Religion (Stammesreligionen, Buddhismus, Islam, Christentum verschiedener Konfessionen) ein. Dies geschieht unter kulturanthropologischen, religionswissenschaftlichen, historischen, feministischen, philosophisch-theologischen, spirituellen, sozial- und umweltethischen sowie umweltvölkerrechtlichen Aspekten. Die Beiträge, die auch aufeinander und auf mündliche Diskussionsbeiträge Bezug nehmen, sind so vielfarbig ausgefallen wie die Kulturen, aus denen, und die Personen, von denen sie stammen.

Im Schlußbeitrag wird der Versuch unternommen, wichtige Aspekte einerseits der Diskussion zu den Einzelbeiträgen, andererseits des gesamten Gesprächsgangs und gemeinsamen Nachdenkens einzusammeln, sie zu strukturieren, die Ansätze weiterzuentwickeln und in einen Zusammenhang zu bringen und so in einer Zwischenbilanz den Lernertrag dieses interkulturellen Dialogs sichtbar zu machen. Der Dialog muß weitergehen. Der Weg zu einem weltweit verträglicheren Umgang mit der Erde und mit uns selbst ist ein offener Suchprozeß, der von Spannungen und Mühen nicht frei sein wird, der aber – wie der Band deutlich zu machen sucht – von der Weisheit und dem Ethos der vielen kulturell-religiösen Lebensformen unverzichtbare Impulse und Kräfte beziehen kann.

Allen, die an dem hier dokumentierten interkulturellen Dialog teilgenommen haben, sage ich, auch im Namen meiner Kolleginnen und Kollegen, herzlichen Dank. Besonders danken möchte ich unseren Freundinnen und Freunden aus anderen Kulturen, die weite Wege in einen anderen Kontext nicht gescheut haben. Herzlich danken möchte ich allen, welche die Arbeit von „Theologie Interkulturell" durch ihre Unterstützung erst möglich machen, der Kreditanstalt für Wiederaufbau, die uns großzügig Raum und Dolmetscheranlage für die Symposien zur Verfügung gestellt hat, und nicht zuletzt meinen Mitarbeiterinnen und Mitarbeitern Gundula Herr, Bernhard Dörr, Michael Kern, Dorothee Mann und Patricia Ruppert für all ihre Hilfe.

Problemaufriß: Das Natur- und Selbstverhältnis der Moderne und das Problem eines ökologischen Weltethos[1]

Von Hans Kessler

I. Die ökologische Krise als globale Herausforderung für die Kulturen und Religionen

Wir leben in einer dramatisch sich zuspitzenden Umweltsituation. Mit atemberaubendem Tempo werden heute nicht erneuerbare Ressourcen geplündert. Machtvolle Entwicklungen (wie Chemikalisierung, Automobilisierung, Mega-Technik usw.), obwohl erst vor einigen Jahrzehnten angelaufen, haben sich bereits zu einem lawinenhaften, irreversiblen Eingriff in die elementarsten Lebensgrundlagen aller summiert (in Klima, Luft, Wasser, Böden, Fischbestände, Regenwälder, Arten usw.). Die Erneuerungsfähigkeit der natürlichen Lebensgrundlagen wird immer fraglicher.

1. Die auf breiter Front übernutzte Natur verlangt Umkehr auf breiter Front

Umweltzerstörungen gab es auch in vormodernen Gesellschaften, etwa in den antiken Hochkulturen der Phöniker, Römer oder Chinesen.[2] Auch die Menschen mancher steinzeitlicher Stammeskulturen (Lakota, Osterinseln, Malta) trieben Raubbau an ihrer Umwelt; doch waren ihre Zahl und ihre Mittel zu begrenzt, um die Umwelt großräumig und dauerhaft zu stören. In früheren Epochen war die Regenerationsfähigkeit der natürlichen Ressourcen regional und partiell gestört. Heute aber ist sie global und auf breiter Front überstrapaziert: das ist der ausschlaggebende Punkt. Wir können uns Fahrlässigkeit nicht mehr leisten und tun es doch ständig.

Einige entscheidende Differenzen zu früheren Epochen kennzeichnen unsere heutige ökologische Problemlage: (1) die große und weiter wachsende Zahl der Menschen (2) mit gewaltig gesteigerten technischen Mitteln in ihren Händen (die schneller und folgenreicher in die ökologischen Zusammenhänge eingreifen) und (3) mit weltweit ständig weiter angeheizten Bedürfnissen nach materiellen Gütern, dies (4) unter wirtschaftlich-politischen Strukturen und Rahmenbedingungen, die genau diese Trends aufrechterhalten, und (5) bei einem Mangel an erprobter Lebensweisheit (bzw. der Gefahr des Erlöschens des moralischen Impulses).

Erstmals in der Geschichte der Menschheit ist auf breiter Front bewußte Umkehr erforderlich: bewußte Zurücknahme der Geschwindigkeit und freiwillige Beschränkung des Verbrauchs in allen die natürlichen Lebensgrundlagen belastenden Bereichen (und – erneutes Genießenkönnen des Wenigen). Keine Frage: Kluge Weiterentwicklung von Technik (eine stetige technische „Effizienzrevolution") ist unabdingbar und aller Förderung wert. Jedoch kann selbst die beste Technik (z.B. das Drei-Liter-Auto) auf Dauer die negativen Umwelteffekte nicht kompensieren, die aus permanentem Wachstum von Produktion und Konsum (z.B. immer mehr Autos und Auto-Gebrauch) resultieren. Deshalb kommen wir um die *gleichzeitige* Anerkennung von Grenzen, um Selbstbescheidung, neue Genügsamkeit und Sparsamkeit (eine lebenspraktische „Suffizienzrevolution"), also um einen radikalen Bruch mit gewohnten Denk- und Verhaltensmustern, nicht herum.[3] Was aber, wenn nur wenige freiwillig zu ernsthafter Begrenzung ihres Naturverbrauchs bereit sind und wenn national und international der politische Wille zur Durchsetzung der nötigen Regelungen fehlt?

2. Eine asymmetrische Welt voller Disproportionen fordert Gerechtigkeit

Die Natur ist heute übernutzt. Sie steht permanent und zunehmend unter einem doppelten Übernutzungsdruck: seitens der verschwenderischen Habenden und Reichen, die ihr Umweltkonto weit überziehen, und seitens der wachsenden Zahl von Armen und Habenichtsen, deren Überlebenschancen oft so eingeschränkt sind, daß ihnen umweltschonendes Verhalten nicht mehr möglich ist, oder die genau jenen ruinösen Verschwendungswohlstand der Habenden anstreben.

Die eine Welt ist zerrissen von Ungleichheiten (Nord-Süd-Konflikt), und die Teilung der Welt setzt sich im Norden und im Süden selbst fort (auch in Indien gibt es einen „Norden", die USA, Japan und Europa haben ihren „Süden", und Saudi-Arabien gehört nicht zum „Süden"). Partikuläre Interessen einzelner Kulturregionen und Lebensstile widerstreiten den gemeinsamen Menschheitsfragen. Gibt es Wege aus der Disproportion?

Der bisher vorzugsweise beschrittene Weg der Modernisierung und quantitativen Wachstumsförderung ist eine Sackgasse: Was 20% der Weltbevölkerung an Ressourcen verbrauchen, läßt sich nicht auf die übrigen 80% ausdehnen, ohne daß unser Öko-System Erde über kurz oder lang kollabiert (und doch ist diese Ausdehnung in vollem Gang). Ein schematisches Rechenexempel illustriert die Proportionen und zeigt die Richtung der Umkehr an[4]: Im Durchschnitt verbraucht jeder der über 4 Milliarden Armen 1 Ressourceneinheit, jeder der über 1 Milliarde Wohlhabenden dagegen 12 Ressourceneinheiten; verkraften kann die Erde aber pro Kopf nur etwa 3 Ressourceneinheiten (das entspräche in etwa dem – bekanntlich ja nicht schlechten – Lebensstandard der Schweiz von 1956). Der Wohlstand von über 1 Milliarde ist also weit überhöht: zu Lasten der Umwelt, Mitwelt, Nachwelt und – auch der eigenen Innenwelt. Er hat gravierende Kosten und muß zurückgefahren werden (auch um nicht länger über 4 Milliarden Menschen als verheerendes Vorbild zu dienen).

Die Menschheitsfragen der Umwelt und der Gerechtigkeit (und auf Dauer auch des Friedens) sind engstens verknüpft. Wird sich über die Umweltbelange der Nord-Süd-Konflikt verschärfen, wird die Menschheit sich in noch tiefere (Verteilungs-, Migrations-, Kultur-) Konflikte zerspalten? Oder wird die zerteilte Menschheit durch die sich verschärfende ökologische Krise und Bedrohung, statt Feindbilder gegeneinander zu entwerfen, ihren gemeinsamen Feind (die lebens- und selbstzerstörerischen Folgen eigenen Fehlverhaltens) erkennen[5], zu einem neuen Bewußtsein von Zusammengehörigkeit erwachen und zu gemeinsamer Sorge um das eine Lebenshaus (oikos) der Erde zusammenwachsen, in je verschiedener und doch gemeinsamer Verantwortung? Wie kann eine solche Entwicklung gefördert werden? Woher kommen der Wille und die Kraft, die Entschiedenheit und Ausdauer dazu? Kann ein „ökologisches Weltethos“[6] dazu beitragen?

3. Das Zusammenwirken der Kulturen und Religionen ist gefordert

Die Aufgabe ist übergroß. Sie kann nur aus den tiefsten Kräften der Kulturen und Religionen bewältigt werden. Kulturen[7] als die geronnenen Erfahrungen der Völker (mit Religion als Tiefengrammatik, Kern und Hintergrundüberzeugung[8]) bilden soziale Regulierungsformen des Umgangs mit der Natur, derart, daß sie Leben ermöglichen: Leben miteinander, Leben auch in Zukunft. Da wurden in

Epochen-währenden Lernprozessen religiös-kulturelle Grundeinstellungen und Grundhaltungen ausgebildet, die eine auf Dauer verträgliche Konvivenz und eine entsprechend behutsame Entwicklung erlaubten. Heute müssen wir erneut die Kulturen auf die in ihnen gewachsenen Lebensbewältigungs- und Überlebensmuster hin befragen. Die weltweite Öko-Krise zwingt uns, alle kritischen und konstruktiven Potentiale in oftmals zurückgedrängten Traditionen der Völker (der Aymara und Quechua, der Aborigines, Negroafrikaner, Inder usw., aber auch der Chinesen, Japaner oder auch der Europäer) wiederzuentdecken und neu zu würdigen. Welche Werte, die für Tausende von Jahren getragen haben, gilt es wiederzubeleben?

Eine wichtige Frage wird dabei sein, welche Chancen vormoderne religiös-kulturelle Traditionen, die meist agrarisch, jedenfalls aber gemeinschafts- und ganzheitsorientiert sind, im heutigen Kontext noch haben: im Kontext einer industriell-urbanen, individualisierenden, extravertierten und konsumorientierten Welt der 6 Milliarden, des rasanten technologischen Fortschritts und des noch immer maßgebenden quantitativen ökonomischen Wachstumsideals. Können in diesem globalen Kontext die überkommenen religiös-kulturellen (Natur-)Traditionen mit den in ihnen enthaltenen öko-sozialen Lebensmustern (1) überhaupt ihre Identität bewahren und überleben, und (2) dies nicht nur in Randnischen, sondern mitten in diesem modernen Kontext, so daß sie in ihm eine kritisch innovierende Rolle spielen? Wir stehen heute vor so gewaltigen globalen Problemen wie nie zuvor: Können – und wie können – uns da die in weniger komplexen Gesellschaften entwickelten Erfahrungen, Grundeinstellungen, Lebensformen, Denk- und Verhaltensmuster helfen, um heute zu sustainable paradigms and attitudes zu finden?

Auf der Suche nach einem ökologischen Weltethos sind die pluralen Kulturen ernst zu nehmen als Versuche, in Respektierung des andern (auch des künftigen andern) und deshalb in Selbstbeschränkung die natürlichen Lebensressourcen schonend miteinander zu teilen. Dabei gilt, was Raimon Panikkar[9] so formuliert hat: „Wir müssen ... einsehen, daß heutzutage keine einzige Kultur, keine einzige Religion, keine einzige Ideologie die Rettung der Welt vollziehen kann. Wir brauchen uns gegenseitig in einer solchen Polarität, in der jede Stimme notwendig ist. Keine einzige Kultur hat alles gesagt oder gedacht, was gesagt oder gedacht werden kann." Darum erfordere das Überleben der Menschheit heute eine Mitwirkung sämtlicher Kulturen und Religionen, „und diese Mitarbeit muß die eigenen Spielregeln bestimmen". Keine einzige Kultur und Religion könne ihre Prinzipien als allein maßgebend betrachten.

II. Kritische Reflexion auf das neuzeitliche Natur- und Selbstverhältnis

1. Die ökologische Krise offenbart das Ende des Paradigmas der Moderne

Die heutige ökologische Krise ist in erster Linie eine Krise des zuerst[10] im Westeuropa der Neuzeit vorherrschend gewordenen Natur- und Selbstverhältnisses. Hauptursache der fortschreitenden Naturausbeutung scheint nämlich der *opponierende (nicht inkludierende) Naturbegriff*, also der *primär* (!) objektivistisch-instrumentell-reduktionistische Umgang mit der Natur, der sich in Westeuropa herausgebildet hat – andeutungsweise im 15. Jh. (Renaissance), programmatisch im 17. Jh. (Bacon, Descartes), praktisch seit dem 18./19. Jh. (kapitalistisches Wirtschaftssystem, Industrialisierung, Erfolge der neuen Naturwissenschaft und Technologie) – und der dann im 20. Jh. weltweit so vorherrschend geworden ist, daß er faktisch fast überall zum Vorbild genommen wird. Alle Kulturen und Religionen sind heute mit der Dominanz dieser Einstellung und mit ihren Folgen konfrontiert.

Das diesem Zivilisationsmodell zugrundeliegende Paradigma impliziert die einseitige Vorherrschaft *selbstbezogener und quantifizierender ratio*, also kognitiv-instrumenteller oder Zweck-Rationalität, welche ursprünglich einen eingeschränkten Platz hat im menschlichen Leben, v. a. im technischen, ökonomischen und administrativen Handeln, dann im Zuge der gesellschaftlichen Ausdifferenzierung und Segmentierung immer mehr in den Bereichen Wissenschaft, Technik, Ökonomie, Bürokratie zur Herrschaft kommt und über sie hinaus expansiv auch „in andere, kommunikativ strukturierte Lebensbereiche eindringt", sie „kolonialisiert" und dort tiefgreifende Störungen hervorruft.[11]

Die expansive Dynamik dieses Paradigmas will ich an drei Bereichen verdeutlichen: Naturwissenschaft/Technik, Ökonomie, Lebensstil. In allen drei Feldern wird als Grundzug ein *quantitativer „Infinitismus"*[12] erkennbar werden (aggressiv-expansive Selbstbehauptung ohne Selbstbeschränkung, ohne Rahmen und ohne Maß), und so wird sich die *Frage nach seiner Begrenzung* stellen.

Vorweg sei freilich bemerkt, daß die Neuzeit erheblich vielfältiger ist („Dialektik der Aufklärung") und – nicht ohne christliche Impulse – *humane Errungenschaften* erbrachte, die wieder preiszugeben kein Gewinn für die Menschheit wäre. Erwähnt seien nur: die Entdeckung der Person, der unantastbaren und gleichen Würde (Freiheit und Verantwortlichkeit) eines jeden Menschen, die unbedingt zu achten ist; die Möglichkeit des demokratischen Rechtsstaates (die weder durch Totalitarismus beseitigt noch durch Wirtschaftliberalismus paralysiert werden darf), der durch Gewaltenteilung, durch regelmäßigen Wechsel der Regierungen und durch möglichst reale Partizipation aller die Chance der (Selbst-)Begrenzung der einen Person, Gruppe, Institution usw. zur Balance mit andern eröffnet, in Loyalität gegenüber dem Ganzen. Dies impliziert einen *erweiterten Begriff von Freiheit*: Freiheit nicht nur von und zu etwas, sondern mit andern und für andere in einer universal (sozial und global) solidarischen Gesellschaft.

2. Neuzeitliche Naturwissenschaft/Technik und das Problem ihrer Begrenzung

Die neuzeitliche experimentierende Naturwissenschaft ist seit Francis Bacon (1561–1626) in ihrer Struktur bestimmt durch das vorherrschende Interesse an Naturbeherrschung, an – zum Wohl der Menschheit (Beseitigung von Hunger, Krankheit und materieller Not) – *technisch nutzbarem Verfügungswissen*[13], nicht so sehr an Orientierungswissen. Bis zum Beginn des 17. Jh. diente die Naturwissenschaft im wesentlichen „nicht der Aneignung von Natur, sondern der Orientierung des Menschen im Kosmos. Das Programm von Bacon und Descartes war eine Kampfansage gegen die frühere Ansicht, ein Eingriff in die ... Natur sei nur in maßvollen und in durch Ehrfurcht gesetzten Grenzen zulässig."[14] Bacon unterschied nicht zwischen vernünftiger Naturnutzung und Raubbau an der Natur, und der Gedanke, daß es in der Natur etwas zu schonen gilt, war ihm fremd; so verband sich sein humanes Ideal mit einem fragwürdigen und revisionsbedürftigen Programm.

Die neuzeitlichen Naturwissenschaften verwandeln die Natur in die *quantifizierbare* res extensa und reduzieren sie damit tendenziell auf das, was an ihr *berechenbar* ist. Sie „stellen" die Natur, sezieren und präparieren sie, um das zu Gesicht zu bekommen, was der experimentierende Mensch sehen will. Andere, nicht interessierende Aspekte werden ausgeblendet oder als unwesentlich vernachlässigt.[15] Diese Einstellung wird folgenreich, da sie sich mit jenem methodisch verstandenen Fortschritt verbindet, der Wissenschaft hat *maßlos* werden lassen.[16]

Die durch diese verengte Perspektive gewonnene Schärfe des Blicks führt zu beispiellosen Erfolgen, von denen wir viele gerne in Anspruch nehmen und nicht mehr missen möchten. Moderne Chemie oder Biologie ist so erfolgreich, weil sie sich kaum mehr mit Stoffen oder Lebewesen, sondern mit Zellen, Molekülen, Genen beschäftigt. Die Schärfe des Blicks ist aber erkauft durch eine *verhängnisvolle Einschränkung der Wahrnehmung* der Natur. Darum sind die Erfolge auch nur partikulär und zunehmend prekär; bei Zusammenhängen kann man eben nicht etwas herausnehmen oder eingeben, ohne die Beziehung zum anderen zu stören.[17]

Unter prominenten Naturwissenschaftlern hat schon seit längerem ein *Umdenken* eingesetzt: Nicht von Teilchen (Atomen, Quarks; Zellen, Molekülen, Genen), sondern vom Ganzen her und in Verantwortung für dieses ist zu denken; alles, was als Teil betrachtet wird (auch der Betrachter selbst), hängt vom Kontext ab. Das *Dilemma* liegt allerdings darin, daß eine große Kluft besteht zwischen dem Erkenntnisstand dieser wissenschaftlich-technologischen Avantgarde und der davon weitgehend unberührten, ungeheuer effektiven Praxis in den Labors und Produktionsstätten, wo man weiterhin nach im Grunde überholten Paradigmen handelt: was machbar ist, wird auch gemacht.[18]

Es stellen sich Fragen wie die folgenden: Ist diese Art von Naturwissenschaft und Technologie *von sich aus* überhaupt zu Horizonterweiterung und „Selbstbegrenzung“[19] fähig? Wie kann es gelingen, daß reduktionistische Denk- und Vorgehensweisen, die gewiß auch künftig eine wichtige Rolle spielen müssen, sich gleichwohl in Selbstkritik und weiser Selbstbeschränkung zurücknehmen und in größere Zusammenhänge einbetten?[20] Im heutigen Westeuropa finden sich erst Ansätze einer alternativen – finalisierten, sozialen, sanften – Naturwissenschaft.[21] Welche anderen Verständnisse von Natur und von Natur-Wissenschaft gibt es – vielleicht durch Kolonisierungs- und Modernisierungsprozesse überfremdet – in anderen Kulturen? Was könnten sie in der heutigen Welt bedeuten? Was wäre das für eine Natur-Wissenschaft und Technik, die unter Schonung der Natur im Dienst der Menschen steht und auch das Leben naturnäher lebender Völker fördert statt schwächt oder gar zerstört?[22] Bessere (nicht weniger) Technologie, mehr Erfindergeist, Sensibilität und Intelligenz sind gefragt: Hoher Ressourcenverbrauch und Naturverwüstung sind ein Zeichen von Plumpheit der Technik und des Umgangs mit Natur.

3. Kapitalistische Ökonomie und das Problem ihrer Begrenzung

Das ökologische System ist die Grundlage des ökonomischen. Die europäische Ökonomie von Aristoteles bis ins 18. Jh. war sich dessen bewußt. Bis dahin wurde die Natur, zumindest in Form des Bodens (vgl. Brachland, Dreifelderwirtschaft usw.), als Element der Wirtschaft verstanden. In den seit dem 18./19. Jh. *vorherrschenden* ökonomischen Lehren – es gibt andere – wird die Natur jedoch ausgeklammert und erscheint als Unwert. Die moderne Geldwirtschaft führt den Menschen leicht in die „Illusion, als Geld-Schöpfer auch Wert-Schöpfer zu sein. Er übersieht, daß die Wert-Schöpfung die Mitwirkung der (begrenzten) Natur zur Voraussetzung hat und daß, wenn man dies nicht beachtet, anstelle einer dauerhaften Nutzung der Natur der Verbrauch und die Übernutzung tritt."[23] Eine reduktionistische Ökonomie erlangt die Vorherrschaft – und den Primat.

Im 20. Jh. hat sich eine Superstruktur Wissenschaft–Technik–Wirtschaft herausgebildet, und zwar unter der Dominanz der Wirtschaft. Wissenschaft und Technik – früher in Europa den Künsten zugeordnet und verflochten mit anderen (z. B. religiös-kontemplativen, philosophischen, ästhetischen usw.) Zugangsweisen zur Wirklichkeit – werden nun zu Wirtschaftsfaktoren, sind in den Dienst einer expansiven Ökonomie gespannt und geraten weitgehend unter wirtschaftliche Verwertungszusammenhänge. Die Wirtschaft selbst steht, v. a. aufgrund der Fehlstrukturen unseres Geldsystems[24], unter einem *ständigen Druck zu endloser quantitativer Expansion* und kurzfristiger Nutzenoptimierung.

Man muß sich die Dimensionen der im 20. Jh. erfolgenden Veränderungen bewußtmachen: Die Weltwirtschaft ist heute über 20mal größer als um 1900, die industrielle Produktion sogar über 50mal größer. Und mehr als vier Fünftel dieses enormen quantitativen Wachstums entfallen auf die Zeit nach 1950. Entsprechend der Verbrauch und die immer großräumigere Umweltzerstörung.[25] Und beides wächst weiter, hierzulande und mehr noch in den Ländern Ostasiens, die einen rasanten Aufschwung erleben.

Worin gründet diese scheinbar unaufhaltsame, zerstörerische Eigendynamik? Ökonomische Rationalität ist bestimmt vom *rechnenden Kalkül*. Sie kennt die Kategorien des 'mehr' und 'weniger' („je mehr, desto besser"). *Die Kategorie 'genug' ist ihr fremd*, ebenso die des 'zuviel' (oder das „weniger ist mehr"). Aufgrund ihres rein quantitativen Wertprinzips und der Ignorierung aller nicht quantifizierbaren Werte „schließt" ökonomische Vernunft „jede Idee der Begrenzung oder

Selbstbegrenzung aus“[26] – jedenfalls dann, wenn das ökonomische Teilsystem sich gegen die anderen Teilsysteme *verselbständigt* und in kurzsichtiger Rücksichtslosigkeit gegen das Ganze den *Primat* beansprucht. Gewiß gab es auch vor dem Aufkommen des Kapitalismus wirtschaftliche Kalkulation, Profitstreben, Expansion und Konkurrenz, aber sie galten als anrüchig, als Habsucht, Zauberkunst, Sünde; es gab kulturelle Schranken (Ehrenkodizes usw.). Ökonomische Rationalität war eingedämmt durch andere kulturelle Faktoren, stand im Dienste anderer (politischer, religiöser usw.) Rationalitäten, die ihr Grenzen setzten.

Erst der Kapitalismus ermöglichte die Verselbständigung und *„Entfesselung“* der ökonomischen Rationalität. Im Konfliktsfall werden nun andere Kriterien (soziale, psychische, ästhetische, ökologische usw.) aus entscheidungsrelevanten Überlegungen ausgeschieden. Noch nie war das Verhältnis der Menschen zu Tieren (Massentierhaltung, Tierversuche), Bäumen, Landschaft usw. *so* stark und konsequent von kurzfristig-ökonomischen Kosten-Nutzen-Rechnungen geprägt wie heute. Fast 200 Jahre Herrschaft des Prinzips der *Vorteilsmaximierung* haben zu einer Erosion der Wirtschaftsmoral geführt. Tendenziell werden die Gewinne privatisiert, die (sozialen, ökologischen usw.) Kosten dagegen externalisiert: private gains, public costs. Besonders die Industrieländer haben auf diese Weise ökologische Schulden angehäuft. Daß die Entwicklungsländer, obwohl (wegen Äquatornähe, Agrarwirtschaft usw.) am stärksten von der ökologischen Verschlechterung getroffen, dennoch bisher nicht zu Trägern einer ökologischen Wende geworden sind, liegt an ihrem eingeschränkten Handlungsspielraum, aber auch daran, daß eine hinreichend große Zahl Mächtiger in der Dritten Welt an der globalen Naturausbeutung kräftig mitverdient.

Das ökonomische Subsystem hat sich verselbständigt und ist auf seine eigene Selbstperfektionierung und -expansion ausgerichtet[27], unsensibel gegen andere Subsysteme und gegen das größere Ganze. Der von den Stärkeren beherrschte Markt diktiert die Politik; diese unterwirft sich seinen Gesetzen, statt umgekehrt den Primat der Politik wiederherzustellen und den Markt unter politische Rahmenziele wie soziale Gerechtigkeit und Erhaltung der Umwelt zu stellen.

Verhängnisvolle Ausblendungen müßten überwunden werden: Effizientes Wirtschaften heißt ja nicht nur kurz- oder mittelfristig Gewinne maximieren, sondern auch weitsichtig sein und deshalb sparsam mit knappen Mitteln umgehen. Wenn Umwelt heute das knappe Gut ist, dann muß – ganz marktwirtschaftlich gedacht – die

Nutzung der Umwelt sehr viel teurer werden, dann muß – allgemeiner gesprochen – der Spielraum für das Wirken ökonomisch-technischer Kräfte neu festgelegt werden. Dies muß *von außerhalb* des ökonomischen Systems geschehen: durch *politisch*-gesetzgeberische Rahmenvorgaben[28]. Dabei aber spielt eine große Rolle der Druck der öffentlichen Meinung, die auch von religiös-kulturellen Sinnwelten her motiviert werden könnte. Gibt es dazu bereits Erfahrungen in den verschiedenen Kulturen?

4. Der moderne Lebensstil und das Problem der Selbstbeschränkung

Der frühere US-Präsident Bush erklärte im Juni 1992 in Rio: „Unser Lebensstil steht nicht zur Debatte". Er muß zur Debatte stehen, weil er das Umweltkonto überzieht, daher *ungerecht und unmoralisch* ist.

Der Lebensstil der Mehrheit in der modernen Gesellschaft ist – bei aller Pluralität – gekennzeichnet durch eine *vorrangige Orientierung an materiellen Gütern.*[29] Selbst Menschen auf hohem Wohlstandsniveau erwarten persönliche Befriedigung („Glück") durch Kauf und Konsum von mehr und neuen materiellen Gütern, unabhängig davon, ob sie gebraucht werden oder nicht. (Die Verführbarkeit des Menschen wächst eben mit der Zunahme der äußeren Gelegenheiten und der Abnahme des religiös-sozialen bzw. des inneren Halts.) Diese Güterorientierung entstand seit dem 18. Jh. Dagegen war der Lebensstil des *prä-kapitalistischen Menschen auch in Europa* von Genügsamkeit und einfachem Genuß des Wenigen geprägt: „der Mensch will 'von Natur' nicht Geld und mehr Geld verdienen, sondern einfach leben, so leben wie er zu leben gewohnt ist und soviel erwerben, wie dazu erforderlich ist".[30] Die ersten Versuche, Arbeiter durch materielle Anreize zur Mehrleistung zu bewegen, schlugen fehl (wie u.a. Max Weber belegt). Der präkapitalistische Mensch mußte umerzogen werden: Der „neue Mensch", der die traditionelle Genügsamkeit (mit Genuß des Wenigen) verachtet und statt dessen die fast religiöse „Hingabe an den Beruf des Geldverdienens"[31] pflegt, ist „nichts Naturgegebenes", sondern „das Produkt eines *langandauernden Erziehungsprozesses*".[32] Diesem vorausgehen mußte im 17./18. Jh. eine Umwertung der Werte, insbesondere die Freisprechung der Hab- und Profitgier, die dem entstehenden Kapitalismus und Konsumismus das ideologische Fundament gab.[33]

Im England des 18. Jh. vollzog sich eine erste *„Konsum-Revolu-*

tion".[34] Materielle Güter, zuvor das Privileg der Herrschenden, wurden auch für den kleinen Landadel und das städtische Bürgertum erreichbar. Die Güter gewannen eine Anziehungskraft, die immer weniger im Gebrauchswert, vielmehr im Symbolwert lag: sie wurden zum Mittel, Status und Geltung zu verbessern;[35] später dann – seit der zweiten Konsumrevolution (die sich nach 1945, von den USA ausgehend, in einer wahren Kaufexplosion entwickelte) – wurden sie zum Mittel, das eigene Leben und den glanzlosen Alltag kompensatorisch zu überhöhen.[36] *Konsum als Ausgleich für verlorenen Sinn und Halt*, für verlorene religiöse und soziale Bindungen.

Kompensation scheint das dominierende Motiv in der heutigen Konsumgesellschaft.[37] Die Erziehung zum Geldverdienen wird nun ergänzt durch die (mit aufwendiger Werbung betriebene) Erziehung zum Konsum, die in den Leuten *immer neue Bedürfnisse schafft*, um den Konsum neuer Produkte und so das quantitative Wachstum anzuheizen.[38] Marketingstrategen und Medien befördern den Konsum-Imperialismus heute global: Satellitenprogramme wie die der STAR (Satellite Television Asian Region), von Li Ka-shing in Hongkong betrieben und in 38 Ländern (von der Türkei bis Japan) zu sehen[39], beginnen die alten Lebensgewohnheiten etwa in Indien so schnell und gründlich zu verändern wie nichts zuvor in den letzten 4000 Jahren.

Die global werdende *Fehlleitung der Bedürfnisse* ist folgenreich: Die von der Werbung angepriesenen Güter (Mode, Auto usw.) formen die Wünsche (folgenreich bis zur autogerechten Stadt) und entfremden von den ureigenen Wünschen. Materielle Befriedigungen verdrängen – über das lebensnotwendige Maß hinaus (!) – die immateriellen Erfüllungen und Genüsse, die es schwerhaben, sich gegen die äußeren Stimuli der Warenwelt und Massenkommunikation zu behaupten, weil diese schneller, lauter, scheinbar perfekter und müheloser zu haben sind. Weil aber die von diesen äußeren Reizen vermittelte Befriedigung oberflächlich bleibt und Glück nicht ersetzen kann, bewirkt fortschreitender Konsum Enttäuschung, die durch erneuten, noch reizstärkeren Konsum überdeckt wird.[40]

Wer viel braucht, ist abhängig (kein freier Mensch[41]), und er muß es sich *dort nehmen, wo der Widerstand am geringsten* ist: bei der Umwelt, der schwächeren Mitwelt, der Nachwelt. Zur öko-sozialen Verwüstung hinzu kommt die *seelisch-geistige Aushöhlung*; viele Menschen kümmern sich so sehr um Lebensmittel (Haben), daß sie das Leben (Sein) versäumen.

Doch wie kann es zur Abkehr vom Verschwendungsmodell, zur drastischen (teilweise bis zu 70%[42]) Einschränkung des Verbrauchs bei den reichen Ländern und Menschen kommen? Gibt es in den Kulturen und Religionen Potentiale des Widerstands und der Begrenzung des quantitativen Infinitismus – und Erfahrungen mit qualitativem Wachstum?

5. Triebkräfte der Begrenzung und Umkehr

In den letzten zehn Jahren ist das Umweltbewußtsein in Westeuropa beträchtlich gestiegen. Manche stellen auch bewußt auf ein genügsameres, umweltverträglicheres Verhalten um. Die meisten freilich lösen Umweltbewußtsein in Bereichen ein, wo es nicht mit allzu großen Verhaltenskosten (an Zeit, Geld, Bequemlichkeit) verbunden ist. Die *Diskrepanz* zwischen Einsicht und Tun ist groß.

Es mehren sich die Stimmen, die eine *grundsätzliche Änderung des Denk-, Lebens- und Wirtschaftsstils*, einen „Kurswechsel“[43] auf allen Ebenen unseres Lebens fordern: „bewußt gelebte Genügsamkeit“ (V. Eid 1986), „freiwillige Selbstbegrenzung“ (K. Biedenkopf, W. Huber 1992) und gerechtere Neuverteilung der Ressourcen (Studie „Sustainable Netherlands“ 1992, „Zukunftsfähiges Deutschland“ 1996), eine „Ethik der Genügsamkeit“ (World-Watch-Institut 1992) oder „Kultur der Genügsamkeit“ (Loske 1994) usw. Wie kann es dazu kommen? „Wir wissen zwar, daß nach den Gleichungen der Ökologie der stoffliche und energetische Grundumsatz unserer Gesellschaft um den Faktor 5 bis 10 zu hoch ist, wir wissen aber nicht, wie die Menschen für eine derartige Reduktion gewonnen werden können.“[44]

Freiwillige Selbstbegrenzung wäre in der Tat das Jesuanische und eigentlich Christliche. Menschen und Gruppen, die das zu leben versuchen, haben Zeichen- und Vorbildcharakter und können anderen den Übergang erleichtern. Auch kann Erziehung bewußtmachen, daß *weniger mehr*, vermeintlicher Verzicht also Gewinn sein kann. Gleichwohl: *Zum freiwilligen Verzicht sind nur wenige bereit*. Die meisten wehren sich gegen Eingriffe ins gewohnte Leben, solange es geht. Ihre Umkehr- und Verzichtbereitschaft ist an Bedingungen geknüpft: Sie gilt nur für das, was mit einer einleuchtenden Begründung abverlangt wird, und nur, wenn es alle trifft.[45]

Der allgegenwärtige Ruf nach Ethik ist selber Ausdruck der Orientierungskrise; im Ernstfall scheint der Einfluß der Ethik indes gering. Gewiß, philosophische Ethik kann überzeugende Argumente für entschiedenen Naturschutz vorbringen[46], und sie hat auch *motivierende Kraft*; doch ist sie oft zu schwach, um ein entsprechendes Handeln zu erwirken, zumal dann, wenn die Tat für den Handelnden mit Opfern verbunden ist.[47] Die Beobachtung (von Dieter Birnbacher[48]) gibt zu denken, daß argumentativ starke ökologische Ethiken die Menschen kaum, jedenfalls viel weniger zu motivieren vermögen als ein argumentativ schwächeres, aber *durch religiös-mythische Grundüberzeugungen getragenes Ethos*. Ernsthafte Moral braucht die Religion: vielleicht nicht zu ihrer Begründung, wohl aber zu ihrer Verwirklichung. Aus menschlicher Trägheit, angstvoller Selbstbeschützung und mangelndem Willen kann die religiöse Erfahrung unbedingten Gehaltenseins, ja Geliebtseins befreien: hin zu Selbsttranszendenz und Solidarität. *Moral* als Lehre und Forderung *allein vermag wenig, solange sich das Grundverhältnis zur Wirklichkeit nicht ändert*.

Was aber kann dann, wenn die skizzierte „moderne" Lebenseinstellung weiter vorherrscht, bei Bevölkerungsmehrheiten überhaupt die not-wendige öko-soziale Umkehr bewirken? Es werden verschiedene Momente zusammenwirken müssen. Bezüglich ihrer motivierenden Wirkung auf Bevölkerungsmehrheiten wird eine nüchterne Einschätzung zu folgender Reihung kommen:

(1) *Das Interesse am eigenen Vorteil*: Die verläßlichste Eigenschaft der Menschen ist ihr Eigennutz (A. Smith). Erst wenn Umweltverhalten unmittelbar im Geldbeutel spürbar wird, wenn also das, was der Umwelt schadet, erheblich teuerer und das, was ihr weniger schadet, billiger und gefördert wird, wird sich die große Mehrheit der Menschen umstellen; dann wird Naturschutz zum Selbstläufer. Solange aber die Preise nicht die ökologische (und psycho-soziale) Wahrheit sagen, sondern weiter zum Produzieren und Konsumieren auf Kosten der Natur verführen (weil deren Schonung „sich nicht rechnet"), wird sich – *bei Vorherrschen der modernen Lebenseinstellung* – nichts einschneidend ändern. Deshalb müssen wir – in unseren verschiedenen Kulturen – in die öffentliche Debatte eingreifen und eine öko-soziale Änderung der marktpolitischen Rahmenbedingungen, verbunden mit wirklicher Ordnungspolitik (die der Umverteilung nach oben entgegenwirkt), fordern. Es ist längst erwiesen, daß eine solche Änderung (z.B. Öko-Steuern zwecks Energie-, Landbau-, Chemie-, Verkehrswende usw.) nicht nur ökologisch, sondern auch wirtschaftlich, technisch und sozial vernünftiger ist.[49]

(2) *Die Nötigung durch die andern*: Die 20% wohlhabenden Länder bzw. Menschen *werden* sich einschränken. Aber sie werden es überwiegend nicht freiwillig tun, sondern genötigt. Genötigt einerseits durch den wachsenden Immigrationsdruck aus dem Süden und Osten: Sie werden die Fremden lieber in deren Heimat unterstützen als hierzulande. Genötigt andererseits durch die zunehmenden ökolo-

gischen Drücke, die, wenn es so weitergeht, in absehbarer Zeit so groß werden könnten, daß Bevölkerungsmehrheiten – gezwungenermaßen – zu einschneidenden Verhaltensänderungen bereit sein werden, an die sie heute nicht entfernt denken. Dann aber werden unsere Handlungsspielräume spürbar enger sein als heute, und wir werden manche Errungenschaft, die uns teuer ist und die wir gerne in die Zukunft hinüberretten möchten, preisgeben müssen. Es ist also ein Gebot der Klugheit und der Solidarität, daß diejenigen, die mehr haben, als sie zu einem menschenwürdigen (und glücklichen) Leben brauchen, freiwillig jetzt schon sich einschränken (nicht erst abwarten, bis der Druck unausweichlich wird und viel weitergehende Einschränkungen erzwingt); und wenn sie sich gleichzeitig für das gemeinsame oikos der Erde und die Armen engagieren, werden sie die Einschränkung gar nicht als solche erleben.

(3) *Religiöses Grundverständnis der Wirklichkeit und Ethos*: Es ist schwer zu sagen, was die innersten Beweggründe des Projekts der Moderne sind und was den *modernen Infinitismus* (das „immer Neues, immer mehr, immer schneller, immer flüchtiger") eigentlich treibt.[50] Vieles spricht dafür, daß dabei *Kompensation* (für etwas Fehlendes oder Verlorenes) eine wichtige Rolle spielt. Dann erhebt sich die Frage, warum der Mensch (und was) der Kompensation bedarf. Psychohistorische und entwicklungspsychologische Erklärungen[51] allein werden kaum hinreichen, um die von ihnen diagnostizierte innere Unsicherheit und Leere zu erklären, jenes desintegrierte, „leere Selbst", das – beständig sich suchend und vor der eigenen Leere fliehend – nach Kompensation durch Extraversion und durch von außen zugeführte Befriedigungen drängt. Religiöse Erklärungsmuster besagen: Eine *fundamentalere* (letztlich grenzenlose) *Bedürftigkeit* des Menschen, auf die früher – ob man nun *in* ihr oder in ihrem Schatten stand – die tradierte Religion mit ihrer Erlösungsbotschaft geantwortet hat, macht sich, *bei Wegfall der religiös-sozialen Sinnwelt* und Einbettung, in ihrer ganzen Unbefriedigtheit geltend: als das eigentliche Moment der Unruhe und *Unersättlichkeit*. Wenn er mit dem göttlichen Lebensgrund und -ziel nichts mehr anzufangen weiß, leidet der Mensch an der Angst vor seiner inneren Leere, flieht vor ihr in Zerstreuung, Betriebsamkeit, Konsumismus usw. hinein und verliert sich allzu ausschließlich an die äußeren Dinge.[52] Die Umweltkrise also Indikator einer Innenweltkrise, einer tieferen Krise des – seinen Lebensgrund los-gewordenen, nicht mehr in religiös-soziale Zusammenhänge eingebetteten – Menschen? Also ein zutiefst *spirituelles und soteriologisches* (= Erlösungs-) *Problem*?

Die Traditionen der großen *Religionen* bieten ein Gesamtverständnis der Wirklichkeit an, das in tiefen Grunderfahrungen von Sinn wurzelt. Dieses Grundverständnis vermittelt ein Sinnvertrauen (faith)[53] bzw. – gerade auch in Leiden, Schuld, Gebrochenheit, Niederlage, Ausweglosigkeit – ein Gefühl des Getragen-, Angenommen-, Beschenkt-, Einsseins usw., ein Welt- und Daseinsgefühl, das ein *Ethos* als gemeinsam geübte Lebensform ermöglicht und sich nachhaltig als inspirierende, integrierende, motivierende und korrigierende Kraft auswirkt.[54] Der mit faith (als Sinnvertrauen) und Ethos (als von daher gemeinsam geübter Lebensform) gegebene Grundhabitus ermöglicht Bearbeitung existentieller Angst und altruistisch-konstruktives Verhalten. Verortung in religiös-sozialen Relationen verschafft – statt Angst vor Leere und Zukunft – Halt, Identität und Selbstannahme (erübrigt insoweit Kompensation), gibt Rahmen und Maß (ermöglicht die nötige Selbstzurücknahme zugunsten anderer), vermittelt Kraft zum Widerstand gegen falsche Lebensentwürfe und Enttäuschungsresistenz in Niederlagen.

Doch in ausdifferenzierten, extravertierten, individualisierten, weltanschaulich pluralen Gesellschaften *verliert der tradierte religiös-kulturelle Rahmen* für viele *seine orientierend-verbindende und sinngebende Kraft.* Eine an diese Gesellschaft angepaßte, inhaltlich ausgedünnte, *vage Zivilreligion*[55] enthält keine Orientierung und Widerstandspotentiale mehr. Viele geben sich damit nicht mehr zufrieden, suchen nach Perspektiven und Zielen, die ein reicheres Leben für alle versprechen, und wären bereit, sich dafür Einschränkungen und Anstrengungen zuzumuten.

Wie sollen wir uns verstehen? Sollen und können wir uns nochmals in die Natur einbetten? Was heißt es, auf die Erde – als unseren erweiterten Leib – zu hören[56], die „Symbolsprache der Natur neu zu lernen", und was wäre „kosmische Rationalität"?[57] Der Mensch ist vor die Aufgabe der bewußten Gestaltung seines Lebens und Lebensraums und damit vor das Problem der Herrschaft gestellt: *Von woher sollen unsere* übermäßigen, erschreckend „erfolgreichen" *Eingriffe* in die Natur ihre *Begrenzung erfahren?* Bedarf es eines Bezugspunkts außerhalb des naturalen und sozio-politischen Kräftespiels: der Anerkenntnis eines umfassenden und selbst unbewältigbaren Geheimnisses als dem Ort, wo der Mensch zu sich selbst findet und damit auch die Rationalität den Rahmen findet, der die Totalität ökonomisch-technisch-szientistischer ratio bestreitet und sie an Selbstabschließung und rücksichtsloser Selbstexpansion hindert? Gilt also, was Schelling 1813 so formulierte: „Nur im Höchsten ist das Maß", nur das Höchste kann den Menschen ins rechte Maß, also dazu bringen, „die Schranken menschlicher Kräfte anzuerkennen“?[58] Wie sollen wir uns in der Wirklichkeit verstehen: theozentrisch, anthropozentrisch, kosmo- oder physiozentrisch, oder – in gegenseitiger Durchdringung der Perspektiven – kosmo-the-anthropisch?[59]

III. Ökologisches Weltethos? Rahmenhypothesen und Fragen

Die Gefährdung unserer gemeinsamen Lebensgrundlagen betrifft uns alle. Und alle sind wir (in gewiß unterschiedlicher Weise) mitverantwortlich. Denn jede(r) zehrt (in unterschiedlichem Ausmaße) von den – allen gemeinsamen – natürlichen Lebensressourcen, verbraucht und beeinträchtigt sie. Daraus entsteht die Frage nach der Weisheit des Umgangs mit der Natur, nach dem Öko-Ethos in den Kulturen bzw. nach einem kulturübergreifenden Weltethos.

1. Kritische Reflexion zu Hans Küngs Lösungsvorschlag „Projekt Weltethos“

(1) Von der konfliktreichen Lage gedrängt, hat Hans Küng einen bedeutsamen Vorstoß unternommen. Programmatisch formuliert er drei *Grundthesen*: „Kein Überleben ohne Weltethos. Kein Weltfriede ohne Religionsfriede. Kein Religionsfriede ohne Religionsdialog“.[60] Bezüglich der ersten These sucht Küng nach einem weltumspannenden „neuen Grundkonsens von integrierenden humanen Überzeugungen“: „Diese eine Welt braucht das eine Grundethos“, weil sie „nur dann eine Chance zum Überleben hat, wenn in ihr nicht länger Räume unterschiedlicher, widersprüchlicher und gar sich bekämpfender Ethiken existieren“. Sie braucht „keine Einheitsreligion und Einheitsideologie, wohl aber einige verbindende und verbindliche Normen, Werte, Ideale und Ziele“. Und es sei, bei all ihrer Doppelgesichtigkeit, Sache der Religionen, zu solchen zu motivieren durch Betonung des bereits Gemeinsamen zwischen ihnen.[61] Ohne einen „minimalen Grundkonsens bezüglich bestimmter Werte, Normen und Haltungen“ sei ein friedliches Zusammenleben in der Weltgemeinschaft unmöglich.[62] Gesetze und Konventionen allein änderten wenig, weil Recht ohne Sittlichkeit, ohne Bewußtsein für Pflichten, auf Dauer keinen Bestand habe; rechtliche Abmachungen würden nur eingehalten, wenn dahinter ein ethischer Wille steht, sie auch wirklich

einzuhalten; nur eine grundlegende ethische Orientierung könne den Menschen wirklich binden und zum Guten motivieren.[63]

Wer entwirft dieses „Weltethos"? Küng denkt an die „Führer der Religionen", die „Spezialisten aus den einzelnen Religionen und aus der Ethik", die einen „minimalen ethischen Konsens" ausarbeiten und „die Verantwortlichen in allen Sektoren unserer Gesellschaft" dafür gewinnen.[64] Von den großen Weltreligionen und „der Philosophie (Kant)" her ergebe sich als „Grundforderung eines Weltethos: Der Mensch soll Mitmenschen und Mitschöpfung menschlich (und nicht bestialisch) behandeln".[65] Darüber hinaus gebe es aber auch Konsens in Maximen wie: nicht töten, nicht lügen, nicht stehlen usw. Was würde ein solcher ethischer Minimalkonsens versprechen? Welche Autorität stünde hinter ihm: die UNO?[66]

(2) *Kritik*: Küng hat unbestreitbar wichtige Impulse gegeben, die fortwirken müssen. Die Aufgabe (Vermittlung religiös gestützter und motivierter, global verläßlicher Standards moralisch richtigen Verhaltens) ist erkannt, die Lösung aber ist problematisch. Denn ein derart vereinheitlichendes Weltethos läuft entweder Gefahr, mit inhaltlich unbestimmten sittlichen Forderungen und sehr allgemeinen Wertungen („minimaler Grundkonsens") zu operieren, also zu formal und abstrakt zu bleiben und so in den besonders umstrittenen Menschheitsfragen gerade nicht zu helfen. Oder aber es läuft auf erzwungenen Konsens und Verabsolutierung eines partikulären (derzeit wohl noch okzidentalen, demnächst vielleicht ostasiatischen) Ethos hinaus, das sich von Starken gegen Schwache mißbrauchen läßt, wie die Rituale und Verwerfungen internationaler Umweltkonferenzen zur Genüge zeigen. Es ist auch nicht ersichtlich, wer oder welche Institution die Vermittlung und Umsetzung dieses Ethos leisten soll. Der abstrakte Universalismus[67] eines solchen allgemeinen Menschheitsethos (mit seinen minima moralia) müßte ja gerade hinter dem spezifischen Hoch-Ethos einer konkreten Religion zurückbleiben, ihr ethisches Potential also nivellieren bzw. minimieren. Darüber hinaus würde er die realen Lebensverhältnisse mit ihren Ungleichheiten, Macht- und Interessenkonflikten und die unüberwindbare Vielfalt ethischer Orientierungen übersehen.

Ein radikaler Universalismus würdigt nicht die Divergenzen der konkreten kulturellen Identitäten, kann daher auch die produktive, moralische Kraft der Kulturen und Religionen (bzw. der Gruppen und Gemeinschaften, in denen sich moralische Überzeugungen bilden) nicht aufnehmen. „Wer die Religionen oder kulturellen Traditionen auf das gemeinsam Aussagbare reduzieren würde, würde gerade die

Quellen verstopfen, aus denen allein ein planetarisches Ethos fließen kann."[68] Ein Ethos muß daher zumindest auch kontextuell verwurzelt und deshalb plural sein.

Umgekehrt führt freilich auch ein bloßer (normativer) Relativismus[69] in die Irre. Er übersieht, daß es anthropologische Konstanten und in jedem partikulären Ethos auch universale Prinzipien[70] gibt, daß die Kontexte heute vielfältig miteinander vernetzt sind und daß es Überschneidungsbereiche gibt, in denen sich elementare moralische Überzeugungen verschiedener Traditionen treffen. Dennoch läßt sich kein einzelnes Ethos (und keine Ethik) einfach universalisieren. Keine einzige Kultur, Religion, Ideologie darf ihre Prinzipien als für alle maßgebend durchsetzen wollen.

2. Ein Vorschlag: Plurales Ethos in den vielen kulturell-religiösen Traditionen und das gemeinsame Ziel einer Bewahrung der Erde für alle (Hypothesen)

Begriffliche Vorbemerkungen:

Das Verhalten und Handeln des Menschen ist durch seine naturale Ausstattung wenig geregelt; zum Überleben bedarf er zusätzlicher, selbstentwickelter Regeln, eingebettet in ein selbstgesponnenes Bedeutungsgewebe (Kultur, mit Religion als sinngebendem Kern), in dem sie wie selbstverständlich gelten. Das faktische Geprägtsein des menschlichen Verhaltens und Handelns durch ein Regelensemble, das für das Überleben notwendig ist und das gemäß einer Vorstellung vom guten Leben zu handeln ermöglicht, heißt *Moral* (von lat. mores = Sitten). Anerkennt ein menschliches Kollektiv oder Individuum bestimmte Sitten als bleibend normativ für sein Handeln, so spricht man von *Ethos* (bleibende sittliche Grundhaltung). *Ethik* ist beidem nachgeordnet und meint die methodische Reflexion von Moral und Ethos mit dem Ziel der kritischen Prüfung und argumentativen Begründung.[71] Es ist wichtig, diese Ebenen nicht zu vermischen.

Darüber hinaus empfiehlt es sich, zwei in dem Ausdruck *„Ethos"* enthaltene Dimensionen zu unterscheiden. Das Fremdwort Ethos ist vom Griechischen hergeleitet. Dort gibt es zwei Wörter ähnlichen Klangs: Ethos (ἔθος, mit kurzem Epsilon beginnend) hat Bedeutungen wie Gewohnheit, Sitte, Gesetz und läßt eher an ein Ensemble von Regeln und Normen denken. Dagegen meint ethos (ἦθος, mit langem Äta beginnend) ursprünglich „jemandes gewohnter Aufenthalt" oder Wohnstatt, also für das Vieh die Weide, für die Sterne den Himmel, für den Menschen aber jene haltgebende, gemeinsam geübte, verbindliche Lebensform, die ein verläßliches, vertrautes und selbst-verständliches Zusammenleben miteinander in der Natur ermöglicht; hier ist eher an die geordnete Struktur der Lebensführung (verbindliche Leitbilder und Verhaltensmuster, innere Grundhaltung als Dauerhabitus, Charakter, Stil) in einer Gruppe zu denken, die von einer bestimmten Grunderfahrung der Wirklichkeit und so von einem letztlich religiös geprägten Sinnzusammenhang getragen ist.[72]

In diesem Sinne meint Ethos die (von der Mehrheit anerkannte und) de facto als maßgeblich geltende sittliche Lebensordnung in einer Gruppe, wobei die Wirksamkeit des Ethos vom Clan und Stamm zur modernen Großgesellschaft hin abfällt. Ethos ist demnach von Haus aus an eine menschliche Gruppe bzw. Kultur gebunden und deshalb plural. Es gibt eine Pluralität von Ethosformen, die sich bei Kulturkontakt füreinander öffnen und vernetzen können, so daß z. B. zwischen Gruppen (Clans, Stämmen, Völkern) eine Art Verkehrsmoral und in kulturübergreifenden gesellschaftlichen Großgebilden eine Art Rahmenethos entstehen kann[73], die beide freilich allzu häufig von der prädominanten Kultur oder Gruppe bestimmt, wenn nicht gar diktiert sind.

Die folgenden Hypothesen suchen die Differenzen zwischen den Kulturen bzw. Ethosformen stark zu machen, jedoch nicht, um bei den Differenzen stehenzubleiben, sondern um den andern in seiner Andersheit und Würde ernst zu nehmen und im Dialog mit ihm zu Gemeinsamkeiten zu finden, die nicht abstrakt bleiben, sondern in den pluralen konkreten Ethosformen verwurzelt und von den pluralen Quellen gespeist sind, daher auch von den Menschen pluraler Kulturen rezipiert und von ihnen getragen werden können. In diesem Sinne wird hier – jenseits eines abstrakten Universalismus wie auch seines Gegenstücks, eines schlechten normativen und Kulturrelativismus – für eine *eingeschränkte Universalität*[74] *in kulturspezifischer Ausprägung* votiert.

(1) Es gibt in allen kulturell-religiösen Traditionen Weisheiten und Grundhaltungen der Bejahung und Bewahrung der natürlichen Lebensgrundlagen.

Oft steckt in ihnen eine tiefe Weisheit der Selbstbeschränkung und Respektierung des andern und ein *Ethos* der Genügsamkeit (und des Genießens), die für Jahrtausende Leben ermöglichten, weil sie zur Achtung der Lebensrechte der Nachkommen und anderer Lebewesen und zu einer gerechten Verteilung der Lebensressourcen verhalfen und noch immer verhelfen. Diese Weisheit des Haushaltens (Öko-Sophie[75]) und das in ihr enthaltene Ethos (Öko-Ethos) müssen nicht erst, mit zweifelhaftem Erfolg, durch eine *Ethik* der Genügsamkeit angesonnen werden. Sie liegen vielmehr konstitutiv im jeweiligen Grundverständnis des Menschseins und der Welt (Paradigma, Weltsicht, Verstehenshorizont), in dem tief eingewurzelten Orientierungswissen also, welches den Habitus formiert, affektiv-emotionale Beziehungen zur Natur (Öko-Philie[76]) stiftet, habituell gewordene Normen impliziert und im Alltagshandeln zu praktischem Urteil befähigt (ohne dieses explizit begründen zu müssen). Dieses stillschweigende Wissen und Ethos kann aber durchaus als lehrbare Weisheit und Ethik reflex gemacht werden.

(2) Wir brauchen kein uniformiertes (!) Weltethos. Vielmehr brauchen wir die vielen kulturell-religiösen Traditionen mit ihrer Weisheit der Erde (Ökosophie), ihrem öko-sozialen Ethos und ihrer besorgten Liebe zur Erde (Ökophilie), die sich möglicherweise ergänzen.

Andere Kulturen – gerade auch die marginalisierten und bedrohten Völker – haben von sich her ein Lebensrecht und uns etwas zu sagen. Ohne sie bleibt Selbstbegrenzung abstrakt, konkret wird sie dann, wenn fremde Menschen mit ihren Lebenskonzepten so ernst genommen werden, daß sie uns nötigen, die eigenen Ansätze zu hinterfragen und gemeinsam weiterzusuchen. Zugleich sind die vielfältigen religiös-kulturellen Traditionen mit ihren Öko-Ethosformen die tieferen Quellen einer wirksamen öko-sozialen Umkehr. Diese Vielfalt der Traditionen hat produktive Bedeutung für das gemeinsame Überleben, weil sie vielfache Anknüpfungsmöglichkeiten für ein verändertes Umgehen mit den natürlichen Lebensgrundlagen bieten und so unsere Verhaltensflexibilität in enger werdenden Handlungsspielräumen erhöhen, weil fremde Menschen mit ihren Lebenskonzepten (sofern sie weder instrumentalisiert noch romantisiert werden) uns nötigen, die eigenen Ansätze zu überdenken und zu relativieren, und weil nur aus Differenzen und Spannungen wirkliche Lernprozesse entstehen können.

(3) Freilich ist eine bloße Option für Pluralität keineswegs ausreichend. Zwischen den pluralen Traditionen besteht nicht bloße Differenz, beliebige Vielheit und völlige Inkommensurabilität. Es gibt Überschneidungsbereiche, wo sich Grundüberzeugungen treffen, und die Möglichkeit zur Verständigung über verbindende Prinzipien.

Angesichts der bedrängenden globalen Probleme ist fortwährende Verständigung über die religiös-kulturellen Grenzen hinweg unverzichtbar nötig. Um des gemeinsamen Überlebens willen muß dabei mit Küng in den ethischen essentials (Prinzipien und Mindeststandards) – aber auch nur in diesen – eine Über*ein*stimmung angezielt werden; Übereinkunft ist insoweit notwendig, als das Zusammenleben der Verschiedenen im gemeinsamen Lebensraum Erde und die Erhaltung der Lebensbedingungen für künftige Generationen dies erforderlich macht. Ein solcher Kernbestand an kulturübergreifenden öko-sozialen Prinzipien und Orientierungen kann aber – und das ist bei Küng nicht genügend beachtet – nur aus der Vielfalt religiös-kulturell verankerter, tief eingewurzelter Ethosformen, nicht an ihnen vorbei, hervorwachsen; dies gilt jedenfalls dann, wenn diese elementaren Standards von lebendigem ethischem Engagement der Menschen in den Kulturen getragen und über den Augenblick wie über Rückschläge hinaus wirksam sein sollen. Es ist unerläßlich, die für das Leben und Zusammenleben aller elementaren ethischen Prinzipien herauszustellen, sie öffentlich (meinungsbildend) auszusprechen, sie (zeichengebend) zu befolgen[77] und ihnen auch rechtlich verbindliche Gestalt zu geben.

(4) Von tief- und weitreichender Bedeutung dürfte es sein, einander wechselseitig zur Rückkehr zu den eigenen religiös-kulturellen Wurzeln, Quellen und Möglichkeiten zu ermutigen.

Es gilt, die kultureigenen Weisheiten und ethischen Elemente in der jeweiligen Kultur stark zu machen. Jede Kultur muß *ihre* Lösungen finden – sie können ihr nicht von außen gezeigt werden (die Einführung externer Lösungen kann u.U. das gewachsene Ethos einer Kultur empfindlich stören und kontextuell erreichte, durchaus humane und naturverträgliche Stabilitäten zerbrechen). Damit aber eine Kultur ihre Lösungen finden kann, müssen die andern ihr Raum geben und ihr Zeit lassen.[78] Auch ist bei allen Versuchen, kulturspezifische Muster in eine andere Kultur zu transferieren und dort zu reproduzieren, Vorsicht geboten.

Ein Ethos darf, wenn es gesellschaftlich breit rezipierbar sein soll, nicht aufgesetzt und fremdbestimmt sein. Es kann auch nicht im Diskurs entwickelt werden. Es muß in den kultureigenen Grundverständnissen wurzeln und kulturelle Geschichte und Identität berücksichtigen. Deshalb geht es weniger darum, eine Ethik zu entwerfen, als vielmehr um Aufmerksamkeit auf das, was in den Kulturen lebt (an Welt- und Daseinsgefühl, an ethischen Grundeinstellungen, Lösungen, an Standhalten oder Einbrechen in Erschütterungen usw.), und um die kritische Rückfrage, ob diese Lebenshaltung sich – vom religiös-kultureigenen Grundverständnis der Wirklichkeit her – selber richtig versteht.

(5) Auch angebliche Kulturspezifik kann nämlich – von autoritären Herrschern und totalitären Systemen – als Alibi für Unterdrückung und Barbarei mißbraucht werden.[79] Deswegen bedürfen behauptete kulturspezifische Muster der kritischen Prüfung – im intratraditionalen und interkulturellen Dialog – daraufhin, ob sie realitätsgerecht und moralisch tragbar sind. Dabei spielt der Rekurs auf die transkulturelle Übereinstimmung in ethischen Mindeststandards (als Art Rahmenethos) die Rolle eines wichtigen Kriteriums.[80]

Im interkulturellen Dialog ist – bei wechselseitiger Anerkennung – durchaus auch wechselseitige Kritik möglich. Und bei allem – durch den Respekt vor dem andern – gebotenen Verzicht auf Intervention in die andere Lebensform als solche ist Einspruch dann gefordert, wenn dort die Bedingungen von Anerkennung anderer selber gefährdet sind.[81] Das ist durchaus folgenreich: für Ost und West, Süd und Nord. Doch tun wir einander und der gemeinsamen Sache keinen Dienst, wenn wir – aus sehr partieller Erfahrung heraus – *den* Islam, *das* Christentum, *den* Hinduismus pauschal angreifen und so die Potentiale des Widerstands und der Erneuerung in den Kulturen selbst diskreditieren. Jede Kultur und Religion weiß auch etwas davon, daß die herrschende Tradition die Tradition der Herrschenden ist. Dialog heißt auch, einander differenzierter sehen lernen.

(6) Es ist zu vermuten, daß – durch die kritische Aktivierung der kultureigenen Formen von Weisheit und Ethos *und* durch die gleichzeitige Verständigung über verbindende ethische Prinzipien und elementare Mindeststandards (bis hin zu dann möglichen rechtlichen Regelungen[82]) und durch eine zunehmende Vernetzung – die Resistenz gegen eine global um sich greifende technisch-ökonomisch-konsumistische Einheitszivilisation gestärkt wird. Zu deren Begrenzung und Bändigung sind kulturell-emotional verwurzelte ethische Grundeinstellungen und Gruppen ebenso notwendig wie übergreifende Koalitionen, wechselseitige Verstärkung und Netzwerke (etwa der Non Governmental Organizations) und nicht zuletzt rechtliche Instrumente der Völkergemeinschaft, die den Mißbrauch eindämmen. Wenn jede Kultur *nur ihre* Lösungen zu finden sucht, können wir dem sich globalisierenden Einheitssystem mit seinem quantitativen Infinitismus (immer mehr, schneller, flüchtiger) und seiner fortschreitenden Aushöhlung der (natürlichen, psychischen und sozialen) Kräfte wohl nicht widerstehen.

Anmerkungen

[1] Überarbeitete Fassung eines Beitrages, der zu Beginn des ersten Symposiums (November 1993) vorgetragen wurde und den Referenten des zweiten Symposiums (November 1994) vor Beginn ihrer Ausarbeitung vorlag. – In englischer Fassung wurde der Beitrag, erweitert um einen Teil 4 zum christlichen Verständnis der Wirklichkeit (Natur, Mensch, Gott), vorgelegt auf einer vom Institute for the Study of Religion/Poona (Direktor: F. X. D'Sa) in Kooperation mit Theologie Interkulturell/Frankfurt im Februar 1994 in Kolhapur/Indien durchgeführten interreligiösen Tagung „Religion and Nature" sowie auf

einem vom Radhakrishnan Institute for Advanced Study in Philosophy (Direktor: T. S. Devadoss) der Universität Madras ebendort im März 1994 durchgeführten „National Seminar on Philosophy, Religion, Science and Nature".

[2] Für das alte China vgl. unten den Beitrag von Heiner Roetz sowie sein Buch: Mensch und Natur im alten China, Frankfurt a. M. 1984. Für das antike Griechenland, Phönizien und Rom vgl. Karl-Wilhelm Weeber, Smog über Attika. Umweltverhalten im Altertum, Zürich/München 1990.

[3] Diese doppelte Notwendigkeit zeigen die Arbeiten des Wuppertal-Instituts für Klima, Umwelt, Energie GmbH (Döppersberg 19, 42103 Wuppertal) auf. Vgl. etwa Reinhard Loske, Die Suche nach dem rechten Maß, in: Politische Ökologie Nr. 39 (Nov./Dez. 1994), 14–21; Willy Bierter, Wege zum ökologischen Wohlstand, Berlin/Basel/Boston 1995.

[4] Bei diesem Rechenexempel geht es lediglich um die Proportionen, die zeigen, in welche Richtung die „Entwicklung" der wohlhabenden Menschen und Nationen gehen muß. Deshalb spielt es keine Rolle, daß statt von 12 Ressourceneinheiten eigentlich von 12 Millionen Ressourceneinheiten usw. zu sprechen wäre.

[5] Vittorio Hösle, Philosophie der ökologischen Krise. Moskauer Vorträge, München 1991, 35f.

[6] Zum Begriff und Problem des ökologischen Ethos s. u. Teil III. 2.

[7] Kultur läßt sich begreifen als ein offenes System, in dessen Kraftfeld eine Fülle höchst verschiedener Faktoren zusammenwirken, als ein Ganzes, das von bestimmten zentralen Wertvorstellungen getragen und zusammengehalten wird und das alle Wahrnehmungs- und Verhaltensweisen bestimmt. Vgl. dazu Clifford Geertz, Dichte Beschreibung. Beiträge zum Verstehen kultureller Systeme, Frankfurt a.M. 1983; Thomas S. Eliot, Zum Begriff der Kultur, Frankfurt a. M. 1961.

[8] Vgl. z. B. Robert N. Bellah, Beyond Belief. Essays on Religion in a Post-Traditional World, New York 1970; C. Geertz, Religion as a Cultural System, in: Ders., The Interpretation of Cultures. Selected Essays, New York 1973, 87–125.

[9] R. Panikkar, Mythos und Logos. Mythologische und rationale Weltsichten, in: H.-P. Dürr/W. Ch. Zimmerli (Hrsg.): Geist und Natur, Bern/München/Wien 1989, 217.

[10] Warum zuerst in Westeuropa? Dazu dürfte ein ganzes Geflecht verschiedenster Faktoren beigetragen haben: Klima, zergliederte Geographie, Vielstaaterei, zunehmender Wettbewerbsdruck durch räumliche Enge und Nähe, römisch-germanisches Denken, der Sonderweg des okzidentalen Christentums (anders die orientalischen Christentümer) usw.

[11] Jürgen Habermas, Theorie des kommunikativen Handelns, 2 Bände, Frankfurt a. M. 1981, Bd. II 451. 483f. 489.

[12] Vgl. Hösle 1990 (s. Anm. 5), 60ff. 78f.

[13] Diesen durchaus humanen Impuls des Bacon-Ideals, dem das deswegen revisionsbedürftige Bacon-Programm nach unseren heute schmerzlich erlangten Erkenntnissen nicht entspricht, hebt Lothar Schäfer, Das Bacon-Pro-

jekt. Von der Erkenntnis, Nutzung und Schonung der Natur, Frankfurt a. M. 1993, 96 u. ö., hervor.

[14] Hans Primas, Umdenken in der Naturwissenschaft, in: Gaia 1 (1992) 5–15, hier 5f.

[15] Eine objektivierende Beschreibung eines Naturphänomens ist erst möglich, wenn auf die Beschreibung der dazu komplementären Aspekte verzichtet, also abstrahiert und damit die Ganzheit (die nicht aus Teilchen zusammengesetzt ist) zerbrochen wird. Diese Zweiteilung und Abstraktion wird stillschweigend immer gemacht, wenn wir von objektiver empirischer Erfahrung sprechen. „Nur wo es gelingt, alles, was 'nicht dazugehört', als störende Faktoren zu eliminieren, gewinnt man Erkenntnisse, die nachprüfbar sind. Man nennt diese Erkenntnisse objektiv. Die Objektivität der modernen Wissenschaft ist geradezu dadurch definiert, daß sie der Wirklichkeit nicht entspricht, sondern auf solche Erkenntnisse eingeschränkt ist, die sich durch eine eindeutig zu kontrollierende Versuchsanordnung gewinnen lassen“: Georg Picht, Mut zur Utopie, München 1969, 90. Eine reduktionistische (z. B. molekulargenetische) Beschreibung ist nie wahr, obwohl sie innerhalb eines eng umgrenzten Kontextes die bestmögliche Beschreibung sein kann. Der außerordentliche praktische Erfolg der reduktionistischen Sichtweise hat ihre Grenzen vergessen lassen, so wurde auf ihr ein ganzes Weltbild gegründet. Die kreativsten Forscher sind oft von ihr geradezu hypnotisiert: Für einen Forscher, der von einer partikulären Erkenntnis überwältigt ist, kann es schwierig sein, für andere Aspekte und für das Ganze *nicht* blind zu sein. Vgl. dazu Primas 1990 (s. Anm. 14).

[16] Bernhard Irrgang, Christliche Umweltethik, München 1992, 227. 230.

[17] Nur ein Aspekt, um die Dramatik des Problems anzudeuten: In den drei Milliarden Jahren, seit denen es Leben auf dieser Erde gibt, hat die Natur ca. drei Millionen Stoffe herausgebracht, also 1 pro 1000 Jahre – genug Zeit für Lebewesen, um sich anzupassen. Seit jedoch vor 100 Jahren das Zeitalter der Großchemie begonnen hat, haben Lebewesen dafür kaum noch Zeit: Rund 10000000 Stoffe sind seitdem von Menschenhand hinzugekommen. Täglich werden fast 1000, jährlich etwa 300000 neue chemische Stoffe angemeldet, davon 10% zur Massenproduktion. Die wenigsten können auf ihre Auswirkungen (nicht auf Ratten nur, sondern auf Menschen) hinreichend geprüft werden; vor allem kennt man ihre mittel- und längerfristige Auswirkung nicht, wenn diese mit anderen, ebenso unbekannten Stoffen verbunden wird. Die schädlichen Auswirkungen bestimmter chemischer Stoffe auf die lebenswichtige Ozonschicht z. B. kennen wir jetzt, wo diese Schäden schon irreversibel sind.

[18] Der sog. technische Imperativ („Erforsche alles, was im Bereich deiner technischen Möglichkeiten liegt“) wird etwa von seiten der naturwissenschaftlichen Standesorganisationen nicht in Frage gestellt. Eine freiwillige Selbstbeschränkung ist hier kaum in Sicht. Im Gegenteil wird immer wieder mit Abwanderung der Forschung in Länder mit einer günstigeren Gesetzeslage (bezüglich Tierversuche usw.) gedroht, was bei Regierungen immer wieder Wirkung zeigt.

[19] Ivan Illich, Selbstbegrenzung. Eine politische Kritik der Technik, Reinbek 1975.

[20] Der islamische Religionswissenschaftler Seyyed Hossein Nasr, Man and nature. The spiritual crisis of modern man (1968), London 1976, 156, meint: „Nur die Wiederbelebung einer geistlichen Naturkonzeption, die auf intellektuellen und metaphysischen Prinzipien beruht, kann die von ... der modernen Wissenschaft hervorgerufene Verheerung neutralisieren und diese Wissenschaft selbst in eine universalere Perspektive eingliedern."

[21] Vgl. dazu Irrgang 1992 (s. Anm. 16), 267–273.

[22] Bénézet Bujo, Die ethische Dimension der Gemeinschaft. Das afrikanische Modell im Nord-Süd-Dialog, Fribourg/Freiburg 1993, 207f.

[23] Hans Christoph Binswanger, Geld und Natur. Das wirtschaftliche Wachstum im Spannungsfeld zwischen Ökonomie und Ökologie, Stuttgart/Wien 1991, 9.

[24] In der heutigen Geldmarktwirtschaft hat das Geld einen absoluten Stellenwert (Joker für alles) und deshalb potenziert sich ein mit dem System von Zins und Zinseszins gegebener struktureller Fehler: Einerseits begünstigt das Geld massiv die Reichen, und zwar je mehr sie übriges Geld haben und es „für sich arbeiten lassen" können (richtiger: in der Lage sind, die Arbeit und Transaktionsbedürfnisse anderer für sich auszunutzen, welche den Zins und Zinseszins erwirtschaften müssen); ihr Geld wächst ohne ihr eigenes Zutun. Andererseits bestraft es diejenigen, die kein oder kaum übriges Geld haben (z. B. den kreativen Jungunternehmer oder -ingenieur); hier wird Geld noch abgezogen. Die Kleinen subventionieren die Reichen, die gesellschaftliche Spaltung (Schere zwischen Arm und Reich) wird größer. Beispiele: Afrika bezahlt derzeit mehr Geld an den Norden, als es von diesem erhält, und wird immer ärmer. In Deutschland sind derzeit ¼ aller Preise Zinsen; nur um die Zinsbedürfnisse der großen Geldvermögen zu bedienen, muß die Wirtschaft *quantitativ* ständig weiter wachsen, die ökologischen Folgen sind katastrophal. – Genaue und kaum zu widerlegende Analysen der Zusammenhänge liefern Helmut Creutz, Das Geldsyndrom. Wege zu einer krisenfreien Marktwirtschaft, München 1993, und Dieter Suhr, Befreiung der Marktwirtschaft vom Kapitalismus. Monetäre Studien der sozialen, ökonomischen und ökologischen Vernunft, Berlin 1986; ders., Der Kapitalismus als monetäres Syndrom, Frankfurt/New York 1988; ders., The Capitalist Cost-Benefit Structure of Money. An Analysis of Money's Structural Nonneutrality and its Effects on the Economy, Berlin/New York/Tokyo 1989. – Leider geht Michael Schramm, Der Geldwert der Schöpfung. Theologie – Ökologie – Ökonomie, Paderborn 1994, eine sonst beachtliche Arbeit, auf diese Dimension des Geldes nicht ein; sein Bezug auf die Problematik (S. 145f., Anm. 24) bleibt peripher und trifft den Kern nicht.

[25] Beispiel: Müllnotstand und Giftmüllexport Deutschlands oder Japans. Auch das Müllaufkommen der asiatischen Städte hat sich – infolge des wachsenden Wohlstands von Teilen der Stadtbevölkerung – allein in der 80er Dekade versechsfacht, die Müllabfuhr verschlingt bis zu 50% der städtischen Ge-

samtausgaben. So die Studie der UN-Organisaton „Habitat“ (Direktor Arcot Ramachandran) von 1992.

[26] André Gorz, Kritik der ökonomischen Vernunft. Sinnfragen am Ende der Arbeitsgesellschaft, Berlin 1989, 175.

[27] Das Wort ‘Wachstum’ ist mit einem affektiven, nahezu religiösen Wert aufgeladen: „es bezeichnet das höchste Gut und Ziel, sein Inhalt ist völlig gleichgültig, es zählt nur sein Grad“ (Gorz 1989, 175), die quantitative Wachstumsrate des BSP. Ökonomisches Wachstum an sich erscheint als gut, egal, worum es sich handelt. Ob hier wirklich das Erwünschte wächst? Die im Kapitalismus entschränkte, expansive ökonomische Rationalität scheint außerstande, sich selbst Grenzen zu setzen. Solche müßten ihr von außerhalb gesetzt werden.

[28] Eine zivile Gesellschaft ist mit einseitiger Dominanz einer Struktur, Institution oder Segment-Macht unvereinbar; durch rechtliche und soziale Rahmenregelungen muß das Eindringen sich aufblähender Segment-Mächte (z.B. Marktmacht, Parteienmacht) in alle möglichen Lebensbereiche begrenzt, müssen sie auf ihr eigenes Gebiet beschränkt werden (vgl. Michael Walzer, Zivile Gesellschaft und amerikanische Demokratie, Berlin 1992). Ähnliches gilt für das Zusammenleben der Kulturen (vgl. Charles Taylor, Multikulturalismus und die Politik der Anerkennung, Frankfurt a.M. 1993).

[29] Dazu Gerhard Scherhorn, Entkommerzialisierung oder die Wiederaneignung der Wünsche, in: Politische Ökologie, Heft 33 (Sept. 1993) 73–76; ders., Die Unersättlichkeit der Bedürfnisse und der kalte Stern der Knappheit, in: B. Bievert/M. Held (Hrsg.), Das Naturverständnis der Ökonomik, Frankfurt a.M. 1994, 224–240.

[30] Max Weber, Die protestantische Ethik und der Geist des Kapitalismus (1904/5), in: Gesammelte Aufsätze zur Religionssoziologie I, Tübingen [4]1947, 17–206, hier 44.

[31] Nach Max Weber geht es im Kapitalismus nicht einfach um bloße Erwerbsgier, sondern um etwas Höheres, fast Religiöses: um „jenes eigentümliche Ethos“, in dem „der Erwerb von Geld und immer mehr Geld ... so rein als Selbstzweck gedacht ist, daß es als etwas gegenüber dem ‘Glück’ oder dem ‘Nutzen’ des einzelnen Individuums jedenfalls gänzlich Transzendentes und schlechthin Irrationales erscheint“ (Weber 1904/5, 35).

[32] Weber 1904/05, 35. 46.

[33] Nach der Auflösung der mittelalterlichen Wertordnung, beunruhigt durch die Exzesse von Macht- und Vorrangstreben (ständige Kriege, Plünderung usw.), bildete sich bei Adam Smith (1723–1790) und anderen die Vorstellung heraus, die zerstörerischen Leidenschaften seien am besten dadurch zu zähmen, daß man sie in die sanfteren Bahnen des Erwerbstrebens lenke: vgl. Albert O. Hirschmann, The Passions and the Interests. Political Arguments for Capitalism before its Triumph, Princeton/NJ 1977 (deutsch: Leidenschaften und Interessen, Frankfurt a.M. 1980). – Grundsätzlich zur Umwertung der Werte im 17./18. Jh.: Otfried Höffe, Moral als Preis der Moderne. Versuch über Wissenschaft, Technik und Umwelt, Frankfurt a.M. 1993.

[34] Dazu Neil McKendrick/John Brewer/J. H. Plumb, The Birth of a Consumer Society. The Commercialization of Eighteenth-Century England, London 1982.

[35] Mit Adam Smith (1789) sehen viele Ökonomen bis heute im Streben nach ständiger Positionsverbesserung – zu Unrecht – einen angeborenen, fundamentalen Antrieb des Menschen; er begründe den Wunsch nach mehr Einkommen und mehr Gütern (vgl. dazu Hirschmann 1980, 48. 75. 116f.). Die Geschichte lehrt, daß die Menschen nicht – von Natur aus und zwangsläufig – unablässig nach Vermehrung ihres materiellen Wohlstandes streben.

[36] Siehe Grant McCracken, Culture and Consumption, Bloomington 1988.

[37] Vgl. hierzu Scherhorn 1994 (s. Anm. 29).

[38] John Kenneth Galbraith, Gesellschaft im Überfluß, München 1976 (engl.: The Affluent Society, 1958).

[39] Star-TV, dessen gefährlichster Konkurrent der neue Hindi-Unterhaltungssender Zee TV ist, richtet sich v. a. an das fernsehsüchtige wohlhabende Indien, die kaufkräftige Mittelschicht (ca. 150 Millionen), aber auch an Kleinstunternehmer, in deren Wellblechhütte sich abends die Slumbewohner drängen und auf den Trivial-Hit aus Kalifornien warten, der dann den Gesprächsstoff des Abends liefert. Indien ist unwiderruflich an das globale Informations- und Unterhaltungsnetz angeschlossen, was schlimme, jedoch z. T. auch positive Folgen hat (z. B. können die Menschen nicht mehr von brisanten Fakten abgeschirmt werden).

[40] Vgl. Scherhorn 1994 (s. Anm. 29) sowie Paul Wachtel, The Poverty of Affluence, Philadelphia 1989.

[41] Daß die Gewöhnung an die Annehmlichkeiten des Wohlstands suchtartigen Charakter (mit Entzugsangst usw.) annehmen kann, zeigt Wolfgang Schmidbauer (Weniger ist manchmal mehr. Zur Psychologie des Konsumverzichts, Reinbek 1984). Man spiele nur einmal den Gedanken durch, alle müßten ab sofort ohne Fernseh- und Videogerät leben!

[42] Die Studie „Sustainable Netherlands" (1992) entwickelt – ausgehend von der Überlegung, daß eine nachhaltige Entwicklung nur dann möglich ist, wenn die verfügbaren natürlichen Ressourcen auf der Grundlage der Gleichheit weltweit neu umverteilt werden – nationale Ziele für die Minderung von Energie-, Alu-, Holz- und Wasserverbrauch, für den Verzehr von Fleisch, die Freisetzung von CO_2 usw. bis zum Jahr 2010. Sie legt damit einen Naturrahmen fest, innerhalb dessen sich der einzelne relativ frei bewegen kann. Es ist ihm z. B. unbenommen, wie er den Liter Kraftstoff, der ihm im Jahre 2010 täglich zur Verfügung steht, verwendet: um 10 km mit dem Flugzeug voranzukommen, 25 km mit dem Auto, 50 km mit dem Bus oder 65 km mit der Bahn. Vgl. dazu Politische Ökonomie Nr. 33 (Sept. 1993). Jüngst ist eine ähnliche Studie „Zukunftsfähiges Deutschland" – vom Bund für Umwelt und Naturschutz (BUND) und vom Bischöflichen Hilfswerk Misereor beim Wuppertal-Institut für Klima, Umwelt, Energie GmbH in Auftrag gegeben – veröffentlicht worden (1996).

[43] Die erwähnten programmatischen Stichworte, die sich auch bei vielen

anderen Autoren finden lassen, sind hier übernommen vom Schweizer Großunternehmer Stephan Schmidheiny, Kurswechsel. Globale unternehmerische Perspektiven für Entwicklung und Umwelt, München 1992; vom kath. Theologen Volker Eid, Abkehr vom Konsumismus, in: MThZ 37 (1986) 174–184; vom ev. Theologen Wolfgang Huber, Selbstbegrenzung aus Freiheit. Über das ethische Grundproblem des technischen Zeitalters, in: EvTh 52 (1992) 128–146; vom Volkswirt Reinhard Loske 1994 (s. Anm. 3), 18.

[44] Loske 1994, 18.

[45] „Zu dem, was unausweichlich aber unerwünscht ist, wollen wir genötigt werden, und wir wollen, daß es alle trifft": Manfred Linz, Vom Kreuz der Einsichtigen, in: Politische Ökologie Heft 33 (Sept. 1993) 30–34, hier 32.

[46] Konrad Ott, Ökologie und Ethik. Ein Versuch praktischer Philosophie, Tübingen 1993.

[47] Hans Hirschi, Autonome Moral und christliche Anthropologie, in: W. Lesch/A. Bondolfi (Hrsg.), Theologische Ethik im Diskurs, Tübingen/Basel 1995, 97–119, hier 109.

[48] Dieter Birnbacher, Verantwortung für zukünftige Generationen, Stuttgart 1988, 187.200; ders., Mensch und Natur. Grundzüge der ökologischen Ethik, in: K. Bayertz (Hrsg.), Praktische Philosophie, Reinbek 1991, 278–321.

[49] Während die heutige Form des Wirtschaftswachstums z. B. eher Arbeitsplätze killt („jobless growth"), rechnet das Deutsche Institut für Wirtschaftsforschung (DIW) jüngst der Politik und Öffentlichkeit vor, daß Umweltschutz Arbeitsplätze schafft und Wirtschaftswachstum fördert. Vgl. zu den Ergebnissen dieser DIW-Studie Loske 1994 (s. Anm. 43), 15: „Eine ökologische Steuerreform etwa, die den Energiepreis schrittweise erhöht und gleichzeitig die Arbeitskosten senkt, würde in Deutschland nach DIW-Schätzungen bis 2010 eine Absenkung der klimaschädigenden Kohlendioxidemissionen um gut zwanzig Prozent und die Schaffung von einer halben Million Arbeitsplätzen netto zur Folge haben – und das bei Preisniveaustabilität und deutlichem Wachstum der Volkswirtschaft. Eine bessere Widerlegung des Vorurteils, ökologische Politik sei Wirtschaftsbremse und Arbeitsplatzkiller zugleich, scheint kaum möglich."

[50] Jüngst hat Marianne Gronemeyer, Das Leben als letzte Gelegenheit, Darmstadt 1993, erneut auf einen Faktor unter anderen hingewiesen. Das Projekt der Moderne sei aus einer abgrundtiefen Demütigung erwachsen, der Demütigung durch den – in der großen Pest 1347–1352 (mit 30–50% Rückgang der Gesamtbevölkerung in Europa) – völlig neu erfahrenen Tod: nämlich als wildgewordene, alle (auch die innere, religiöse) Ordnung außer Kraft setzende Naturgewalt (nicht mehr als göttliche Intervention). Der moderne Mensch habe die Bühne der Neuzeit nicht mit souveräner Geste, als Macher und Könner, betreten, sondern mit einer panischen Angst; die ungeheure Anstrengung der Weltverbesserung sei v. a. eine Kampfansage gegen *diesen* Tod, der – nach dem Niedergang der Ewigkeitshoffnung – das Leben zur letzten Gelegenheit und zum Schauplatz der Anhäufung von Lebenskapital mache; Sicherung und Beschleunigung (um nichts zu versäumen) würden zur vordringlichen Aufgabe.

[51] Psychohistorisch etwa Horst Eberhard Richter, Der Gotteskomplex. Die Geburt und die Krise des Glaubens an die Allmacht des Menschen, Reinbek 1979; Joel Jay Kassiola, The Death of Industrial Civilization. The Limits to Economic Growth and the Repolitization of Advanced Industrial Society, New York 1990. Entwicklungs- und motivationspsychologisch Edward L. Deci/Richard M. Ryan, Intrinsic Motivation and Self-Determination in Human Behaviour, New York 1985.

[52] Blaise Pascal (1623–1662) analysiert in seinen Pensées (etwa Fragmente 131, 164, 425 nach der dt. Ausgabe von E. Wasmuth, Heidelberg 1963) dies schon sehr genau. – Augustinus (354–430) hatte formuliert: „Du hast uns, o Gott, auf dich hin erschaffen, und ruhelos ist unser Herz, bis es seine Ruhe findet in dir" (Confessiones I,1).

[53] Wilfred C. Smith, Faith and Belief, Princeton 1979, und James W. Fowler, Stufen des Glaubens, Gütersloh 1991, haben faith als religionsübergreifenden Habitus der Gläubigkeit im Sinne eines Grund- oder Sinnvertrauens herausgearbeitet.

[54] Alfons Auer, Autonome Moral und christlicher Glaube, Düsseldorf 1971; dazu Hirschi 1995 (s. Anm. 47). Vgl. außerdem Alfons Auer, Wie kann Menschsein heute glücken? Theologisch-ethische Wahrheitssuche in einer säkularen Welt, in: J. Hoffmann (Hrsg.), Wie kann Menschsein heute glücken? Alfons Auers theologisch-ethischer Beitrag zur Begegnung von Christentum und Moderne, Frankfurt a. M. 1993, 37–56.

[55] Vgl. dazu v. a. Robert N. Bellah, Civil Religion in America, in: Daedalus 96 (1967) 1–21; Wolfgang Vögele, Zivilreligion in der Bundesrepublik Deutschland, München/Gütersloh 1994.

[56] Dazu in diesem Band die Beiträge der australischen Ureinwohnerin Ungunmerr und des Hispano-Inders Panikkar.

[57] So der Afrikaner Bujo 1993 (s. Anm. 22), 204. 213; ausführlicher sein Beitrag in diesem Band.

[58] Friedrich W. J. Schelling, Weltalter (1813), in: Sämtliche Werke I–XIV, hrsg. von K. F. A. Schelling, Stuttgart/Augsburg 1856–1861, Bd. VIII, 240. 334.

[59] So immer wieder Raimon Panikkar. Vgl. jüngst sein Buch: Der Dreiklang der Wirklichkeit. Die kosmotheandrische Offenbarung, Salzburg/München 1995.

[60] Hans Küng, Projekt Weltethos, München 1990, 13.

[61] Ebd. 44 und 14.

[62] H. Küng, Auf der Suche nach einem universalen Grundethos der Weltreligionen, in: Conc 26 (1990) 154–160, hier 155 f.

[63] Hans Küng, Eine Welt – eine Menschheit – ein Ethos. Zehn Thesen, in: Evangelische Kommentare 26 (1993) 488; ähnlich ders. in Conc 1990, 156.

[64] Küng 1993, 488; ders., Projekt Weltethos, 16 f.

[65] Küng 1993, 488.

[66] Im September 1993 verabschiedete das Parlament der Weltreligionen in Chicago eine von Küng (unter Einbeziehung von Stellungnahmen nichtchrist-

licher Gelehrter) gestaltete und von der Mehrzahl der Teilnehmer unterzeichnete „Erklärung zum Weltethos“, die Grundlage sein soll für ein weitausgreifendes Forschungsprojekt, welches die ethische Kompetenz und Erfahrung der Weltreligionen erarbeiten (möglichst auf allen Ebenen der interreligiösen Begegnung), ins Gespräch bringen und einen ethischen Grundkonsens aller Weltreligionen herausarbeiten soll, der dann als weltweites moralisches Bewußtsein in Erinnerung gerufen werden kann. Nach der von Buddhisten gewünschten Streichung des Wortes Gott aus der Erklärung bleiben deren religiöse Hintergrundannahmen freilich eher unklar und vage. Vgl. die Dokumentation bei H. Küng/K.-J. Kuschel (Hrsg.), Erklärung zum Weltethos. Die Deklaration des Parlaments der Weltreligionen, München 1993. – Dazu die ausführliche Analyse bei Franz Noichl, Das „Projekt Weltethos“ aus moraltheologischer Sicht, in: Jahrbuch für Religionswissenschaft und Theologie der Kirchen 2 (1994) 7–43.

[67] Auch die neuere kritische Theorie hält am Universalismus fest. Im Diskursmodell (Habermas, Apel) wird Ethik universalistisch und prozedural entworfen. Dabei geht es um Rekonstruktion (nicht einer bestimmten Zielvorstellung von Mensch und Gesellschaft, sondern) der Grundregeln eines rationalen Verfahrens, das der Lösung inhaltlicher Konflikte im praktischen Diskurs dient; indem dabei der Rückgriff auf irgendwelche (partikulären) metaphysische Annahmen ausgeschlossen wird, kann der universalistische Anspruch aufrechterhalten werden. Faktisch freilich bleibt die Mehrzahl der Menschen (die Zwei-Drittel-Welt, alle Zukünftigen), von der außermenschlichen Natur zu schweigen, real ausgeschlossen aus diesem praktischen Diskurs, an dessen Regeln die Partizipanten sich oft auch nur in der Theorie halten. Und selbst wenn in jedem vernünftigen Diskurs die Zustimmung der jeweils andern und damit universaler Konsens unterstellt werden muß, zumindest Akzeptanz braucht Zeit, auch wenn gar nicht mehr viel Zeit ist, und braucht den Willen (sich zu begrenzen und zu teilen), an dem es mangelt. – Starke Argumente gegen einen derart radikalen und für einen eingeschränkten Universalismus entwickelt Gertrud Nunner-Winkler, Ein Plädoyer für einen eingeschränkten Universalismus, in: W. Edelstein/G. Nunner-Winkler (Hrsg.), Zur Bestimmung der Moral, Frankfurt a. M. 1986, 126–144; dies., Moralischer Universalismus – kultureller Relativismus. Zum Problem der Menschenrechte, in: J. Hoffmann (Hrsg.), Universale Menschenrechte im Widerspruch der Kulturen, Frankfurt a. M. 1994, 79–103.

[68] Wolfgang Huber, Menschenrechte und planetarisches Ethos, in: Bernd Jaspert (Hrsg.): Hans Küngs ›Projekt Weltethos‹. Beiträge aus Philosophie und Theologie, Hofgeismar 1993, 69–90, hier 89; ähnlich ders., Die Zukunft gewinnen. Wir brauchen ein planetarisches Ethos, in: Universitas 48 (1993) 563–574; ders., Gewalt gegen Mensch und Natur – die Notwendigkeit eines planetarischen Ethos, in: ders., Die tägliche Gewalt. Gegen den Ausverkauf der Menschenwürde, Freiburg 1993, 150–184.

[69] Zur Auseinandersetzung mit dem normativen Relativismus vgl. Klaus Peter Rippe, Ethischer Relativismus. Seine Grenzen – seine Geltung, Pader-

born 1993; Eberhard Schockenhoff, Brauchen wir ein neues Weltethos? Universale Ethik in einer geschichtlichen Welt, in: ThPh 70 (1995) 224–244.

70 Über die Kulturgrenzen hinweg sind ethische Universalien feststellbar, nämlich faktisch gegebene Übereinstimmungen in einer Reihe basaler ethischer Prinzipien und Grundnormen. Ihre universale Geltung erklärt sich ganz elementar aus der Logik der Praxis, der Auseinandersetzung der Menschen mit den relativ unbeliebigen Problemen der konkreten Lebensbewältigung im öko-sozialen Miteinander. Nach der jüngsten Untersuchung von K. P. Rippe 1993 (s. Anm. 66), 110–112. 151–162, gehören zu diesem *universal anerkannten Kernbereich eines kulturübergreifenden Ethos*: Verpflichtungen innerhalb der Verwandtschaft (Sexualtabus, Ablehnung des Ehebruchs, Exogamie-Gebot, reziproke Pflichten zwischen Eltern und Kindern) wie innerhalb der Gesamtsozietät (Verbot von Mord und Vergewaltigung, Pietät gegenüber Verstorbenen, Eigentumsordnungen, Diebstahlverbot, Gebot, Versprechen zu halten, Goldene Regel, Fürsorge für Arme und Benachteiligte usw.). Auch wenn diese Auflistung – die ergänzbar wäre um selbstverständliche Pflichten gegenüber der natürlichen Umwelt (Achtung vor Lebendigem, Verbot unnötigen Tiere-Quälens, Wahrung der Regenerationsfähigkeit der natürlichen Ressourcen, z. B. Vermeidung von Überfischung u. a. Raubbau, usw.) – sich als korrekturbedürftig erweisen sollte und zur inhaltlichen Ausgestaltung noch breiten Raum läßt, zeigen sich doch *erstaunliche interkulturelle Gemeinsamkeiten*: grundlegende Handlungstypen wie Diebstahl, Mord, Ehebruch, Tiere-Quälen, Raubbau usw. stoßen, auch wenn der Tatbestand (z. B. von Ehebruch in polygamen oder monogamen Sozietäten) durch unterschiedliche Merkmale umschrieben ist, in allen Kulturen auf moralische Mißbilligung.

71 H. Krings/O. Höffe/A. Pieper, Art. Ethik – Ethos, in: Staatslexikon, hrsg. von der Görres-Gesellschaft, Bd. 2, Freiburg 1986, 397–412, hier 397 f.

72 Vgl. dazu G. Funke/H. Reiner, Art. Ethos, in: J. Ritter (Hrsg.), Historisches Wörterbuch der Philosophie, Bd. 2, Basel 1972, 812–815; Wolfgang Kluxen, Ethik des Ethos, Freiburg 1974; ders., Ethik und Ethos, in: A. Hertz/W. Korff u. a. (Hrsg.), Handbuch der christlichen Ethik, Bd. 2, Freiburg 1978, 518–532.

73 Vgl. Kluxen 1978, 520–522.

74 G. Nunner-Winkler (s. Anm. 64) spricht von „eingeschränktem Universalismus". Jack Donnelly, Universal Human Rights in Theory and Practice, Ithaca/London 1989, und ihm folgend W. Huber (s. Anm. 65) sprechen von „relativer Universalität".

75 So Raimon Panikkar, Ecosofia: la nuova saggezza. Per una spiritualità della terra, Assisi 1993; vgl. seinen Beitrag in diesem Band. – Der Ausdruck „Ökosophie" scheint zu stammen von dem norwegischen Philosophen Arne Naess, Ecology, Community and Lifestyle. Outline of an Ecosophy, Cambridge 1989. Naess unterscheidet seit 1972 zwischen shallow (seichter) ecology und deep ecology, welche eine fundamental veränderte Einstellung zu uns selbst zur Grundlage hat; vgl. Arne Naess, The Shallow and the Deep, in: Inquiry 16 (1973) 95–100.

[76] Diesen oft vergessenen, aber am Ende ausschlaggebenden Aspekt stellt der Lateinamerikaner José Gómez, De la ecología a la ecofilia. Apuntes para una ecología liberadora, in: Pasos 30 (1990), sehr gut heraus.

[77] Das betont m.R. Carl Friedrich von Weizsäcker, Für ein Weltethos. Meine Meinung dazu, in: EvKomm 28 (1995) 290–293, hier 292f.

[78] In diesem Band plädieren daher vor allem der Inder Felix Wilfred und die Afrikanerin Wangari Maathai für Stärkung der lokalen ökologischen Lebensgemeinschaften, Dezentralisierung, direktere Demokratie und aktive Partizipation.

[79] Die Greuel der Nationalsozialisten waren für diese normative Ableitungen aus dem kulturspezifischen Deutehorizont einer „arischen Kultur"; und die Unterdrückungsmaßnahmen der heutigen Pekinger Herrscher werden nach außen unter Abweisung westlicher Werte (Demokratie, Menschenrechte) und mit Berufung auf die spezifisch chinesische Kulturtradition gerechtfertigt, zu Unrecht, wie jüngst Heiner Roetz, Menschenrechte und Konfuzius, in: Die Zeit Nr. 24 (9. 6. 1995) 43 aufzeigt. Es gibt zu denken, daß in allen Ländern sich die Dissidenten und Minderheiten an Prinzipien wie Demokratie und Menschenrechte ausrichten!

[80] Das betont neuerdings auch Thomas Hausmanninger in seinem Beitrag: Diskurs „Weltethos". Programmatische Notizen zur Diskussion um ein globales Rahmenethos, in: Catholica 48 (1994) 303–314, hier 312ff.

[81] Vgl. dazu Oswald Schwemmer, Kulturelle Identität und moralische Verpflichtung. Zum Problem des ethischen Universalismus, in: Information Philosophie 1992, 5–21. Wiederabgedruckt in: L. Honnefelder (Hrsg.), Sittliche Lebensform und praktische Vernunft, Paderborn 1992, 93–104.

[82] Siehe dazu den Beitrag des Umweltvölkerrechtlers Harald Hohmann in diesem Band.

Religion und Natur: Zur Debatte über die historischen Wurzeln der ökologischen Krise

Von ULRICH BERNER

Einleitung: Die Frage nach der Schuld des Christentums

In der Debatte über die ökologische Krise der Gegenwart ist immer wieder die Frage erörtert worden, ob und in welchem Ausmaß das Christentum für diese Krise verantwortlich ist. Da die moderne Naturwissenschaft im christlichen Abendland entstanden ist, erscheint es auf den ersten Blick gar nicht unplausibel, einen Zusammenhang zwischen jüdisch-christlicher Tradition und ökologischer Krise anzunehmen. Ein Titel wie „Die gnadenlosen Folgen des Christentums" läßt erkennen, daß die Annahme eines solchen Zusammenhanges mit einer scharfen Kritik am Christentum verbunden sein kann.[1] Der zentrale Vorwurf an das Christentum ist in dem Begriff des „Anthropozentrismus" enthalten.[2] Dieser Begriff bezeichnet in diesem Zusammenhang die Auffassung, daß die Natur dem Menschen zur freien Verfügung gestellt ist. Als Hauptbeleg für den jüdisch-christlichen Ursprung der anthropozentrischen Weltsicht gilt Genesis 1,28: der göttliche Auftrag an den Menschen, sich die Erde untertan zu machen. Die Verknüpfung der anthropozentrischen Weltsicht mit dem christlichen Gottesglauben scheint damit gesichert zu sein.

Derartige Schuldzuweisungen an das Christentum sind natürlich nicht ohne Widerspruch von seiten der christlichen Theologie geblieben. Es gibt eine Fülle von Stellungnahmen, die den Zusammenhang zwischen dem Christentum und der ökologischen Krise bestreiten und die den Ansatz, der zur Überwindung dieser Krise führen könnte, innerhalb der christlichen Tradition suchen.[3] Es liegt auf der Hand, daß diese Debatte die persönliche religiöse Einstellung der Autoren berührt und daß christentumskritische bzw. -apologetische Intentionen eine große Rolle spielen. Ein Überblick über die Debatte läßt deutlich werden, daß es viele Mißverständnisse gibt, die sich aus der Verschiedenheit der Fragestellungen und Interessen ergeben.

Als Ansatzpunkt ist ein Aufsatz des Historikers Lynn White besonders gut geeignet. Dieser Text, der zuerst 1967 in einer populären Zeitschrift erschienen ist, hat in den 70er Jahren eine intensive Debatte ausgelöst und ist mehrfach wiederabgedruckt worden.[4] Lynn White ist ein Experte für die Entwicklung der Naturwissenschaften und der Technologie im Mittelalter. Wenn er der Meinung ist, die „historischen Wurzeln unserer ökologischen Krise“ seien im christlichen Mittelalter zu finden, dann muß seine These jedenfalls ernst genommen und genau geprüft werden. Im folgenden sollen zunächst die These Whites und die kritischen Entgegnungen dargestellt werden. Nach einigen allgemeinen Überlegungen sollen zum Schluß einige historische Beispiele vorgestellt werden, die für die Untersuchung des Naturverständnisses im mittelalterlichen Christentum relevant sind.

1. Die These Lynn Whites und ihre Kritik

In dem bekannten Aufsatz von 1967 stellt L. White zunächst fest, daß alle Formen des Lebens ihre Umwelt verändern und daß z. B. der Assuan-Staudamm in Ägypten nur das letzte Stadium in einem langen – mindestens sechs Jahrtausende währenden – Prozeß repräsentiert. Neu ist demnach nur das Ausmaß der Umweltzerstörung, das ermöglicht wird durch die Verbindung von Naturwissenschaft und Technologie, die sich im 19. Jh. ergeben hat.[5] White bringt diese Verbindung von Naturwissenschaft und Technologie mit den demokratischen Revolutionen in Zusammenhang, die in Europa stattgefunden haben: „Our ecologic crisis is the product of an emerging, entirely novel, democratic culture.“[6] Im Hinblick auf die ökologische Krise der Gegenwart erscheint es ihm aber notwendig, noch weiter zurückzugehen und die geistigen Voraussetzungen von Naturwissenschaft und Technologie zu untersuchen.

Ausgehend von der Tatsache, daß es sich bei der modernen Naturwissenschaft und Technologie um ein abendländisches Phänomen handelt, versucht White in einem ersten Schritt, die Entwicklung, die zu dieser Vorrangstellung des Abendlandes geführt hat, zu ihrem Ursprung zurückzuverfolgen. Er ist der Meinung, daß die Wurzeln weiter zurückreichen als bis zur industriellen Revolution im 18. Jh. oder auch bis zur wissenschaftlichen Revolution im 17. Jh. Den Beginn der Entwicklung glaubt er im europäischen Mittelalter zu finden: „From the 11th century onward the scientific sector of occidental culture has increased in a steady crescendo.“[7] In einem zweiten Schritt fragt White nach den geistigen Voraussetzungen dieser Entwicklung, also nach der mittelalterlichen Sicht des Menschen und der Natur. Als Beispiel für den technologischen Fortschritt im frühen Mittelalter nennt er die Einführung des schweren Pfluges im nördlichen Europa.[8] Dieser Fortschritt bedeutet ihm zufolge einen tiefgreifenden Wandel im Verhältnis des Menschen zur Natur: „Formerly man had been part of nature; now he was the exploiter of nature."[9] Die Frage nach den geistigen Voraussetzungen dieses Wandels beantwortet White durch die Beschreibung des abendländischen Christentums als einer anthropozentrischen Religion: „By destroying pagan animism, Christianity made it possible to exploit nature in a mood of indifference to the feelings of natural objects."[10]

In einem dritten Schritt stellt White ein alternatives Naturverständnis dar, das ihm geeignet zu sein scheint, aus der ökologischen Krise herauszuführen. Er verweist zunächst auf den Zen-Buddhismus, der ein ganz anderes Verhältnis zur Natur habe als das Christentum. Die Überwindung der ökologischen Krise erwartet er aber nicht von einem Import religiöser Ideen aus dem Osten. Vielmehr sucht er nach einem alternativen Modell in der christlichen Tradition selbst, und er findet ein solches Modell bei Franz von Assisi. Der Aufsatz schließt mit den Worten: „I propose Francis as patron saint for ecologists."[11] Allerdings hat White diesen Heiligen innnerhalb der christlichen Tradition isoliert, indem er ihn als einen Häretiker einordnet, und er hat diese Isolierung noch dadurch verstärkt, daß er Beziehungen zu den Katharern vermutet und von da aus hypothetisch eine Linie zu den indischen Religionen zieht. Er geht aber nicht so weit, Franz von Assisi eine Seelenwanderungslehre oder einen Pantheismus zu unterstellen. Die Konzeption, die er bei diesem Heiligen zu finden glaubt, bezeichnet er als „pan-psychism".[12]

Es sieht zwar zunächst so aus, als ob White eine pauschale Schuldzuweisung an das Christentum vornimmt, wie sie sich später im Werk populärer Autoren findet. Tatsächlich spricht er auch von einer Schuld des Christentums.[13] Es darf aber nicht übersehen werden, daß White vorher auf die Komplexität der christlichen Tradition hingewiesen hat. So hat er ausdrücklich festgestellt, daß die Entwicklung, die schließlich zur ökologischen Krise führt, auf das westliche Christentum beschränkt sei, während die Entwicklung im östlichen Christentum ganz anders verlaufen sei.[14] Außerdem hat er den Ansatz, der zur Überwindung der Krise führen soll, innerhalb der christlichen Tradition gefunden, wenn auch bei einem Außenseiter. Da er solche Differenzierungen vorgenommen hatte, konnte er nicht damit rechnen, daß seine These im Sinne einer pauschalen Schuldzuweisung an „das" Christentum verstanden werden und entsprechend heftige Reaktionen hervorrufen würde.

Einige Jahre später hat White einen Aufsatz zu demselben Thema veröffentlicht – diesmal nicht in einer populären Zeitschrift –, der in der Debatte kaum oder gar nicht zur Kenntnis genommen worden ist. Gerade in dieser Arbeit wird aber deutlich, wie vorsichtig er bei dem Versuch einer historischen Erklärung vorgeht. Er korrigiert eigene Überlegungen, die er in früheren Arbeiten vorgetragen hatte, und er greift auch auf vorliegende Erklärungsansätze zurück. So verweist er auf E. Benz, einen Kenner der abendländischen Geistesgeschichte, sowie auf die Wissenschaftshistoriker R. Forbes und S. Sambursky.[15] Es dürfte White also nicht der Vorwurf gemacht werden, daß seine These gar nicht neu sei. Vielmehr müßten die Argumente der Vorgänger, auf die er sich beruft, in der Debatte über seine These mit berücksichtigt werden. Außerdem zeigt sich gerade bei seiner Anknüpfung an E. Benz, daß White kein historisches Pauschalurteil über „das" Christentum fällen wollte: „If, as Benz believes, the vigor of Western medieval technology is an expression of religion, the sources of that dynamism must be found less in the broader aspects of Christianity than in the distinctive qualities and moods that differentiate Occidental from Byzantine Christian piety."[16]

White hat 1973 auf seine Kritiker geantwortet und seine These dabei in einigen Punkten präzisiert. Eine erste Präzisierung betrifft den Titel seines Aufsatzes. Er habe bewußt die Metapher „roots" gewählt und den Begriff der Ursache vermieden. In der Metapher der Wurzeln sei der Pluralismus der historischen Ursachen angedeutet.[17] Damit wird klargestellt, daß das Christentum oder genauer das Wertesystem des abendländischen Christentums nicht als einzige Ursache benannt werden soll. Anhand einiger neuer Beispiele versucht er noch einmal zu zeigen, daß das abendländische Christentum – und zwar nur dieses, im Gegensatz zum byzantinischen Christentum – bereits im Mittelalter die Entwicklung der Technologie begünstigt hat.[18]

Eine zweite Präzisierung betrifft den Unterschied zwischen theologischer und historischer Fragestellung. Dem Historiker gehe es nur darum, wie die betreffenden Aussagen der Bibel in einer bestimmten Zeit verstanden worden sind.[19] Damit wird klargestellt, daß die Rede von der „christlichen Arroganz gegenüber der Natur" nicht eine Aussage über das Wesen des Christentums sein soll, sondern nur eine Beschreibung der Auffassung, die in einer bestimmten Tradition des Christentums zu einer bestimmten Zeit dominiert hat und die bis in die Gegenwart hinein fortwirkt. Außerdem hat White in seiner Entgegnung die Problematik noch klarer formuliert, allerdings ohne die Lösung weiter zu konkretisieren: „The religious problem is to find a viable equivalent to animism."[20] Diese Formulierung läßt deutlich werden, daß der Pan-Psychismus, den er bei Franz von Assisi zu finden glaubt, eben ein solches Äquivalent zum Animismus sein soll.

In der Debatte über die These Lynn Whites lassen sich fünf Ansätze der Kritik unterscheiden, die als „exegetisch", „historisch", „methodisch", „theologisch" und „ideologisch" bezeichnet werden können. Die *exegetische* Kritik setzt bei der Interpretation von Genesis 1,28 ein.[21] In der modernen Exegese hat sich die Auffassung durchgesetzt, daß der Herrschaftsauftrag, der in diesem Text ausgesprochen wird, die Verantwortung des Menschen für die Erde einschließt.[22] Aus einer solchen „Klarstellung" läßt sich aber keine direkte Kritik an der These Whites ableiten. Für die Konstruktion eines Zusammenhanges zwischen jüdisch-christlicher Tradition und moderner Naturwissenschaft ist ja nicht der ursprüngliche Sinn von Genesis 1,28 entscheidend, sondern die Geschichte der Auslegung.[23] Die *historische* Kritik verweist auf die Naturzerstörung in nichtchristlichen Kulturen oder verlegt die entscheidende Phase des Prozesses in die Neuzeit – die Umweltkrise wäre dann die Folge der Säkularisierung, also gerade nicht die Folge des Christentums.[24] Allerdings hat White selbst die entscheidende Phase des Prozesses, der zum Ausbruch der ökologischen Krise führt, im 19. Jh. angesetzt. Sein Rekurs auf das Mittelalter sollte nur dazu dienen, die geistigen Voraussetzungen des modernen Prozesses aufzudecken. Die *methodische* Kritik bestreitet die Möglichkeit einer monokausalen Erklärung des Prozesses überhaupt.[25] Dabei wird manchmal übersehen, daß White nicht von „der Wurzel", sondern von „den Wurzeln" der ökologischen Krise spricht.[26] Die *theologische* Kritik wirft White vor, das eigentlich christliche Naturverständnis – das gerade durch Franz von Assisi repräsentiert werde – verfehlt zu haben.[27] Dieser Vorwurf trifft die These Whites aber nicht, insofern als diese historisch konzipiert ist und keinen Wesensbegriff des Christentums voraussetzt. Die *ideologische* Kritik stellt dem Vorschlag Whites, sich am Naturverhältnis des Heiligen Franz zu orientieren, eine andere Lösung entgegen, ohne daß diese als die eigentlich christliche hingestellt würde. Als Alternative wird z. B. das Naturverhältnis des Heiligen Benedikt – als „Benedictine Stewardship" bezeichnet – vorgeschlagen.[28]

2. Zusammenfassung der Ergebnisse und Formulierung neuer Fragestellungen

In der Debatte über die These Lynn Whites hat es einige Mißverständnisse gegeben, die sich wohl daraus erklären, daß das Thema – die Frage nach der Schuld des Christentums – emotional besetzt ist und Gegner wie Verteidiger des Christentums auf den Plan ruft. Eine monokausale Erklärung, in dem Sinne, daß allein das Christentum für die Umweltkrise verantwortlich sei, ist sicherlich zu Recht kritisiert worden. Diese Kritik trifft die These Whites aber nicht, da der Plural „historical roots" einen Pluralismus der Ursachen bereits andeutet. Außerdem hat White in mehreren parallelen Arbeiten, die in der Debatte nicht beachtet worden sind, die Komplexität der Zusammenhänge und die Schwierigkeit der historischen Erklärung klar genug herausgestellt. Das zentrale methodische Problem liegt vielmehr in der metaphorischen Verwendung von Begriffen überhaupt. Whites Entscheidung, den Begriff der „Ursache" durch die Metapher „Wurzeln" zu ersetzen, entspringt zwar gerade seiner Vorsicht gegenüber vereinfachenden kausalen Erklärungen, öffnet aber doch den Weg für Mißverständnisse. Im Kontext einer wissenschaftlichen Argumentation können Metaphern zwar in einer heuristischen Funktion verwendet werden, sollten aber doch nur als Platzhalter für exakte Begriffe betrachtet werden – oder es müßte die Übertragung der Begriffe in den neuen Kontext genau beschrieben werden.[29] Die entscheidende Frage ist, ob Gesetzmäßigkeiten im Sinne des H-O-Schemas der wissenschaftlichen Erklärung zu entdecken sind.[30] Da die Entwicklung zur ökologischen Krise nur im kulturellen Kontext des abendländischen Christentums stattgefunden hat, nicht aber in dem des östlichen Christentums, scheidet die Möglichkeit von vornherein aus, eine einfache Gesetzmäßigkeit anzunehmen, in dem Sinne, daß das Christentum als solches die Entwicklung von Naturwissenschaft und Technologie mit all ihren negativen Folgen hervorruft – also die einzige Ursache ist. Das hat White aber auch gar nicht behauptet, da er ausdrücklich auf den Unterschied zwischen westlichem und östlichem Christentum hingewiesen hat. Es geht also darum, spezielle Antecedens-Bedingungen zu finden, die die Entwicklung im christlichen Abendland erklären – oder es muß nach einer anderen Gesetzmäßigkeit in der Entwicklung gesucht werden.

In diesem Zusammenhang ist der Ansatz des Historikers A. Toynbee von Interesse, der 1972 in die Debatte eingegriffen hat, ohne die These Whites zu erwähnen. Toynbee geht von der ökologischen Krise zunächst auf die industrielle Revolution zurück und fragt dann nach deren geistigen Voraussetzungen. Diese Voraussetzungen findet er in einer naturwissenschaftlichen Gesellschaft des 17. Jh., der „Royal Society". Die Mitglieder dieser Gesellschaft haben Toynbee zufolge zwar gegen religiöse Intoleranz und Gewalt gekämpft, nicht aber gegen das Christentum als solches und auch nicht gegen das christliche Verständnis der Natur. Das christliche Naturverständnis sieht Toynbee in Genesis 1,28 zusammengefaßt: „Here was Biblical sanction for the Royal Society's agenda."[31] Als Bedeutung dieser Bibelstelle setzt er jenes Verständnis voraus, das im 17. Jh. gültig war. Er differenziert also nicht zwischen der ursprünglichen Bedeutung der biblischen Aussage und der Geschichte ihrer Auslegung. Diesem biblisch-christlichen Naturverständnis stellt Toynbee ein anderes gegenüber, das ihm aufgrund seiner humanistischen Bildung gegenwärtig ist: das Naturverständnis der vorchristlichen Antike. In diesem Bereich findet er ein ganz anderes Verhältnis zur Natur, das dem der ostasiatischen Religionen verwandt ist. Aus diesem Vergleich ergibt sich für Toynbee die These, daß die ökologische Krise letztlich auf eine religiöse Ursache zurückzuführen ist und daß diese Ursache die Entstehung des Monotheismus ist: „The thesis of the present essay is that some of the major maladies of the present-day world ... can be traced back in the last analysis to a religious cause, and that this cause is the rise of monotheism."[32] Seine Schuldzuweisung trifft also nicht nur das Christentum, sondern den Monotheismus überhaupt als die Religionsform, die jede Naturverehrung, wie sie z. B. im antiken Polytheismus gegeben war, verbietet. Zur Überwindung der ökologischen Krise schlägt Toynbee deshalb nicht eine Alternative zum Christentum vor, sondern eine Alternative zur Weltanschauung des Monotheismus: „If I am right in my diagnosis of mankind's present-day distress, the remedy lies in reverting from the Weltanschauung of monotheism to the Weltanschauung of pantheism, which is older and was once universal."[33] In einer zweiten, etwas veränderten Version des Artikels hat Toynbee 1973 einige Differenzierungen vorgenommen und die Sonderrolle des westlichen Christentums innerhalb der Bewegung des Monotheismus betont.[34] Außerdem hat er seinen Vorschlag zur Überwindung der Krise durch zwei Beispiele konkretisiert. Er beschreibt zwei Arten der Reintegration des Menschen in die Natur – durch die Ekstase oder durch die Kontemplation. Als Beispiele nennt er Franz von Assisi und die Philosophie der Upanisads.[35]

Die These Toynbees hat nicht dasselbe Echo hervorgerufen wie die These Lynn Whites – vielleicht deshalb, weil die Kritik am Monotheismus nicht in dem gleichen Maße emotional besetzt ist wie die Kritik am Christentum. Toynbees These wäre der gleichen methodischen Kritik ausgesetzt, wenn sie als monokausale Erklärung aufgefaßt würde, die einen gesetzmäßigen Zusammenhang zwischen Monotheismus und Zerstörung der Natur postuliert. In diesem Falle müßte die Entwicklung der Naturwissenschaft in der islamischen Kultur zum Vergleich herangezogen werden. Die Tatsache, daß die islamische Kultur, die doch auch von einer monotheistischen Religion geprägt ist, nicht die gleiche Art von Naturwissenschaft hervorgebracht hat, läßt die These Toynbees weniger plausibel erscheinen als die These Whites.[36] Problematisch ist aber schon die Rede von der „Schuld" oder „Verantwortung" einer Religion überhaupt. Denn es handelt sich auch in diesem Fall um eine metaphorische Verwendung von Begriffen, insofern als diese Begriffe aus dem Kontext der ethischen Argumentation in den der historischen Erklärung übertragen werden. Auch hier gilt, daß die Metaphern nur als Platzhalter für exakte Begriffe, die noch zu konstruieren sind, betrachtet werden sollten oder daß die Implikationen der Übertragung genau angegeben werden müßten.

Jeder Versuch, die ökologische Krise historisch zu erklären, muß zweifellos von der Tatsache ausgehen, daß die moderne Naturwissenschaft und Technologie ihre Ausprägung im christlichen Abendland erfahren haben. Auch wenn die Säkularisierung in der Neuzeit als entscheidende Phase des Prozesses angesehen wird, gilt immer noch, daß zumindest ein indirekter Zusammenhang mit dem Christentum besteht. Dieser Zusammenhang müßte genauer untersucht werden. Dabei sind auf jeden Fall zwei Differenzierungen vorzunehmen, sozusagen eine vertikale und eine horizontale. Zum einen ist festzuhalten, daß die Bedeutung biblischer Aussagen in der Geschichte ihrer Auslegung stark variieren kann. Für die historische Untersuchung ist deshalb nur die Frage relevant, wie die betreffenden biblischen Aussagen im Mittelalter verstanden worden sind. Und es ist keineswegs nötig, in der mittelalterlichen Exegese bereits die explizite Legitimation zu einer Ausbeutung der Natur zu finden. Für die Art des Zusammenhanges, die in der These Whites behauptet wird, reicht es aus, im Mittelalter eine theologisch positive Bewertung des technischen Fortschritts zu finden. Zum andern ist festzuhalten, daß es auch innerhalb des westlichen Christentums verschiedene Auslegungen des christlichen Naturverhältnisses nebeneinander geben kann. Die Möglichkeit eines innerchristlichen Pluralismus ist in der Debatte bereits implizit angedeutet worden, wenn Franz von Assisi und Benedikt von Nursia gegenübergestellt werden. Eine solche elementare Differenzierung müßte es eigentlich schon verbieten, von der Schuld oder Verantwortung „des“ westlichen Christentums – oder gar „des“ Christentums überhaupt – zu sprechen.

Diese Differenzierung innerhalb des westlichen Christentums müßte auch dann berücksichtigt werden, wenn Vergleiche mit anderen Religionen, wie z. B. den sogenannten Naturreligionen, vorgenommen werden. So hat der Ethnologe W. Müller das Naturverständnis der nordamerikanischen Indianer unter dem Titel „Schwester Sonne und Bruder Mond“ dargestellt, und er hat dabei den Gegensatz zu dem Naturverständnis des Europäers stark betont.[37] In dieser ethnologischen Darstellung fehlt aber ein Hinweis darauf, daß der Titel, der das indianische Naturverständnis charakterisieren soll, in Anlehnung an den Sonnengesang des Heiligen Franz von Assisi formuliert ist.

Es soll nicht bestritten werden, daß in den verschiedenen religiösen Traditionen der Menschheit auch verschiedene Einstellungen zur Natur dominiert haben können. So gibt es z. B. in der christlichen Tradition kaum ein Äquivalent zu dem buddhistischen Grundsatz, kein lebendes Wesen – also auch kein Tier – zu verletzen. Das Beispiel des Franz von Assisi zeigt aber schon, daß es nicht unmöglich ist, im Rahmen der christlichen Tradition ein vergleichbares Naturverhältnis zu entwickeln. Jedenfalls wäre es zu einfach, die Programme einer „Bewahrung der Natur“ und einer „Ausbeutung der Natur“ mit verschiedenen religiösen Traditionen zu identifizieren. Im religionsgeschichtlichen Vergleich wäre lediglich festzustellen, daß es in der christlichen Tradition Ansatzpunkte gibt, wie z.B. Genesis 1,28, die dazu geeignet sind, ein anthropozentrisches Naturverständnis und schließlich auch eine Ausbeutung der Natur religiös zu legitimieren. Auch wenn angenommen wird, daß eine solche Auslegung dem ursprünglichen Sinn der biblischen Aussage widerspricht, bleibt doch die Tatsache bestehen, daß ein solches Naturverhältnis im Rahmen der christlich-abendländischen Kultur entwickelt worden ist. Im Hinblick darauf, daß zerstörerische Eingriffe in die Natur nicht auf den Bereich christlicher Kulturen beschränkt sind, legt es sich allerdings nahe, die Auswirkung religiöser Traditionen negativ zu beschreiben – als mehr oder weniger wirksame Kraft, die Naturzerstörung, die mit der Wahrnehmung des menschlichen Eigeninteresses immer als Möglichkeit gegeben ist, zu verhindern. In seiner Auseinandersetzung mit White hat Moncrief festgestellt, daß eine nicht-animistische Kultur der Ausbeutung und Zerstörung der Natur weniger Hemmungen entgegenstellt als eine animistische Kultur.[38] Abgesehen von dem problematischen Begriff des Animismus erscheint diese Formulierung der Sache eher angemessen als die metaphorische Rede von der Schuld einer Religion.

Whites Rede von der Schuld des Christentums ist also nicht nur unvorsichtig und provozierend, sondern auch der Sache unangemessen, insofern als ethische Begriffe wie „Schuld“ oder „Verantwortung“ nicht einfach auf kulturelle Systeme oder Traditionen übertragen werden können. Das gilt dann aber auch für die Gegner Whites, die nachzuweisen versuchen, daß das Christentum keine Schuld an der ökologischen Krise habe. Beides – die Zuweisung wie die Bestreitung der Schuld des Christentums – ist aus der Debatte zu eliminieren, und es sind vielmehr die Fragen zu erörtern, welche Auslegung christlicher Quellen zur religiösen Legitimation eines bestimmten Naturverhältnisses gebraucht worden ist und welche Faktoren zur kulturellen Dominanz der einen oder anderen Auslegung beigetragen haben. Die Frage nach der Schuld oder Verantwortung würde sich dann nicht mehr auf die religiöse Tradition als solche beziehen, sondern auf die Menschen, die daran beteiligt waren, eine bestimmte Auslegung dieser Tradition zu schaffen oder durchzusetzen. Die Wirkung kultureller Systeme oder Traditionen auf menschliches Denken und Handeln müßte in anderen, nicht-ethischen Begriffen beschrieben werden, um zu verhindern, daß die Schuldzuweisung an eine Religion den Blick ablenkt von der Verantwortung der Menschen, die dazu beigetragen haben, daß eine von mehreren konkurrierenden Auslegungen der betreffenden Tradition eine dominierende Stellung erhalten hat.

Ein Beispiel, an dem diese Problematik erörtert werden könnte, ist das Werk Francis Bacons. Aus der Sicht des Historikers – vielleicht nicht aus der des Theologen – würde Bacon zweifellos als ein Vertreter der christlichen Tradition zu gelten haben. Bei dem Versuch, die Durchsetzung seiner Auffassung des christlichen Naturverständnisses zu erklären, müßten auch andere, nicht-religiöse Faktoren des historischen Prozesses berücksichtigt werden, so daß sich der Ansatz einer multikausalen Erklärung abzeichnet – übrigens gar nicht im Widerspruch zu Whites Rede von den „historischen Wurzeln der ökologischen Krise“. White hat ja selbst festgestellt, daß die Konzeption Bacons erst im 19. Jh. ihre Wirksamkeit entfaltet.

In der Debatte über die These Whites müßte auch der Kontext berücksichtigt werden, in dem seine These entstanden ist. In einer früheren Arbeit hat White seinen Ansatz, nach den geistigen Voraussetzungen der technologischen Entwicklung zu fragen, in der Auseinandersetzung mit einer geschichtsmaterialistischen Interpretation des Prozesses entfaltet.[39] Die Entwicklung der abendländischen Naturwissenschaft wird in diesen frühen Arbeiten Whites ganz positiv gewertet, und die Bedeutung des franziskanischen Naturverhältnisses wird gerade in diesem Zusammenhang hoch veranschlagt.[40] In den 60er Jahren scheint er sich zunehmend der negativen Folgen dieser Entwicklung bewußt geworden zu sein, und daraus ergab sich wohl der Vorsatz, die religiösen Voraussetzungen des kulturell dominanten Naturverhältnisses in Frage zu stellen und zu einem Umdenken anzuregen. Die Rede von der Schuld des Christentums war dann allerdings gut dazu geeignet, eine öffentliche Debatte auszulösen und die Problematik ins Bewußtsein zu heben.

Es bleibt die Aufgabe bestehen, das Naturverständnis im christlichen Mittelalter genauer zu untersuchen, um die These L. Whites in einem begrenzten Kontext zu überprüfen. Im Hinblick auf die Frage, ob die Christianisierung Europas einen vollständigen Wandel im Naturverhältnis des Menschen mit sich gebracht hat, ist die sogenannte Renaissance des 12. Jh. von besonderem Interesse.[41] Eine Untersuchung dieser Renaissance im Mittelalter ist zugleich von größter Relevanz für die Frage nach der Kontinuität und Diskontinuität im

Übergang zur Neuzeit. Die Renaissance des 15. Jh. wird ja oft als Heraufkunft eines neuen Menschenbildes und Naturverhältnisses gedeutet.[42]

Im Umkreis der Schule von Chartres, die als besonders repräsentativ gilt für die Renaissance des 12. Jh., sind einige allegorische Dichtungen entstanden, in denen die Natur personifiziert wird.[43] Eine Betrachtung dieser Werke – die White in seinen Überlegungen nicht berücksichtigt zu haben scheint – könnte dazu beitragen, das Bild vom Naturverständnis des mittelalterlichen Christentums weiter zu differenzieren. Dabei könnte sich zugleich eine neue innerchristliche Alternative zeigen – neben Franz von Assisi –, die für die moderne Debatte über die ökologische Krise interessant ist.[44] Ein Gesichtspunkt für die Auswahl dieser Werke aus dem 12. Jh. ist gerade die Tatsache, daß ihre Verfasser, Bernardus Silvestris und Alanus ab Insulis, nicht so bekannt sind wie Franz von Assisi oder auch Hildegard von Bingen, die in diesem Zusammenhang schon oft genannt worden sind.[45] Ein anderer Gesichtspunkt ist die Hochschätzung der Wissenschaften (Artes) – auch und gerade der Naturwissenschaften – in der Schule von Chartres.[46] Die allegorischen Dichtungen, die im Umkreis dieser Schule entstanden sind, könnten gerade deshalb für die moderne Debatte interessant sein. Die Rede von der Renaissance des 12. Jh. läßt es sinnvoll erscheinen, das Erbe der Antike in die Betrachtung einzubeziehen.

3. Betrachtungen zum Naturverständnis im mittelalterlichen Christentum

3.1 Das Erbe der Antike

Die These Lynn Whites beruht zu einem großen Teil auf der Annahme, die vor ihm schon von anderen Wissenschaftshistorikern vertreten worden war, daß die Christianisierung Europas einen Wandel im Naturverhältnis des Menschen mit sich gebracht hat. Diesen Wandel beschreibt White kurz als „Zerstörung des Animismus“. Auch wenn man es ablehnt, den problematischen Begriff „Animismus“ zu verwenden, stellt sich doch die Aufgabe, den historischen Prozeß genauer zu untersuchen und die Kontinuität und Diskontinuität im Übergang zum Christentum zu beschreiben.

Aus dem Naturverständnis der Antike sind zwei Motive bekannt, die mit dem Christentum unvereinbar zu sein scheinen: zum einen der Grundsatz, im Einklang mit der Natur zu leben (secundum naturam vivere), und zum andern die religiöse Verehrung der Natur als einer Göttin. Das eine Motiv ist mit dem Begriff des stoischen Pantheismus assoziiert, das andere mit dem des antiken Polytheismus. Die Annahme erscheint allzu naheliegend, daß beide Motive als mit dem Christentum unvereinbar im Prozeß der Christianisierung Europas unterdrückt worden sind. Wenn es in diesem Punkt doch eine Kontinuität zwischen Antike und Christentum geben sollte, dann müßte das Bild vom christlichen Naturverständnis noch stärker differenziert werden, und diese Differenzierung wäre wiederum für die Debatte über die Schuld des Christentums relevant.

Die „Naturales Quaestiones" des stoischen Philosophen Seneca sind vielleicht das beste Beispiel einer Naturphilosophie, in der es nur um die Erforschung der Natur geht, nicht um ihre Beherrschung.[47] Seneca will in die Geheimnisse der Natur eindringen, weil er sich davon einen Fortschritt in der Gotteserkenntnis verspricht.[48] Im Widerspruch zur älteren Stoa distanziert er sich ausdrücklich von der Vorstellung, daß technische Erfindungen zum Bereich der Philosophie gehören.[49] Er ist an technischen Erfindungen nicht interessiert, da es sein Ideal ist, im Einklang mit der Natur zu leben.[50] Mit der Beschreibung des idealen Urzustandes, in dem die Menschen der Natur folgten, verbindet er sogar die Kritik an der Konsum-Gesellschaft seiner Zeit, die der Natur entfremdet ist.[51] Diese stoische Konzeption einer Naturforschung, die nicht zur Naturbeherrschung, sondern zur Selbstbeherrschung führen soll, ist für die moderne Debatte über Religion und Ökologie sicherlich von Interesse, vielleicht gerade deshalb, weil sie ein Naturverhältnis repräsentiert, das im Verlauf der europäischen Religionsgeschichte verdrängt worden ist. Die Unvereinbarkeit mit dem Christentum scheint allerdings auf der Hand zu liegen: Seneca unterscheidet nicht zwischen Gott und Natur im Sinne von Schöpfer und Geschöpf. Natur- und Gotteserkenntnis fallen zusammen.[52] Es gibt aber auch Anzeichen einer verborgenen Kontinuität zwischen Stoa und abendländischem Christentum: Schon im 4. Jh. entsteht der gefälschte Briefwechsel zwischen Paulus und Seneca – offensichtlich ein Versuch, den stoischen Philosophen in die christliche Tradition einzubeziehen. Im 12. Jh. greift Adelard von Bath den Titel „Naturales Quaestiones" auf und macht damit einen Versuch, der rationalen Naturphilosophie Senecas einen Platz in der christlichen Kultur zu verschaffen.[53]

Das Naturverständnis der stoischen Philosophie ist sicherlich mit dem der östlichen Religionen vergleichbar und deshalb für die moderne Debatte von besonderem Interesse – doch scheint der Bezug zur gelebten Religiosität zu fehlen, der kultische Kontext. Als ein Dokument religiöser Naturverehrung in der Antike kann aber der Hymnus an Physis herangezogen werden, der sich im Liederbuch einer orphischen Gemeinde aus dem 2. Jh. n. Chr. findet. In diesem Hymnus wird die Natur (Physis) als „Göttin" und „Mutter" angesprochen:

> „Natur, du allerzeugende Göttin,
> Mutter, reich an Erfindung,
> Ehrwürdige, Himmlische, Göttin der Völker,
> Herrin, Allmächtige, Unbezwungene,
> Allen sichtbare Lenkerin!"[54]

Außerdem werden auch die Begriffe „Gerechtigkeit" (Dike) und „Vorsehung" (Pronoia) auf die Natur übertragen, so daß sie Züge einer göttlichen Gestalt erhält, die mehr ist als die bloße Personifikation der Naturprozesse.[55] Dem Hymnus an Physis ist, wie auch den anderen orphischen Hymnen, eine liturgische Anweisung vorangestellt – „Ein Rauchopfer von Gewürzen" –, so daß der kultische Kontext erkennbar ist. Es scheint auf der Hand zu liegen, daß auch dieses Motiv antiker Religiosität, die Rede von der Göttin Natur, unvereinbar war mit dem christlichen Gottesglauben und daß in diesem Punkt eine Kontinuität zwischen Antike und Christentum ebenfalls ausgeschlossen war. Die Annahme scheint nahezuliegen, daß ein solches heidnisches Motiv erst in der Zeit der Renaissance wiederentdeckt werden konnte.[56]

3.2 Diskontinuität und Kontinuität im Übergang zum Christentum

In der Alten Kirche ist der christliche Widerspruch gegen die Vergöttlichung der Natur z.B. von Laktanz formuliert worden. Er polemisiert gegen die Unvernunft der Philosophen, die die Natur vergöttlichen und als „Mutter aller Dinge" bezeichnen, und er stellt dieser heidnischen Konzeption die christliche Auffassung gegenüber, daß die Natur nur das Werk Gottes sei, ganz von der göttlichen Vorsehung und Macht abhängig.[57] Im 5. Jh. hat der christliche Dichter Prudentius diese Linie der Polemik weitergeführt. In seiner Auseinandersetzung mit Symmachus, der als einer der letzten Vertreter des römischen Heidentums bekannt ist, kommt er auch auf die Vergöttlichung der Natur zu sprechen und stellt spöttisch fest, daß die Heiden alle wunderbaren Naturphänomene zu Göttern machen.[58] Prudentius stellt dieser heidnischen Religiosität den christlichen Gottesglauben gegenüber, der klar zwischen Gott und Natur unterscheidet.[59] An einer anderen Stelle desselben Werkes wird die Konsequenz dieser Unterscheidung für sein christliches Naturverständnis angedeutet.[60]

Diese beiden Texte aus der frühchristlichen Literatur scheinen eindeutig die Annahme zu bestätigen, daß der Übergang von der Antike zum Christentum eine Entgöttlichung der Natur mit sich bringt. Es liegt nahe, diese Linie weiter in die europäische Religionsgeschichte hinein auszuziehen und etwa Beispiele aus der Germanen-Mission zu zitieren. Das bekannteste Beispiel ist die Geschichte von Bonifatius, in der berichtet wird, er habe eine Eiche gefällt, die den Germanen heilig war.[61] Weiterhin könnte die Anekdote über Bernhard von Clairvaux aufgegriffen werden, in der berichtet wird, „er sei einen ganzen Tag am Ufer des Genfer Sees entlanggeritten, ohne einen einzigen Blick auf die Landschaft zu werfen“.[62] Schließlich könnte die Beschreibung des Klosters Clairvaux herangezogen werden, in der voll Stolz die Kanalisierung des Flusses und die Nutzbarmachung der Wasserkraft beschrieben werden, also der Eingriff des Menschen in die Natur.[63] Die Liste solcher Beispiele ließe sich sicherlich noch verlängern, und es hat den Anschein, als ob die Auffassung Whites und Toynbees bestätigt würde – daß das animistische Naturverhältnis, das keine Ausbeutung zuläßt, durch die Christianisierung zerstört worden sei. Bei näherer Betrachtung stellt sich die historische Wirklichkeit aber doch nicht so einfach dar. White hatte ja selbst schon bemerkt: „No great religion is an entirely uniform species.“[64] Um die Differenzierung auch innerhalb des abendländischen Christentums anzudeuten, soll im folgenden noch eine andere Linie verfolgt werden, die eine Kontinuität zwischen Antike und Christentum erkennen läßt.

An der Wende vom 4. zum 5. Jh. ist Claudianus als Dichter für das christliche Kaiserhaus tätig. Er lebt ganz in der antiken Mythologie, auf die er in seinen Dichtungen, die er bei offiziellen Anlässen vorträgt, immer wieder zurückgreift. Dabei tritt Natura personifiziert als Göttin auf: Sie ist es, die dem jungen Juppiter bei seinem ersten Auftritt Götter als Diener übergibt.[65] Claudianus hat auch das antike Mythologem vom Raub der Proserpina bearbeitet und die Göttin Natur auch in diesem Kontext eingeführt.[66] Im 5. Jh. hat der Dichter Sidonius, der bereits aus einer christlichen Familie stammt, ebenfalls bei öffentlichen Anlässen auf die antike Mythologie zurückgegriffen. Auch er kennt Natura als die Ur-Göttin, die den jungen Juppiter in sein Amt einführt.[67]

Es gibt also auch Beispiele einer Kontinuität zwischen Antike und Christentum, gerade was die Gestalt der Göttin Natur betrifft. Diese

Linie läßt sich ebenfalls weiter ausziehen in die europäische Religionsgeschichte hinein – die Personifikation der Natur, wie sie in der Literatur des 12. Jh. belegt ist, könnte in dieser Kontinuität gesehen werden.[68] Der Einwand scheint nahezuliegen, daß es sich bei den angeführten Beispielen aus der christlichen Literatur doch nur um allegorische Dichtungen handele, nicht um religiöse Literatur im engeren Sinne. Für Bernardus Silvestris und Alanus ab Insulis gilt aber, daß ihr dichterisches Werk in engem Zusammenhang mit der Naturphilosophie ihrer Zeit gesehen werden kann.[69] Außerdem hat Alanus ab Insulis nicht nur als Dichter, sondern auch und gerade als Theologe nachgewirkt.[70] Es ist deshalb von besonderem Interesse, das dichterische Werk dieser beiden Autoren aus dem 12. Jh. herauszugreifen, um das Naturverständnis im mittelalterlichen Christentum exemplarisch zu untersuchen.

3.3 Die Göttin Natur im mittelalterlichen Christentum

Bernardus Silvestris schreibt in der Mitte des 12. Jh. eine „Cosmographia", die aus zwei Teilen besteht: dem „Megacosmus" und dem „Microcosmus".[71] Das Werk enthält eine eigenartige Version der Schöpfungsgeschichte – eigentlich eine Alternative zum biblischen Bericht. Im ersten Teil, dem „Megacosmus", geht es um die Erschaffung der Welt: Die Natur (Natura) klagt über den ungeordneten Zustand der Urmaterie (Hyle/Silva) und bewegt durch ihre Bitten die göttliche Vorsehung (Noys) dazu, die Elemente und schließlich den Kosmos zu schaffen. Die Schönheit der Welt, die durch die Bitte der Natur und durch die Tätigkeit der göttlichen Vorsehung entsteht, wird ausführlich beschrieben – eine Beschreibung, die zeigt, welches Interesse der Verfasser den Naturphänomenen entgegenbringt.[72] Da Noys als Personifikation der göttlichen Vorsehung am Wesen Gottes Anteil hat, die Natur wiederum als Tochter der Vorsehung gilt, wird damit auch die Natur zu einem göttlichen Wesen erhoben.[73] Tatsächlich hat Bernardus Silvestris sich nicht gescheut, die Natur und andere verwandte Mächte als „Göttinnen" zu bezeichnen.[74]

Im zweiten Teil, dem „Microcosmus", geht es um die Erschaffung des Menschen: Die Natur ist daran beteiligt, ist aber auf die Zusammenarbeit mit anderen göttlichen Mächten – Ourania und Physis – angewiesen, die die Seele und den Körper bereitstellen müssen. Es liegt nicht im Machtbereich der Natur, die unsterbliche Seele des Menschen zu schaffen. Der Natur kommt vielmehr die Aufgabe zu, die beiden Teile, die den Menschen konstituieren – Seele und Körper –, zusammenzufügen.[75] Zum Wesen des Menschen gehört es, daß er die Gesetze der Natur erforscht und daß er über die Erde und die ganze Welt herrscht.[76]

Da die Sonderstellung des Menschen und sein Herrschaftsanspruch so stark betont werden, stellt sich die Frage, ob Bernardus Silvestris eine anthropozentrische Naturauffassung vertritt. Tatsächlich ist festzuhalten, daß er die Naturphänomene auch und gerade unter dem Aspekt ihrer Nützlichkeit für den Menschen beschreibt. Allerdings ist eine Zerstörung oder Ausbeutung der Natur in dieser Konzeption nicht intendiert und eigentlich auch gar nicht möglich. Denn die Welt als die Gesamtheit der Naturphänomene ist ja das Werk der göttlichen Vorsehung, das Bestand haben soll und nicht der Zerstörung preisgegeben werden darf. Außerdem wird die Welt ausdrücklich als ein „Lebewesen" bezeichnet.[77] Die Darstellung der Natur als einer göttlichen Macht schafft überhaupt ein Gegengewicht zu dem Motiv der „Herrschaft des Menschen". Der Mensch muß im Einklang mit den Gesetzen der Natur leben, wenn er auch durch seine unsterbliche Seele über den Bereich der Natur hinausragt.[78] Die Auffassung, daß die Natur eine Größe zwischen Gott und Mensch ist, kommt im Werk des Alanus ab Insulis noch deutlicher zum Ausdruck.

In der ersten großen Dichtung des Alanus, dem „Planctus Naturae", geht es um die Klage über den Menschen, der als einziges der Geschöpfe sich nicht immer an die Gesetze der Natur hält.[79] Alanus beschreibt die Erscheinung der Göttin Natur – eine Vision, die ihn alle Phasen eines religiösen Erlebnisses durchlaufen läßt.[80] Die Beschreibung des Gewandes der Göttin dient dazu, einen Überblick über die Naturphänomene – die Tier- und Pflanzenwelt – zu geben.[81] In einem Hymnus, der mit dem orphischen Hymnus an Physis durchaus vergleichbar ist, spricht der Dichter die Natur als eine göttliche Macht an.[82] Die Stellung der Natur als einer göttlichen Macht zwischen Gott und Mensch wird genau bestimmt: Ihre Macht ist zwar geringer als die Macht Gottes, aber wesentlich größer als die des Menschen. In einem Vergleich, der grammatische Kategorien aufnimmt, wird die Macht der Natur als „comparativa" bezeichnet, die Macht Gottes als „superlativa" und die des Menschen als „positiva".[83] Die Geburt des Menschen ist das Werk der Natur, die Wiedergeburt zum ewigen Leben aber das Werk Gottes.[84] Der Mensch, in dem die Mächte der Sinnlichkeit und der Vernunft einander widerstreiten, steht zwischen Tier und Gott – in beiden Richtungen kann er sich entwickeln.[85] Die Entwicklung des Menschen soll zwar letztlich über den Bereich der Natur hinausführen, bleibt aber während des irdischen Lebens den Gesetzen der Natur unterworfen. Auflehnung gegen die Natur ist zugleich Auflehnung gegen Gott, dessen Dienerin und Stellvertreterin (vicaria) die Natur ist.[86]

Auch die zweite große Dichtung des Alanus, der „Anticlaudianus", beginnt mit einer Klage der Natur: Sie klagt über ihr Versagen bei der Erschaffung des Menschen, und sie entwirft den Plan, einen neuen, göttlichen Menschen zu schaffen.[87] Es stellt sich aber heraus, daß die Natur dabei an ihre Grenze stößt, da es ihr nicht möglich ist, die Seele des Menschen zu schaffen. Sie muß ihren Plan deshalb Gott selbst vortragen, der allein die unsterbliche Seele schaffen kann, die den Menschen über den Bereich der Natur hinaushebt.[88]

In einer großen Allegorie beschreibt der Dichter den Aufstieg zur Residenz Gottes, und er beschreibt dabei zugleich Funktion und Grenze der Wissenschaft – auch und gerade der Naturwissenschaft: Die sieben Artes bauen den Wagen, auf dem die Klugheit (Prudentia/ Phronesis) zur Residenz Gottes fahren soll, um ihm den Plan der Natur vorzutragen. Die Vernunft (Ratio) schirrt fünf Pferde an – das sind die fünf Sinne des Menschen – und lenkt den Wagen, den die Klugheit besteigt.[89] Der Aufstieg endet aber zunächst am Firmament, der Grenze der körperlichen Welt.[90] Vier der fünf Pferde, also die Sinne mit Ausnahme des Hörsinnes, sowie die Wagenlenkerin, also die Vernunft, können diese Grenze nicht überschreiten. Die Klugheit kann den Aufstieg fortsetzen, muß sich dabei aber der Führung der Theologie und schließlich der des Glaubens (Fides) anvertrauen.[91] Nachdem Gott dem Plan der Natur zugestimmt und eine vollkommene Seele bereitgestellt hat, kann die Erschaffung des neuen Menschen verwirklicht werden: Die Natur schafft den Körper, der dann mit der Seele verbunden wird – diese Verbindung ist das Werk der Concordia.[92] Zur geistigen Ausstattung dieses neuen, vollkommenen Menschen gehören auch die Gaben der sieben Artes, also u. a. auch die der Astronomie und damit das Interesse an der Naturforschung.[93] Der Mensch bleibt aber der Diener der Natur, die ihrerseits Gott dient, nicht dem Menschen. So steht der Mensch also nicht eigentlich im Mittelpunkt der Welt, sondern an der Grenze zwischen zwei Welten. Seine unsterbliche Seele hebt ihn über den Bereich der Natur hinaus, und doch bleibt er in seinem irdischen Leben dem Dienst der Natur – als der Stellvertreterin Gottes – verpflichtet. Die Welt als die Gesamtheit der Naturphänomene ist dem Menschen nicht zur freien Verfügung gestellt.

Diese Haltung kommt vielleicht am deutlichsten in den Naturschilderungen zum Ausdruck, die am Anfang und am Ende des Werkes gegeben werden: Alanus beschreibt am Anfang des Werkes das Haus der Natur, die Residenz der Göttin, und er stellt fest, daß dieser Ort nicht durch den Pflug gequält wird.[94] Am Schluß des Werkes gibt er einen Ausblick auf die Erneuerung der Erde unter der Herrschaft des vollkommenen Menschen, und er hebt hervor, daß das Feld nicht durch die Pflugschar verletzt wird und nicht die Wunden beweinen muß, die der Pflug ihm schlägt.[95]

L. White hat gerade die Einführung des schweren Pfluges im frühen Mittelalter als das Beispiel gebracht, an dem der radikale Wandel im Verhältnis des Menschen zur Natur besonders gut deutlich gemacht werden kann – die Zerstörung des animistischen Naturverhältnisses, das eine Verletzung der Natur nicht zugelassen hatte. Das Beispiel des Alanus ab Insulis zeigt aber, daß ein christlicher Theologe des Mittelalters sich durchaus jene Sensibilität für die Verletzlichkeit der Natur bewahren kann, die sonst gerade der vorchristlichen, animistischen Religiosität zugeschrieben wird.[96] Diese Beobachtung läßt noch einmal deutlich werden, wie problematisch die Behauptung einer kausalen Beziehung zwischen „dem" Christentum und der ökologischen Krise oder die metaphorische Rede von der Schuld des Christentums ist. Denn es kann offensichtlich ganz verschiedene Ausprägungen des Naturverständnisses innerhalb des Christentums geben, sogar innerhalb der abendländischen Tradition selbst. Der Naturbegriff konnte auch zum Gegenstand theologischer Kontroversen werden. Gerade die Verselbständigung der Natur zu einer Größe zwischen Gott und Mensch hat scharfen Widerspruch hervorgerufen, wie es ein Brief Wilhelms von St. Thierry belegt.[97]

In der Debatte über die historischen Wurzeln der ökologischen Krise sind also zunächst einmal historische Differenzierungen vorzunehmen, so daß die ganze Vielfalt der christlichen Naturbegriffe erkennbar wird. In einem zweiten Schritt sind dann die Dominanzbeziehungen zu erklären, die sich zwischen den verschiedenen Naturbegriffen herausgebildet haben. Bei dieser Erklärung sind auch und gerade nicht-religiöse Faktoren zu berücksichtigen. Für die religionsgeschichtliche Betrachtung gilt jedenfalls, daß sie nicht einfach einen Wesensbegriff des Christentums oder der christlich-abendländischen Kultur voraussetzen kann, aus dem die Dominanz einer bestimmten Auslegung der christlichen Tradition erklärt werden könnte.

Das Bild der Göttin Natur als der Dienerin und Stellvertreterin Gottes läßt eine Möglichkeit erkennen, Naturforschung und Naturverehrung miteinander zu verbinden: Die Erforschung der Natur gilt als eine Aufgabe des Menschen und wird in ihrer Rationalität nicht eingeschränkt, und doch wird ihr Gegenstand, die Natur, nicht der freien Verfügung des Menschen ausgeliefert. Es zeigt sich damit eine weitere innerchristliche Alternative – neben dem Naturverständnis des Heiligen Franz von Assisi –, die für die moderne Debatte über die ökologische Krise interessant sein könnte.

Anmerkungen

[1] Siehe C. Amery, Das Ende der Vorsehung. Die gnadenlosen Folgen des Christentums, Hamburg, 3. Aufl. 1980 (Erstveröffentlichung 1974). Vgl. auch: E. Drewermann, Der tödliche Fortschritt. Von der Zerstörung der Erde und des Menschen im Erbe des Christentums, Regensburg 1982 (Erstveröffentlichung 1981) (Reihe engagement).

[2] Siehe dazu z.B.: Drewermann, a.a.O., 67–110: „Die christliche Anthropozentrik und die Zerstörung der Natur".

[3] Siehe z.B.: W. Speyer, Hat das Christentum das heutige Elend von Natur und Mensch mitverursacht?, in: ders., Frühes Christentum im antiken Strahlungsfeld. Ausgewählte Aufsätze, Tübingen 1989 (Wissenschaftliche Untersuchungen zum Neuen Testament 50), 463–476.

[4] Vgl. dazu: Th. S. Derr, Religion's Responsibility for the Ecological Crisis: An Argument Run Amok, in: Worldview 18 (1975) 39–45.

[5] L. White, The Historical Roots of our Ecologic Crisis, in: D./E. Spring (eds.), Ecology and Religion in History, New York 1974, 15–31, hier 16f.

[6] A.a.O., 19.

[7] A.a.O., 21.

[8] Vgl. dazu Whites ausführliche Darstellung: Medieval Technology and Social Change, Oxford 1962, 39–78: „Agricultural Revolution of the Early Middle Ages".

[9] The Historical Roots of our Ecologic Crisis, 22f.

[10] A.a.O., 25.

[11] A.a.O., 31.

[12] A.a.O., 29f.

[13] A.a.O., 28: „If so, Christianity bears a huge burden of guilt."

[14] A.a.O., 25f.

[15] L. White, Cultural Climates and Technological Advance in the Middle Ages, in: Viator. Medieval and Renaissance Studies 2 (1971) 171–201, hier 186f. Siehe dazu: E. Benz, Schöpfungsglaube und Endzeiterwartung. Antwort auf Teilhard de Chardins Theologie der Evolution, München 1965, 135–151; S. Sambursky, The Physical World of the Greeks, London 1956, 242f.; R.S. Forbes, Art. „Power", in: A History of Technology, ed. Ch. Singer u.a., Vol. II, Oxford 1956, 606.

[16] L. White, a.a.O., 188.

[17] L. White, Continuing the Conversation, in: I. G. Barbour (ed.), Western Man and Environmental Ethics. Attitudes toward Nature and Technology, Reading, Ma. 1973, 55–64, hier 57.

[18] A. a. O., 58–60.

[19] A. a. O., 60f.

[20] A. a. O., 62.

[21] Siehe z. B.: G. Bayless, Is the Bible to blame for pollution?, in: The Christian Science Sentinel 73 (1971) 2076–2081; J. Barr, Man and Nature: The Ecological Controversy and the Old Testament, in: D./E. Spring (eds.), Ecology and Religion in History, New York 1974, 48–75; H. J. Münck, Umweltkrise – Folge und Erbe des Christentums? Historisch-systematische Überlegungen zu einer umstrittenen These im Vorfeld ökologischer Ethik, in: Jahrbuch für christliche Sozialwissenschaften 28 (1987) 123–206, hier 163.

[22] Siehe z. B. K. Koch, Gestaltet die Erde, doch heget das Leben! Einige Klarstellungen zum dominium terrae in Genesis 1, in: ders., Spuren des hebräischen Denkens, hrsg. B. Janowski/M. Krause, Neukirchen 1991, 22–36. Vgl. ders., The OT View of Nature, in: Anticipation 25 (1979) 47–52.

[23] J. Cohen hat 1985 gefordert, die Geschichte dieser Auslegung zu untersuchen: The Bible, Man and Nature in the History of Western Thought: A Call for Reassessment, in: The Journal of Religion 65 (1985) 155–172. Die Untersuchung, die er 1989 vorgelegt hat, trifft die These Whites nicht ganz, insofern als sie nicht ausführlich genug auf den Naturbegriff im mittelalterlichen Christentum eingeht: „Be Fertile and Increase, Fill the Earth and Master it". The Ancient and Medieval Career of a Biblical Text, Ithaca/London 1989.

[24] Siehe z. B. R. Dubos, Franciscan Conservation versus Benedictine Stewardship, in: D./E. Spring (eds.), Ecology and Religion in History, New York 1974, 114–135, hier: 120; L. W. Moncrief, The Cultural Basis of our Environmental Crisis, in: I. G. Barbour (ed.), Western Man and Environmental Ethics. Attitudes toward Nature and Technology, Reading, Ma. 1973, 31–43, hier: 33. R./D. Groh, Religiöse Wurzeln der ökologischen Krise. Naturteleologie und Geschichtsoptimismus in der frühen Neuzeit, in: Merkur 44 (1990) 621–637, hier: 624; vgl. auch: R./D. Groh, Weltbild und Naturaneignung. Zur Kulturgeschichte der Natur, Frankfurt a. M. 1991, 11–91; U. Krolzik, Umweltkrise: Folge des Christentums?, Stuttgart, 2. Aufl. 1980, 84.

[25] Siehe z. B. R./D. Groh, a. a. O., 624; L. W. Moncrief, a. a. O., 32; H. J. Münck, a. a. O., 197.

[26] So hat z. B. Moncrief in seiner Entgegnung auf White den Ausdruck „historical roots" vom Plural in den Singular gesetzt und als „historical root" zitiert (Moncrief, a. a. O., 40).

[27] Siehe z. B. E. Doyle, Ecology and the Canticle of Brother Sun, in: New Blackfriars 55 (1974) 392–402. Doyle setzt sich allerdings nur am Anfang seines Artikels mit White auseinander. Vgl. auch W. Speyer, a. a. O., 463. Speyer setzt sich allerdings nicht mit L. White auseinander, sondern nur mit Amery und Drewermann.

[28] Siehe R. Dubos, Franciscan Conservation versus Benedictine Steward-

ship, 130f.; ders., A Theology of the Earth, in: I. G. Barbour (ed.), Western Man and Environmental Ethics, 43–54. Vgl. auch: Th. S. Derr, Religions's Responsibility for the Ecological Crisis, 43f.; ders., Man against Nature, in: O. J. Needleman/A. K. Bierman/J. A. Gould (eds.), Religion for a New Generation, New York 1973, 177–188.

[29] White verwendet z. B. auch die Metaphern „kulturelle Gene" und „kulturelles Klima". Siehe White, Continuing the Conversation, 57, 61; ders., What Accelerated Technological Progress in the Western Middle Ages?, in: D. O'Connor/F. Oakley (eds.), Creation. The Impact of an Idea, New York 1969, 84–104, hier 96f.; ders., Cultural Climates and Technogical Advance in the Middle Ages, 180.

[30] Siehe dazu: C. G. Hempel, Erklärung in Naturwissenschaft und Geschichte, in: Erkenntnisprobleme der Naturwissenschaften, hrsg. L. Krüger, Köln/Berlin 1970, 215–238. Zum sogenannten H-O-Schema der wissenschaftlichen Erklärung vgl. z. B.: W. Stegmüller, Probleme und Resultate der Wissenschaftstheorie und Analytischen Philosophie Bd. I, Berlin/Heidelberg/New York, 2., verb. u. erw. Auflage 1983, Studienausgabe Teil A, 113–128.

[31] A. Toynbee, The Religious Background of the Present Environmental Crisis, in: D./E. Spring (eds.), Ecology and Religion in History, New York 1974, 137–149, hier 141.

[32] A. a. O., 146.

[33] A. a. O., 148. Vgl. dazu auch: A. Toynbee/D. Ikeda, Wähle das Leben! Ein Dialog, Düsseldorf 1982, 361–369: „Rückkehr zum Pantheismus".

[34] A. Toynbee, The Genesis of Pollution, in: Horizon 15 (1973) 4–9, hier 8f.

[35] A. a. O., 9.

[36] Zur Entwicklung der Naturwissenschaft im Islam vgl. H. S. Nasr, The Encounter of Man and Nature, London 1968, 93–98; ders., Islamic Science. An Illustrated Study, Westerham Kent 1976, 235–239.

[37] W. Müller, Schwester Sonne und Bruder Mond. Vom Naturgefühl, in: Antaios 7 (1966) 528–536. Vgl. dagegen: Th. Bargatzky, Pflug und Erdmutter bei den Hopi-Indianern. Einige kritische Anmerkungen, in: Anthropos 86 (1991) 192–198.

[38] L. W. Moncrief, a. a. O., 33.

[39] L. White, Naturalistic Science and Naturalistic Art in the Middle Ages, in: The American Historical Review 52 (1947) 421–435, hier 422.

[40] A. a. O., 433f. Vgl. dazu auch: L. White, The Context of Science, in: ders., Machina ex Deo. Essays in the Dynamism of Western Culture, Cambridge, Ma./London 1968, 95–105, hier 100.

[41] Vgl. dazu z. B.: M. O. Chenu, Nature, Man and Society in the Twelfth Century, Chicago 1968, 1–48: „Nature and Man. The Renaissance of the Twelfth Century"; G. B. Ladner, Terms and Ideas of Renewal, in: R. L. Benson/G. Constable (eds.), Renaissance and Renewal in the Twelfth Century, Oxford, 2. Aufl. 1985, 1–33.

[42] Siehe dazu z. B.: U. Krolzik, a. a. O., 84; W. Speyer, a. a. O., 466, 476.

[43] Zur Schule von Chartres vgl. z. B.: R. Klibansky, The School of Chartres, in: M. Clagett/G. Post/R. Reynolds (eds.), Twelfth-Century Europe and the Foundations of Modern Society, Madison/Milwaukee/London 1966, 3–14; P. Dronke, New Approaches to the School of Chartres, in: Anuario de estudios medievales VI (1969/71) 117–140.

[44] Zu Franz von Assisi vgl. z. B.: R. O. Sorell, St. Francis of Assisi and Nature, Oxford 1988; H.-J. Werner, Eins mit der Natur. Mensch und Natur bei Franz von Assisi, Jakob Böhme, Albert Schweitzer, Teilhard de Chardin, München 1989, 13–37: „'Untertan allem Getier und Gewürm'. Franz von Assisi und die Philosophie der Geschöpflichkeit"; F. Capra/D. Steindl-Rast, Wendezeit im Christentum. Perspektiven für eine aufgeklärte Theologie, Bern/München/Wien 1991, 129 f. J. Passmore hatte sich skeptisch über die Möglichkeit geäußert, Franz von Assisi als Heiligen für die Ökologie-Bewegung in Anspruch zu nehmen (Man's Responsibility for Nature. Ecological Problems and Western Traditions, London 1974, 112).

[45] Siehe z. B.: S. H. Nasr, The Encounter of Man and Nature, 102 f.; ders., Knowledge and the Sacred, New York 1989, 212; H. Kessler, Das Stöhnen der Natur. Plädoyer für eine Schöpfungsspiritualität und Schöpfungsethik, Düsseldorf 1990, 74 f.; 83–86. Einen Vergleich zwischen Hildegard von Bingen und Alanus ab Insulis bieten: E. Gössmann, Zirkuläres Denken und kosmische Spekulationen im 12. Jh. Erläutert an Hildegard von Bingen und Alanus von Lille, in: H. Waldenfels/Th. Immoos (Hrsg.), Fernöstliche Weisheit und christlicher Glaube. Festschrift H. Dumoulin, Mainz 1985, 147–159; Chr. Meier, Zwei Modelle von Allegorie im 12. Jh.: Das allegorische Verfahren Hildegards von Bingen und Alans von Lille, in: W. Haug (Hrsg.), Formen und Funktionen der Allegorie. Symposion Wolfenbüttel 1978, Stuttgart 1979, 70–89. Im Hinblick auf Hildegard von Bingen spricht E. Gössmann von „einer Art Öko-Ethik des Mittelalters" (a. a. O., 147).

[46] Vgl. dazu: G. R. Evans, The Uncompleted Heptateuch of Thierry of Chartres, in: History of Universities III (1983), 1–13. Klibansky weist in diesem Zusammenhang darauf hin, daß die Artes am Westportal der Kathedrale von Chartres dargestellt sind (a. a. O., 110 f.).

[47] Vgl. dazu z. B.: A. Dihle, Natur und Mensch bei Seneca, in: Antike und Abendland 36 (1990) 82–92.

[48] Seneca, Naturales quaestiones I, Praef. 3.

[49] Seneca, Epistulae morales ad Lucilium 90, 7–15.

[50] Seneca, De vita beata 8, 2. Vgl. Epistulae morales ad Lucilium 66, 39; 94, 8; 95, 51 f.

[51] Seneca, Epistulae morales ad Lucilium 90, 16–19, 36–43.

[52] Seneca, De beneficiis, IV, 7, 1. Vgl. dazu auch: Seneca, Naturales quaestiones II, 45.

[53] Zu Adelard von Bath vgl. z. B.: A. C. Crombie, Von Augustinus bis Galilei. Die Emanzipation der Naturwissenschaft, Köln/Berlin 1965, 13 f.; 27 f. M. O. Chenu, a. a. O., 13.

[54] Orphei Hymni, ed. G. Quandt, Berlin 1962, Nr. 10, Vers 1–3. Überset-

zung von J.O. Plassmann (Orpheus. Altgriechische Mysterien, Neuausgabe Köln 1982).

55 A.a.O., Vers 13, 27. Vgl. dazu auch: K. Kerényi, Die Göttin Natur, in: Eranos-Jahrbuch 14 (1946) 39–86.

56 P. Dronke weist darauf hin, daß die orphischen Hymnen erst durch M. Ficino, also im 15. Jh., ins Lateinische übersetzt wurden (Bernard Silvestris, Natura, and Personification, in: Journal of the Warburg and Courtauld Institutes 43 [1980] 16–31, hier 17).

57 Laktanz, Divinae Institutiones III, 28.

58 Prudentius, Contra Symmachum I, 297f.

59 A.a.O., I, 325–327.

60 A.a.O., II, 803f.

61 Siehe dazu: Vita Bonifatii Auctore Willibaldo, Kap. VI. Siehe z.B. auch: Vita Willibrordi Archiepiscopi Traiectensis Auctore Alcuino, Kap. X.

62 E. Panofsky, Abt Suger von St.-Denis, in: ders., Sinn und Deutung in der bildenden Kunst (Meaning in the Visual Arts), Köln 1978, 125–166, hier: 151f. Vgl. dagegen: P. Sinz, Die Naturbetrachtung des Hl. Bernhard, in: Anima I (1953), 30–51.

63 Siehe dazu: Descriptio Positionis seu Situationis Monasterii Clarae-Vallensis, in: PL 185, 569–574, hier 570B. Vgl. dazu: L. White, Cultural Climates and Technological Advance in the Middle Ages, 194f.

64 L. White, a.a.O., 201.

65 Claudianus, Panegyricus de quarto consulato Honorii Augusti, 197–199.

66 Claudianus, De raptu Proserpinae I, 250; II, 371; III, 33f.

67 Sidonius, Carmen I,1.

68 Vgl. dazu: E.C. Knowlton, The Goddess Nature in Early Periods, in: The Journal of English and Germanic Philology 19 (1920) 224–253; E.R. Curtius, Zur Literarästhetik des Mittelalters II, in: Zeitschrift für Romanische Philologie 58 (1938) 129–232, hier: 180–197; G.E. Economou, The Goddess Natura in Medieval Literature, Cambridge, Ma. 1972. P. Dronke äußert sich kritisch zur Konstruktion einer Tradition der Göttin Natur von der Spätantike bis ins Mittelalter. Er lenkt die Aufmerksamkeit auf eine Tradition der Göttin Erde (Bernardus Silvestris, Natura, and Personification, 16; 20). Im Hinblick auf die Debatte über die historischen Wurzeln der ökologischen Krise wäre dieses Motiv ebenso von Interesse.

69 Vgl. dazu z.B.: H. Flatten, Die „materia primordialis" in der Schule von Chartres, in: Archiv für Geschichte der Philosophie 40 (1931) 58–65; A.C. Crombie, a.a.O., 28; W. Stürmer, Natur und Gesellschaft im Denken des Hoch- und Spätmittelalters, Stuttgart 1975 (Stuttgarter Beiträge zur Geschichte und Politik 7), 42–48; R.H. Green, Alan of Lille's De Planctu Naturae, in: Speculum 31 (1956) 649–674.

70 Zum Zusammenhang der allegorischen Dichtungen mit den theologischen Werken vgl.: A. Speer, Kosmisches Prinzip und Maß menschlichen Handelns. Natura bei Alanus ab Insulis, in: A. Zimmermann/A. Speer (Hrsg.), Mensch und Natur im Mittelalter. 1. Halbband, Berlin/New York 1991 (Mis-

cellanea Mediaevalia 21/1), 107–128. Einen Überblick über die Schriften des Alanus gibt: G. R. Evans, Alan of Lille. The Frontiers of Theology in the Later Twelfth Century, Cambridge u.a. 1983, 14–19. Zur Nachwirkung vgl.: E.C. Knowlton, The Goddess Nature in Middle English, in: The Journal of English and Germanic Philology 20 (1921), 186–207, hier: 186f.; Chr. Huber, Die Aufnahme und Verarbeitung des Alanus ab Insulis in mittelhochdeutschen Dichtungen, München 1988; Chr. Meier, Die Rezeption des Anticlaudianus Alans von Lille in Textkommentierung und Illustration, in: Chr. Meier/U. Ruberg (Hrsg.), Text und Bild. Aspekte des Zusammenwirkens zweier Künste im Mittelalter und früher Neuzeit, Wiesbaden 1980, 408–549.

71 Das Werk ist auch unter dem Titel „De universitate mundi" bekannt.

72 Bernardus Silvestris, Megacosmus III, 159–480.

73 A.a.O., I, 5; II, 1. Vgl. auch II, 13.

74 Bernardus Silvestris, Microcosmus X, 1; XII, 2. Vgl. auch Megacosmus III, 7f.

75 Bernardus Silvestris, Microcosmus XI, 1.

76 A.a.O., X, 35f.; 49f.

77 Bernardus Silvestris, Megacosmus IV, 8.

78 Vergleichbar ist der Naturbegriff im „Mathematicus", einer Dichtung, die ebenfalls Bernardus Silvestris zugeschrieben wird (V. 413f).

79 Alanus ab Insulis, De Planctu Naturae VIII, 10–16.

80 A.a.O., VI, 4–7; 170–176.

81 A.a.O., I–III. Vgl. dazu: M. Gothein, Der Gottheit lebendiges Kleid, in: Archiv für Religionswissenschaft 9 (1906), 337–364.

82 A.a.O., VII, 1–8.

83 A.a.O., VI, 159–165. Vergleichbar ist der Naturbegriff in einem theologischen Gedicht, das ebenfalls Alanus zugeschrieben wird (V. 49–59 des ersten Gedichtes in der Ausgabe von N.M. Häring: Two Theological Poems probably composed by Alan of Lille, in: Analecta Cisterciensia 32 [1976] 238–250). Zu vergleichen wäre auch der Naturbegriff im Hexaemeron-Kommentar Abaelards (PL 178, 746). Vgl. dazu auch: D.E. Luscombe, Nature in the Thought of Peter Abaelard, in: La Filosofia della Natura nel Mediaevo. Atti del Terzo Congresso Internazionale di Filosofia Mediaevale, Mailand 1964, 314–319.

84 A.a.O., VI, 142–144. Vergleichbar ist der Naturbegriff in einem bekannten Gedicht, das Thomas von Celano zugeschrieben wird (G.M. Dreves, Ein Jahrtausend Lateinischer Hymnendichtung, Teil I, Leipzig 1909, S.329).

85 A.a.O., VI, 55–61. Dieses Motiv kehrt in der Renaissance des 15. Jh. wieder. Siehe dazu: G. Pico della Mirandola, Oratio de hominis dignitate (in der Ausgabe von A. Buck, Hamburg 1990: S.6).

86 A.a.O., VIII, 224f.

87 Alanus ab Insulis, Anticlaudianus I, 235–239; VI, 331, 366; VII, 74.

88 A.a.O., I, 374–378; II, 62–64; V, 215–219; VI, 355–357.

89 A.a.O., II, 325–IV, 244.

90 A.a.O., V, 70–78; 246–257.

91 A.a.O., V, 243–246; VI, 185–203.

[92] A. a. O., VII, 56–58.

[93] A. a. O., VII, 311–314.

[94] A. a. O., I, 74–80.

[95] A. a. O., IX, 396–399.

[96] Vgl. oben Anm. 37.

[97] Guillelmus Abbas S. Theodorici Prope Remos, De erroribus Guillelmi de Conchis (PL 180, 333–340, hier: 339f.). Zu Wilhelm von Conches, der zur Schule von Chartres gehört, vgl. z. B.: D. Elford, William of Conches, in: P. Dronke (ed.), A History of Twelfth-Century Western Philosophy, Cambridge u. a. 1988, 308–327.

Ökosophie, oder: der kosmotheandrische Umgang mit der Natur[1]

Von Raimon Panikkar

Mit dem Wort *„Ökosophie"* meine ich nicht eine verbesserte oder verfeinerte Ökologie. Die industrielle Revolution hatte durchaus eine Idee (logos) von der Welt, vom menschlichen Wohnort (oikos), und wollte die Erde zum Besten nutzbar machen, nämlich um dem Menschen, „dem König der Schöpfung und Herrn der Erde", zu dienen. Im großen und ganzen hat die moderne Ökologie diese Idee nicht aufgegeben. Sie hat sie nur qualifiziert, der bitteren Entdeckung entsprechend, daß wir, wenn wir die Erde weiter ausnutzen wollen, sie besser und freundlicher behandeln müssen, so daß sie ihre Früchte für eine längere Zeitdauer hervorbringen kann. Wir sollen daher wo nötig zum Recycling zurückkehren – die Grundhaltung indes bleibt die gleiche.

„Ökosophie" ist ein neues Wort für eine sehr alte Weisheit. Es drückt das ganz traditionelle Bewußtsein aus, daß die Erde ein lebendiges Wesen ist, sowohl in all ihren Teilen wie als ein Ganzes. Zur Frage steht nicht nur, ob wir zum Beispiel Tiere martern sollen, weil sie für menschliches Leben „nützlich" sind. Zur Debatte steht der gesamte Zugang zur Materie und zur physisch-sinnlichen Welt, deren Namen (physis, natura, bhûmih) schon offenbaren, daß sie etwas Zeugendes, Lebendiges ist. „Ökosophie" meint die *„Weisheit der Erde"*. Die Erde ist nicht der Lieferant von Roh-Materialien für den Menschen; sie ist mehr als seine Bühne und Wohnstätte. Sie ist sein äußerer Leib und Lebensraum, sein Zuhause. Mehr noch: Sie ist ein konstitutives Element der vollständigen (*kosmotheandrischen*) Wirklichkeit, deren anderes Element der Mensch und deren drittes das göttliche Wesen ist.

„Ökosophie" steht für die Weisheit des Hinhörens auf die Erde und des demgemäßen Handelns. Hat der homo technologicus nicht seine Rhythmen verloren? Hat die Technokratie nicht auf Leib, Geist und Gesellschaft eine Ordnung auferlegt, die bestenfalls eine künstliche Ordnung darstellt, die nichts mit den natürlichen Rhythmen zu tun hat: mit ṛta, dharma, taxis, ordo der alten Traditionen? Wir sollten die Rhythmen des Lebens und letztlich des Seins wiederentdecken.

Ich will versuchen, *neun Thesen* aus einer *interkulturellen Perspektive* zu formulieren und zu entfalten.[2] Kultur ist der umfassende Mythos[3], der uns den Horizont bietet, in und aus dem wir die Wirklichkeit erfahren. Alle Kulturen sind aber partikulär. Eine Rede über die Erde (die Natur) muß daher interkulturell sein.

1. Unsere Krise besteht darin, daß die heutigen kulturellen Grundhaltungen weder gründen noch halten.

Weder begründen sie ein menschliches Leben, noch halten sie die Menschheit zusammen. Es handelt sich keineswegs bloß um eine Krise der philosophischen Prinzipien oder der Rationalität. Vielmehr besteht die Krise darin, daß die drei traditionellen „Haltungen", die der Mensch seit zumindest sechstausend Jahren hatte, nicht mehr die Welt oder die Menschheit zusammenhalten. Welches sind diese drei Haltungen? Alle Kulturen lebten bis jetzt in einer dreifachen Welt:

a) In der Welt der Götter: Man mußte wissen, wie man mit ihnen umgehen muß, ob sie gefährlich sind oder nicht; man mußte sie anbeten oder meiden (Opfer, Gehorsam, Anbetung).

b) In der Welt der Menschen: Mit den Menschen, gerade mit mächtigen, umzugehen, war immer eine Kunst. Ein großer Teil menschlicher Erziehung bestand darin, mit den Menschen umgehen zu lernen (Grammatik, Rhetorik, Logik usw.).

c) In der Welt der Natur: In ihr leben, sie kennen, sie benützen (Arithmetik, Geometrie, Astronomie, Musik usw.).

Diese drei Welten sind kaum mehr Welten. Sie sind höchstens Teilsysteme. Deshalb sind die Grundhaltungen in eine Krise geraten. Jetzt haben wir eine vierte Welt begründet, die uns nicht hält und nicht gründet. Eine mehr und mehr künstliche Welt. Wir leben in einer vierten Welt der Megamaschinen, die wir selbst gemacht haben. Und jetzt fangen wir vielleicht an zu merken, daß diese unsere Kreatur sich von uns unabhängig gemacht hat und uns ihre Regeln aufzwingt. Das ist ein Druck, größer als der der Götter, des Königs und sogar der Natur.

Folgendes möchte ich behaupten: Die ökologische Krise stellt eine *Offenbarung* dar. Wenn man sie nicht als Offenbarung sieht, sieht man sie nicht genügend tief und ernst. Es ist gewiß keine Theophanie: Was offenbar wird, ist kein neuer Gott. Auch keine Anthropophanie wie die der Aufklärung, die uns ein neues Menschenbild gegeben hat. Sondern eine *Kosmophanie*: Der bis jetzt stumme Kosmos schreit auf und spricht. Es handelt sich darum, dieses Geschrei zu hören, diese Sprache zu verstehen, diese Kosmophanie wahrzunehmen. Diese Kosmophanie ist die heutige Offenbarung, und sie ist die Offenbarung der Kontingenz. Es geht nicht darum, aus der Ökologie eine Religion zu machen, sondern die Religion wird ökologisch. Dieser Unterschied ist wichtig.

2. Nur eine Transformation kann uns retten.

Aus der Sackgasse hilft uns nicht eine kleine Umänderung unserer heutigen Parameter, nicht Reformation; das hieße nur Verlängerung der Agonie eines Systems, das zum Tod verurteilt ist. Auch keine Revolution; die Deformation, die Gewalttätigkeit, bringt nur eine gegenteilige Reaktion hervor. Sondern eine Metamorphose, eine Transformation. Es handelt sich darum, das Selbst und die Natur auf eine transformierte Weise zu erfahren und nicht nur die Natur neu zu interpretieren. Das Problem ist nicht ökologisch, ökonomisch, politisch. Es ist dies auch. Aber es ist viel tiefer, als daß allein eine neue Technologie mit neuen Maßnahmen – so wichtig sie sein mögen – die Krise bewältigen könnte.

Es handelt sich um eine letztmenschliche Angelegenheit, um Leben und Tod. Und das ist religiös, metaphysisch. Um das aber einzusehen, brauchen wir Ruhe (d.h. Gelassenheit), Einfühlung (d.h. Einsatz), Distanz (d.h. Interkulturalität), Kontemplation (d.h. Synthese von Praxis und Theorie). Nur eine *Metamorphose* kann uns retten.

3. Eine solche Umwandlung ist die kosmotheandrische Erfahrung.

Sie besagt, daß die Wirklichkeit trinitarisch ist. Zum einen *göttlich*: Das Wort „göttlich“ gebrauche ich synonym mit „frei“, „unendlich“ oder „Mysterium“, deshalb nicht manipulierbar und nicht durchdringbar durch den Intellekt. Zum anderen *menschlich*: Als Merkmal des Menschen betrachte ich die Intelligenz in ihrer ganzen Weite und Weisheit, umfassend. Und schließlich *kosmisch*, d.h. materiell.

Die Wirklichkeit ist weder nur göttlich noch nur menschlich, noch nur materiell. Deshalb ist sie weder theozentrisch noch anthropozentrisch, noch kosmozentrisch. Deshalb sind weder Monotheismus noch Humanismus, noch Materialismus befriedigende Antworten auf die heutige Krise. Wir haben in den letzten 6000 Jahren genügend Erfahrungen mit allen diesen Möglichkeiten gesammelt. Es bedarf einer neuen, umfassenden Sicht der Wirklichkeit, die keine Teilwirklichkeit unberücksichtigt läßt. Es gilt, eine neue Ein-falt zu erringen, die sowohl die unzertrennte Einheit als auch die unterschiedene Vielfalt alles Seienden erfaßt. Aus der kosmo-the-andrischen Intuition heraus läßt sich die Wirklichkeit als ein Text lesen, in dem die drei Dimensionen des Kosmischen, des Göttlichen und des Menschlichen ineinander verwoben sind. Diese Intuition vereinigt alle Kräfte des Universums – von den elektromagnetischen über die menschlich-personalen bis zu den göttlichen. Die kosmotheandrische Vision ruft auf zur inneren Entdeckung eines Lebensstils, der sich nicht mehr primär oder gar ausschließlich an der Zukunft ausrichtet, sondern sich der mystischen Erfahrung öffnet, die ganz in der Gegenwart lebt.[4]

4. Die wirkliche Natur ist kein Objekt.

Sie ist nicht Gegenstand für den Menschen. Der Gegenstand des Denkens, wenn es sich auf die Natur richtet, kann nur eine Abstraktion sein, ein Konstrukt, aber nicht die wirkliche Natur. Das Subjekt-Objekt-Denken ist sicher notwendig und in sich gerechtfertigt, für die Erkenntnis der Natur aber ist es prinzipiell methodisch unangebracht. Bedeutet Wissen objektives Wissen, dann kann es keine Naturwissenschaft, sondern nur Verhaltenswissenschaft von beobachtbaren Vorgängen geben. Es kann aber wohl echte Naturerkenntnis geben.

Unsere dominante Denkweise heute ist von der Naturwissenschaft geprägt. Was vielleicht den Genius, die Großartigkeit der westlichen Zivilisation seit den Griechen ausmacht, ist die Klassifikation. Wenn Sie irgendein naturwissenschaftliches oder soziologisches Buch nehmen, finden Sie nur Einteilungen und Verteilungen: Ohne Klassifikation bliebe nur Chaos. Aber zwei Dinge können prinzipiell nicht in die Klassifikation eingehen: *Erstens* das Kriterium der Klassifikation. Das Kriterium aber ist pragmatisch und gefährlich. Tibet und die Schweiz würden ineinanderfallen, wenn das Kriterium einfach die Gebirge wären; nicht aber, wenn es Geld ist. Auch ein *zweites* kann nicht in die Klassifikation eingehen – und das ist mein eigentliches Anliegen: der Klassifikator. Ich, der Mensch, der klassifiziert, kann nicht in die Klassifikation eingehen. Und wenn der Mensch doch in die Klassifikation eingeht, ist seine Menschlichkeit und seine Würde und, was er *eigen*tlich ist, verloren. Wenn ich mich in einer Klassifikation gefangennehmen lasse, wo liegen dann noch meine Würde, mein Selbstbewußtsein, meine Freiheit? Jeder von uns ist unklassifizierbar! Alles von uns kann klassifiziert werden: DNA und Blut und alles, mit Ausnahme von diesem Kern, der ich selbst bin. Der wirkliche Mensch verschwindet in der Klassifikation. Der Gegenstand des Denkens ist nur eine Abstraktion, der Gegenstand des Willens nur eine Projektion.

Wollen die Ökologen nun die Natur mit dem Denken zähmen, wie die Technokraten sie auszunützen versuchen? Das ist eine Haltung, die ich polemisch die Jägerepistemologie nenne: Du mußt ein Subjekt werden und alles andere zum Objekt machen. Du mußt deine Untersuchung ganz genau machen, auf die Jagd nach einem konkreten Ziel gehen. Und wenn du das gefunden hast, dann kannst du die Flinte anlegen, abschießen und ins Schwarze treffen. Dann kannst du daraus Schlüsse ziehen. – Und dann klagen wir darüber, daß wir alle gewalttätig sind.

Wir sind im allgemeinen so erzogen, daß wir unsere Vernunft als eine Waffe benutzen: damit ich recht habe, damit ich dich überzeuge, damit ich Macht über dich habe. Der *Gebrauch der Vernunft als einer Waffe* steht wahrscheinlich hinter allem anderen, was uns schädlich ist und uns plagt. Die wahre Natur der Vernunft besteht aber nicht darin, Siegerin zu sein. Es ist wichtig, sich der zerfressenden Macht des abstrakten Denkens bewußt zu werden. Wenn Sie eine Sache denken, durchdenken und ausdenken, verschwindet sie. Die Subjekt-Objekt-Denkweise ist für die Frage nach dem Umgang mit der Natur unzulässig.

5. Sämtliche naturwissenschaftliche Kategorien sind unzulänglich, um mit der Natur umzugehen.

Sie sind nützlich für vieles – ich bin beileibe nicht gegen die Naturwissenschaften. Sie haben ihren Platz. Aber nicht hier, denn naturwissenschaftliche Kategorien sind unzulänglich, um die Natur zu erkennen. Erkennen heißt mehr als Wissen um Verhaltensweisen.

Die neuzeitliche Naturwissenschaft muß notwendigerweise die Objektivierbarkeit und Meßbarkeit der Natur voraussetzen. Und letzten Endes setzt sie ein mechanistisches Weltbild voraus. Sie ist monokulturell und kann sich nur universalisieren, wenn sie alle anderen Kulturen vertreibt. Vielleicht ist dies das Schicksal des Planeten. Aber diese Naturwissenschaft ist weder allgemeingültig noch universal. Sie gehört wesensmäßig zu einer bestimmten Kultur, die zweifelsohne eine gewisse Wahrheit in sich enthält. Wenn wir die anderen Kulturen nur aus romantischen Gründen zulassen, dann wird es höchste Zeit, daß wir ein Museum für sie machen und sie verschwinden lassen. Kultur ist nicht Folklore. Jede Kultur hat ihre unverwechselbare Eigenart und ist ein Ganzes, in dem Politik, Religion und Wirtschaft ihren Platz haben.

Naturwissenschaft kann Verhaltensweisen der Natur nur voraussagen, weil sie gemessen und daraus Verhaltensgesetze abgeleitet hat. Um den Unterschied mit anderen Kulturen zu beleuchten, seien, ohne jetzt auf ihren Wahrheitsgehalt einzugehen, drei Grundmetaphern zitiert, die in verschiedenen Kulturen als Grundmetaphern der Realität vorgestellt worden sind.

(1) Am Anfang war der „Big Bang“, eine Energieexplosion; das macht Sinn nur in einem mechanischen Weltbild. (2) Am Anfang war das kosmische Ei (Hiranyagarbha, Anaximander usw.); das ist nur plausibel innerhalb eines lebendigen Weltbildes, wo das Universum lebendig ist (vgl. die *anima mundi*-Theorie). (3) Am Anfang war das Wort (dies sagen bereits die Veden acht Jahrhunderte vor dem Johannesevangelium); das ist nur plausibel innerhalb eines Universums, das intelligent und lebendig ist; sonst hat das keinen Sinn. Die drei Grundmetaphern sind nur plausibel innerhalb des jeweiligen verschiedenen Weltbildes. Ist die Natur etwas mehr als eine große Maschine, so ist die Naturwissenschaft für eine solche Erkenntnis der Natur unbefugt.

6. Die Natur zu erkennen, heißt, unserer kosmotheandrischen Zusammengehörigkeit gewahr zu werden.

Wirkliches Erkennen erfordert eine Verwandlung in das Erkannte. Wahres Erkennen ist unmöglich ohne Liebe. Die menschliche Natur ist Kultur; und Erkennen ist die menschliche Art, Natur zu sein, d.h. uns selbst zu verwirklichen. Es geht darum, Natur zu sein und nicht die Natur zu kontrollieren, vielmehr uns in sie zu verwandeln: „connaissance = naître ensemble“ (Erkennen, „con-naître“, als „zusammen geboren werden“).

In der heutigen Frankfurter Allgemeinen Zeitung steht in einer Anzeige: „Wir brauchen die Kernkraft nicht zu lieben“. Das ist das Problem! Es wird uns zugemutet, wir müßten mit etwas leben, das wir nicht lieben. Das ist das Verhängnis der heutigen Zeit: daß wir mit vielen Sachen leben müssen, die wir nicht zu lieben brauchen. Das Feuer ist gefährlich, aber wir lieben es. Es ist liebenswürdig.

Es geht nicht darum, die Natur romantisch zu betrachten. Sicher nicht. Es geht auch nicht darum, daß wir in ununterschiedener Weise uns als nur natürlich betrachten. Denn die menschliche Natur ist Kultur, und das heißt Kultivierung. Kultivieren heißt pflegen, schöner machen, zur Vollkommenheit bringen, aber nicht durch Herrschaft und Kontrolle, sondern dadurch, daß wir die Schöpfung Gottes pflegend gestalten und gestaltend bewahren. Das sind andere Grundhaltungen.

7. Die Kunst (τέχνη), mit der Natur umzugehen, heißt Ökosophie.

Nicht unser Know-how über die Erde oder Materie, sondern Ökosophie im Sinn eines Genitivus subjectivus: die Weisheit der Erde selbst, die wir anzuerkennen und zu erkennen haben. Das ist die Symbiose mit der Natur, wobei jeder seine eigene Rolle übernimmt.

Aber wir leben im Kriegszustand mit der Natur, gegen die Natur, und wir glaubten, wir seien die Sieger: „maîtres et possesseurs de la nature“ (Descartes), „dissecare la natura“ (Galilei). Mittlerweile fangen wir an zu erkennen, daß wir die Besiegten sind. Vor ein paar Jahren fand ein Symposium in Assisi statt unter dem Motto: „La terra non può aspettare“ (die Erde kann nicht mehr warten). Mein Beitrag hieß: „La terra può; gli homini non possono“ (die Erde kann warten, die Menschen können es nicht).[5] Ökologie im gewöhnlichen Sinn ist nur Waffenstillstand: die Natur ein bißchen besser behandeln, damit sie uns noch ein bißchen länger dient und nützt. Aber das reicht nicht.

Die Weisheit der Natur zu erkennen ist natürliches Menschenwerk. Der Mensch ist es, der die Weisheit der Natur sein soll. Also kein romantisches Weltbild. Wir sind – wenn wir das sind, was wir wirklich sind – die Weisen der Natur, wenn wir die Natur nicht vergewaltigen und nicht nur verobjektivieren wollen. Wir sind aus der Natur, in der Natur, mit der Natur und auch über der Natur, weil wir nicht nur Natur sind. Wir sind die Weisen der Natur, die wissen können, wie in der Natur alles ist, und mit ihr eine Symbiose etablieren können, die uns allen das Leben ermöglicht.

8. Die Natur ist unser dritter Leib.

Mein erster Leib ist der Leib, den ich sehe. Der zweite Leib ist die Menschheit (corpus Christi, dharmakâya, buddhakâya, der Leib der Menschheit). Dies ist eine große Intuition von fast allen Völkern, daß die Menschheit eine Familie ist und einen Leib bildet und der Leib lebendig ist. Unser dritter Leib ist die Erde, die Natur. Wir *sind* Erde und wohnen nicht nur auf ihr und genießen oder gebrauchen sie nur.

Wir müssen mit der Natur umgehen wie mit unserem ersten Leib: weder sie beherrschen noch von ihr beherrscht werden. Freundlichkeit, gegenseitiges Vertrauen, Gleichgewicht. Dafür dieses Zitat aus den Upanishaden (BU III, 3,7): „Wer auf der Erde wohnt, von der Erde unterschieden, was die Erde nicht kennt, dessen Leib ist die Erde, der die Erde von innen bewegt, das ist dein Atman, der innere Aktor (Lenker), der Unsterbliche.“ Diese Einsicht ist dreieinhalbtausend Jahre alt. Ich könnte viele andere Traditionen dieser Art zitieren. Sie zielen auf eine Transformation. Wir sind Erde (*prithinî*), sie ist unser Leib (*sharîra*) und doch sind wir mehr: ihre Seele.

9. Die „Emanzipation“ von der Technokratie ist die befreiende, anfangs schmerzhafte Aufgabe unserer Zeit.

Die Aufgabe ist politisch und spirituell: eine Befreiung von der Technozentrik, damit wir wirklich frei werden. Die kosmotheandrische Schau bietet diese neue Grundhaltung für das Leben in Frieden in und mit dieser Welt. Dazu *noch einige Ansatzpunkte*:

(1) Die Befreiung des Menschen von der Zwangsjacke der Technokratie geschieht durch die τέχνη, die Kunst, und nicht durch die Maschine. Im großen und ganzen sind unsere Befreiungsmittel heute die Maschinen. Aber die Befreiung des Menschen kommt durch den Menschen, nicht durch die Maschine. Ich betone ausdrücklich: Ich bin nicht gegen Werkzeuge (Technik ersten Grades). Sie sind sozusagen eine Verlängerung des Menschlichen. Wo sind, in diesem Sinn, unsere heutigen Ingenieure, die Techniken erfinden, welche eine Verlängerung des Menschen und des Menschlichen, nicht dessen Verdrängung sind?

(2) Die Unterscheidung zwischen Werk bzw. Tätigkeit und Arbeit, *labour* und *work,* ist wichtig. Arbeit heißt: Vermietung unserer Kräfte und Talente für etwas, was uns nicht unmittelbar angeht, und dafür kriegen wir Geld, d.h. etwas, für das man alle anderen Dinge bekommt. Bei einer Gesellschaft, die auf diese Weise die menschlichen schöpferischen Kräfte entfalten will, ist es kein Wunder, daß sie 30000000 Soldaten braucht. Der Mensch muß wirken, schaffen, tätig sein, aber das muß eine schöpferische Tätigkeit sein, nicht ein Dienst an der Megamaschine.

(3) Es geht wieder um den Primat der Kunst, im Sinn der aristotelischen Poiesis, was nicht nur Praxis ist: Wir sollen das machen, was uns Freude, Befriedigung und Verwirklichung schenkt. Eine kleine Geschichte: Auf dem Zócalo, dem zentralen Tempel-Platz von México-Distrito Federal. Vor zwanzig Jahren. Diesmal kein Nordamerikaner, sondern ein Spanier. Er sieht einen Mann, der Stühle macht und bemalt, auf mexikanische Weise. Da er sein Haus einrichten will, fragt er: „Wieviel kostet ein solcher Stuhl?" „10 Pesos", lautet die Antwort. „Ich will sechs Stühle, sechs Stühle genau wie diesen. Ich gebe dir 50 Pesos." „Nein", sagt der Mann, „75 Pesos!" – „Was für ein ungebildeter Mensch! Du hast nie im Leben 50 Pesos zusammen gesehen und weißt nicht, wie viel das sind. Ich bezahle dir 50 Pesos für die sechs Stühle, und nicht 75." „Nein", sagt der Mann, „nur für 75 Pesos." „Also ich zahle dir 60, oder gar nichts." „Nein", erwiderte er, „75 Pesos." „Aber kannst du mir wenigstens erklären, wie du auf 75 kommst, wo doch 6 mal 10 nur 60 sind?" „Warum? Wer bezahlt mich für die Langeweile, alle Stühle gleich zu machen!" Wir Menschen handeln schon wie die Maschinen. Unser Menschsein ist schon mechanisiert. Für Maschinen gilt: 6 mal 10 ist 60, aber nicht für uns Menschen.

Ökosophie, die Weisheit der Erde! Und freier Raum für provisorische Alternativ*en*! Das setzt Vertrauen voraus. Es gibt keine Alternative, aber es gibt die Möglichkeit freien Raums für provisorische und mehrere Alternativen. Preußen und Bayern, Afrikaner und was immer: freier Raum für dezentralisierte Alternativen.

In einem Wort: *metánoia*. Aber *metánoia* bedeutet drei Dinge, von denen zwei genügend unterstrichen worden sind. Das erste ist Buße und Reue, das zweite Bekehrung, also eine Änderung der Mentalität. Aber zum dritten bedeutet *metánoia* nicht nur Änderung des Denkens; es meint auch die spirituelle und geistige Entdeckung, daß wir nicht Denkmaschinen oder auch nur denkende Lebewesen sind, sondern mehr, nicht weniger! Diese Art Umdenken heißt, uns selbst und die Natur zusammenzudenken. Wir haben dasselbe Schicksal.

Anmerkungen

[1] Anm. des Hrsg.: Der Text gibt die thesenartige Kurzfassung eines Vortrages wieder, den Raimon Panikkar am 2. 6. 1993 im Rahmen einer von P. V. Dias und H. Kessler konzipierten Vorlesungsreihe „Natur neu denken" in der Johann Wolfgang Goethe-Universität Frankfurt am Main gehalten und über den er tags darauf mit Mitgliedern des Forschungsprojektes „Ökologisches Weltethos im Dialog der Kulturen und Religionen" ein Kolloquium führte.

[2] Anm. des Hrsg.: Panikkar geht es um einen umfassenden interkulturell-hermeneutischen Rahmen, der ein angemessenes Selbst- und Naturverhältnis erlaubt. Bedrohung kommt heute weder vom Göttlichen noch von der Natur, sondern von einer menschengemachten Welt, die außer Kontrolle gerät und die Natur aus den Balancen bringt. Mehr denn je brauchen sich die Kulturen gegenseitig. Keine einzige Kultur – und Religionen, Philosophien und moderne Naturwissenschaften sind kulturgebunden – darf sich anmaßen, eine befriedigende Antwort auf die Lebensprobleme zu geben. Es gibt keine kulturellen Universalia, aber es gibt menschliche Grundkonstanten und homöomorphe Grundeinsichten bezüglich der Wirklichkeit. Die Wirklichkeit in ihrer integralen Ganzheit stellt sich in drei nicht weiter reduzierbaren, einander voraussetzenden Dimensionen dar, signalisiert durch die Worte *Kosmos* (Materie/Energie, Mitwelt), *Mensch* (Bewußtsein, Ich/Selbst), *Gott* (unerschöpfliche Tiefe, Dynamik, bleibendes Geheimnis). Was bedeutet es für den Umgang mit Natur, die Wirklichkeit im Ganzen wie in allen ihren Teilen von dieser *„kosmotheandrischen"* Intuition her wahrzunehmen, die die Weisen aller Zeiten und Kulturen beseelte? Auf diese Frage gehen die folgenden neun Thesen ein.

[3] Anm. des Hrsg.: Panikkar gebraucht das Wort Mythos hier wie öfter in dem weiten, transzendentalen Sinn von Erfahrungshorizont, Paradigma.

[4] Vgl. R. Panikkar, Der Dreiklang der Wirklichkeit. Die kosmotheandrische Offenbarung, Salzburg/München 1995.

[5] Vgl. R. Panikkar, Ecosofia: la nuova saggezza. Per una spiritualità della terra, Assisi 1993.

Zu einem planetarischen ökologischen Ethos

Eine indische Perspektive

Von Felix Wilfred

Das Thema Ökologie ist in gewisser Weise ein Spiegel unserer Welt. In ihm spiegelt sich die befremdende Problemkomplexität wider, die unsere Welt von einem Ende bis zum anderen betrifft, und ebenso die Hoffnungen für eine andere Welt. An der Umweltfrage zeigen sich die Ungleichgewichte, Konflikte und Widersprüche in der Beziehung zwischen Nord und Süd und zwischen den verschiedenen Gruppen innerhalb einer Gesellschaft. Die Umweltfrage ist für die Nationen und für die am meisten unterprivilegierten und marginalisierten Gruppen das Symbol ihres Kampfes darum, die verlorene Würde, ihr Land und ihre Ressourcen, Reis und Freiheit zurückzugewinnen.

Die folgenden Überlegungen zu einem ökologischen Weltethos werden von einem indischen Standpunkt aus angestellt. Aber hier muß ich genauer werden: Die hier eingenommene Sichtweise orientiert sich an den Modernisierungsverlierern in Indien und anderswo in der Welt. Denn innerhalb Indiens selbst gibt es einen Norden, dessen ökologische Vorgehensweise sehr ähnlich der seines westlichen Gegenübers ist; beide teilen und verehren dasselbe Entwicklungskonzept. Das Indien der Marginalisierten, der Stämme, der kleineren Gruppen und Gemeinschaften hat andere Sorgen, Prioritäten, Werte und Visionen. Aus ihrer Sicht möchte ich die Frage eines ökologischen Weltethos angehen.

I. Welchen Sinn hat es, von einem Weltethos zu sprechen?

Es ist eine Binsenwahrheit, daß es heute ein tieferes und weiter verbreitetes Bewußtsein als je zuvor bezüglich des gemeinsamen Anliegens und des zukünftigen Schicksals der Menschheit gibt. Seien es Ethik, Menschenrechte oder der Markt – das Globale, Universale, Weltweite erregt die allgemeine Aufmerksamkeit. Aus der Sicht der Opfer allerdings ist der Diskurs über das Globale und Planetarische nichts als ein Ideal, eine Ausflucht, die nicht ihre Hauptanliegen berührt, sondern sie eher umgeht, wie der Priester und der Levit im

Gleichnis Jesu, die an dem Verletzten vorbeigingen, um lichte Höhen zu erreichen.

Nun wäre es ein großer Irrtum, dies als Engstirnigkeit oder Kirchturmspolitik zu verstehen. Weit gefehlt. Die Opfer haben nichts gegen das Universale, Globale und Planetarische. Sie wollen wahre Universalität, die allerdings nicht durch Entwürfe vager allgemeiner Ideale oder übergreifende Theoriekonstrukte erreicht wird. Das Universale ist im Besonderen, Konkreten und durch es.[1] Dies hat große praktische Implikationen und Folgen. Der Diskurs über das Universale, Globale und Planetarische kann nicht von der Frage der Gleichheit bzw. Gleichberechtigung abgetrennt werden. Global, ja! – vorausgesetzt, daß und solange es unter Gleichen ist. Unter ungleichen Partnern ist der Diskurs über Globales und Planetarisches trotz seiner idealen Fassade an die Interessen der bereits Mächtigen gebunden.

Wenn wir daher in irgendeiner bedeutungsvollen Weise von einem ökologischen Weltethos sprechen wollen, tun wir gut daran, die Perspektive der Opfer einzunehmen, wobei die Armen und Marginalisierten das Herz des planetarischen Diskurses sind.

II. Die Basis für eine globale ökologische Zukunft: Stärkung der lokalen ökologischen Gemeinschaften

Der Ausgangspunkt für eine gesunde ökologische Zukunft liegt in den Gemeinschaften der Menschen in ihrem partikularen ökologischen Kontext; er hängt von ihrer ökologischen Selbstbestimmung ab. Dies muß gesagt werden, denn die gegenwärtige Umweltverwüstung ist die Folge eines gewaltsamen Bruchs der Gemeinschaften und Menschen mit ihrer allerunmittelbarsten Umwelt. In der tragischen Saga brutaler Ausbeutung haben Geschichte und gegenwärtige Erfahrungen in vielfacher Weise gezeigt, wie die Menschen gewaltsam der Verwaltung und Kontrolle ihrer Umwelt beraubt wurden; und Entwicklung ist nichts anderes als ein Trostpflaster für diejenigen, die bereits der erhaltenden Quelle ihres Lebens und ihrer Kultur – ihrer Umwelt mit all ihrer Vielfalt und ihrem Reichtum – beraubt wurden. Wenn Wirtschaftsinteressen erst einmal eingedrungen sind, waltet eine willkürliche Destabilisierung der harmonischen Beziehung zwischen Natur und menschlichen Gemeinschaften. An dieser Stelle beginnen alle ökologischen Verwüstungen wie Entwaldung, Holzschlag und Monokultur, die aus meiner Sicht nichts anderes sind als gegen die Natur ausgeübter Faschismus.

Es ist alarmierend zu sehen, wie Jahr für Jahr biologische Arten und Tierarten zum Verschwinden von der Erdoberfläche gebracht werden. In Indien z.B. laufen 10% der Flora Gefahr, ein für allemal zu verschwinden. In anderen Teilen des Südens, wo 90% der biologischen Ressourcen ihre Heimstatt haben[2], ist es nicht anders. Der Schutz der biologischen Vielfalt und die Beibehaltung des ökologischen Gleichgewichts sind deshalb ein planetarisches Anliegen. Dies soll nicht besagen, daß Umweltschutz ein technologisches Unternehmen ist. Realistisch können Naturschutz und andere ökologische Ziele nicht erreicht werden, wenn sie nicht in den örtlichen ökologischen Gemeinschaften verwurzelt sind, womit ich Gruppen von Menschen meine, die in ihrer einzigartigen Umwelt leben und mit ihr interagieren.

Ich muß nicht auf den heute sehr gut bekannten Sachverhalt eingehen, daß verschiedene ökologische Gemeinschaften mittels ihrer jahrtausendealten Tradition über sehr ingeniöse Mittel und Wege verfügen, aus natürlichen Ressourcen sowohl Nutzen zu ziehen als auch sie zu erneuern und zu regenerieren. Die Erfahrungen verschiedener Gemeinschaften in Indien bezeugen, daß die eingeborenen Völker sehr viel Wissen über die Natur, ihre Arbeitsweise, ihren Rhythmus und ihre Launen zur Verfügung haben.[3] Jedwedes ökologische Weltethos sollte auf diesem Wissen und Ethos der ökologischen Gemeinschaften aufgebaut und nicht auf technologische Lösungen zugeschnitten sein. Die großartigste ökologische Investition besteht heute deshalb darin, diese örtlichen ökologischen Gemeinschaften zu stärken. Auf diesem Weg kann beides, das ökologische Ziel und das der Gerechtigkeit, erreicht werden. Lassen Sie mich im Folgenden hierauf genauer eingehen.

1. Selbstbild und Identität eines Volkes sind stark mit seiner Beziehung zu einer bestimmten physikalischen Umwelt und seinem Ort darin verknüpft. Die Umwelt und die Interaktion einer Gruppe mit ihr ist eine der Hauptquellen für die Formation einer Kultur und deren verschiedene Ausformungen. Dies ist in Indien vielleicht nirgends so klar wie in der traditionellen Kultur der *Tamilen*. Die Identität eines Volkes hat ihre Grundlage in ihrer nilam oder nadu – ökologische Eigenheiten desjenigen Landesteils, zu dem jemand gehört. Und schon vor über dreitausend Jahren war das gesamte Tamilenland in fünf ökologische Regionen mit fünf verschiedenen ökologischen Gemeinschaften eingeteilt, die diesen Regionen entsprachen. Die Kultur der kurinchi, der Bergbewohner, unterschied sich von der der mullai,

des Waldlandes, und diese wiederum unterschied sich von der Kultur der marutham (Ackerland), der palai (Wüste) und neythal (Küste). Gesellschaftsorganisation, Literatur, Kultur und das Brauchtum waren an der vorherrschenden ökologischen Erfahrung mit dem Land ausgerichtet, zu dem eine Gruppe gehört.

Auch bei anderen indischen Völkern waren die Kultur und die bloße physische Existenz der Gemeinschaft an die Umwelt geknüpft, die in ihrer Vielfalt mit einem Gefühl der Heiligkeit gehegt wurde. Seien es die heiligen Haine unter den Stämmen oder die kavus (Landstücke, wo eine breite Vielfalt von Bäumen und Pflanzen auf Gemeinschaftseigentum wachsen durfte) bei den Keraliten, wir können stets ein unauflösliches Band zwischen Mensch und Umwelt beobachten. Es gibt ein Gefühl der Heiligkeit und Achtung in ihrer Beziehung zur Umwelt, das die Menschen über Jahrhunderte und Jahrtausende gestützt hat.

Die verschiedenen Gemeinschaften interagieren mit ihrer Umwelt und nutzen deren Ressourcen harmonisch für ihre Grundbedürfnisse. Im Prozeß dieser Bedürfnisbefriedigung haben sie eine Kultur geboren. Dieser Komplex von Produktionsaktivitäten aus der Fülle der Natur und die Verfügbarmachung ihrer Früchte zum eigenen Nutzen und dem der Gemeinschaft ist deshalb ein Grundelement dieser Kulturen. Ökonomie ist also ebenso ein konstitutiver Teil der Kultur, wie es die Religion ist.

Während der vergangenen zweihundert Jahre nun wurden die Menschen immer aggressiver ihrer jeweils besonderen Produktionsmodi beraubt. Diese wurden gewaltsam durch neue Produktionsmittel und -weisen ersetzt, die weder den örtlichen Gemeinschaften Nutzen brachten noch deren Umwelt schützten. Deshalb fanden sich die ökologischen Gemeinschaften des Wirtschaftssystems beraubt, das ihrer Umwelt entsprach und ihre Kultur in ihren verschiedenen Ausformungen speiste. Hier soll nicht der Bewahrung traditioneller Produktionsmodi und einer unwandelbaren Ökonomie das Wort geredet werden. Ich meine vielmehr, daß das Aufdrängen eines fremden Systems von außen aus niedrigen Motiven die den ökologischen Gemeinschaften innewohnenden Möglichkeiten einer harmonischen, endogenen Entwicklung abgeschnitten und die Fähigkeit zur an eigenen Begriffen ausgerichteten Übernahme des Exogenen – seien es Wissenschaft, Technologie oder Wirtschaftssysteme – zerstört hat. War einmal die Kultur lokaler Gemeinschaften samt ihrer ökonomischen Basis destabilisiert, dann waren die Menschen entwurzelt und konnten in einem globalen Wirtschaftsspiel, wie die Bauern in einem weltweiten Schachspiel, verschoben und geopfert werden. So geschah es zum Beispiel den Stämmen Indiens und den Völkern des Narmada-Tals.

2. Vor diesem Hintergrund wird deutlich, wie entscheidend für das Überleben lokaler Gemeinschaften ihr Wiedererstarken und ihre Neuverwurzelung in ihrer Umwelt sind. Allein dies kann die ökologische Zukunft der Welt sichern helfen. Erst wenn den Gemeinschaften das Recht auf ihr Land und dessen natürliche Ressourcen sowie auf ökologische Selbstverwaltung zurückgegeben worden sind, wird es sinnvoll, über ein ökologisches Weltethos zu reden.

Das soll nun konkreter an einem Beispiel erläutert werden, nämlich an dem der Weltbank, die einen eigenen ökologischen Plan hat. Teil dieses Plans ist die Bildung eines Fonds, „Global Environment Facility" (GEF) genannt, eine Kreditlinie für weltweiten Umweltschutz also. Weil sie Beiträge in diesen Fonds zahlen, weigern sich die Länder der G-7 aber, andere Organisationen und Gruppen an dem Entscheidungsprozeß zu beteiligen. Die Entscheidung darüber, wie der weltweite Umweltschutz zu gestalten und die Finanzmittel dafür einzusetzen seien, müsse, so fordern sie, ihnen vorbehalten bleiben. Ein solcher Ökoimperialismus ist alles andere als hilfreich. Solange die ökologischen Gemeinschaften selbst nicht an der Entscheidung beteiligt werden, besteht jedoch kaum Aussicht auf greifbare Erfolge.

Ein Wiedererstarken der lokalen ökologischen Gemeinschaften indes setzt einen Wandel, ja eine Umkehr des heutigen politischen und wirtschaftlichen Handelns voraus. Eine Transformation in diesen Bereichen ist von zentraler Bedeutung. Ich möchte diese Aussage etwas ausführlicher erläutern. Einer der Hauptgründe der ökologischen Krise ist der vorherrschende Zentralisierungs- und Homogenisierungstrend in der politischen und ökonomischen Praxis. Letztere muß auf die lokalen ökologischen Gemeinschaften zentriert werden. Was schlicht bedeutet, daß eine Trendwende zugunsten der Dezentralisierung einzusetzen hat. Darin liegt der Schlüssel zur Befreiung marginalisierter Völker und Gemeinschaften, dort beginnt der Weg in eine ökologisch vernünftige Welt.

Zugleich ist dies ein echter demokratischer Prozeß. In diesem Falle wäre Demokratie nicht bloß eine von Abgeordneten verwaltete Regierungsinstitution, die wegen des Verrats dieser Abgeordneten am Volk überall in der Welt in die Krise geraten ist, wie es die Skandalkettenreaktionen etwa in Italien, Japan oder Indien beweisen. Die Demokratie, die ich hier meine, ist die direkte Demokratie, die unmittelbare Beteiligung der Mitglieder der Gemeinschaft an der Willensbildung in

Fragen der Verwaltung von Umwelt und natürlichen Ressourcen. Ein wesentliches Element dieses demokratischen Prozesses ist das Recht der Betroffenen auf richtige Informationen über das, was mit ihrer Umwelt und ihren natürlichen Ressourcen gemacht wird. Heute ist es leider so, daß über die Köpfe der Leute hinweg entschieden wird und diese für die Projekte teuer zahlen, die angeblich zu ihrem Nutzen durchgeführt werden. Dies leitet zur nächsten Frage über.

3. In der vorherrschenden Stimmung globalen Denkens wird heute dogmatisch behauptet, daß die natürlichen Ressourcen das „gemeinsame Erbe der Menschheit" seien. So edel der Gedanke zweifelsohne ist, so sehr birgt er auch gefährliche Ambivalenzen. Die Regionen, in denen heute die biologische Vielfalt erhalten ist, sind die Länder des Südens, die gleichzeitig über den Löwenanteil der natürlichen Ressourcen der Welt verfügen. Die Rede vom gemeinsamen Erbe würde bedeuten, daß die Regenwälder des Amazonas und die tropischen Wälder in Malaysia und Indonesien allen gehören: Amerikanern, Russen, Deutschen, Italienern, Franzosen, Japanern usw. Vor dem Hintergrund der kolonialistischen und neokolonialistischen Erfahrung und der herrschenden Praxis im Welthandel kommt man nicht umhin festzustellen, daß unter dem Gewand dieses frommen Gedankens der Dolch des Übergriffes auf die Souveränität der Völker über ihre Umwelt und Ressourcen steckt. Er ist ein Hebel in den Händen derer, die diese Ressourcen in technokratische Instrumente zur Unterdrückung eben jener Menschen zu verwandeln wünschen, aus deren Land diese Ressourcen gewonnen werden.

Was sich in der Beziehung zwischen Nord und Süd in internationalem Rahmen abspielt, wiederholt sich in Indien im nationalen Rahmen. Wie auch in vielen anderen Drittweltländern versteht sich der Staat in Indien als Vollstrecker der Entwicklung. Entwicklung scheint heute die *raison d'état* zu definieren. Im Namen der Entwicklung macht sich der Staat anheischig, gemäß seinen vorab gesetzten Zielen in die Umwelt der Völker ohne Berücksichtigung von deren Rechten einzugreifen. In Indien hat dieses Verhalten eine Welle des Protestes seitens dieser Völker ausgelöst, die sich endlich ihrer Souveränität über ihre Umwelt bewußt geworden sind. Der Beispiele für solche Proteste gibt es viele, von der Bewegung Narmada Andolan Bachao gegen den Dammbau (der zur Folge hätte, daß Tausende von Stämmen ihre Wohnplätze verlassen müßten) bis zum Widerstand gegen das Ostküstenstraßenprojekt in Tamilnadu.

Die obigen Gedanken führen uns zu dem Schluß, daß das Fundament für eine globale ökologische Zukunft in der Stärkung der lokalen ökologischen Gemeinschaften und der Behauptung ihrer Souveränität liegt. Daß versucht worden ist, ein besonderes Entwicklungmodell weltweit zu generalisieren, hat die Welt in die Ökologiekrise gestürzt. Völker und Gemeinwesen sind deswegen geplündert, die Natur dadurch verwüstet worden. Man muß den eingeschlagenen Entwicklungsweg verlassen, nicht bloß weil es „Grenzen des Wachstums" gibt, sondern weil jeder weitere Schritt auf diesem Weg ökologisches Unheil über die Menschheit zu bringen droht. Deshalb soll ein wahrhaft weltweit ökologisches Bestreben auf die lokalen Gemeinschaften abstellen und nach Wegen suchen, sie zu unterstützen.

III. Über die Ethik hinaus: Bewußtseinswandel und gerechte Praxis

Ein ökologisches Weltethos ruft nach einer angemessenen ethischen Praxis. In letzter Zeit wurde viel über Umweltethik gesprochen und geforscht. Religiöse Quellen wurden daraufhin untersucht, ob sie zur Grundlegung einer solchen Ethik taugen. Der Grundgedanke dieser ethischen Fragestellung ist, sich auf den Bereich der Natur, ihrer Pflanzen und Tiere auszudehnen, der lange Zeit als Regulationsinstrument für menschliches Verhalten und zwischenmenschliche Beziehungen galt. Mir kommt es hier darauf an, daß jedwede Menge neuer Prinzipien und Kriterien für Umweltethik nicht zwangsläufig eine vernünftige Zukunft mit sich bringen wird; denn der reale Widerspruch, dem sich die Welt heute ausgesetzt sieht, ist die klaffende Lücke, der Abgrund zwischen ethischen Idealen und den harten Fakten der Erfahrung. An der Hervorbringung ethischer Ideale für die internationalen Beziehungen herrscht kein Mangel. Dennoch wissen wir, wie diese durch die Praxis eines doppelten Standards umgangen oder schlechterdings überrannt werden. Es gibt keine Garantie dafür, daß es mit einer weltweiten Umweltethik sehr viel anders sein wird. Zuallererst sieht sich eine solche Ethik durch die Praxis herausgefordert.

Mein Vorschlag ist, über die Ethik hinauszugehen. Heute ist etwas Grundsätzlicheres gefordert – es ist der *Bewußtseinswandel.* Buddha sagt: „Wie eine Mutter ihren einzigen Sohn beschützt mit ihrem Leben, so soll jeder grenzenlose Zuneigung pflegen zu allem, was Leben ist."[4] Solche Zuneigung (karuna) kann nicht einfach das Resultat ethischen Verhaltens sein. Sie kann nur die Frucht einer spirituellen Regeneration sein, die an unsere tieferen Wurzeln rührt. Sie ist eng verbunden mit den Werten, für die wir einstehen, und mit unserer Lebensweise. Dies sind klare Indikatoren dafür, ob und in welchem Umfang unser Diskurs über Umweltethik ernsthaft und im Leben begründet ist.

Wenn kein ernsthafter Wille besteht, die gegenwärtige konsumgüterkonzentrierte Lebensweise aufzugeben und in einen Prozeß tieferer Umwandlung einzutreten, wird all unsere Rede über Umweltethik bedeutungslos, zum bloßen flatus vocis. Dieser Bewußtseinswandel kann hervorgerufen werden, wenn die Götzendiener des über nationale Grenzen hinausgehenden Konsumismus aufmerksam auf die vernünftigen örtlichen Stimmen der Opfer hören, die für die Folgen dieses Lebenswandels den Preis entrichten und seine Last tragen. Sie sind es, die uns sagen, was vairagya oder alpecchata heißt. Es ist die Freiheit von Versklavung, von Gier, die Freiheit davon, abhängig und versklavt zu werden von den von unserer Hand gefertigten Götzen.

Dieser Bewußtseinswandel erfordert einen anderen Freiheitsbegriff als den herrschenden. Es gibt einen Freiheitsbegriff, der sich als die Macht zu herrschen, zu kontrollieren (über die anderen, die Natur usw.) definiert. Dieser Freiheitsbegriff ist es, der mit dem Prozeß der Zentralisierung und Homogenisierung einhergeht, über den ich zuvor sprach. Es gibt aber einen völlig anderen Zugang zur Freiheit. Freiheit ist hier in bezug auf das andere definiert, als die Möglichkeit, sich für den oder das andere einzusetzen. Wenn Freiheit in Begriffen des anderen – des menschlichen anderen sowohl als auch der Natur – definiert ist, dann ist sie implizit auch Freiheit von der Anhänglichkeit an all die Dinge, die das Wohlergehen von jemandes Nachbarn und die Integrität der Schöpfung beeinträchtigen. Diese Freiheit ist es, die eng einhergehen wird mit dem Prozeß der Dezentralisierung auf menschlichem und ökologischem Gebiet. Dieser unterschiedliche Freiheitsbegriff ist notwendig, um einen grundsätzlichen Wandel in der Lebenseinstellung und Lebensweise herbeizuführen, so daß diese das (menschliche und ökologische) andere stützt und nährt.

In dieser Perspektive besteht die überragende Frage nicht darin, die Natur in den ethischen Diskurs einzubeziehen, sondern vielmehr darin, ob ein ethisches Verhalten gegenüber den machtlosen und ausgegrenzten ökologischen Gemeinschaften notwendig ist. In dieser Hinsicht wäre jede Entscheidung ökologisch unmoralisch, die den Völkern die Beteiligung an Entscheidungen verwehrte und ihre Souveränität unterminierte.

Jede ernsthaft gemeinte ökologische Fragestellung soll heute das zentrale Problem von Recht und Gleichberechtigung berücksichtigen. Dies weist über eine an konservativen Grundsätzen orientierte Ethik hinaus. In Wirklichkeit ist das echte Problem der Bewahrung und des künftigen Überlebens nämlich mit dem heutigen Problem des Zugangs und des gerechten Anteils an den natürlichen Ressourcen verknüpft. Ökologische Krise und Zerstörung sind eine Folgeerscheinung der heutigen ungerechten Verteilung der natürlichen Ressourcen. Die diesbezüglichen Fakten sind hinreichend bekannt und brauchen hier nicht abermals dargelegt zu werden. Um sich aber das Ausmaß der Probleme vor Augen zu führen, sei hier an den *Human Development Report*[5] 1992 im Rahmen des Entwicklungsprogrammes der Vereinten Nationen erinnert. Darin wird die Weltlage als ein Sektglas bezeichnet, das an der Spitze sehr breit ist, dessen Fuß nach unten hin jedoch immer schmaler wird. Während auf das obere Fünftel der Welt 82,7% des gesamten Welteinkommens entfallen, hat das unterste Fünftel daran nur einen Anteil von gerade 1,4%. Daran läßt sich gleichzeitig erkennen, welche großen Unterschiede der Ressourcennutzung zwischen den Ländern klaffen. Die Frage von Recht und Gleichheit ist unauflösbar mit jeglicher ökologischer Problemstellung verknotet. Das Problem muß unumwunden benannt werden, andernfalls wird alles Reden von Ökologie im Weltmaßstab weiter nichts bleiben als neuer ideologischer Nebel zwecks Verdeckung alter Ausbeutung.

IV. Die Frage der Weltsicht: Was antihuman ist, ist auch antikosmisch

Bewußt habe ich zunächst über konkrete Probleme gesprochen und die Frage der Vision und Weltsicht dem letzten Abschnitt vorbehalten. Ohne Bezugnahme auf empirisches Material und ökologische Erfahrungen und Herausforderungen käme eine Erörterung über unterschiedliche Weltbilder leicht in die Gefahr, zu einer nicht sehr nützlichen Übung in Idealismus und Romantik zu mißraten.

Es ist behauptet worden, daß eine ökologisch gesunde Zukunft den Übergang von einer anthropozentrischen zu einer kosmo- oder biozentrischen Weltsicht verlange. Manche wollen in einem solchen Bewußtseinswandel das Allheilmittel für alle ökologischen Leiden unserer Zeit erblicken. Es wird dann mit dem Verweis auf die biblischen Wurzeln der Anthropozentrik fortgefahren, und der Blick wird gen Osten mit seinem kosmozentrischen Weltbild gerichtet. Diese Sicht beruht auf der Annahme, daß Natur und Umwelt deshalb verwahrlost und geplündert worden seien, weil sich der Mensch zum Maß aller Dinge aufgeworfen habe.

Meiner Ansicht nach ist die Frage der Weltsicht nicht einfach mit einem solchen Wandel von Anthropozentrik zu Kosmozentrik gelöst. Das tiefere Problem liegt anderswo. Der Fehler liegt nicht in der Anthropozentrik an sich, sondern darin, daß es sich dabei um einen *selektiven „Anthropos"*, um einen *provinzialistischen Anthropozentrismus* handelte. Recht eigentlich war es ein Eurozentrismus: die Überhebung des weißen Mannes, seine Leistungen und seine zivilisatorische Bürde, die er für den Rest der Welt zu tragen meinte. Die Grenzen von „Anthropos" waren identisch mit den Grenzen des Westens. Vom Anbruch der modernen Welt an bis zur Kolonialisierung und Industrialisierung war es der weiße Mann, die weiße Rasse, die im Zentrum stand. Solange „Anthropos" nach dem Bild eines Volkes, einer Rasse, einer kulturellen Erfahrung definiert wird, ist dieser Anthropozentrismus zuvörderst anti-human, noch ehe er anti-ökologisch ist. Wie sonst könnte man den Genozid von Millionen Menschen in den Kolonien und näher der Heimat erklären, während man behauptet, der Anthropozentrik verpflichtet zu sein?

Die wahre Herausforderung liegt im Wandel von der Negation der Menschlichkeit des anderen zu einem authentischen und universalen Humanismus. Was unmenschlich und unsozial ist, ist auch antikosmisch. Daß der andere nicht wirklich als Anthropos mit allen sich daraus ergebenden Rechten und Pflichten wahrgenommen wird, macht die Anmaßung möglich, des anderen Umwelt und seine natürlichen Ressourcen für sich selbst zu beanspruchen, ihn schließlich selbst wie einen Rohstoff zu behandeln und die Natur zu zerstören. Die gegenüber dem anderen praktizierte Unmenschlichkeit und Ungerechtigkeit erweitert sich zur ökologischen Krise. Deshalb geht der kosmische Horizont mit dem wahrhaft menschlichen zusammen. Den kosmischen Horizont erreichen wir, wenn wir aufhören, unmenschlich zu sein.

Der Wandel, auf den es ankommt, ist daher weniger einer vom Anthropo- zum Biozentrismus, vielmehr ein Wandel von der Weltsicht, die dem herrschenden, von der Arroganz des weißen Mannes durchdrungenen Modell von Entwicklung, Wissenschaft und Technologie zugrunde liegt, hin zu einer alternativen, genuin vermenschlichenden Anschauung und Praxis, die das Weltbild und die Werte der eingeborenen Völker, der ökologischen Gemeinschaften mit einschließt. Diese neue Sicht muß aus den unschätzbaren Kenntnissen der eingeborenen Völker über die Natur und aus ihren reichhaltigen ökologischen Perspektiven heraus entwickelt werden.

In diesen Perspektiven der eingeborenen Völker spielt ihre religiöse Welt eine außerordentlich große Rolle. Ihre ökologische Sensibilität ist mit religiösen Werten und Idealen durchtränkt, weshalb es so wichtig ist, mit diesen religiösen Traditionen, in denen das Humane als engstens mit Natur und Universum verquickt verstanden wird, einen Dialog zu beginnen. Dies ist meiner Ansicht nach ohne eine Überprüfung des Begriffes des Säkularen, wie er in der okzidentalen Geschichte entwickelt worden ist und seitdem unangefochten zum universalen Ideal avanciert ist, nicht möglich. Dieses Konzept des Säkularen wurde zum Maß und normativen Bezugspunkt für menschlichen Fortschritt. Ein Begriff des Säkularen, der jeden Bezug auf das Sakrale, auf das Mysterium verbietet, kann nicht eine ökologisch gesunde Welt fördern. Nach dem Verlust jeden Sinns für das Heilige und das Mysterium bleibt die Natur als reines Objekt der Manipulation zurück, und mit ihr die Menschen ebenso. Manipulation von Natur und Manipulation des Menschen entspringen der gleichen Logik. Eine gründliche Überprüfung des Begriffes des Säkularen und des Säkularisierungsprozesses wird viel zur Neubestimmung der Grundlagen eines wahrhaft globalen ökologischen Ethos beitragen können.

Ein weiterer wichtiger Punkt bleibt zu erwähnen: Wie soll eine ökologisch vernünftige Weltsicht zustande kommen? Das Wissen und die Weltsicht, die die zahlreichen und vielfältigen eingeborenen Völker anzubieten haben, werden lediglich eine Vision bleiben, wenn nicht gleichzeitig Wege und Mittel zur Umsetzung dieser Vision in die Realität, in die Praxis entworfen werden. Die Weltsicht der einheimischen Völker wird keinen Beitrag zu einem weltweiten ökologischen Ethos leisten können, wenn diese Völker vom Entscheidungsprozeß über Fragen der Natur und Umwelt ausgeschlossen bleiben. An dieser Bereitschaft, eine solche Beteiligung zu akzeptieren, wird sich zeigen, wie ernst wir es mit einem wirklich humanisierenden und ökologisch vernünftigen Weltethos meinen.

V. Schluß

Aus unseren Überlegungen ist deutlich geworden, daß die Entwicklung eines weltweiten ökologischen Ethos eine Angelegenheit ist, die in den eingeborenen Völkern und lokalen ökologischen Gemeinschaften ihre Wurzeln haben soll. Deren Werte, ihr Wissen über die Natur und ihre Weltsicht sind bei einem solchen Bestreben von überragender Bedeutung. Weiter ist die Entwicklung eines ökologischen

Ethos auch eine Sache, deren Kern in der Förderung von Gerechtigkeit und Gleichberechtigung liegt. Nur wenn wir uns tief auf das Humane einlassen (nicht gefesselt durch Partikularismus oder Provinzialismus), werden wir zu einem ökologisch gesunden Universum gelangen. Ökologie ohne Gerechtigkeit wird bloß nach Romantik schmecken. Von grundlegender Bedeutung ist ein Bewußtseinswandel, der weit über den Bereich der Ethik hinausgeht. Aus dieser Perspektive ist die ökologische Frage, die es anzugehen gilt, nicht der Übergang von Anthropozentrik zu Kosmozentrik, sondern vom Anti-Humanen zu einem authentischen Humanen, das in seinen Geltungsbereich die Pflege und Unterstützung der Natur und ihrer immensen biologischen Vielfalt einbezieht. Die Entwicklung eines weltweiten ökologischen Ethos muß auch eine fruchtbare Begegnung mit der religiösen Welt der einheimischen Völker in ihrem Umgang mit der Natur einschließen.

Was ich darzulegen versucht habe, erschöpft das Thema bei weitem nicht. Dennoch glaube ich, daß die hier skizzierten Elemente notwendige Bestandteile jedes ernstgemeinten Diskurses über ein globales ökologisches Ethos und jeder ökologisch-ethischen Praxis sein müssen.

Aus dem Englischen übertragen von Robert Detobel und Dieter Maier

Anmerkungen

[1] Vgl. Felix Wilfred, Die Sprache der Menschenrechte – Ein ethisches Esperanto?, in: J. Hoffmann (Hrsg.), Universale Menschenrechte im Widerspruch der Kulturen, Frankfurt a. M.: Verlag für Interkulturelle Kommunikation 1994, 155–177.

[2] Vgl. Ashish Kothari, For Those Vanishing Species, in: The Hindu Survey of the Environment, Madras 1993, 44–47. Um nur den Fall des Reises zu nehmen: Man weiß, daß Indien bis vor kurzem 50000 bis 60000 Sorten Reis hatte. Vgl. ebd., 44.

[3] Vgl. Geeti Sen (Hrsg.), Indigenous Vision. People of India. Attitutes to the Environment, New Delhi: Sage Publications 1992.

[4] Mettasutta 7, in: Suttanipata 1,8. Zitiert von Krishna Chaitanya, The Earth as Sacred Environs, in: Geeti Sen (Hrsg.), Indigenous Vision, 38.

[5] Human Development Report 1992 of the United Nations Development Programme (UNDP), Oxford 1991.

Afrikanische Frauen in der Umweltbewegung

Die Erfahrung des Green Belt Movement

Von Wangari Maathai

Als ich in den frühen sechziger Jahren aufs College ging, begegnete ich dem Begriff des Umweltschutzes, wie wir ihn heute kennen, nicht. In den Unterrichtsstunden der Naturwissenschaften ging es meist darum, natürliche Ressourcen und ihre Fundstellen in der Welt ausfindig zu machen. Wir verstanden diese Ressourcen so, daß sie für die Ausbeutung durch diejenigen daseien, die die politische Macht hatten und die sie brauchten, um ihr Land zu entwickeln. In einem Großteil Afrikas gehörten die natürlichen Ressourcen denen, die den Kontinent kolonisiert hatten. Deshalb begannen die Neuankömmlinge aus Europa Entwicklungsprojekte, die unglücklicherweise die zerbrechliche afrikanische Umwelt in hohem Maß zerstörten, und alles dies, um Afrika zu zivilisieren und zu entwickeln.[1]

Als Kind bekam ich in den fünfziger Jahren die Zerstörung eines der ursprünglichen Wälder mit. Ein großer Teil des Nyandarua-Waldes ging auf Anordnung der Kolonialregierung in Flammen auf, um ausgedehnten Plantagen exotischer Tannen und Eukalyptusbäume Platz zu machen. Für sie waren diese Bäume wirtschaftlich besser ausbeutbar als die einheimischen, über die sie wenig wußten. Außerdem wurde der Eukalyptusbaum als Holzbrennstoff für die Dampflokomotiven benutzt. Die Kolonialverwaltung und die, die deren Befehle ausführten, machten sich kaum klar, daß die ursprüngliche Vegetation jahrtausendelang das ökologische Gleichgewicht der Region aufrechterhalten hatte. Vor allem für die Frauen ist 30 Jahre später der Schaden offenkundig.

Der Wald gehörte dem Volk, bis die Kolonialverwaltung ihn zum Kronland erklärte und die örtliche eingeborene Bevölkerung daran hinderte, in ihm Feuerholz, Honig, Früchte und Baumaterial zu sammeln und Wild zu erlegen. Ursprünglich nutzten die Leute den Wald in dauerhafter Weise und fällten ohne berechtigten Grund nie einen einzigen Baum. Nachdem ihnen der Wald einmal weggenommen worden war und sie die Erlaubnis der Kolonialverwaltung brauchten, um irgendwelchen Nutzen aus ihm zu ziehen, verloren sie das Wissen um seinen unschätzbaren Wert. Sie waren von ihm getrennt und unterschätzten in hohem Maß die Rolle, die er im Leben spielte. Außerdem vergaßen sie, daß der Wald sie selbst zu seinem Schutz brauchte. Auch die gegenwärtige Regierung behält den Wald für sich zurück und nutzt ihn, als sei er das Privateigentum der Regierenden, wobei sie von der Rolle der örtlichen Bevölkerung, dem wahren Eigner und Schützer des Waldes, beim Umweltschutz absieht.

Während der Nyandarua-Wald hoch in Flammen stand, durften die in der Nähe wohnenden Bauersfrauen von den verkohlten Stämmen Feuerholz sammeln. Ich begleitete meine Tante, Wamucii wa Ngunini, in den Wald und las verkohlte Überreste der Bäume auf, die meine Vorfahren ein ganzes Zeitalter lang geschützt hatten. Weder ich noch die mich begleitenden Frauen verstanden die Tragödie, die sich vor unseren Augen abspielte. Heute, fast dreißig Jahre später, ist meine Tante Mitglied des Green Belt Movements und Vorsitzende seiner Baumschule. Sie versteht jetzt die Tragödie. Mit Hilfe des Green Belt Movement versteht sie den Zusammenhang zwischen dem, was damals geschah, und den Problemen, die sie, ihre Kinder und ihre Enkelkinder nun haben: Mangel an Feuerholz, ausgetrocknete Sümpfe und Ströme, Trockenheit, ärmliche Ernten, Hunger und Armut. Sie denkt, daß es ihr jetzt schlechter geht als damals und sogar noch schlechter als ihren Großeltern. War dies Entwicklung oder Rückschritt?

Als ich heranwuchs, haben sich die Umweltbedingungen in meinem Dorf fortwährend verschlechtert, aber ich war mir dessen nicht bewußt. Wo es früher einen Bach und Froschlaiche gab, gab es innerhalb von 15 Jahren beides nicht mehr; der Bach war ausgetrocknet. Wo es früher Büsche und Bewaldungen gab, wachsen nun Tee und Kaffee. Große Flüsse meiner Kindheit sind nun Bäche, und das einstmals klare Wasser ist rot vor Schlamm. Ich habe keine Wildgänse, keine Kaninchen, kein Rotwild und keine Affen mehr gesehen. Sie verschwanden alle, als die Büsche und Wälder verschwanden.

Ich bekam nicht mit, daß 1972 in Stockholm die Umweltkonferenz der Vereinten Nationen einberufen wurde. Kurz darauf aber wurde ich von einer Gruppe angesprochen, die das Environment Liaison Center International einrichtete. Zu dieser Zeit sprachen nur NGOs und UNEP von Entwicklung ohne Zerstörung. Auf die Konferenz in Stockholm folgten viele solcher Initiativen, die in der Konferenz für Umwelt und Entwicklung der UNO in Rio 1992 ihren Höhepunkt fanden. Diese als „Weltgipfel“ bekannte Konferenz verabschiedete eine „Agenda 21“, die die Grundlage für eine globale Zusammenarbeit beim Umweltschutz bildet. Nun wurde klar und deutlich gesagt, daß die Beteiligung von Bürgerinitiativen von großer Bedeutung ist.

Wie vor Stockholm die meisten Leute verstand ich Entwicklung als die einzige Art, aus Unterentwicklung, Armut, Unwissenheit und Krankheit herauszukommen. Für die afrikanischen Führer, die in den späten fünfziger und frühen sechziger Jahren gegen den Kolonialismus kämpften und unabhängige Staaten gründeten, waren dies die Prioritäten. Entwicklung bedeutete für mich außerdem Dinge wie feste Häuser, Teerstraßen, Krankenhäuser, Städte, Autos, Flugzeuge, Flughäfen usw.

Als ich mich der Umweltbewegung anschloß, stieß ich auf neue Werte, die mich lehrten, die Umwelt als integralen Bestandteil meines Lebens zu verstehen. Diese Denkweise trug ich dem Exekutivkomitee des National Council of Women of Kenya vor. Bei dieser Gelegenheit übersetzte ich meine Umweltbegriffe in das Green Belt Movement, eine Organisation für die gemeinsamen Anliegen der Bäuerinnen. Sie hat viele und unterschiedliche Ziele. Das alles übergreifende Ziel ist allerdings, das öffentliche Bewußtsein dafür zu wecken, was die Umwelt ausmacht und warum sie geschützt werden muß. Das Bäumepflanzen wurde zum Hauptpunkt gemacht. Hierüber gibt es zwei Bücher.[2] Die ersten Bäume wurden aus Anlaß des Weltentwicklungstags am 5. Juni 1977 gepflanzt. Seitdem haben viele Bäuerinnen etwas über die besondere Rolle der Umwelt in ihrem Leben gelernt. Ihr Verständnis der Beziehung zwischen Umwelt und Entwicklung hat viele ihrer Alltagsentscheidungen beeinflußt.

Die Arbeit im Green Belt Movement beginnt mit einem Informationsaustausch über das, was Umwelt ist und warum und wie die Leute sich ihrer annehmen sollten. Die Frauen beginnen immer damit, daß sie eine Baumschule einrichten, Setzlinge auf ihrem Grund und Boden pflanzen und auch ihren Nachbarn ein paar abgeben. Dann umsorgen sie die Bäume, um ihr Überleben zu sichern, denn sie bekommen Geld nur für diejenigen, die überleben. Das Bäumepflanzen bringt den Frauen einen Verdienst.

Glücklicherweise sind Bäume leicht zu pflanzen und zu pflegen. Sie wachsen schnell, und die Bauern können deshalb kurzfristig ihr Ziel erreichen. Hierzu gehört die Gewinnung von Feuerholz, von Material zum Haus- und Zäunebau, von Trockenfutter, Früchten und anderen Nahrungsmitteln, von Schönheitsmitteln und von Schatten. Die Bauern werden dazu ermutigt, für ihre unmittelbaren Bedürfnisse zu sorgen, wobei sie gleichzeitig für die zukünftigen Generationen investieren. Sie sollen nicht darauf warten, daß die Regierung oder irgendeine andere Agentur kommt und sich ihrer Umwelt annimmt. Dieser Prozeß hat vielen Leuten vom Land geholfen zu entdecken, daß sie die Wurzeln verloren haben, die sie in der Umwelt verankern, daß sie eine Beziehung eingebüßt haben, die ihre Vorfahren mit der Umwelt hatten, indem sie sie behüteten und wachsen ließen. Sie merkten, daß sie eine wichtige Bindung verloren, durch die sie sich als integralen Teil ihrer physischen und spirituellen Umwelt sahen, wenn sie ihre einheimische Kultur und ihr traditionelles Wissen geringschätzten.

Sie lernten auch, daß sie eine ausbeuterische Beziehung zur Umwelt annahmen, wenn sie sich fortgeschrittene Werkzeuge und Technologie aneigneten, einen Markt schufen und neue Bedürfnisse entdeckten. In diesem Fall nehmen sie natürliche Ressourcen so wahr, wie es die Kolonisierer taten: als etwas, was abgebaut und benutzt werden soll, da es nur so wirklich nützlich und erhaltenswert ist. Auch für sie sind dann Ressourcen, die wirtschaftlich nicht ausbeutbar sind, nutzlos. Kontrolle über die Umwelt, Produktionssteigerung, mehr Einkauf und mehr Konsum werden zu Zielen. Dies wird als Entwicklung wahrgenommen. Die Umwelt wird für unmittelbare Profite zerstört.

Die Arbeit im Green Belt Movement lehrt ganz elementare Dinge: daß der Mensch sich nicht als außerhalb von Natur und Umwelt stehend sehen soll und warum die Umwelt nicht nur eine zum Abbau bestimmte Ressource ist. Die Umwelt dient der Aufrechterhaltung des Lebens und den materiellen und spirituellen Bedürfnissen des Menschen. Dieser Lernprozeß geht immer noch weiter, da immer neue Mitglieder zum Green Belt Movement stoßen.

Die Technologie, die ebenfalls eine wichtige Rolle in unserem Leben spielt, hat viel zu unserem Verständnis von Umwelt und Entwicklung beigetragen. Viele Menschen glauben, daß Technologie, Anhäufung materiellen Reichtums, gute Gesundheit, langes Leben und Selbstbestätigung der Pfad zum Glück sind. Beispielhaft werden diese Wunschvorstellungen im Lebensstil der westlichen Welt verkörpert. Um diese Reichtümer, die scheinbaren Quellen ihres Glücks und ihrer Befriedigung, zu kaufen, bemühen sich die armen Länder des Südens, Kaffee, Tee, Früchte, Gartenernten, Blumen, Zuckerrohr usw. zu verkaufen. Sie untergraben das Land mit Bergwerksstollen und zerstören Luft und Wasser. Dennoch klaffen ihre Träume (von Reichtum und Glück) und die Wirklichkeit immer weiter auseinander. Trotz harter Arbeit wachsen sie ärmer und unglücklicher auf.

Die Anhäufung materieller Dinge und all das Geglitzer des Westens sind nicht notwendigerweise ein Maßstab von Glück und persönlicher Zufriedenheit mit dem Leben. Außerdem ist dieser Lebensstil mit immensen Kosten für die Umwelt erkauft: Luftverschmutzung, Verdünnung der Ozonschicht, Klimawechsel und andauernder Verlust an biologischer Vielfalt. Die westlichen Menschen wissen, daß der Lebensstil der reichen Länder zu Überkonsum und Verschwendung anreizt und daß dies ihre eigene Umwelt stark belastet. Sie wissen, daß es unmöglich ist, diesen Lebensstil allen Menschen dieser Welt zur Verfügung zu stellen, da die Weltressourcen dafür nicht ausreichen und die Umweltkosten desaströs hoch wären. Aber viele Menschen haben beschlossen, diese Kostenerwägung aus ihrem Blickfeld zu verdrängen. Andererseits glauben viele Menschen in den armen Ländern, es sei möglich, sich des Lebensstiles zu erfreuen, den sie im Fernsehen sehen. Sie glauben, daß sie mehr für den Export produzieren müssen, um mehr Geld zu bekommen, mit dem sie dann Technologie, Reichtum und Glück kaufen können. Das ist das Bild, das weltweit durch die Informationsindustrie gezeichnet wird. Die Medien fügen natürlich nicht hinzu, daß alles dies durch große weltweite Umweltkosten erkauft wird.

Das gegenwärtige wirtschaftliche Ungleichgewicht zwischen der reichen industrialisierten Welt und den armen unterentwickelten Ländern ist zum Teil der Tatsache geschuldet, daß es zugelassen wird, daß Millionen von Menschen ausgebeutet werden und trotz der Arbeit, die sie leisten, unter auszehrenden Armutsbedingungen leben und alles Notwendigen beraubt sind, während sich eine kleine Gruppe des Löwenanteils der Weltressourcen erfreut. Besonders in bestimmten Gegenden erstatten die Armen – manchmal mit ihrem Leben – der Erde die Rechnung. Wie lange wird es dauern, bis diese Rechnungen zu vielen Leuten ins Haus flattern? Wie lange müssen wir dem Giftzyklus, der Ausdünnung der Ozonschicht, der industriellen Verschmutzung, der auszehrenden Armut in vielen Teilen der Welt, der weitverbreiteten Bedrohung der Sicherheit, dem Bevölkerungsanstieg, Krankheiten wie AIDS usw. zusehen, bis wir alle sicher sind, daß wir alle in Gefahr sind? Über kurz oder lang kriegen wir alle die Rechnung serviert.

Wie ich zuvor sagte, begannen Frauen das Green Belt Movement, um ihre Grundbedürfnisse zu befriedigen. Ihr Verständnis von Umwelt setzte bei ihnen selbst und ihrer Familie an. Dann erweiterte es sich auf die Gemeinde und die Nation und überschritt nach und nach die nationalen Grenzen. Sie mußten zunächst ihre eigene Umgebung verstehen, verstehen, wie diese sie unterhält, bevor sie sich um die Umgebung der anderen kümmern konnten. Zum Beispiel verstanden sie nicht, wie ihr Gebrauch von Agrargiften, mit denen sie den Kaffee und die Gartenernten verbesserten, einen Giftzyklus schuf. Sie wußten nicht einmal, was diese Chemikalien sind; sie kannten nur den unmittelbaren Effekt, denn viele sind Analphabeten, und die Informationen auf dem Etikett nutzten ihnen nichts.

Als die Frauen mit dem Green Belt Movement begannen, waren sie sich nicht bewußt, daß sich die Umweltbedingungen verschlechterten und daß das der Grund war, warum sie sich das Lebensnotwendige nicht mehr verschaffen konnten. Sie stellten keinen Zusammenhang her zwischen ihrer schrittweisen Verarmung, ihrem Hunger und ihrer Unterernährung, ihrer brachliegenden Wirtschaft, den inflationären Preisen, politischem Druck im Land, Unsicherheit und dem Unvermögen, ihr Schicksal zu meistern. Viele sehen diesen Zusammenhang immer noch nicht. Es ist einfacher, anderen die Schuld zu geben: der Weltbank und dem IWF, den Gebergemeinschaften, unsicheren internationalen Märkten, ausländischen Mächten, dem Einparteiensystem und diktatorischen Regierungsformen.

Da sie ihre Arbeitsweise selbst entwickeln, laufen sie leicht Gefahr, globale Themen wie die Erwärmung der Erdatmosphäre, den Klimawechsel, Entwaldung und Aufforstung, Ozonschicht und Bevölkerungsdynamik nicht wahrzunehmen. Viele von ihnen verfolgen globale Ereignisse nicht. Aber obwohl die gesamte Umwelt über ihre Teile angegangen werden muß, müssen diejenigen, die dazu in der Lage sind, sie als unteilbares Ganzes wahrnehmen. An dieser Stelle setzen einige von uns an. Wir regen örtliche Teilnahme an Dingen wie Aufforstung an, die örtliche Bedürfnisse befriedigen, aber auch zur Lösung globaler Probleme (wie steigender CO_2-Gehalt der Luft und Ausdünnung der Ozonschicht) beitragen. Je mehr Bäume und Pflanzen diese Bäuerinnen setzen und pflegen, desto mehr tragen sie zur natürlichen Kohlenstoffabsorption bei, die nicht weniger wichtig ist als der amazonische Wald. Ein anderes Beispiel sind Diskussionen über die Auswirkungen von Agrochemikalien auf örtlicher Ebene; dabei werden einfache Menschen Teil der internationalen Kampagne, Gemeinden zu informieren und in die Lage zu versetzen, die Denkweise transnationaler Firmen, Institutionen und Industrien zu beeinflussen, die immer wieder für die ansässige Bevölkerung und ihre Umwelt schädliche Projekte finanzieren. Bis heute wollen viele transnationale Institutionen von diesen Zusammenhängen nichts wissen, und dasselbe gilt für die Religion.

Religiöse Institutionen hatten die richtige Information, aber das Verständnis war durch mangelndes Bewußtsein des Klerus getrübt. Die heiligen Schriften der Weltreligionen, die mündlichen Traditionen und das Wissen vieler Gemeinden wurden geringgeschätzt und entwertet. Christen z.B. haben keine Verbindungslinie zwischen dem Garten Eden und der Erde gezogen. Denn Gott befahl Adam und Eva, zu bewahren und gute Statthalter zu sein, um ihre Grundbedürfnisse zu befriedigen. Statt dessen konzentrierten sich die Verantwortlichen darauf, „sich die Erde untertan zu machen", und sie übersetzen diese Worte im Sinne des Erforschens, Eroberns, Ausbeutens, Akkumulierens, des Überkonsums und Befriedigens ihrer Gier.

Erst jetzt beginnen einige Verantwortliche wieder die Notwendigkeit zu sehen, Statthalter und Wahrer zu sein, Erderosion, Entwaldung, Vergiftung der Erde und des Wassersystems zu verhindern und die Erde wieder anzureichern, so daß der Ernteertrag steigt. Jetzt sehen sie, welche Ironie darin liegt, daß barfüßige Bauern zur nächsten Kirche gehen (dem teuersten Bauwerk in der Gemeinde) und von Gott irdisches Brot und Wasser erbitten. Hungrig und vor Kälte zitternd, beten diese Gläubigen das Vaterunser: „... unser täglich Brot gib uns heute." Wie kann erwartet werden, daß Gott das tägliche Brot gibt, wenn die Humusschicht der Erde in die Meere gespült wurde? Welcher Segen ist der Regen, wenn er nur den Humus wegwäscht? Gott wird die Aussaat nicht auf unfruchtbarer Erdschicht oder auf Fels gedeihen lassen. Das Wissen wurde gegeben, die Ahnen hatten es. Wenn es ignoriert wird, werden die Menschen aus Dummheit und Ignoranz umkommen. Gottes Gabe ist partizipatorisch.

Auch Regierungen sehen die Zusammenhänge nicht. Sie folgen blind dem von den reichen Industrieländern gestrickten Entwicklungsmuster, stellen seine Relevanz und die der Bevölkerung und Umwelt aufgebürdeten Kosten nicht in Frage. Entwicklung wird durchgezogen, als käme es auf die örtliche Bevölkerung nicht an. Die Mehrheit der afrikanischen Bevölkerung und besonders die Frauen sind an den Rand gedrängt und abgekoppelt. Studenten machen Abschlüsse an Landwirtschaftshochschulen, aber die Nahrungsmittelproduktion hat immer noch keine Priorität. Sie exportieren Früchte, Gemüse und Blumen nach Europa, aber diejenigen, die diese Erträge (cash crops) produzieren, können sich kaum eine ausreichende Mahlzeit am Tag leisten. Viele Bauern, die an der Baumpflanzkampagne teilnehmen, arbeiten in Plantagen für den Export; da sie aber schlecht bezahlt werden und nicht das Nötigste zum Leben haben, pflanzen sie Bäume, um sich aus dem Einkommen von den überlebenden Setzlingen einen Unterhalt zu verschaffen. Nur wenn die Regierung ihre Bevölkerung dafür freimacht, ohne Furcht vor Nachstellung und Einschüchterung ihre kreativen Energien produktiv zu nutzen, wird sich etwas ändern.

Das Green Belt Movement hat deshalb Verbindungen zwischen

gutem Regieren, Respektierung der Menschenrechte und umweltschonender Entwicklung gezogen. Politische und wirtschaftliche Reformen werden den Afrikanern ein Umfeld bereitstellen, das für dauerhaft verträgliche (sustainable) Entwicklung förderlich ist. Dann werden die Afrikaner ihre eigenen Nahrungsmittel anbauen und den Bettlersuppen ein Ende bereiten. Dann werden sie in die Kirchen gehen und für ihr „täglich Brot" den Erntedank von ihren fruchtbaren, giftfreien Feldern darbingen.

Ja, wären die meisten von uns so unwissend, wie sie zu sein vorgeben! Der Verkauf von schädlichen Agrochemikalien ist z.B. ein gutes Geschäft, und es tut nicht weh, wenn man giftige Abfälle in den Hinterhof der andern kippt. Auch ist nicht damit zu rechnen, daß jemand die Kritik von Bürgerinitiativen und einzelnen Leuten zu Hause ernst nimmt. Es ist weniger peinlich, die Wälder anderer zu zerstören. Die Menschen wissen mehr, als sie zugeben möchten.[3]

In Kenia trocknen die Seen Naivasha und Nakuru, in denen Millionen von Flamingos und anderen Vogelarten heimisch sind, immer schneller aus, denn die Bauern leiten die Bäche um, die diese Seen früher gespeist haben. Dem Naivasha-See, der auch ein Frischwassersee ist, wird jeden Tag von Hunderten von Bauern, die Blumen und andere Gartenprodukte für den Export nach Europa anbauen, das Wasser abgegraben. Um Devisen zu erlangen, wird die Umwelt geopfert. Ein weiteres Beispiel ist der Kindaruma-Damm, der einige Stammesgebiete des Tana-Flusses überschwemmt hat und der ohne die Beteiligung der Menschen stromaufwärts gebaut wurde. Durch Verschlammung wird die Lebensdauer dieses Dammes verkürzt. Die Erbauer des Dammes sahen keinen Zusammenhang zwischen dem Ackerbau stromaufwärts, der Bodenerosion, der Verschlammung und der Funktionsweise der Turbinen. Diejenigen, die den Damm gebaut und die Ausstattung verkauft haben, haben ihr Geld bekommen, aber das Land verliert wertvollen Humusboden und die Turbinen. Projekte wie diese opfern langfristigen Nutzen und zukünftige Generationen für kurzfristige wirtschaftliche und politische Ziele.

Nicht alle, die mit dem Green Belt Movement arbeiten, verstehen zur Genüge den Zusammenhang zwischen Profiten, Märkten, Politik und verträglicher Entwicklung. Aber viele wissen, was zum Schutz der Umwelt getan werden muß, und dies nicht nur, wo unsere Sonderinteressen betroffen sind, sondern auch weltweit. Einige sagen, daß es nicht genug wissenschaftliche Daten gibt, um auf Umweltschutz ausgerichtete Aktionen zu begründen. Zum Glück sind die Informationen in einigen Büchereien, bei Konferenzen und in Diskussionsgruppen erhältlich. Einige Gruppen machen Direktbeobachtungen, zeichnen sie auf und teilen die Informationen mit anderen. Andere führen Laboruntersuchungen aus und teilen auch diese Informationen mit anderen. Die Anzahl derer, die „wissen", wächst weltweit. Wenn wir dieses Wissen haben, beginnt sich unsere Wahrnehmung der Umwelt zu verändern. Wir beginnen, sie zu unserem eigenen Nutzen zu würdigen und zu verstehen, daß wir nicht abgetrennt von ihr sind, sondern zu ihr gehören, und nicht einmal notwendigerweise als ihr wichtigster Teil.

Wenn wir das Desaster vermeiden wollen, müssen wir uns kundig machen. Wir müssen auf Tausende von Frauen und Männern hören, die ihr Leben in Laboratorien verbringen, dort Analysen machen und Informationen herausgeben, die uns alarmieren und uns die Kenntnisse vermitteln, die uns angemessenes Handeln ermöglichen. Wir müssen akzeptieren, daß es vieles gibt, was wir noch nicht wissen, und ein Verlangen nach Suche und Aufnahme von Wissen entwickeln, so daß wir nicht aus Mangel daran zugrunde gehen. Wir suchen im Green Belt Movement nicht nur nach Wissen, sondern wir handeln auch auf der Grundlage dessen, was wir schon wissen. Unser Handeln mag noch stark örtlich gebunden sein, aber unser Anliegen ist im wahrsten Sinne global.

Aus dem Englischen übertragen von Dieter Maier

Anmerkungen

[1] Walter Rodney, How Europe Underdeveloped Africa, Nairobi: Heinemann Kenya 1989.

[2] Wangari Maathai, The Green Belt Movement, Nairobi: General Printers Ltd. 1984. Wangari Maathai, The Green Belt Movement: sharing the approach and the experience, Nairobi: Environment Liaison Center International 1988.

[3] Al Gore, Earth in Balance, New York: Houghton Mifflin Company 1992.

Die Bedeutung des Spirituellen im Leben des Afrikaners als Ansatzpunkt für eine gesunde Ökologie

Von Bénézet Bujo

Es kann nicht genug betont werden, daß der negro-afrikanische Mensch nie das Profane vom Spirituellen trennt. Seine Lebensweise ist nie dualistisch, sondern immer holistisch. Dies kommt klar in seiner Einstellung zum gesamten Kosmos zum Ausdruck. Wie dies sich genauer artikuliert, soll im folgenden kurz aufgezeigt werden.

I. Ahnenglaube als Fundament afrikanischer Spiritualität

Manche westlichen Forscher, die sich mit dem Ahnenglauben in Afrika befaßt haben, wollten vor allem dessen negative Seite sehen. So haben sie Schwierigkeiten mit der afrikanischen Theologie, die Jesus Christus beispielsweise den Titel 'Proto-Ahn' geben will. Diesem Titel hafte ein ziemlich gravierender Makel an, da der 'Ahn' in Afrika *auch* mit Angst verbunden sein könnte. Darüber hinaus sei die Existenz *böser* Ahnen nicht zu übersehen. Westliche Theologen, die sich gegenüber einer Ahnenchristologie zurückhaltend zeigen, fürchten, daß afrikanische Theologen die Unverwechselbarkeit Christi preisgeben.[1] Wer so denkt, vergißt aber, daß die Geschichte der Christologie sich in keiner Weise gescheut hat, mit sogar noch problematischeren Bezeichnungen (z.B. *Orpheus*) als dem Proto-Ahnen auszukommen. Dieser letztere Titel bedeutet in Wirklichkeit, daß unsere afrikanische Ahnenvorstellung erst von Christus her ihr richtiges Richtmaß erhält. – Jedenfalls kann eine auf die Inkulturation bedachte Theologie nicht versäumen, sich mit dem Ahnenglauben zu befassen, der die ganze afrikanische Spiritualität zutiefst prägt. Die Ahnen bilden einfach den Lebensgrund jedes Afrikaners. Dies läßt sich wie folgt deuten:

Wer einen auch nur oberflächlichen Kontakt mit der negro-afrikanischen Welt gehabt hat, wird gespürt haben, wie wichtig dort die gemeinschaftliche Dimension ist. Der Negro-Afrikaner lebt in Großfamilie.[2] Diese Zusammengehörigkeit beruht letzten Endes auf einem gemeinsamen Urahn, der die Sippen- bzw. Stammesgemeinschaft gegründet hat. Die Gemeinschaft umfaßt sowohl die Lebenden als auch die Toten. Letztere sind gar nicht tot, eher muß man sie Lebend-Tote nennen. Wiewohl er eine Sonderstellung einnimmt, steht der Urahn nicht allein da, als wäre er eine Art „Supermensch". Vielmehr lebt er in Gemeinschaft mit anderen Lebend-Toten, die aus seiner irdisch gegründeten Gemeinschaft stammen. Soweit sie die erforderlichen Voraussetzungen erfüllt haben, werden manche Lebend-Toten auch „Ahnen" genannt. Wichtig dabei ist ein tugendhaftes Leben, gemäß den Vorschriften, die vom Urahn und seinen Nachfolgern erlassen bzw. bestätigt wurden.

Die Beziehung zwischen irdisch Lebenden und den Ahnen ist sehr eng, verdanken die Hinterbliebenen ihre Existenz doch den Ahnen, von denen sie alles Notwendige zum Leben erhalten. Andererseits können die Lebend-Toten ihr „Ahnensein" nur durch die irdische Sippengemeinschaft „genießen". So entsteht eine „Interaktion" zwischen den beiden Gemeinschaften, die sich aber hierarchisch, und zwar von oben nach unten und umgekehrt, vollzieht. Das Ziel dieser Interaktion ist das Wachstum der Lebenskraft innerhalb der Sippengemeinschaft. Keiner darf die Lebenskraft für sich allein behalten, er muß andere Familien- oder Sippenangehörige daran teilnehmen lassen, also sich so verhalten, daß alle seine Handlungen das Leben zur Entfaltung bringen. Ein Fehlverhalten eines Individuums bedeutet ein solches Übel für die Gemeinschaft, daß es deren Lebenskraft vermindert. Hingegen trägt eine tugendhafte Tat zum Lebenswachstum aller bei. Wohlgemerkt: Es geht nicht nur um eine biologische, sondern um eine ontologisch-kausale Kraft. In dieses Beziehungsnetz ist der ganze Kosmos miteingeschlossen. Der Negro-Afrikaner glaubt, daß nicht nur die Menschen sich gegenseitig beeinflussen, sondern daß auch alle weiteren Kräfte eine kausal-ontologische Interdependenz besitzen. Dementsprechend können Naturkräfte die Menschen ontologisch beeinflussen und umgekehrt. Das Ganze aber geht auf den Höchstunsichtbaren zurück, der alles erschaffen hat: Gott! Es wird oft gefragt, warum die religiöse Überzeugung des Afrikaners mehr anthropozentrisch als theozentrisch ausgedrückt wird. Ist sein Gott letzten Endes nicht doch fern von der Welt, und wird der Mensch nicht mit seinen Wünschen und Sorgen allein gelassen? Ferner wird gefragt, ob der Afrikaner, der in vielem die Stellung Gottes als Quelle des Lebens so nachdrücklich unterstreicht, ihn sich wirklich als ein personales Wesen vorstellt. Damit eng verbunden ist die Frage, ob es sich um Monotheismus oder Monismus handelt.

Der letztgenannte Punkt bedürfte einer längeren Abhandlung. Hier sei lediglich festgestellt, daß zahlreiche Erzählungen, Legenden und Mythen den Gott des Afrikaners darstellen als einen, der den Gründer-Ahnen nicht nur die ethischen Weisungen ganz persönlich gegeben hat, sondern Gemeinschaft mit ihnen pflegte. Auch in der Zeit nach den Urahnen hat sich Gott nicht aus der Welt zurückgezogen, sondern er ist nach wie vor im Leben des Menschen anwesend; er ist mit ihm auf dem Weg, wenn er auf die Reise geht. Nicht umsonst verabschiedet man sich von jemandem in Rwanda mit den Worten: *Imana ikulinde,* Gott behüte dich! Gott ist es, der dem Afrikaner Gesundheit, Nahrung, Regen und alles gibt, was er zum Leben braucht.

Wenn der Negro-Afrikaner dennoch seine Ahnen öfter anruft als Gott, ist folgendes zu bedenken: Bei vielen Stämmen in Afrika ist die Mittlerrolle äußerst wichtig. Vor allem dort, wo es sich um eine höhere Persönlichkeit handelt, wäre es eine grobe Unhöflichkeit, ja eine Anmaßung, ihr direkt eine Botschaft zu überbringen. Man tut es über einen Dritten, und dies sogar in Anwesenheit des eigentlichen Adressaten.[3] Und was B. Nyom so scharfsinnig für die Bantu beobachtet, gilt über diese ethnische Gruppe hinaus: Die Geister, die der *Muntu* anfleht, sind nicht unbedingt die letzten Adressaten seiner Bitte. Wenn der Afrikaner etwa im Falle einer sterilen Ehe die Vorfahren anruft, dann wird die unfruchtbare Frau nicht durch die Ahnen von der Sterilität befreit, sondern Gott selbst tut es durch die Vermittlung der Ahnen. „Diese Vielzahl der Vermittler ist ... nichts anderes als die Bekräftigung einer universalen Solidarität und das Eingeständnis der Ohnmacht des Menschen, ganz allein aus eigener Kraft die Leiter des Absoluten zu erklimmen ...“[4] Wer den Gott des Afrikaners unter diesem Gesichtspunkt betrachtet, wird Jean Marc Ela zustimmen, wenn dieser dafür plädiert, die Theorien „über den Platz des Gottes-des-Himmels in Afrika“ neu zu bedenken. Er betont, daß für den Negro-Afrikaner der Savanne oder der Wälder Gott „den menschlichen Realitäten viel näher“ sei, als viele früher angenommen haben.[5]

Ungeachtet dieser Tatsache, daß alle Dinge ihren Ursprung in Gott haben, wird der Afrikaner im Hinblick auf das Übel die Ursache gerade nicht bei Gott suchen. Dieser kann nämlich nicht das Übel wollen und verursachen. Das Übel ist entweder den bösen Geistern oder/und zumeist dem Menschen selbst zuzuschreiben, der die vom Schöpfer zugunsten aller Menschen gedachten Naturkräfte mißbrauchen kann, um anderen zu schaden. Im Klartext: Erst wenn ein Mensch gegen das Wohl seiner Mitmenschen verstößt, wird auch Gott beleidigt. Daher ist es nur logisch, sich auf die zwischenmenschliche

Beziehung zu konzentrieren, um den wirklichen Übeltäter herauszufinden. Dieser Täter kann wiederum Mitglied der sichtbaren oder der unsichtbaren Sippengemeinschaft sein. So ist das Übel (Krankheit, Naturkatastrophen und dergleichen) immer ein Zeichen, daß die Beziehung zur Gemeinschaft in ihrer doppelten Dimension gestört ist. Um diese Beziehung wiederherzustellen, müssen die Betreffenden bzw. die Patienten in ihrer gemeinschaftlichen und psychologischen Dimension behandelt werden. Dabei wird auch die unsichtbare Welt unweigerlich mit in Betracht gezogen, da die Ahnen und die Lebend-Toten im allgemeinen sich für das Schicksal der irdischen Gemeinschaft auf höchster Ebene interessieren.

Erst von diesem Ganzheitlichkeitsprinzip her versteht man, warum ein negro-afrikanischer Christ morgens in der Kirche sein kann und abends beim Hellseher oder Zauberer: Läßt ihn die Kirche doch im Stich, wo er Hilfe zur Bewältigung existentieller Fragen – Ängste, Leid, Krankheit und anderes mehr – erwartet. Das importierte Christentum, selbst wenn es die Gemeinschaft der Kirche betont, betrachtet den Menschen, zumindest aus afrikanischer Sicht, als Individuum und sorgt sich weder um seine Verwurzelung in einer konkreten Gemeinschaft, noch behandelt es seine Lebensprobleme in ihrer psychosomatischen und sozialen Dimension. Nicht umsonst haben die Unabhängigen Kirchen und verschiedene Sekten viel Zulauf in Afrika, versuchen sie doch, Elemente der Ahnenüberlieferung mit dem Glauben zu verbinden.

Es kann an dieser Stelle von Nutzen sein, sich zu fragen, welchen Anspruch die Tradition an den Negro-Afrikaner stellt sowohl im Hinblick auf die Inkulturation der christlichen Botschaft als auch bezüglich der Gestaltung einer neuen Gesellschaft, die die Fehlformen der westlichen Industriementalität zu vermeiden weiß. Und überhaupt: Könnte die negro-afrikanische Überlieferung den aufgeklärten, modernen Menschen nicht an manche Werte erinnern, die er in seiner Existenz und Gesellschaft aus den Augen verloren hat?

II. Die Ahnen und der Kosmos als Sakrament Gottes

Wenn der Ahnenglaube den negro-afrikanischen Menschen derart prägt, daß er die irdische Gemeinschaft vor einem Zusammenbrechen bewahrt, muß andererseits betont werden, daß den Ahnen eine solche Bedeutung nur deswegen zukommt, weil sie die Irdischen mit Gott selbst als Urquelle des Lebens verbinden. Damit spielen die Ahnen letzten Endes eine sakramentale Rolle für die Hinterbliebenen. Sie sind das Sakrament Gottes, denn durch sie werden wir derart auf den eigentlichen Lebensspender verwiesen, daß sie für uns zum Ort der Offenbarung Gottes werden. Wenn also Gott als eigentliche Quelle des Lebens gilt, dann wird man es nicht bei den Ahnen bewenden lassen, denn von Gott her über die Ahnen als Sakrament begreift man erst richtig die sich gegenseitig beeinflussenden Kräfte des gesamten Kosmos. Geht man von unten nach oben, dann wird der Kosmos seinerseits zum Sakrament, das uns auf das von Gott kommende Leben aufmerksam macht. Bäume, Flüsse, Berge, Wälder, Vögel, Tag und Nacht, all das spricht letztlich eine göttliche Sprache, lobt den Schöpfer und gewinnt eine sakrale Bedeutung, die zur Ehrfurcht aufruft.[6] Ehrfurcht heißt auch Mäßigung und Sich-Beherrschen gegenüber der Natur.

Engelbert Mveng hat dies sehr schön in einem Märchen dargestellt. Eines Tages rief Gott zwei Bewohner der Erde, den Menschen und den Mond, zu sich. Er gab ihnen den Auftrag, auf die Suche nach Palmwein zu gehen. Er sagte ihnen: „Ihr werdet zwei Palmbäume und darauf zwei volle Kalebassen finden. Bringt mir den Inhalt." Der Mensch und der Mond nahmen jeder eine Kalebasse und machten sich auf den Weg. Nach einer langen, ermüdenden Reise waren sie fast verdurstet und sahen endlich die Palmbäume Gottes. Schnell kletterten sie auf die Palmbäume. Der Mensch riß die mit Palmwein gefüllte Kalebasse an sich, und angesichts seines Durstes konnte er sich nicht mehr beherrschen, so daß er fast den ganzen Wein trank. Es blieben nur noch ein paar Tropfen, die er dann in seine Kalebasse eingoß. Er stellte die Kalebasse Gottes wieder an ihren Ort auf den Palmbaum. Seine Kalebasse konnte nicht mehr voll werden. Der Mond aber, als er die volle Kalebasse Gottes erreichte, beherrschte sich und wollte zuerst seine Kalebasse füllen, die er dann zu Gott zurückbringen sollte. Erst als er dies getan hatte, trank er den restlichen Wein, um seinen Durst zu stillen. Danach stellte er die leere Kalebasse wieder auf den Palmbaum. Beide, der Mensch und der Mond, mußten nun zu Gott zurückkehren. Als sie zu Gott kamen, beeilte sich der Mensch, seine fast leere Kalebasse Gott hinzureichen. Er sagte: „Das ist alles, was ich, o Herr, auf deinem Palmbaum finden konnte!" Gott blickte starr zu ihm und sagte: „Du armer Mensch: Du hast deiner Gier nachgegeben, und nun unterliegst du deiner Lüge auch noch. Du wirst die Früchte davon selbst essen!" – Der Mond aber schritt schüchtern zu Gott hin, er reichte ihm die Kalebasse und sagte: „Gott, du mein Herr, ich habe deine Kalebasse voll gefüllt. Da aber ein wenig Palmwein noch übriggeblieben war, habe ich damit meinen Durst gestillt." „Gut", antwortete Gott, „du hast dich beherrscht und deine Aufgabe erfüllt. Du wirst die Früchte davon selbst essen!" – Dann ordnete Gott dem Menschen und dem Mond an, in ihr Dorf zurückzukehren, es werde morgen bei Sonnenuntergang über ihr Schicksal entschieden. Am nächsten Tag bei Sonnenuntergang wurden beide tot aufgefunden, das Dorf brach in Tränen aus und bestattete alle beiden. Tags darauf aber wurden die Bewohner in Staunen versetzt, als sie nach dem Sonnenuntergang den Mond aufgehen sahen. Er war noch viel schöner als vor seinem Tod. Sie gingen eilend zum Grab des Menschen, in der Hoffnung, auch er werde nun wieder herauskommen. Aber das Grab stand unverändert da. Die Bewohner fingen an auszugraben. Sie fanden nur noch einen verfaulten Leib tief in der Erde. Der Mensch war endgültig tot! Von diesem Tag an sterben die Menschen und kehren nicht mehr zurück, während der Mond verschwindet und noch schöner wiederkommt.[7]

Die Bedeutung dieses Märchens dürfte klar sein: Der Mensch wird er selber und überlebt nur, wenn er die Zeichen der Zeiten in der Natur erkennt und sich um die Zukunft sorgt. Auch hier ist die Natur für ihn ein Sakrament, das ihn auf Gott selbst verweist. Er kann sich selbst realisieren, wenn er in und mit der Natur zuerst Gott sucht und der eigenen Sucht eine Absage erteilt.

Die Verbundenheit mit der Natur ist noch offensichtlicher am Beispiel des sogenannten Ahnenbaums. In Rwanda etwa hat der Erythrina-Baum eine ganz besondere Bedeutung, da der Helden-Ahn, Lyangombe, unter diesem Baum starb. Auch deshalb legt man beim Totenritus den Verstorbenen ein oder zwei Blätter dieses Baumes in die Hand.[8] Bei den Bahema von Zaire gebührt dem Fikus-Baum ein besonderer Respekt, da er meistens auf das Grab eines Familienvaters gepflanzt wird, um das immerwährende Leben zu symbolisieren. Auch außerhalb des Grabes darf dieser Baum nicht beliebig umgehauen werden. Ebenso gibt es Vogelgattungen, denen eine sakrale Bedeutung zugeschrieben wird. So darf man bei den Bahema z.B. die Bachstelzen niemals töten oder quälen. Sie bauen ihre Nester immer auf die Hausdächer, wecken die Menschen früh morgens und nehmen an ihrem Leben eng teil. – Die Bahema und Walendu von Zaire erziehen ihre Kinder darauf hin, bestimmte Symbole der Natur zu entziffern. So ist für sie etwa ein Fluß etwas Lebendiges, das Murmeln eines fließenden Wassers oder der Wasserfall werden als Stimme verstanden.

Hingewiesen sei noch auf die Funktion des Feuers. Wiederum bei den Bahema wird die Präsenz einer guten Mutter im Haus mit dem Feuer verglichen: Ihre Liebe ist so dynamisch und lebensfördernd, daß sie alle Bewohnerinnen und Bewohner des Hauses wohltuend erwärmt, wie das Feuer. Wo die Mutter fehlt, da ist es kalt wie in einem Haus, das nicht geheizt ist. – Ferner: In jedem Hof bei den Bahema gibt es eine Feuerstelle. Das Feuer wird morgens und abends vom Familienvater angefacht. Dort empfängt er andere. Das 'Hoffeuer' ist der Ort, an dem die Freundschaft entsteht und das Band der Dorfgemeinschaft gefestigt wird. Dem Feuer kommt auch eine wichtige Bedeutung bei der Trauerfeier zu. Während der Tote bzw. die Tote aufgebahrt ist, brennt nachts das Feuer vor dem Haus, und dort wird von Männern Wache gehalten. Es dient nicht nur dem Schutz vor der Kälte, sondern ist zugleich ein Zeichen der Verbundenheit mit dem (der) Verstorbenen. Die um das Feuer Versammelten erzählen das Leben des heute ausscheidenden Familienmitgliedes, das durch diese Erinnerung lebendig mitten unter ihnen ist. Die Gemeinschaft von Lebenden und Toten wird dergestalt lebendig wie das Feuer selbst.[9]

Man mag über die bisher aufgezählten Vorstellungen schmunzeln und sie für abergläubisch oder primitiv halten; sie haben trotzdem dafür gesorgt, den Menschen eine echte Ehrfurcht vor der Natur zu vermitteln. Die Tabus haben in der afrikanischen Kultur oft eine pädagogische Funktion: Sie helfen den Menschen, die bewährten moralischen Normen zu verinnerlichen, bevor man rational-argumentativ ansetzt. Theo Sundermeier hat manche Verhaltensweisen treffend charakterisiert, wenn er von „funktionaler Analogie" bei den von ihm studierten ethnischen Gruppen spricht. „Das Schlachten von Tieren ist z. B. im traditionalen Afrika nicht einfach eine säkulare Angelegenheit, die der Nahrungsversorgung dient, sondern eine rituelle und soziale. Besondere Fleischteile des Rindes werden bestimmten Menschen zugeteilt: Die Augen bekommen die Männer, damit sie bei der Jagd besser sehen können. Von den Hufen wird für die Hütejungen eine Suppe gekocht, damit ihre Füße gestärkt werden. Die Zunge dürfen die Frauen nicht essen, sonst wird ihre Zunge zu 'scharf'. Das Vorderbein bekommt der älteste Sohn des Hauses, weil er den anderen vorausgehen muß. Das Hinterbein bekommt der Herr des Hauses, weil auf ihm das ganze Haus 'steht'. ... Den Rücken bekommt die Mutter, das stärkt ihren Rücken bei der Schwangerschaft."[10] *Mutatis mutandis* läßt sich Vergleichbares bei vielen anderen Ethnien beobachten.

Zusammenfassend kann man sagen, daß alle diese Praktiken im Hinblick auf die Natur die Verbundenheit des schwarzen Menschen mit dem Kosmos tief prägen. Sie lassen sich – um es nochmals zu betonen – nicht vom Religiösen trennen. Ihr Bezug auf die Ahnen, denen manchmal Flüsse, Wälder und Felder gehören, dokumentiert das und gehört zum wichtigsten Moment der Spiritualität der Negro-Afrikaner. Das Spirituelle im Kosmos, das den Menschen mit den Ahnen verbindet, verweist ihn aber über diese hinaus, und zwar auf Gott als den Schöpfer aller Dinge, derart, daß die Ehrfurcht gegenüber der Natur schließlich Gott selbst betrifft.

III. Symbole im Zeitalter der Aufklärung

Obwohl die Menschen in Schwarzafrika ihr kulturelles Erbe zum größten Teil nicht aufgegeben haben, ist die Moderne doch nicht spurlos an ihnen vorübergegangen. Überall beobachtet man, daß der Westen den Lebensstil der Afrikanerinnen und Afrikaner dermaßen beeinflußt, daß dies nicht immer ein Segen für Afrika bedeutet. Das eigentliche Problem besteht m. E. darin, daß zwei Lebenswelten aufeinandertreffen, von denen die eine eine Herrschaft über die andere ausübt. Es gilt zunächst dieses Herrschaftsverhältnis zu entlarven und aufzugeben. Die Zukunft der Welt wird davon abhängen, ob an Stelle der Herrschaft ein Dialog stattfinden wird und ob man bereit ist, voneinander zu lernen. Vor allem sollte die Symbolsprache von neuem erlernt werden.

1. Die Kolonialisierung der negro-afrikanischen Lebenswelt

Wenn die Lebenswelt mit Jürgen Habermas als „durch einen kulturell überlieferten und sprachlich organisierten Vorrat an Deutungsmustern repräsentiert“ gedacht werden kann[11], läßt sich unschwer vorstellen, daß die Kolonialzeit die afrikanische Lebenswelt aus dem Gleichgewicht gebracht hat. Das Einbrechen des Westens in Afrika (wie auch in Asien und Amerika) war ja gerade nicht durch Dialog und Brüderlichkeit gekennzeichnet, die zur gegenseitigen Bereicherung der sich begegnenden Lebenswelten geführt hätte. Denn wie Habermas sagt, ist die Lebenswelt „gleichsam der transzendentale Ort, an dem sich Sprechen und Hören begegnen; wo sie reziprok den Anspruch erheben können, daß ihre Äußerungen mit der Welt (der objektiven, der sozialen oder der subjektiven Welt) zusammenpassen; und wo sie diese Geltungsansprüche kritisieren und bestätigen, ihren Dissens austragen und Einverständnis erzielen können“.[12] Die Kolonialmethode verkannte diese wichtigen Dimensionen völlig, da sie mit dem Herrschaftsanspruch auftrat, den Menschen in Schwarzafrika die Lebenswelt aus dem Westen aufzuzwingen. Die so aufgezwungene Lebenswelt war allerdings eine, die schon im Westen selbst durch Steuerungsmedien, nämlich Geld und Macht, kolonialisiert war, deren Hauptmerkmal es ist, die Kommunikation und die interpersonellen Verständigungsmöglichkeiten zu zerstören. Es geht nur noch um „zweckrationalen Umgang mit kalkulierbaren Wertmengen“. Statt sich um „sprachliche Konsensbildungsprozesse“ zu bemühen, interessiert nur noch eine „strategische Einflußnahme auf die Entscheidung anderer Interaktionsteilnehmer“.[13]

Eine solche Lebenswelt auf Afrika übertragen hieße *eo ipso* den schwarzen Kontinent doppelt kolonialisieren. Die Menschen dort mußten nämlich ihre eigene Lebenswelt zugunsten der schon kolonialisierten aufgeben. Dann mußten sie noch die auch für den Westen destruktiv wirkenden Subsysteme Geld und Bürokratisierung bzw. staatliche Administration übernehmen, die aber nun speziell für sie gesalzen und aufgetischt werden.

Es ist keine Frage, daß dieses Vorgehen für Afrikanerinnen und Afrikaner dazu geführt hat, ihre Symbolwelt teilweise oder gar gänzlich zu verlernen. Sie haben zum größten Teil ihre Geschichte, ihre Kunstwerke, ihre Spiritualität und Religiosität und manchmal sogar ihre Muttersprache verloren. Mythen, Legenden, Märchen und Sprichwörter, die so entscheidend für die Interpretation der Welt und die Ehrfurcht vor der Natur waren, werden ersatzlos gestrichen und durch die entmythologisierte westliche Rationalität beherrscht. Die Erde beispielsweise, die in enger Verbindung mit dem Leben stand und die mit allen Menschen zu teilen war, wird nur noch unter dem Aspekt des ökonomischen Gewinnes gesehen. Die Erde ist nicht mehr, was uns eint, sondern sie wird durch „Monetarisierung“ zu einer anonymen Macht, die uns gegenseitig entfremdet. Der sakrale Wald oder der Fluß, dem man wegen seiner Verbundenheit mit der Ahnen- oder Geisterwelt Respekt zollte, wird durch die westliche Rationalität restlos *„transparent“* und entsakralisiert: In der Natur gäbe es kein „Mysterium“, dem der Mensch nicht auf rational-argumentative Weise begegnete. Was dem Menschen in Schwarzafrika plausibel gemacht wird, ist eine kulturlose Rationalität, die das Holistische des Menschseins vergißt. Was Wunder, daß der durch die Rationalität „kolonialisierte“ Mensch in Schwarzafrika dem behutsamen Umgang mit der Natur eine Absage erteilt und in seiner oft verzweifelten Lage fragt: ‘Wie komme ich zu Geld und Reichtum?’ Die Stichwörter ‘Geld’, ‘Reichtum’ und ‘Macht’ werden zum Haupthandlungsprinzip, durch das die Natur ausgeplündert wird, die traditionellen Werte wie Religiosität, Gastfreundschaft und andere mehr werden zu Unwerten.

Angesichts dieser Tatsache wird es m. E. sehr auf die *Begründung* der ökologischen Ethik in Afrika ankommen. Die Negro-Afrikanerinnen und Negro-Afrikaner müssen eine kritische Distanz gegenüber der sogenannten westlichen Rationalität bewahren. Solange dies nicht geschieht, gibt es keine ethischen Normen, die zwingend wären. Es ist, als ob die verengte Vernunft allein das ganze Menschsein des Menschen ausmachen würde. Die Tierethik beispielsweise wird meistens entweder mit Schmerzempfindlichkeit oder mit Sprachanalogie begründet, weil diese Gründe rational einsehbar sind. Vereinfachend könnte man sagen: Die Tiere haben das Recht auf unsere Ehrfurcht, weil sie ein anderes Ich, ein Gegenüber, ja eine Art 'Person' darstellen, in die der Mensch sich hineinversetzen kann. Eine derartige Begründung tut sich schwer, die übrige Natur, die ohne Analogie zum Menschen steht, als Gegenstand von Pflicht und Schutz stichhaltig zu begründen. Was hier fehlt, ist m.E. eine kosmische Rationalität, die wahrnimmt, daß der Mensch durch seinen Leib in eine schicksalhafte Gemeinschaft mit dem ganzen Universum verwickelt ist.

Nach dem negro-afrikanischen Verständnis kann der Mensch er selbst werden, wenn er geistig-geistlich bzw. religiös, aber auch – und in entscheidender Weise für seine gesamte Lebenskraft – körperlich die ihn umgebende Natur wahrnimmt und mit ihr in Beziehung tritt. Dies macht verständlich, weshalb bei den Bahema in Ostzaire das neugeborene Kind durch den Großvater dem Mond vorgestellt wird, damit das Kind den Segen für das Leben in Fülle bekommt. Es ist sicher nicht der Mond als etwas Personhaftes, der diesen Segen spendet, sondern es geht darum, daß der Großvater, der sozusagen am Ursprung des Lebens steht, das Kind in das Geheimnis des Lebens einweiht, das ohne die Einbettung in den gesamten Kosmos nicht gedeihen kann.[14] Ebenso gehört es zur Heilkunst, Kranken das Medikament unter dem „strahlenden" Mond zu verabreichen. Der Mond ist ein befreiendes Element: Durch das „Strahlen" verleiht er der Nacht eine neue Lebensdimension und nimmt dem Menschen die Angst vor der Dunkelheit. Er stellt die Harmonie her und versöhnt den Menschen mit der Nacht, die dem Tag ähnelt. Diese Harmonie soll vor allem dem kranken Menschen zuteil werden, damit er durch das Medikament und die wohltuende Präsenz des Mondes die volle Lebenskraft wieder erlangt. Auch andere Naturelemente werden von dem traditionellen Arzt oder der Heilerin verwendet: Mineralien, Pflanzen, Holzstücke, Tierknochen und -zähne, tierische Haare und andere mehr.[15] Angesichts der oft unkritischen Übernahme der westlichen Technik und Lebensgewohnheiten ist es äußerst wichtig, Afrika an seine Werte zu erinnern, die geeignet sind, den tödlichen Folgen der modernen, kulturlosen Technologie besser zu begegnen. Die Afrikanerinnen und Afrikaner müssen ihre Wurzeln neu entdecken und ihre Lebenswelt aus den Würgegriffen der westlichen Rationalität befreien. Andererseits sollte sich der Westen neu besinnen und sich die

Frage nach einer erneuten Lektüre des Kosmos im Dialog mit anderen Kulturen stellen.

2. Die Notwendigkeit einer Symbolsprache

Weiter oben war von der Entsakralisierung durch westliche Rationalität die Rede. Bislang galt für diese Rationalität das Beherrschen der Natur als unabdingbare Voraussetzung für Fortschritt und Entwicklung. Die Welt mußte 'entzaubert' werden. Erst nach und nach hat man gemerkt, daß Entwicklung nicht mit technischer Entwicklung gleichzusetzen ist. Papst Paul VI. hat dies noch deutlicher und eindrucksvoller formuliert: „Entwicklung ist nicht einfach gleichbedeutend mit wirtschaftlichem Wachstum. Wahre Entwicklung muß umfassend sein, sie muß jeden Menschen und den ganzen Menschen im Auge haben, wie ein Fachmann auf diesem Gebiet geschrieben hat: 'Wir lehnen es ab, die Wirtschaft vom Menschlichen zu trennen, von der Entwicklung der Kultur, zu der sie gehört. Was für uns zählt, ist der Mensch, jeder Mensch, jede Gruppe von Menschen bis hin zur gesamten Menschheit.'"[16] Zu der hier unterstrichenen Ganzheitlichkeit gehören zweifellos auch die religiöse Dimension und die ganze Symbolwelt, die so wichtig waren in Afrika und es immer noch sind. Zu Recht sagt Jean-Marc Ela: „Die afrikanische Zivilisation ist in gewisser Hinsicht eine Zivilisation des Symbols."[17] Nur so kann der Afrikaner seine Beziehung zum Universum zum Ausdruck bringen. Wer ihn dieser Symbolwelt beraubt, nimmt dem Menschen sein Selbstbewußtsein und die Überlebenschance.[18]

Die Frage ist aber, ob diese Symbolwelt nur für die negro-afrikanische Kultur von Bedeutung ist. Wäre das Erlernen der Symbolsprache nicht auch für den Westen notwendig in Anbetracht der vom modernen Fortschrittsglauben heraufbeschworenen tödlichen Gefahr für die Welt? Wenn heute von einem Weltethos gesprochen wird, das die Menschheit vor der Selbstvernichtung bewahren soll, dann wird dies höchstwahrscheinlich nicht durch hochrationale Argumente zustande kommen. Erst der Wille zum 'Voneinanderlernen' könnte hier weiterhelfen. Dabei muß der Westen gar nicht die Symbolwelt oder Religiosität anderer Kulturen *tale quale* übernehmen, sondern er soll sich durch diese neu alphabetisieren lassen, indem er die 'Technik' der Symbole und der Religiosität kennenlernt, um ähnliche Dimensionen in seiner eigenen Lebenswelt zu entdecken. Dazu wird es notwendig sein, daß der Westen seine Konsummentalität ändert und die Profittechnologie gründlich revidiert. Die Natur darf nicht mehr ausschließlich von der wirtschaftlichen und kommerziellen Dimension her gesehen werden. Man muß zuerst die Grundbedeutung der Erde, des Waldes usw. für das menschliche Zusammenleben entdecken. Dann wird es sehr darauf ankommen, nicht nur die Natur zu erforschen oder sich mit rationalen Begründungen zu begnügen, sondern es wird entscheidend sein, auf die Natur zu hören und ihre tägliche Bewegung im Hinblick auf die Zusammengehörigkeit mit den Menschen zu beobachten. Man muß heute ein „De catechizandis rudibus" über unseren Planeten schreiben, einen Katechismus, der mit der Kirche nichts zu tun hat, sondern einfach die Sensibilität für die Natur neu wachruft. Heute ist viel von 'Lebensqualität' die Rede. Sie wird aber ein bloßes Modewort bleiben, wenn nicht eine „glaubwürdige 'Humanökologie'"[19] ihr zur Grundlage dient. Lebensqualität braucht zwar ethische Normen, die gut begründet sind. Gleichwohl genügt eine auch noch so rational unwiderlegbare Begründung nicht, um die Menschen zum ethischen Handeln zu motivieren. Gerade hier ist das Ganzheitlichkeitsprinzip des Lebens vonnöten: Der Mensch wird zum Menschen nicht nur durch andere Menschen, sondern auch durch seine Beziehung zum gesamten Kosmos. Sobald die zwischenmenschlich-kosmische Beziehung nicht mehr stimmt, werden auch die interpersonalen Beziehungen durcheinandergebracht, und der Mensch läuft Gefahr, sich selbst zugrunde zu richten.

Noch einmal: Um eine gesunde Beziehung zwischen dem Menschen und dem ganzen Universum zu fördern, muß noch eine andere Dimension im Menschen als nur die rationale entdeckt werden. Vor allem in unserer durch ökonomisch-technische Rationalität beherrschten Welt müßten wir uns wiederum und intensiver mit alten Mythen und dem sogenannten 'primitiven' Denken über die Welt und ihren Ursprung befassen. Auf diesem Weg werden unsere Augen für die Lebendigkeit des Kosmos und für seine uns wohltuende Lebenskraft neu geöffnet.

Schlußwort

Es ist allzuoft betont worden, daß der Mensch in Schwarzafrika von Beziehungen zu den Mitmenschen und zum Gesamtkosmos lebt. In der Welt gibt es nur Interdependenz, die es allen Geschöpfen ermöglicht, sich gegenseitig zu stärken. Der Mensch kann sein Heil nicht allein erlangen, sondern nur als einer, der schicksalhaft mit allen kosmischen Elementen verbunden ist. Daß der Kosmos so wichtig ist, führt allerdings nicht dazu, etwa die Natur zu verabsolutieren und zu vergöttern. Sie ist also nicht unantastbar, sondern ihre Stellung ist von der gesamten Harmonie her zu beurteilen. Der Mensch wird durch Symbole, Märchen und Legenden, aber auch durch das Religiöse dazu aufgerufen, in sich eine Sensibilität für die lebenspendende Kraft des Universums zu entwickeln. Dieses Universum wird, wie eingangs hervorgehoben, als Sakrament Gottes betrachtet. Dies wird deutlich etwa in der alltäglichen Praxis im Leben der Menschen von Rwanda und Burundi: Die Eltern werden abends nie ins Bett gehen, ohne ein bißchen Wasser im Krug zurückzulassen. Es ist das Wasser von Imana (Utuzi tw'Imana). Imana, Gott, kommt nachts, macht die Eheleute zur Weitergabe des neuen Lebens fähig, d. h., er vollendet das Schöpfungswerk, und danach wäscht er sich die Finger in diesem für ihn bereitgestellten Wasser. Durch diese und ähnliche Praktiken werden auch die Kinder dazu erzogen, das Lebensmysterium der Natur – *in casu* des Wassers – nicht preiszugeben. Man kann sich nur wünschen, daß dieses Denken, das sich nicht nur auf den Umgang mit Wasser beschränkt, weitere Verbreitung findet und zum Nachdenken anregt.

Anmerkungen

[1] Vgl. R. Friedli, Le Christ dans les cultures. Carnets de routes et déroutes. Un essai de théologie des religions, Fribourg/Paris 1989, 115ff.; J. Parrat, Theologiegeschichte der Dritten Welt: Afrika, München 1991, 189–191.

[2] Zum Folgenden vgl. B. Bujo, Die ethische Dimension der Gemeinschaft. Das afrikanische Modell im Nord-Süd-Dialog, Freiburg i. Ue./Freiburg i. Br. 1993, 13–16.

[3] Vgl. J. M. Ela, Mein Glaube als Afrikaner. Das Evangelium in schwarzafrikanischer Lebenswirklichkeit, Freiburg i. Br. 1987, 37.

[4] B. Nyom, Der eigenständige Beitrag der afrikanischen Spiritualität, in: V. Mulago gwa Cikala (Hrsg.), Afrikanische Spiritualität und christlicher Glaube. Erfahrungen der Inkulturation, Freiburg i. Br. 1986, 62f.

[5] J. M. Ela, Mein Glaube, 37.

[6] B. Bujo, Die ethische Dimension der Gemeinschaft, 17.

[7] Vgl. E. Mveng, L'Afrique dans l'Église. Paroles d'un croyant, Paris 1985, 43–44.

[8] Vgl. B. Bujo, Afrikanische Theologie in ihrem gesellschaftlichen Kontext, Düsseldorf 1986, 131.

[9] Vgl. andere Beispiele bei J. M. Ela, Mein Glaube als Afrikaner, 52–53, und R. Friedli, Entre le foyer et le feu de brousse, in: Universitas Friburgensis 4 (1992/1993) 7–8.

[10] Th. Sundermeier, Nur gemeinsam können wir leben. Das Menschenbild

schwarzafrikanischer Religionen, Gütersloh [2]1990, 45. Offensichtlich spricht der Verfasser von den *Herero*. Vgl. auch S. Lehr, „Wir leiden für den Taufschein". Mission und Kolonialisierung am Beispiel des Landkatechumenates in Nordostzaire, Frankfurt a. M./Berlin/Bern u. a. 1993, 51–53.

[11] J. Habermas, Theorie des kommunikativen Handelns, Bd. 2, Frankfurt a. M. 1987, 189.

[12] Ebd. 192.

[13] Ebd. 273.

[14] J.-M. Ela, Mein Glaube als Afrikaner, 53, weist auf die Sonne als Lebenssymbol für die Neugeborenen bei den Kirdi von Nordkamerun hin.

[15] Vgl. B. Bujo, Die ethische Dimension, 200.

[16] Populorum progressio Nr. 14.

[17] J.-M. Ela, Mein Glaube als Afrikaner, 49.

[18] Vgl. ebd.

[19] Vgl. die Enzyklika Centesimus annus Nr. 38.

Gott, Mensch, Kosmos: Versuch zur Explikation tragender Elemente einer islamischen Naturethik

Von Fuad Kandil

„Auf die drei großen Desillusionierungen durch Kopernikus, Darwin und Freud folgte eine vierte: Ressourcen sind begrenzt, und es wird Raubbau an ihnen betrieben."[1] In der Tat ist ein Naturmythos, der Mythos ihrer Unbegrenztheit und Unerschöpflichkeit, endgültig zu Ende gegangen, ohne daß man jedoch sagen kann, daß eine entsprechende Ernüchterung und eine konsequente Umorientierung auf breiter Basis in der Praxis eingesetzt hätte. Weder in der industrialisierten Welt noch in der Dritten Welt ist eine überzeugende Umorientierung als Reaktion auf diese Erkenntnis zu beobachten.

In dieser Situation entdeckt man vielerorts die Dimension der Naturethik bei den einzelnen Kulturen und Religionen und verspricht sich einiges von dieser Entdeckung. Doch ob eine solche Hoffnung gerechtfertigt ist, kann so leicht nicht schlüssig beantwortet werden. Ich möchte für den islamischen Kulturkreis einige grundlegende Überlegungen mit dem Ziel der Explikation tragender Elemente einer islamischen Naturethik anstellen.

1. Zur realen Situation in den Gesellschaften der islamischen Welt

Wie die meisten Gesellschaften der „Dritten Welt", die einen gravierenden Prozeß des sozialen Wandels durchmachen, lassen sich die Gesellschaften der heutigen islamischen Welt u.a. durch eine große Diskrepanz zwischen real praktizierten und ideal hochgehaltenen (noch allgemein anerkannten) Wertvorstellungen charakterisieren. Denn vieles hat man einfach in der Praxis im Rahmen des um sich greifenden, globalen „Modernisierungsprozesses" übernommen, ohne jedoch die eigene Gedankenwelt und die eigenen traditionalen kulturellen Orientierungen ganz aufzugeben. Einige sehen darin ein Problem der ausgebliebenen „kulturellen Bewältigung sozialen Wandels"[2], eine andere Lesart des alten „Cultural-lag-Theorems".[3] So wird man in der gesellschaftlichen Realität der gesamten islamischen

Welt weit und breit vergeblich nach Ansätzen eines grundlegend anderen Umgangs mit der Natur als in der westlichen Welt suchen. Und dennoch wird die europäische Art des Umgangs mit der Natur von den Islam-Apologeten in großen Worten angeprangert – und als Ausdruck und Ausfluß einer „gottlosen, materialistischen Kultur" angesehen. Sie übersehen dabei gern, daß die Konturen einer anderen Naturethik im islamischen Kontext in der Praxis auch nicht annähernd erkennbar sind. Man zieht sich bequem auf die Position zurück, wonach das Fehlen einer solchen Praxis damit begründet wird, daß erst dann, wenn islamische Ethik sich überall durchsetze – in einem islamischen Gemeinwesen, von dessen Errichtung die heutigen „Islamisten" träumen –, die „Auswüchse der abendländischen Zivilisation" auch in bezug auf die Naturkrise sich beheben ließen! Die Islamisten setzen eben auf die „islamische Lösung" des Entwicklungsproblems und der ökologischen Krise.

Wie auch immer man zu diesen Bemühungen stehen mag, so kann sicher festgestellt werden, daß ein Ethos, auch ein Naturethos, „auf dem Boden von letztlich metaphysischen Annahmen über die Welt erwächst", wie sie religiöse Überzeugungen eben gewährleisten.[4] Eine religiöse Stützung und Unterstützung eines verantwortungsbewußten, *ehrfürchtigen Umgangs mit der Natur* in der islamischen Welt – wie auch in anderen Teilen der Dritten Welt, wo *traditionale Kulturen* mit einem noch relativ hohen Stellenwert religiöser Tradition zu Hause sind – ist vielleicht nicht ganz illusorisch. Es wäre zu wünschen, daß die Dritte Welt auf dieser Grundlage andere Entwicklungs- und Modernisierungspfade gehen würde.

2. Mensch und Natur als Thema im Koran: Zur Sicht der Islamisten

2.1 Zur Quellensituation und der Schwierigkeit der Grenzziehung zwischen Wunsch und Wirklichkeit

Es ist nicht so leicht, die Grundzüge einer islamischen Naturethik aus dem neueren islamischen Schrifttum herauszuarbeiten. Denn dieses Schrifttum ist im großen und ganzen darauf ausgerichtet, den Islam zu einer Ideologie auszubauen, in der man alles Wünschenswerte wiederfindet. Dies wird oft mit dem Preis erkauft, bereits feststehende Vorstellungen im nachhinein für islamisch zu erklären, durch Rückgriff auf allerlei interpretationsfähige Hinweise allgemeiner Art in den heiligen Texten, die sich letztlich immer finden lassen. Eine unverkennbare Verschwommenheit der Vorstellungen und eine gewisse Beliebigkeit sind dann die Folge.

Zum Zwecke der Herausarbeitung einiger Grundsätze über das Mensch-Natur-Verhältnis und über die islamische Naturethik habe ich die allgemeinen Darstellungen des „islamischen Systems“ bzw. der „islamischen Weltanschauung“ durch fünf neuere Islamgelehrte zugrunde gelegt.[5] Es sind genaugenommen fünf „Islamisten“, wenn man darunter solche Intellektuellen versteht, die den Islam nicht einfach als Religion im üblichen Sinne, sondern als Ideologie, „System“ oder Staatsdoktrin auffassen und für die Errichtung eines islamischen Staatswesens eintreten. Dies ist durchaus nicht die einzig mögliche oder eine unumstritten anerkannte Lesart des islamischen Glaubens, aber doch eine solche, die in den letzten Jahrzehnten immer mehr Anhänger unter den Muslimen, vor allem in den arabischen Staaten findet. Daß viele Aussagen und Ableitungen bei diesem Unterfangen bei kritischer Betrachtung den Eindruck erwecken, an den Haaren herbeigezogen zu sein, ist ein Umstand, der diesem umfassenden Islamverständnis der Islamisten „strukturell“ anhaftet.

2.2 Einige Anschauungsbeispiele

Bei der Argumentation der Islamisten kommt dem Koran in bezug auf alle Bereiche des vermeintlichen „islamischen Systems“ eine zentrale Bedeutung zu. Sie ziehen relativ allgemein gehaltene Koranstellen heran und ziehen aus ihnen mit einer ad-hoc-artigen Methode weitreichende und relativ spezifische Schlußfolgerungen[6], so auch in bezug auf die Naturproblematik.

S. Qutb etwa bekennt sich ausdrücklich zu dieser Methode als Grundlage seines Vorgehens, wenn er z. B. zu Anfang seines hier zitierten Werkes hervorhebt: „Unsere Methode zur Erforschung der konstitutiven Merkmale des islamischen Weltbildes ist es, *den Koran direkt zu befragen.*“ Er verwirft alles, was er verächtlich „islamische Philosophie“ und „alte islamische Theologie“ nennt, die seiner Meinung nach vom Geiste des reinen Islam abgewichen seien.

Al-Mubarak führt aus, daß *die Beziehung zwischen dem Menschen und dem Universum* bzw. der Schöpfung zwei Aspekte habe: den Aspekt der *Verwertung und Nutzung* und den Aspekt der Betrachtung und des *Nachdenkens über die Wunder der Schöpfung* (Natur „als Buch, in dem wir lesen“ im Sinne der Erkennung der Zeichen Gottes). Zum *ersten Aspekt* zitiert er u. a. aus dem Koran: „Sehen die Menschen denn nicht, daß wir ihnen aus Unserer Hände Werk auch die Tiere erschufen, die sie besitzen? Diese haben Wir ihnen gefügig gemacht, und sie dienen ihnen zum Reiten wie auch zur Nahrung, neben anderen Vorteilen, so ihre Milch zum Trinken. Können sie denn nicht dankbar sein?" (36:71–72). Zum *zweiten Aspekt* führt er aus, daß die Menschen an unzähligen Stellen im Koran immer wieder aufgefordert werden, ihre Augen für die Wunder der Schöpfung offenzuhalten (32:27; vgl. 7:185 und 3:190–91).

Ich möchte in diesem Zusammenhang noch zwei Stellen anführen, die häufig von Islamisten als Hinweis auf Symptome der heutigen ökologischen Krise im Koran gedeutet werden.[7] Die eine Stelle betrifft, so sagen sie, das Grundwasser und deutet die Möglichkeit an, daß dieses versiegen könnte: „Und Wir senden Wasser vom Himmel herunter und lassen es in der Erde ruhn – und Wir sind gewiß imstande, es weggehen (versiegen) zu lassen" (23:18). An der anderen Stelle heißt es: „Sag, was meint ihr wohl, wenn all euer Wasser eines Morgens versiegt ist, wer gibt euch denn Wasserquellen?" (67:30). Hier werde die Möglichkeit angedeutet, daß die Wasserressourcen zur Neige gehen könnten. Einige wollen sogar den „sauren Regen" im Koran entdecken![8] Als Hinweis darauf werten sie die Verse 56:68–70, wo es heißt: „Habt ihr denn gesehen, wie es sich mit dem Wasser verhält, das ihr trinkt? Habt ihr es (als Regen) von den Wolken (auf die Erde) herabkommen lassen? Oder sind Wir es? Wenn Wir wollten, würden Wir es bitter (auf der Zunge brennend und ungenießbar) machen. Warum wollt ihr denn nicht dankbar sein?"

Gewiß, im Koran wird auf keinen Fall der Eindruck von „naturaler Unerschöpflichkeit" vermittelt, die Vorstellung, die nach Ott im westlichen Kulturkreis „bis in antike Traditionsschichten reicht".[9] Allein schon die ökologische Landschaft und der Lebensraum, wo der Islam seine Entstehung fand, waren dazu angetan, das Bewußtsein von der Knappheit der Ressourcen und der Abhängigkeit von der Natur (Regen) zu schärfen. Auch die an unzähligen Stellen geschilderten Legenden von Strafen, welche die alten Stämme getroffen haben, unterstreichen die Vorstellung, daß Naturkatastrophen (wie auch Naturdefizite) immer dann auftreten, wenn die Menschen eine Handlungsweise an den Tag legen, die nicht „Gott wohlgefällig" ist. In diesem Sinne wird von unseren Islamisten häufig ein berühmter Koranvers gedeutet: „Verderbnis ist gekommen über Land und Meer, als Folge dessen, was die Menschen mit ihren eigenen Händen verschuldet haben, auf daß Er (Gott) sie kosten lasse (die Früchte) so mancher ihrer Handlungen. Vielleicht werden sie dadurch zur Umkehr veranlaßt" (30:41). Was allerdings mit „Verderbnis über Land und Meer" gemeint ist, läßt einen großen Spielraum für Interpretation zu und kann m. E. nur mit einer entsprechend ausgerichteten Perspektive gedeutet werden als Hinweis auf das „Durcheinandergeraten des Naturgleichgewichts zu Land und Wasser" bzw. auf die heutige ökologische Krise, wie einige meinen wollen.

Dagegen wird im Koran an mehreren Stellen eine „gottwohlgefällige Lebensweise" ausdrücklich mit „Segen" bzw. Überfluß an natürlichen Ressourcen vergolten. An einer dieser Stellen heißt es: „Hätten die Bewohner der Städte geglaubt und wären sie rechtschaffen gewesen, so hätten Wir ihnen ganz gewiß vom Himmel und von der Erde Segnungen eröffnet . . ." (7:96). Die „gottwohlgefällige Lebensweise" zahlt sich immer aus, und zwar nicht nur für die Muslime, sondern auch für Juden und Christen: „Und wenn sie die Thora befolgten und das Evangelium und was ihnen hinabgesandt ward von ihrem Herrn, so würden sie sicherlich (von den guten Dingen bzw. Früchten) über ihnen und unter ihren Füßen essen" (5:66). Es wird auch ein Hinweis gegeben, worauf das zurückzuführen ist: „unter ihnen sind Leute, die Mäßigung einhalten" (oder anders übersetzt: „die sparsam und behutsam mit allem umgehen"). Ob damit auch der heute vielzitierte behutsame und sparsame Umgang mit den natürlichen Ressourcen gemeint ist, wie manche es deuten wollen?[10]

Diese Argumentationsweise steht und fällt freilich auch damit, was man unter einer „gottgewollten Lebensweise" verstehen will – und inwiefern diese auch als „ein Leben mit der Schöpfung" (der Natur) aufgefaßt werden kann. Die Islamisten setzen dies gleich mit einem Leben in Übereinstimmung mit den göttlichen Geboten („mit dem göttlichen Gesetz") und in Wahrnehmung der Rolle, die Gott für den Menschen innerhalb der Schöpfung vorgesehen hat. Immer wieder wird in diesem Zusammenhang auf die Aufgabe des Menschen als „Statthalter Gottes auf Erden"[11] abgehoben, welche auch dazu anhalte bzw. verpflichte, die Schöpfung „zu schützen, zu hegen und zu pflegen", da seine Existenz auf der Erde an diese Voraussetzungen geknüpft ist.[12]

S. Qutb glaubt aufgrund des von ihm entworfenen islamischen Weltbildes jegliche Vorstellung von einem „feindlichen Verhältnis zur Natur" oder vom Streben nach ihrer „Beherrschung" in den Bereich des Unmöglichen, Absurden verweisen zu müssen.[13] In diesem Sinne schreibt er u. a.: „Es ist nicht Aufgabe der Menschen, gegen die Natur zu kämpfen, wo sie doch in ihrem Schoß aufgewachsen sind, und sie (die Natur) auch – genauso wie die Menschen – zum einheitlichen Universum gehört, das dem einheitlichen göttlichen Willen entsprungen ist . . . Und wenn sich die Naturkräfte manchmal gegen den Menschen wenden, so geschieht dies deshalb, weil der Mensch die Gesetze nicht erkannt und beachtet hat, denen sie gehorchen."[14] Ähnlich elementar, ja fast naiv, argumentieren Maudoodi und Karadawy.[15]

Der hervorgehobene und bevorzugte Status des Menschen innerhalb der Schöpfung begründe, so betonen unsere Islamisten, keineswegs einen „Humanismus" im modernen, abendländischen Sinne („Maß aller Dinge"), da Gottes Gesetz letzten Endes für den Menschen maßgebend bleibt und oberste Richtschnur für das menschliche Handeln darstellt. Islam bedeute ja, so werden die Islamisten nicht müde zu wiederholen, „Unterwerfung unter Gottes Gesetz" und „Ergebenheit in den göttlichen Willen". So bleibe der Mensch auch bei der Entdeckung und Nutzung der der Natur innewohnenden Gesetzmäßigkeiten (Nawamies Al-Kwan) an die Weisungen des „göttlichen Gesetzes" gebunden. Allein: Diese Beschränkungen und Einschränkungen, die dem Menschen im Umgang mit der Schöpfung auferlegt seien, werden von keinem unserer Islamisten näher spezifiziert. Die Argumentation bleibt auf einer relativ hohen Abstraktionsebene, was jedoch nicht bedeutet, daß man sie nicht ausbauen und differenzieren könnte. Die zitierten Werke wollen ja, dies darf man nicht vergessen, das „islamische System" und das „islamische Weltbild" ganz allgemein darstellen, so daß die Naturethik nur eine recht allgemeine Behandlung innerhalb dieses Rahmens erfährt.

Es ist angebracht, die in den Schriften unserer Islamisten enthaltenen Elemente einer islamischen Naturethik zusammenzustellen, um sie klarer ins Bewußtsein zu bringen. Ich möchte bewußt lediglich von „potentiellen Grundlagen einer islamischen Naturethik" sprechen und hierzu die folgenden ausbau- und differenzierungsfähigen Konzepte zählen.

2.3 Potentielle Grundlagen einer islamischen Naturethik

(1) Einheit der Schöpfung:
Mit der absoluten Einheit des Schöpfers korrespondiert die Einheit der Schöpfung. Das gesamte Universum ist nach göttlichem Plan aufgebaut („ein jegliches Ding haben Wir nach Maß geschaffen", Koran 54:59). Alles in der Schöpfung (in der Natur) gehorcht „ehernen Gesetzen" (Nawamies), welche den „Dingen" von Gott beigegeben sind. In diesem Sinne beten alle Geschöpfe Gott, den Schöpfer, an: „Es lobpreisen Ihn die sieben Himmel und die Erde und wer darinnen ist; in der Tat gibt es kein Ding, das Seine Herrlichkeit nicht preist, allein ihr versteht die Lobpreisung nicht" (17:44).

Die Einheit der Schöpfung impliziert nicht nur die enge Verflechtung ihrer Teile und Bereiche, sondern auch deren innere Abhängigkeit und Harmonie. Diese Einheit umfaßt auch den Menschen.

(2) Sonderstellung des Menschen im Universum:

Der Mensch ist ein integrierender Bestandteil der Schöpfung und steht nicht „außerhalb des Systems". Durch seine Ausstattung mit Verstand sowie seine Beseelung von Gottes Geist („und habe ihm von Meinem Geiste eingehaucht", 15:29) genießt der Mensch jedoch eine Sonderstellung innerhalb der Schöpfung (17:10). Dies bedeutet aber keineswegs eine Geringschätzung oder -einstufung der „unbelebten Schöpfung", die in ihrer Großartigkeit überall von der Erhabenheit des Schöpfers beredtes Zeugnis ablegt: „Sicherlich ist die Schöpfung der Himmel und der Erde großartiger als die Schöpfung der Menschheit; jedoch die meisten Menschen wissen es nicht" (40:57).

(3) Der Mensch als „Statthalter Gottes auf der Erde":

Aufgrund seiner Befähigung und Sonderstellung wurde der Mensch zum „Statthalter Gottes auf der Erde" bestimmt (2:30; 6:165; 35:39). Dieser Auftrag ist nicht nur eine schwere Bürde und Verpflichtung (33:72), sondern ist auch daran gebunden, daß Gott den Menschen „lediglich dazu erschuf, um Ihm zu dienen" bzw. „Ihn anzubeten" (51:56). Man dient Gott („Ibadah") in dieser Sicht nicht nur, indem man Seine Gebote einhält und sich innerhalb des von Ihm gesetzten Handlungsrahmens bewegt, sondern auch indem man die der Schöpfung (der Natur) innewohnenden ehernen Gesetze zu erforschen sucht, um sie sich – innerhalb dieser Grenzen – dienstbar zu machen. In diesem Sinne hat der Schöpfer dem Menschen „die Erde untertan gemacht", auf daß die Menschen „sie durchwandern und von Seinen Gaben essen mögen" (67:15).

(4) Weisungsgebundenheit des Menschen; keine selbstherrliche Verfügungsgewalt über die Schöpfung:

Der Statthalter-Auftrag und der Sachverhalt, daß Gott die Schöpfung in den Dienst des Menschen gestellt hat, bedeuten nicht, daß der Mensch absolute Verfügungsgewalt über die Schöpfung hat. Er ist lediglich ihr „Nutznießer" und „Sachwalter". Dadurch wird ihm eine Pflicht zu deren „Schutz und Pflege" auferlegt. Die Menschen sind somit aufgefordert, die Erde „bewohnbar zu machen" (11:61), unter Beachtung der ihnen auferlegten Pflichten. Deshalb werden sie auch vor den Folgen einer Überschreitung ihrer Grenzen bei dieser Aktivität gewarnt: „Und stiftet kein Unheil auf der Erde, nachdem dort alles bestens geordnet ist" (7:56). „Unheil" würde jegliches Handeln einschließen, welches zur Störung dieser göttlichen Ordnung führt, wie sie in der Schöpfung (Natur) angelegt ist.

(5) Folgen von Verstößen gegen göttliche Weisungen:

Es wird auch über konkrete Folgen einer Zuwiderhandlung gesprochen: „Verderbnis ist gekommen über Land und Meer, als Folge dessen, was die Hände der Menschen angerichtet haben, damit sie etwas von dem zu kosten bekommen, was sie getan haben, und damit sie vielleicht umkehren“ (30:41). Diejenigen Völker und Stämme, die gegen die göttlichen Weisungen verstoßen haben, sind immer wieder zugrunde gegangen (65:8/9). Sie wurden durch andere abgelöst: „Dann machten Wir euch Nachfolger auf der Erde nach ihnen, damit Wir sehen, wie ihr handelt“ (10:14). Diejenigen aber, die in Übereinstimmung mit dem Statthalter-Auftrag gehandelt haben, bekamen die „Segnungen von Himmel und Erde“ in Hülle und Fülle zu genießen (7:96).

(6) Vorrang der Belange des Gemeinwesens:

Der unter muslimischen Rechtsgelehrten seit früher Zeit anerkannte Grundsatz der „Wahrung der Belange des Gemeinwesens“ (Massalih al-Mursalah) impliziert eine stärkere Betonung des Gemeinschaftsinteresses als Grundzug der islamischen Ordnung. Die Grenze dafür, was als „Unheilstiftung auf der Erde“ eingestuft wird, wäre unter diesem Aspekt dort erreicht, wo diese Belange – z.B. durch schwere Umweltschäden – gefährdet erscheinen. In diesem Sinne hat der Prophet die Dinge, die für das Leben in der damaligen arabischen Umwelt unentbehrlich waren (Wasser, Weide, Feuer), für Eigentum der Gemeinschaft erklärt bzw. die Verfügung darüber in deren Hand gelegt. Durch „Analogieschluß“ (Quias), was auch als Rechtsquelle anerkannt ist, läßt sich das Prinzip auch auf Ressourcen ausdehnen, die für das Überleben in einer anderen Umwelt unentbehrlich sind.

(7) Verwerflichkeit von Verschwendung und andere relevante Prinzipien der allgemeinen islamischen Ethik:

Eine „Naturethik“ ist in das übergreifende ethische System (des Islam) eingebettet und kann nur im Kontext dieser allgemeinen Ethik zur Entfaltung gelangen. Zur vollständigen Darstellung der islamischen Naturethik ist es daher notwendig, auch übergreifende ethische Prinzipien und Handlungsorientierungen einzubeziehen, die direkt oder indirekt auch für den Umgang mit der Natur relevant sein können, so z.B. den Grundsatz der Sparsamkeit und der Verwerflichkeit von Verschwendung (17:27). Übertreibung in jeder Form ist verpönt, Maßhalten eine Grund-Attitüde islamischer Ethik.

3. Islam und Umwelt: Zum Stand der Diskussion am Beispiel einer saudi-arabischen Studie

Nachdem ich versucht habe, die Vorstellungen führender Islamisten bezüglich einer islamischen Naturethik aus ihren relativ allgemein gehaltenen Schriften zum „islamischen Weltbild“ herauszuarbeiten, möchte ich diese Abstraktionsebene verlassen und mich nach näherer Inhaltsbestimmung dieser abstrakt formulierten Leitvorstellungen umschauen. Dadurch soll untersucht werden, inwiefern die Thematik „Islam und Umwelt“ über die reine Naturethik hinaus auch operationale Anhaltspunkte für ein „umweltzuträgliches Handeln“ liefern kann.

Aus den vorliegenden Untersuchungen sticht eine saudi-arabische Studie hervor, für welche eine ganze Reihe von Mitgliedern des Lehrkörpers der „Abteilung für Islamische Studien“ an der „King-Abdel-Aziz University“ in Jedda verantwortlich zeichnet.[16] Die Verfasser entsprachen mit dieser Studie einem Auftrag der „Internationalen Vereinigung zum Schutz von Natur und natürlichen Ressourcen“.[17]

Ich will zunächst versuchen, die Grundgedanken der Studie – freilich in eine gängige Sprache transformiert und für den westlichen Leser hier und dort etwas adaptiert – wiederzugeben, um anschließend den Befund der Studie insgesamt einer kritischen Würdigung zu unterziehen und das formulierte Beurteilungskriterium – Aufzeigen von operationalen Ansätzen für ein umweltzuträgliches Handeln – auf sie anzuwenden.

3.1 Allgemeine Grundlagen

Einleitend wird hervorgehoben, daß der Islam „eine vollständige Vorstellung vom Kosmos, vom Leben und vom Menschen“[18] wie auch von der Beziehung dieser „Elemente“ zueinander liefere und daß er „die glaubensmäßigen, die legislativen und die exekutiven Aspekte“ des Gemeinwesens miteinander verbinde. Unter diesem Zeichen gewinne der Grundsatz noch mehr an Relevanz, wonach Regelungen bzw. Gesetze und Verordnungen – hier bezüglich der Umwelt – effizienter sein können, wenn sie der eigenen geistig-kulturellen Tradition entstammen, da sie mit mehr Akzeptanz und mehr Resonanz rechnen können.

Im großen und ganzen liefern die Autoren bei der Darstellung der allgemeinen Grundlagen eine Vorstellung, die dem von unseren Islamisten (im Teil 2) dargelegten Gesamtbild sehr nahekommt. So verläuft alles in der Schöpfung nach ehernen Gesetzen in einem „ewigen Kreislauf“, bei welchem alles voneinander abhängt.[19] Die Erfüllung dieser

Gesetzmäßigkeit erfordert eine „umfassende Solidarität auf der gesamten Schöpfungsebene". Der Mensch hat in diesem Rahmen eine besondere Funktion und eine besondere Verantwortung, der zu entsprechen den eigentlichen Sinn seiner Existenz darstellt, was als „Ibadah" (Anbetung Gottes oder Fungieren als „Diener Gottes" auf der Erde) aufgefaßt werden kann. In dem Zusammenhang verweisen die Autoren auch auf die Bestimmung des Menschen als „Statthalter Gottes auf der Erde" und betonen, wie die Islamisten, den Unterschied zwischen dem „eigentlichen Besitzer" – nämlich Gott – und dem „Statthalter", dem lediglich die Rolle des Nutznießers oder Sachwalters zukommt.

Das dem Menschen eingeräumte *Recht* auf „Nutzung und Verwertung der Erde" ergebe auf der anderen Seite notwendig eine *Pflicht* zur Bewahrung aller natürlichen Ressourcen „in quantitativer wie qualitativer Hinsicht". Daraus wird auch abgeleitet, daß es dem Menschen nicht erlaubt ist, „die Umwelt in einer Weise zu beeinflussen, daß diese in der Entsprechung der Erfordernisse des menschlichen Lebens beeinträchtigt wird". Denn die „Nutzung und Verwertung" der Erde ist ja nicht auf eine Generation beschränkt, sondern bezieht sich auf alle Generationen. Die Notwendigkeit der Aufrechterhaltung der Möglichkeit der „Nutzung der Erde durch alle Geschöpfe Gottes" (in Gegenwart und Zukunft) erfordert die Wahrung der „Funktionalität der natürlichen Umwelt", damit der Zweck der Schöpfung erfüllt werden kann.

3.2 Schutz und Bewahrung der grundlegenden natürlichen Elemente (Wasser, Luft, Boden, Fauna, Flora)

In diesem Kapitel wird ein „ökologisches Gleichgewicht" postuliert, bei welchem die einzelnen Geschöpfe (Menschen, Tiere Pflanzen, Flüsse, Berge ...) „die ihnen innerhalb der gesamten Schöpfung zugedachte Funktion" erfüllen können und somit den gegenseitigen Bestand sichern. Jede Handlung des Menschen, die zur Störung dieses „ökologischen Gleichgewichts" führt, wird als ein „Sich-Vergreifen an der göttlichen Ordnung" eingestuft.

Die Verfasser der Studie vertreten die Meinung, daß der Rest der Schöpfung nicht einfach dazu da ist, um im Dienste des Menschen zu stehen: *Die Schöpfung ist nicht einzig und allein für den Menschen da*, Gott verbinde damit auch andere Zwecke („Hikam"), die dem Menschen vielleicht verborgen bleiben (müssen). Trotz der Wichtigkeit des Nützlichkeitsaspekts (für den Menschen) bleibe daher die Erhaltung des „ökologischen Gleichgewichts" (der natürlichen Umwelt) *an sich* die eigentlich relevante Begründung der ethischen (religiösen) Verpflichtung zur „Bewahrung der Schöpfung". Der Mensch könne viele Vorteile bzw. Nutzen nicht erkennen, weshalb die Beschränkung des Schutzes der natürlichen Ressourcen nur auf jene Bereiche, wo uns ein einsichtiger Vorteil (Nutzen) vorzuliegen scheint, auch uns letztlich schaden müsse. Somit betrachten die Autoren „Schutz der Natur" und „Bewahrung der Schöpfung" als *Werte an sich* und befreien diese von der *engen Bindung an eine vermeintliche Nützlichkeit* für den Menschen und damit von den Maßgaben einer rein utilitaristischen Ethik. Wichtig ist auch der Hinweis darauf, daß nicht nur die Belange der Menschen, sondern auch die der Tiere und aller anderen Lebewesen relevant sind für die ethische Verpflichtung zur Erhaltung des „ökologischen Gleichgewichts".

Ergänzend möchte ich auf Grundsätze über „Rechte, die der Mensch dem Vieh und dem übrigen Getier schuldet", hinweisen, die von islamischen Rechtsgelehrten vor 700 Jahren formuliert wurden. Dort heißt es u. a.: „Er (gemeint ist deren Halter, F. K.) muß für sie auch dann sorgen (bzw. die Kosten für ihre Haltung aufbringen), wenn sie erkranken oder so alt geworden sind, daß sie ihm nicht mehr nützen. Er darf ihnen keine Lasten aufbürden, die ihre Kräfte übersteigen. Er soll sie nicht zusammen mit anderem Getier halten, welches sich nicht mit ihnen verträgt (und sie verletzen oder ihnen sonstwie Schaden zufügen könnte). Beim Schlachten soll darauf geachtet werden, daß die damit notwendig verbundene Qual nach Möglichkeit gering gehalten werde. Er darf sie auch nicht im Beisein ihrer Jungen schlachten. Er soll sie gut unterbringen und die männlichen und weiblichen Tiere während der Paarungszeit zusammenführen ...".[20]

3.3 Schutz des Menschen und der natürlichen Umwelt vor schädlichen Erzeugnissen und sonstigen Folgen menschlicher Betätigung

Die menschliche Lebensbewältigung führt notwendig zu Aktivitäten, die häufig mit negativen Folgen für die natürliche Umwelt verbunden sind. Als theologische Grundlage zur Begründung der Notwendigkeit, den Menschen wie auch die natürliche Umwelt vor diesen negativen Begleiterscheinungen menschlicher Lebensbewältigung oder – modern gesprochen – vor „nicht-intendierten Folgen menschlichen Handelns" zu schützen, greifen die Autoren auf allgemeine Prinzipien zurück, die von den muslimischen Rechtsgelehrten der Frühzeit aufgestellt wurden und heute noch als unumstritten gelten. Eines dieser Prinzipien betrifft die absolute Setzung des Gesichtspunktes „Schadensvermeidung" bei der Beurteilung der Angemessenheit oder Zuverlässigkeit aller (geplanten) Maßnahmen, Handlungen und Anordnungen innerhalb des islamischen Gemeinwesens. Bei gleichzeitigem Vorliegen von Nutzen und Schaden bzw. in ambivalenten Situationen – was freilich in der Realität bei weitem überwiegt – gelte das Prinzip: „Vermeiden von Schäden rangiert vor Erzielen von Nutzen." Die Verfasser machen es sich mit der Berufung auf so abstrakt formulierte Handlungsrichtlinien freilich zu leicht, da diese im konkreten Fall wohl das entscheidende Problem des Abwägens zwischen Schaden und Nutzen nicht aus der Welt schaffen. Auch die ausführlich erörterten Beispiele können an dieser Feststellung nichts ändern. Vieles, was hier gefordert wird, klingt für den „modernen Menschen" recht banal, da hier mehr oder weniger selbstverständliche Forderungen gestellt werden. Man darf jedoch nicht übersehen, daß die Menschen in „traditionalen Gesellschaften" – im Gegensatz zu sog. „modernen Gesellschaften" – für alle Handlungen und Maßnahmen nach einer Begründung aus der Tradition (der Religion) verlangen, welche diese legitimiert oder deren Notwendigkeit plausibel erscheinen läßt.

3.4 Allgemeine Grundsätze und Orientierungsrichtlinien für notwendige Maßnahmen zu Schutz und Erhaltung der natürlichen Umwelt

In diesem Kapitel wird der Versuch unternommen, allgemeine Richtlinien aufzustellen, die einen groben Raster für eine „islamische Umweltpolitik" abgeben sollen. Freilich bleibt das Ganze relativ allgemein gehalten und manche Ausführungen hier und dort sind so trivial, daß ich auf deren Wiedergabe verzichten kann.

(1) Verantwortung des einzelnen (des Individuums):
Ein wichtiger Aspekt einer sich religiös legitimierenden Umweltpolitik ist erwartungsgemäß die Betonung der Verantwortung des einzelnen für die Umwelt als eine „religiöse Pflicht". Hier können die Autoren auf die ganz persönliche Verantwortlichkeit des Menschen im Islam für all sein Handeln in dieser Welt (im Diesseits) abheben, so daß auch die Pflicht zum „sorgsamen Umgang mit der natürlichen Umwelt" zu einer persönlichen Verantwortung des einzelnen wird, die ihm niemand abnehmen kann.

Auf diesen Hintergrund setzen die Autoren und heben deshalb die Relevanz einer religiösen Aufklärung der Menschen auf allen Ebenen des islamischen Gemeinwesens hervor, welche darauf abzielt, ein entsprechendes „Umweltbewußtsein" bei den Gläubigen zu wecken. Es gibt hier gewiß viel zu tun, da diesbezüglich sehr große Defizite in den heutigen islamischen Gesellschaften bestehen. Ob freilich allgemeine Hinweise wie „Maßhalten" oder „Nicht-Verschwendung" beim Umgang mit allen natürlichen Ressourcen als Richtlinien praktisch ausreichen, sei dahingestellt. Ein religiös untermauertes „Umweltbewußtsein" ist allerdings – sollte es gelingen, dieses wirklich zuwege zu bringen – eine gewiß sehr wichtige und notwendige Grundlage für die Sicherung des Erfolges aller Maßnahmen zum Schutz der natürlichen Umwelt, die von Staats wegen verordnet werden.

(2) Leitlinien für umweltpolitische Maßnahmen:

a) Hier verweisen die Autoren zunächst darauf, daß der einzelne als Eigentümer bei der Nutzung seines Eigentums zur Einhaltung des Prinzips der Vermeidung jeglicher Schadensverursachung für das Gemeinwesen verpflichtet ist. Es wird gewissermaßen ein ähnliches Prinzip wie „soziale Bindung des Eigentums" als „islamisches" Prinzip konstatiert. Dieses Prinzip erlaube es dem Staat, die Nutzung des Privateigentums an Auflagen zu knüpfen, die das übergeordnete Interesse des Gemeinwesens zur Geltung bringen.

b) Mit dem Hinweis auf den bekannten „Hadith"[21], der „das Wasser, die Weide und das Feuer" zum Eigentum der Gemeinschaft erklärt, werden diese für das Überleben in der damaligen arabischen Umwelt wichtigen Ressourcen analog auf andere, heute wichtige natürliche Lebensgrundlagen erweitert. „Analogieschluß" ist im alten islamischen Recht ein anerkannter Grundsatz. Demnach kann man heute ohne weiteres den hier aufgestellten Grundsatz auf Energiequellen aller Art, auf Luft und Wälder, Meere u. ä. ausdehnen. In diesem Rahmen kann der Staat (der Gesetzgeber) die Nutzung all dieser Ressourcen durch Verordnungen regeln bzw. an Auflagen binden, die dem übergeordneten Ziel des Schutzes und der Erhaltung der natürlichen Umwelt als „Recht der Gemeinschaft" dienen.

c) Es gilt allgemein der Grundsatz: „Vermeiden von Schaden rangiert vor Erzielen von Nutzen." Bei Zielkonflikten gilt als Entscheidungskriterium (wie von Ibn Taymiya, einem Rechtsgelehrten des 13. Jahrhunderts, formuliert): „Verpflichtend ist die Realisierung des Nutzens bzw. seine Vermehrung und die Verhinderung des Schadens bzw. seine Verminderung. Wenn sich beides widerspricht, so ist Erzielung des höchsten Nutzens und Vermeidung des größten Schadens das Gebotene." Es ist typisch, daß sich die Autoren auf derartige Aussagen früherer islamischer Rechtsgelehrter berufen müssen, um eine an sich naheliegende Handlungsweise als „islamisch" zu deklarieren.

Auch die sonst hier aufgestellten Prinzipien, die eine Rangordnung von unterschiedlich gelagerten Interessen, Nutzen, Schadensbegrenzung und Schadensvermeidung durch Rückgriff auf Ausführungen älterer islamischer Gelehrter herzustellen suchen, bleiben in ihrem Erkenntniswert recht bescheiden.

d) Auch alle unter der Überschrift „Pflichten der Fürsorgenden" bzw. „der mit der Sache Betrauten" (eine bewußt an traditionelle Begriffsbildung anknüpfende Bezeichnung für „Machthaber", „Entscheidungsträger" o. ä., die den „islamischen" Charakter der Ausführungen herauskehren soll) aufgeführten Aufgaben und Verpflichtungen gehen nicht über ziemlich allgemein gehaltene Aussagen hinaus. Am abstrakten, unverbindlichen Charakter ihrer Empfehlungen ändert es m. E. auch wenig, daß die Autoren sporadisch auf einige Einzelheiten eingehen. So z. B., wenn die Forderung gestellt wird, daß einzelne Projekte bereits bei der Planung nach Umweltgesichtspunkten beurteilt werden müssen. Auch die erwähnten Maßnahmen zur Jagdbeschränkung in „Naturschutzgebieten", zum Brunnenschutz vor allen denkbaren Verunreinigungen, zum Schutz von Wäldern oder zur Begrenzung von schädlichen Immissionen der Industrie u. a. m. passen sicher in diesen Kontext. Immer wieder wird die ganze Darstellung freilich „gespickt" mit traditionellen Begriffen, welche die erwähnten Maßnahmen auf eine vermeintlich islamische Grundlage zurückführen sollen.

e) Hervorzuheben ist vielleicht der Versuch, von den aufgestellten Grundprinzipien ausgehend gewissermaßen als „oberstes Leitprinzip" einer „islamischen Umweltpolitik" den Grundsatz abzuleiten, daß „Vorbeugung des Schadens vor seiner nachträglichen Behandlung geht". Etwas deutlicher ausgedrückt soll dies heißen, man müsse nach Möglichkeit versuchen, die vielfältigen Umweltschäden nicht erst entstehen zu lassen, so daß sich die Umweltpolitik von vornherein auf Maßnahmen zu konzentrieren hat, die „das Übel an der Wurzel packen". Ob auch ein solches Prinzip als spezifisch „islamisch" anzusehen ist, bleibt zumindest offen. Doch in „traditionalen Gesellschaften", wo eben fast alles durch Rückgriff auf die Tradition legitimiert und begründet werden muß, braucht man offenbar diesen Zugang zur Umweltproblematik, um die vorgeschlagenen Maßnahmen als Ausfluß und Ausdruck der – zumindest auf der ideellen Wertebene – (noch) hochgehaltenen traditionalen Ethik auszugeben und ihnen so bei den Menschen mehr Gewicht zu verleihen. Unter diesem Gesichtspunkt gewinnen die Ausführungen der Autoren gewiß einen anderen Stellenwert und können nicht einfach als Sammelsurium von

Selbstverständlichkeiten abgetan werden, als welches sie zuweilen erscheinen.

f) In der Tat sind die Beispiele, auf die die Verfasser anschließend als nachzueifernde Belege für den hohen Stellenwert des Naturschutzes in der frühen islamischen Gemeinde aufmerksam machen, recht aufschlußreich. Sie können ganz sicher als Anhaltspunkt zur Unterstützung bzw. Weckung eines – heute weitgehend fehlenden – „Umweltbewußtseins" benutzt werden. So finden sich z.B. sehr früh im islamischen Gemeinwesen – wie die Autoren überzeugend darlegen – das Konzept des „Naturschutzgebietes" (sog. „Hima") wie auch das eines besonders geschützten Gebietes um jedes Dorf und um jede Stadt (sog. „Hariem"). Das letztere diente dazu, die natürlichen Lebensgrundlagen der dort lebenden Bevölkerung (Weideland, Wasserquellen, Feuerholz etc.) zu sichern. Solche besonders geschützten Gebiete bzw. Flächen von einer hinreichenden Größe waren auch üblich um Brunnen und andere Wasserquellen, damit sie vor Verunreinigungen bewahrt wurden. Für Mekka und Medina wurden besonders strenge Vorschriften vorgesehen.

3.5 Islam und Umwelt: Die saudische Studie im Rückblick

Die im letzten Kapitel der Studie als Elemente einer „islamischen Umweltpolitik" aufgestellten Prinzipien und empfohlenen Maßnahmen haben fraglos zu einer gewissen inhaltlichen Spezifizierung der von den Islamisten (Teil 2) entwickelten Gedankengänge und Postulate beigetragen. Die Verfasser der Studie haben z. T. Vorschläge unterbreitet, die einen recht konkreten Charakter haben (von der Angemessenheit der Errichtung von „Naturschutzgebieten" bis hin zur Begründung eines „Verursacherprinzips" bei der Zuweisung der Verantwortlichkeit für die Beseitigung von Umweltschäden) und die sie als Ausfluß islamischer Prinzipien verstanden wissen wollten. Kann man also rückblickend die Frage bejahen, ob die Studie der Jedda-Universität einen Beleg dafür liefert, daß die Thematik „Islam und Umwelt" mehr hergibt als die allgemeinen Aussagen, die wir im Teil 2 kennengelernt haben? Liefert die Studie wirklich – über die Formulierung von tragenden Elementen und Grundprinzipien einer religiös fundierten Naturethik hinaus – echte Anhaltspunkte für konkrete Empfehlungen und Anleitungen für ein „umweltzuträgliches Handeln", die man als spezifisch islamisch bezeichnen kann?

Bei aller gebotenen Bescheidenheit und Nachsicht bei der Beurteilung von Untersuchungen auf diesem Gebiet, welches in gewisser

Weise noch „Neuland“ darstellt, muß festgestellt werden, daß zwischen dem in der Einleitung der Studie erhobenen Anspruch und seiner faktischen Einlösung in den folgenden Kapiteln eine große Lücke klafft. Sowohl in den formulierten „Orientierungsrichtlinien einer islamischen Umweltpolitik“ als auch in ihren Schlußfolgerungen gehen die Autoren kaum über Allgemeinplätze hinaus, die wir von den Ausführungen der Islamisten kennen. Bei näherer Betrachtung der aufgestellten Postulate, Prinzipien und vorgeschlagenen Maßnahmen wird man nämlich feststellen müssen, daß den formulierten Empfehlungen und Grundsätzen ein „spezifisch islamischer Charakter“ – allen Beteuerungen und Bemühungen der Verfasser zum Trotz – nicht zugesprochen werden kann. Handelt es sich doch durchweg um heute allgemein anerkannte Gesichtspunkte und Überzeugungen bzw. um Forderungen, die leicht gestellt werden können! Das Problem ist und bleibt das der Operationalisierung und der Spezifizierung, der Übersetzung in konkrete Maßnahmen, die in dem jeweiligen sozio-ökonomischen Kontext unter den herrschenden gesamtgesellschaftlichen Bedingungen durchsetzbar sind.

Aber vielleicht ist eine religiöse Ethik mit diesen spezifischen Forderungen einfach „überfordert“, auch wenn sowohl die Islamisten als auch die Verfasser der Studie dies anders sehen wollen. Auch die Muslime, so muß man fairerweise feststellen, besitzen nicht den „Zauberschlüssel“, der einfach die Tür zur „richtigen Lösung“ des Umweltproblems öffnet. Es gibt wahrscheinlich keine spezifisch „islamischen“ Lösungen des Umweltproblems, wohl aber eine spezifisch islamische Naturethik, die als Grundlage eines in der Tat dringend benötigten *„neuen Umweltbewußtseins“* dienen kann. Und es wäre schon viel erreicht, sollte es gelingen, diese Naturethik in den heutigen islamischen Gesellschaften bewußtzumachen! Im Moment haben jedoch die islamischen Bewegungen und die Wortführer einer „Re-Islamisierung“ dieser Gesellschaften (als Zauberformel zur Lösung all ihrer Probleme und ihrer Herausführung aus sozialer Rückständigkeit und ökonomischer Unterentwickeltheit) andere als die Umweltprobleme zu bewältigen, zumal sie erst an die Macht kommen müßten, um an die Realisierung ihrer Vision heranzugehen. Im Sinne ihres „integristischen Denkens“ antworten sie – auf diese Probleme angesprochen –, daß die Lösung des Umweltproblems eng damit zusammenhänge, dem islamischen Weltbild und der islamischen Ethik innerhalb der gesellschaftlichen Realität des jeweiligen Staatswesens Geltung zu verschaffen. Eine in diesem Rahmen erst mögliche „islamische Wirtschaftsweise“, so wird argumentiert, würde eben die Umweltprobleme nicht produzieren, die die „kapitalistische“ (oder auch einfach die heute übliche „moderne") Wirtschaftsweise westlicher Provenienz zur Folge gehabt hat und ständig weiter produziert.

Vielleicht hat derjenige, der so argumentiert, in dem Sinne recht, daß die Naturethik mit der jeweiligen Wirtschaftsweise eng zusammenhängt. Es ist auch sicher richtig, daß eine bestimmte Wirtschaftsweise u.a. auch den Ausfluß einer bestimmten Naturethik darstellt. Ob jedoch, wie es den an der „guten alten Zeit" des frühen Islam orientierten Islamideologen vorschwebt, eine den Erfordernissen der heutigen Massengesellschaft gerechte und zugleich „spezifisch islamische" Wirtschaftsweise, bei welcher die beklagten Umweltprobleme nicht auftauchen, wirklich möglich ist, dies ist die Frage. Die traurige Erfahrung mit der „sozialistischen Wirtschaftsweise" – auch und gerade bezüglich der Umweltproblematik – läßt es eher geboten erscheinen, den Verkündern von neuen, allumfassenden „integristischen Heilslehren" als „Globallösungen" auch der Umweltproblematik zu mißtrauen!

Anmerkungen

[1] K. Ott, Ökologie und Ethik. Ein Versuch praktischer Philosophie, Tübingen: Attempto 1993, 9.

[2] So z.B. B. Tibi in seinem Buch: Der Islam und das Problem der kulturellen Bewältigung sozialen Wandels, Frankfurt a.M. 1991.

[3] Dieses Theorem geht bekanntlich auf W. Ogburn zurück; vgl. sein Buch: Cultural Change, New York 1922.

[4] So E. Oldemeyer in seinem Beitrag: Entwurf einer Typologie des menschlichen Verhältnisses zur Natur, in: Natur als Gegenwelt. Beiträge zur Kulturgeschichte der Natur, hrsg. v. G. Großklaus und E. Oldemeyer, Karlsruhe: von Loeper 1983, 15–43. Hier entwickelt der Karlsruher Philosoph eine bemerkenswerte Kulturtypologie bezüglich Einstellungen des Menschen zur Natur im jeweiligen kulturellen System, deren Anwendung auf die islamische Naturethik sicherlich einiges durch Vergleich verdeutlichen würde. Ich muß mich hier jedoch mit diesem Hinweis begnügen.

[5] Muslimische Gelehrte, deren Schriften als Grundlage für die vorliegende Betrachtung dienen:

Sayyed Qutb: Ägyptischer Intellektueller mit moderner Bildung; Chefideologe der „Muslimbruderschaft" und wichtigster Theoretiker der heutigen islamischen Strömung; hier vor allem sein Werk: Konstitutive Merkmale des islamischen Weltbildes (arabisch), Kairo 1962. In engl. Sprache vgl. seine Bücher: Islam, the Religion of the Future, Delhi 1974, und: Social Justice in Islam, Ann Arbor/Mich. 1967.

S. A. Maudoodi: Islamischer Gelehrter von internationalem Rang und langjähriger Führer der islamischen Bewegung in Pakistan; mehrere kleinere Schriften (z.B. in deutsch: Weltanschauung und Leben im Islam, 1978).

Mohammad Al-Mubarak: Syrischer Gelehrter und langjähriger Dekan der Scharia-Fakultät an der Universität in Damaskus; ein grundlegendes Werk: Das islamische System (arabisch), Jedda 1970.

Yousef Al-Karadawy: Azhar-Gelehrter (Ägypten/Katar), anerkannter Sprecher der ägyptischen Islamisten und Wortführer des religiösen Integralismus; vor allem sein Buch „Die allgemeinen Merkmale des Islam" (arabisch), Beirut 1977.

Mohmoud Aboussoud: Ägyptischer Intellektueller mit moderner Bildung; vor allem sein Beitrag zur „islamischen Doktrin und ihren Grundzügen" in der angesehenen arabisch-sprachigen Zeitschrift „The Contemporary Muslim", Kuwait 1978.

[6] Eigentlich alle Vertreter des neueren „Islamismus" bedienen sich dieser Argumentationsweise, die an die Scholastik erinnert.

[7] So z.B. auch von dem deutschstämmigen Muslim Ahmed v. Denffer in der Broschüre „Koran und Umwelt", Islamisches Zentrum, München 1987.

[8] So auch von Deffner in der eben zitierten Schrift.

[9] K. Ott, Ökologie und Ethik, 9. Er bezieht sich auf H. Blumenberg, Der Prozeß der theoretischen Neugierde, Frankfurt a.M. 1973, 119.

[10] Vgl. in diesem Sinne z.B. auch S. Waqar A. Husaini: Islamic Environmental Systems Engineering, London 1989, 11ff., wo er den „ausgewogenen Weg des Islam" (the balanced way of Islam) und seine entsprechende Lebensphilosophie unter Rückgriff auf eine große Anzahl von islamischen Gelehrten beschreibt. Muslime bezeichnen sich gern als „Volk der Mitte", und zwar unter Anspielung auf einen bekannten Koranvers. Eine typische und knappe Darstellung dieser Lebensanschauung findet man in deutscher Sprache in der Schrift v. S. Qutb: Dieser Glaube, der Islam. München 1987 (hrsg. v. Islamischen Zentrum München).

[11] Als solcher wird der Mensch an verschiedenen Stellen im Koran bezeichnet, vgl. z.B. die Stelle ziemlich am Anfang des Korans in der zweiten Sure: „Und als dein Herr zu den Engeln sprach: Ich will einen Statthalter auf die Erde einsetzen ..." (2:30).

[12] M. Aboussoud, a.a.O., 36f.

[13] Meist wird das hier verworfene „feindselige Verhältnis zur Natur" der „materiellen westlichen Kultur" zugeschrieben, bei welcher sich der Mensch „von Gott losgesagt hat" und „sich zum Herrscher über alles und somit zum Gott erhob", wie es sinngemäß nicht nur bei S. Qutb heißt.

[14] S. Qutb in seinem anderen berühmten Werk: Social Justice in Islam, das von den islamischen Organisationen in der Diaspora ins Englische übertragen wurde. Ich beziehe mich hier auf die arabische Ausgabe, Beirut/Kairo 1954, 37.

[15] Vgl. S. A. Maudoodi, Islamische Lebensweise, a.a.O., 37f. und Y. Al-Karadawy, a.a.O., S. 75ff.

[16] Die Studie hat wörtlich den Titel: „Eine grundlegende Studie über Bewahrung der natürlichen Umwelt im Islam"; mir liegt ihre 2. Auflage von 1990 vor. Als Verfasser sind folgende Mitglieder der „Abteilung für Islamische Stu-

dien" der König-Abdel-Aziz-Universität angegeben: A. A. Bakader (Leiter der Abteilung), A. T. Al-Sabbagh, M. S. Al-Glinad und M. Y. Al-Samirraiy. Ein „Umweltingenieur", so die Angabe, war auch als Berater daran beteiligt und ist als Mitautor angegeben (Osman A. Loulan).

[17] Sowohl diese internationale Vereinigung mit Sitz in Genf als auch das „Amt für Wetterkunde und Umweltschutz, Königreich Saudi-Arabien", sind als Herausgeber der Studie angegeben. Sein stellvertretender Direktor, der zugleich Stellvertreter des Direktors der internationalen Organisation ist, hat ein Vorwort geschrieben, bei welchem die Bedeutung der Studie herausgehoben wird.

[18] Interessanterweise die gleiche Formulierung, wie sie von S. Qutb als „Standardformulierung" eingeführt ist und inzwischen von den Islamisten – aber offenbar nicht nur von diesen – als „Markenzeichen" benutzt wird. Auch die „offiziellen" theologischen Kreise übernehmen immer mehr Redewendungen, wie sie bisher nur die Islamisten benutzt haben, ein Indiz dafür, daß das integralistische und politisierte Islamverständnis der „Fundamentalisten", das lange Zeit in diesen Kreisen umstritten war, zunehmend auch hier Verbreitung findet.

[19] Ich verzichte in den folgenden Ausführungen, in denen ich die Meinung anderer wiedergebe und korrekterweise ständig die Konjunktivform benutzen müßte, auf die strikte Einhaltung dieser Form, um die Lesbarkeit des Textes nicht zu belasten. Nur an wenigen Stellen, wo ich herausheben will, daß hier eine eigenwillige Formulierung der Autoren vorliegt, die nicht in Anführungszeichen wiedergegeben ist, benutze ich gelegentlich den Konjunktiv.

[20] In der hier zitierten Studie (S. 14f.) wird in diesem Zusammenhang u. a. auf das Werk des 1285 gest., relativ bekannten Islam-Gelehrten A. Izz-ad-Din Ibn Abd-as-Salam: Qawaid al-ahkam fi-masalih al-anam, Kairo o.J., verwiesen (Grundfragen religiöser Weisungen zum Wohle der Menschen; eine Neuausgabe dieses Werkes ist in der UB Tübingen erhältlich).

[21] Die Sprüche des Propheten und seine Handlungen sind neben dem Koran eine wichtige Quelle religiöser Weisungen. Die „Hadiths" (was der Prophet gesagt hat) sind u. a. im berühmten Werk des Al-Buchari verzeichnet, das auch in englischer Übersetzung vorliegt (Translation of the Meanings of Sahih al-Buchari, 9 Volumes, transl. by M. M. Khan, Chicago: Kazi Publications, 4th ed., 1979).

Die dualistische Sicht der Natur in Japan

Eine buddhistisch-feministische Perspektive

Von Aiko Ogoshi

1. Einleitung

Viele Ökologinnen und Ökologen erkennen, daß die Geschichte der Menschheit eine Geschichte der Ausbeutung und Zerstörung der Natur ist und daß jene Philosophien und Religionen, die als die Krönung der Kulturen empfunden wurden, für die ökologische Krise mitverantwortlich sind. Sie begannen, diese Art des Denkens zu kritisieren, und machten sich auf die Suche nach Alternativen.

In den siebziger Jahren eröffnete der entstehende ökologische Feminismus eine neue Perspektive auf die Beziehung zwischen Natur und Frauen. Andree Collard, deren Arbeiten als grundlegend betrachtet werden, stellt fest: „Nichts verbindet das menschliche Tier und die Natur so grundlegend wie das Reproduktionssystem der Frauen, das diese befähigt, die Erfahrung des Hervorbringens und Nährens von Leben mit dem Rest der Welt zu teilen.“[1]

Was ihre Feststellung über die natürliche Affinität der Frauen zur Natur und ihre Betonung der Reproduktionsmacht der Frauen betrifft, so stimme ich ihr zu, aber ich denke, daß Affinität zur Natur und Reproduktionsmacht nicht nur zum Wesen von Frauen gehört. Männer wurden in der modernisierten Gesellschaft gezwungen, zu Eroberern der Natur zu werden, und haben so das Gefühl der Affinität zur Natur verloren. In stärker naturorientierten Kulturen befanden sich Frauen und Männer in Harmonie mit der Erde. In den meisten Kulturen aber wurden die Männer von der Reproduktion ausgeschlossen und gezwungen, sich mit der Produktion zu befassen. Der Wert der Reproduktion wurde herabgesetzt, der Rang der Frauen niedriger eingestuft. Frauen wurden mit Natur identifiziert und zu Objekten männlicher Ausbeutung.

Es ist deshalb von großer Bedeutung, die Probleme, insbesondere die Sicht von Natur, jeweils in den einzelnen Kulturen zu erforschen. Da nun Religionen gewöhnlich im Kernbereich jeder Kultur liegen, gilt ihnen unser besonderes Interesse. Überlegungen zur Frage, wie jede Religion die Natur betrachtet und welchen Einfluß sie noch auf die säkulare Gesellschaft hat, liefern einen wichtigen Beitrag zur Lösung der ökologischen Probleme. Ich möchte die aktuellen Probleme in Japan aufzeigen – aus meiner Perspektive als japanische kritische ökologische Feministin.

2. Ökologische Probleme in Japan

Die Vorstellung, daß die hochentwickelten Länder für die ökologische Zerstörung der Erde verantwortlich sind, ist im Westen weit verbreitet. Man schiebt dabei den Großteil der Schuld für dieses Phänomen auf das dualistische Denken innerhalb der westlichen Kultur. Dieser Dualismus zwischen Natur und Kultur oder Körper und Geist soll seinen Ursprung im griechischen Denken haben, besonders im Platonismus, und wurde in der cartesianischen Entwicklung zum Wesen der westlichen rationalistischen, naturwissenschaftlichen und industriellen Kultur.

Obwohl nun auch Japan eines der höchstentwickelten Länder ist, glauben nur wenige Japaner und Japanerinnen, daß sie für die Ausbeutung und Zerstörung der Natur anzuklagen wären oder etwas zur Lösung der ökologischen Probleme unternehmen müßten. Die meisten sind davon überzeugt, daß sie die Natur lieben und in Übereinstimmung mit ihr leben. Sie wissen, daß die Situation der Umwelt einen kritischen Punkt erreicht hat, aber sie schieben die Schuld auf Verwestlichung und Modernisierung. Sie halten die japanische Sicht der Natur, in der die Menschen als Teil der Natur betrachtet werden, der westlichen für überlegen, in der die Natur zum Wohle der Menschen beherrscht und ausgebeutet wird.

Einer der Gründe für die Selbstzufriedenheit der Japanerinnen und Japaner bezüglich ihrer Sicht der Natur liegt in deren Grundlegung im Buddhismus, der sich großer Wertschätzung als ökologische Religion erfreut. Indessen möchte ich zwischen der größeren Tradition des Buddhismus und dem japanischen Buddhismus, um den es hier gehen soll, unterscheiden. Der Hauptunterschied besteht darin, daß der japanische Buddhismus so lebenszugewandt und diesseitig ist, daß er dazu neigt, die Wünsche und das Verlangen der Menschen zu rechtfertigen, die ja von Buddha und seinen Schülern entschieden abgelehnt wurden. Der wichtigste Grund für die Rechtfertigung des Verlangens im japanischen Buddhismus besteht nicht darin, daß Menschen etwa spezielle Rechte besäßen, sondern gerade darin, daß er sie als Teil der Natur betrachtet.

Obwohl viele Japanerinnen und Japaner glauben, sie lebten in Übereinstimmung mit der Natur und seien an ihrer Zerstörung unschuldig, ist das hochindustrialisierte Japan heute für Naturausbeutung und -zerstörung überall in der Welt verantwortlich. Wie läßt sich die Kluft zwischen diesem Unschuldsglauben und der Wirklichkeit erklären? Meiner Meinung nach durch ein Mißverständnis in der japanischen Sicht der Natur. Meiner Ansicht nach ist die Sichtweise der Natur, die sich dem japanischen Buddhismus verdankt, nicht weniger schuld an der Naturzerstörung als eine westliche Betrachtungsweise – allerdings stellt sie eine insofern irreführende Denkweise dar, als sie die Menschen davon abhält, ihrer Fehler gewahr zu werden.

Der heutige japanische Kapitalismus macht geschickt von dieser Sicht der Natur Gebrauch, um von der Anklage wegen der Naturzerstörung, die er verursacht, verschont zu bleiben. Ich sehe meine Pflicht darin, dieses Doppelspiel aufzudecken und die Japanerinnen und Japaner auf die Problematik ihrer Naturwahrnehmung aufmerksam zu machen. Warum gilt das japanische Naturkonzept als harmonischer denn das westliche? Warum überfällt der japanische Kapitalismus die Entwicklungländer, praktiziert Naturzerstörung und -ausbeutung ohne jedes Schuldgefühl? Eine Antwort auf diese Frage zu suchen ist für mich persönlich der beste Weg, zur Lösung der globalen ökologischen Probleme beizutragen.

3. Die Doppelmoral in der japanischen Sicht der Natur

Nicht wenige religiöse Führer und Denker wurden in jüngster Zeit als Propagandisten der japanischen Sicht der Natur benutzt. Viele von ihnen begriffen ihre Rolle nicht und dachten, sie täten nichts anderes als Vorträge über Philosophie und religiöses Denken zu halten, zur besseren internationalen Verständigung. Häufig kritisierten sie den westlichen Rationalismus, der die Natur abwerte, und äußerten sich positiv über ihre eigene Naturanschauung, ohne dabei die Probleme innerhalb ihres eigenen Konzepts zu thematisieren.

Das Managementsystem japanischer Unternehmen, die Naturzerstörung und -verwüstung überall in der Welt betreiben, ist nicht vollständig verwestlicht und rationalisiert. Ihr Organisationsstil, der die natürliche Harmonie zwischen Arbeitgebern und Arbeitnehmern betont, gilt vielmehr als typisch japanisch. Er wird oft mit dem einzigartigen japanischen Familiensystem (Ie) verglichen, in dem die Macht des Patriarchen, so stark sie oberflächlich erscheinen mag, faktisch auf der harmonischen Zusammenarbeit der anderen Familienmitglieder basiert. Viele japanische Spitzenmanager fühlen sich der Natur verbunden; sie leben in Holzhäusern und sind darauf bedacht, sich auch in den Städten mit „Natur“ zu umgeben.

Daß die Japanerinnen und Japaner die Natur lieben und sich selbst als einen Teil von ihr sehen, ist sicher wahr, und doch versuchen sie nicht, der Zerstörung der Natur Einhalt zu gebieten, unternehmen sie keine Anstrengungen, sie zu schützen. Jene Naturliebhaber, die Pflanzen und Blumen im eigenen Garten pflegen, verschmutzen Gebirge und Flüsse mit ihrem Abfall. Diejenigen, die sich ernsthaft um den Naturschutz in Japan kümmern, stehen der Naturzerstörung und -verwüstung in der Dritten Welt gleichgültig gegenüber.

Angesichts dieser Widersprüche bleibt mir nichts anderes übrig, als den Japanern und Japanerinnen und ihrer Sicht der Natur eine doppelte Moral zu unterstellen: Sie möchten die Natur schützen, die in direkter Beziehung zu ihnen steht, aber sie sind gleichgültig gegenüber der Natur, die sich außerhalb ihrer Sichtweite befindet. Diese Einstellung kann man wohl kaum als Umweltethik bezeichnen. Sie ist deshalb so extrem gefährlich, weil sie vortäuscht, die Natur zu schützen, während sie sie in Wirklichkeit zerstört. Ich bin davon überzeugt, daß diese Doppelmoral in der japanischen Sicht der Natur aus dem japanischen Buddhismus kommt.

4. Die Sicht der Natur im japanischen Buddhismus

In jüngster Zeit ist mir oft die Vorstellung begegnet, daß der Buddhismus eine ökologische Religion sei und daß seine Lehren uns die Lösungen für die globale Krise lieferten. Ich will die Richtigkeit dieser Behauptung hier nicht diskutieren, aber ich möchte deutlich machen, daß es völlig sinnlos ist, darauf zu bestehen, eine ursprüngliche Lehre sei gut oder ökologisch gewesen, kann sie doch in eine gefährliche verwandelt werden, wenn sie durch Interpretation und Gewohnheit verzerrt wird. So war z.B. das ursprüngliche Christentum nicht die zerstörerische Religion, zu der es dann in der Moderne wurde. Wie ein einseitiges Verstehen des Christentums zu einem verzerrten Bild von ihm führt, so führt auch eine einseitige Wertschätzung des Buddhismus zu einem Mißverständnis bezüglich der realen Situation.

Als der Buddhismus im 6. Jh. in Japan eingeführt wurde, galt er als hochzivilisierte Religion. Zu jener Zeit war Shinto, die animistische Volksreligion, in der japanischen Gesellschaft vorherrschend; seine Götter und Göttinnen verkörperten Naturerscheinungen.

Weil die Angehörigen der kaiserlichen Familie den Buddhismus wegen seines spirituellen und kulturellen Charakters schätzten, wurde er in der Asuka-Zeit (6.–7. Jh.) zur Staatsreligion. Seit damals formte sich der japanische Buddhismus als Vermischung von Buddhismus und Shintoismus. Eine seiner Besonderheiten ist sein diesseitiger und lebensbejahender Charakter. Hajime Nakamura nennt diese Denkweise „absoluten Phänomenalismus“[2] und behauptet, daß sie das Ergebnis der einzigartigen Buddhismusinterpretation der Japaner sei, die einen buddhistisch-shintoistischen Synkretismus betrieben. Nach Nakamura beraubt dieser absolute Phänomenalismus, welcher der phänomenalen Welt absolute Bedeutsamkeit zuerkennt, den Buddhismus seiner Vorstellung von Transzendenz und verwandelt ihn in einen Diesseits-Buddhismus, der eher diesseitige Vorteile sucht als Spiritualität. So baten Japaner Buddha eher um greifbare Wohltaten als um geistliches Heil. Die Natur liebten sie, weil sie ihnen alles gab, was sie sich wünschten. Sie wollten sich auf die Natur verlassen und von ihr beschützt werden.

Diese Lebensbejahung machte den japanischen Buddhismus anfällig für die Säkularisierung. Er kritisierte die Unfairneß und Ungleichheit der säkularen Gesellschaft nicht. Er bestätigte eine hierarchische Denkweise und lehrte Passivität und Duldsamkeit. Ich würde soweit gehen, zu sagen, er wurde zu einer autoritären Religion.

Eine andere Eigenart des japanischen Buddhismus ist seine Durchtränkung mit dem Dualismus von „rein“ und „unrein“. Dieser Dualismus hatte in Indien schon vor dem Aufkommen des Buddhismus existiert. Sakyamuni lehrte die Menschen, ihn zu transzendieren. Er lehnte das Kastensystem ab, das Menschen in reine und unreine unterteilte. In bezug auf Frauen aber änderte er seine egalitäre Einstellung. Er lehrte die jungen Mönche, daß Frauen unrein seien und sie ihr sexuelles Verlangen nach Frauen aufgeben müßten. So beinhaltete der Buddhismus den Dualismus rein–unrein, der zur Diskriminierung nicht nur von Frauen, sondern auch von denjenigen, die außerhalb der Gesellschaft standen, benutzt wurde.

Im Shinto gab es das Konzept von „rein“ und „verunreinigt“, doch konnte Verunreinigung rituell behoben werden. Der entschiedene Dualismus wurde in der Heian-Zeit (8.–12. Jh.) eingeführt, als mit der Übernahme des esoterischen Buddhismus Sutren, die diskriminierende Lehren enthielten, wie das Lotussutra, weite Verbreitung fanden. Frauen wurden nun als unreine Wesen betrachtet und von den heiligen Orten ausgeschlossen.

Dem Lotussutra zufolge gibt es in Gokuraku, dem buddhistischen Paradies, keine Frauen. Es lehrt weiterhin, daß Frauen nur nach der Umwandlung ihres Geschlechts nach Gokuraku gelangen können und daß sie solange zur Hölle fahren müssen, wie sie noch weibliche Körper haben. Diese Lehren führten die Menschen logischerweise zu dem Schluß, daß die Orte, an denen Männer leben, rein sind, und umgekehrt die der Frauen unrein. Honen (1133–1212), der Begründer des japanischen Reines-Land-Buddhismus, spricht vom unglücklichen Geschick der Frauen: „Unmöglich, daß eine Frau im Reinen Land wiedergeboren werden könnte, aufgebaut aus allen wertvollen Edelsteinen, oder daß ihr ein Buddha begegnen könnte, der mit allen Tugenden begabt ist.“[3] Honen hatte Mitgefühl mit den Frauen, aber er predigte den Frauen Ergebung in ihr Schicksal.

5. Der Dualismus von rein und unrein im japanischen Buddhismus

Einer der Gründe für die Abwertung der Frauen als unrein war die Vorstellung, der Blutfluß bei Menstruation und Geburt bedeute Verunreinigung. Das 420 Zeichen umfassende Ketsubon-kyo (Sutra der Blutschale), von einem Soto-Zen-Priester im 14. Jh. verfaßt, belehrt über die Sünden der Frauen und ihr Schicksal: „Das schlechte Blut ergießt sich über den Boden und befleckt die Häupter der Erdgötter; so erregt es den Zorn dieser 98072 Götter. Gelangt es ins Wasser, verunreinigt es die Wassergottheiten; wird es in den Gebirgswäldern beseitigt, beschmutzt es die Berggötter. Wenn Frauen ihre befleckten Kleider in den Flüssen waschen, werden die Menschen flußabwärts, die davon nichts ahnen, dieses Wasser dazu verwenden, Tee und Reis als Opfer für die Götter und Buddhas zu bereiten. Die Gottheiten können diese Gaben nicht annehmen. Weil also Frauen von ihrer Natur her die Götter und Buddhas beschmutzen, kommen sie nach ihrem Tode in die Hölle des Blutteichs.“[4]

In der beginnenden Moderne wurde dieses sexistische Sutra von vielen buddhistischen Sekten verwendet und war auch unter Frauen weit verbreitet. Junko Minamoto bemerkt dazu: „Im Banne des Sutra von der Blutschale gelangten Frauen zu einer negativen Sicht ihrer eigenen Sexualität. Das war gleichbedeutend mit einer Negierung ihrer eigenen Existenz.“[5] Wie Minamoto aufzeigt, entwertet dieses aus der buddhistischen Tradition kommende Sutra Frauen aufgrund ihres lebenspendenden Geschlechts und ihrer Reproduktionsmacht. Wenn man bedenkt, daß kein menschliches Wesen ohne diese Art von Blutfluß ins Leben treten kann, so zeigt sich der absurde Charakter der Lehre. Indessen lehrt der Buddhismus, daß das Leben leidvoll ist: Geburt führt zu Alter, Tod und neuer Wiedergeburt in einer unendlichen Ursachenkette. Als lebensverneinende Religion entwertet er Frauen als das Geschlecht, das für diese Ursachenkette verantwortlich ist. Obwohl der japanische Buddhismus sich zu einer lebensbejahenden Religion wandelte, billigte er nur die männliche Sexualität und behielt eine feindselige Einstellung gegenüber der weiblichen.

In der androzentrischen Gesellschaft Japans lebten die Frauen bis zum Ende des Krieges 1945 ein Leben beständiger Selbsterniedrigung. Auf der Oberfläche scheint die traditionelle Anschauung verschwunden zu sein, aber die absurde Diskriminierung von Frauen hält an. So dürfen Frauen an bestimmten religiösen Ritualen nicht teilnehmen. Auch ist es ihnen bis heute verboten, das Dohyo zu betreten, auf dem die Sumokämpfe stattfinden.

Der Dualismus rein–unrein diente auch zur Diskriminierung von Menschen, deren Arbeit als unrein betrachtet wurde. Im Mittelalter wurde der Dualismus die grundlegende Ideologie des japanischen Feudalsystems. An der Spitze stand der Kaiser, die Verkörperung des Reinheitskonzepts. Dann folgten vier Klassen: Krieger/Beamte, Bauern, Handwerker, Händler. Am unteren Ende rangierten die Ausgestoßenen, die Burakumin, die gezwungen waren, Berufe auszuüben, die rituell unrein machten, etwa das Schlachten von Tieren oder auch das Begraben der Toten. Da das Schicksal dieser Ausgestoßenen als Ergebnis ihres Karmas aus einer vorherigen Existenz angesehen wurde, galten sie ihrem Wesen nach als untermenschlich. Sie wurden gezwungen, in abgegrenzten Bezirken (Hisabetsu Buraku) zu leben, die als unrein galten.

Dem Historiker Hideo Kuroda zufolge begann die Aufteilung des Landes nach den Regeln des Dualismus von rein und unrein im Mittelalter.[6] Der Palast der kaiserlichen Familie galt als heiligster und reinster Ort; je weiter von diesem entfernt es lag, desto unreiner war das Land. Eine der vornehmsten Aufgaben des Kaisers bestand darin, das Land durch spezielle Zeremonien zu reinigen. Die Orte, an denen die Ausgestoßenen lebten, wurden niemals vom Kaiser aufgesucht und gereinigt, weil die starke Verunreinigung eine direkte Bedrohung seiner Person dargestellt hätte. Selbst vom kaiserlichen Segen waren sie ausgeschlossen.

6. Die Lehren des Shinran

Der japanische Buddhismus hat dem Tennosei, dem kaiserlichen System Japans, bis heute niemals Widerstand entgegengesetzt. Er assimilierte sich vielmehr diesem Diskriminierungssystem und entwikkelte Lehren, die das Heil auch der Diskriminierten ermöglichen sollten.

Der Gründer des Shin-Buddhismus (Jodo Shinshu), Shinran (1173–1262), eine der beliebtesten Gestalten des japanischen Buddhismus, war berühmt für seine paradoxen Formulierungen, nach denen gerade die sündhaftesten Menschen durch den Glauben an das unerforschliche Mitleid Amidas, des Buddhas vom ewigen Leben, errettet werden könnten. Er lehrte, daß die Erlösung nicht durch Askese oder religiöse Rituale zu erlangen sei, sondern durch die Anrufung des Namens Amida (Nembutsu). Dazu Ruben Habito: „‘Sogar die, die Gutes tun, können gerettet werden. Wieviel eher die, die Schlechtes tun!’ Dieser Shinran zugeschriebene Satz untergräbt alle die Vorstellungen, die sich unser gesunder Menschenverstand über gut und böse und über die Erlösung macht. Unser Moralgefühl verstünde die Umkehrung des Satzes wesentlich leichter, also: ‘Sogar die, die Schlechtes tun, können gerettet werden, wieviel eher die, die Gutes tun’ – was natürlich einschließt, daß diejenigen, die Gutes tun, eben deshalb gerettet werden. Shinrans Glaubenserfahrung, die ihn das völlig großzügige Wesen von Amidas Mitleid erkennen ließ, bildet die Grundlage für sein starkes Betonen der Tatsache, daß Übeltäter dem Heil im Mitleid Amidas tatsächlich näherstehen: Erkennt man sich selbst als Sünder und somit als unfähig, sich durch eigene Verdienste zu retten, kann man sich leichter dem rettenden Mitleid überantworten, als wenn man den Eindruck hat, die eigenen Verdienste bewirkten die Erlösung.“[7]

Ich möchte dieser theologischen Interpretation der Lehren Shinrans nicht widersprechen, sondern nur darauf hinweisen, welchen Einfluß sie in der japanischen Geschichte hatten. Die Diskriminierten werden sie deswegen gerne angenommen haben, weil sie ihnen Errettung ermöglichten, aber gleichzeitig wurden sie so gezwungen, die ihnen zugeschriebene Sündhaftigkeit und Unreinheit zu akzeptieren. Ohne Selbstverneinung konnten sie das Heil nicht erlangen.

Was aber konnte sie überhaupt sündhaft und unrein machen? War es der Buddhismus? Seine Lehre des Nichttötens zwang diejenigen, die mit dem Schlachten von Tieren und dem Begraben der Toten befaßt waren, in die Unreinheit. Die Natur selbst aber umfaßt Geburt und Tod, Entstehung und Auflösung. Es gibt das eine nicht ohne das andere. Das ist der Kreislauf der Natur. Der japanische Buddhismus trägt den Dualismus von rein und unrein in diesen Kreislauf hinein. Er definiert den Aspekt der Hervorbringung und des Reifens als gut, den des Verfalls und der Auflösung als unrein und verhängnisvoll.

Die berühmte philosophische Lehre, in der es heißt, „das Gras, die Bäume und alle fühllosen Gegenstände, sie sind erleuchtet, jeder von ihnen", wird oft herangezogen, um zu zeigen, wie ökologisch der japanische Buddhismus sei. Ich frage mich, ob die Natur, die als erleuchtet angesehen wurde, nicht lediglich die „reine Natur" unter menschlicher Aufsicht war. Die „unreine Natur", zu energiegeladen, um von Menschen gezähmt zu werden, war von der Erleuchtung ausgeschlossen. Obwohl also der japanische Buddhismus den Dualismus in sein Naturkonzept einführte, spiegelte er eine Wertschätzung der gesamten Natur vor. Mir scheint dies eine Selbsttäuschung zu sein.

Die Lehren Shinrans zeigen die dualistische Sicht des japanischen Buddhismus besonders deutlich. Er lehrte, daß die, deren Berufe zur dunklen Seite der Natur gehörten, Übeltäter seien und ihre Sünde und ihre Verunreinigung anzuerkennen hätten. Sie waren unfähig, irgend etwas für sich selbst zu tun, um ihre Sünden loszuwerden. Nur das Mitleid und die Gnade Amidas (Tariki) konnten sie retten. Deshalb mußten sie die Diskriminierung ertragen. Wenn sie ihr Schicksal ohne Widerstand geduldig ertrugen, konnten sie ins Reine Land gelangen, das Symbol reiner Natur nach dem Tode. Shinran war ein bedeutender religiöser Führer, der sich bemühte, auch die Diskriminierten in das Heilsgeschehen einzubeziehen, aber trotz seiner guten Absicht vertieften seine Lehren den Dualismus zwischen rein und unrein und rechtfertigten das System der Diskriminierung.

7. Die Diskriminierten und ihre Sicht der Natur

Unter dem Tokugawa-Shogunat, ab 1600, kam es zu einer rigiden Einteilung der Gesellschaft in Schichten. Der minderwertige Status der Ausgestoßenen in den „verunreinigenden" Berufen wurde förmlich festgeschrieben. Man zwang die Burakumin, in abgesonderten Gebieten zu leben, die meist unfruchtbar waren und am Rand der Bauerndörfer lagen. Die Bauern diskriminierten die Burakumin und sahen deren Wohngegenden und die umgebende Natur als unrein an. Sie entledigten sich der anfallenden Tierkadaver, indem sie sie auf

Burakumingebiet warfen, um selbst der Verunreinigung durch Totes zu entgehen.

Auch nach dem Zusammenbruch des Feudalsystems hielt die Diskriminierung der Burakumin an – bis auf den heutigen Tag. Am Beginn der Meiji-Zeit (1868–1912) verkündete die Regierung die Befreiung der Burakumin, aber die Haltung ihnen gegenüber veränderte sich nie. Schließlich gründeten die Burakumin 1882 eine radikale Organisation für ihren Befreiungskampf, die Suiheiisha. Die folgende Deklaration zeigt ihre Entschlossenheit: „Burakumin überall im Land, vereinigt Euch! ... Brüder und Schwestern! Unsere Ahnen strebten nach Freiheit und Gleichheit und praktizierten sie. Aber sie wurden Opfer eines niedrigen und verachtenswerten Systems, das die herrschende Klasse entwickelte. Sie wurden Märtyrer der Wirtschaft. Als Entgelt für das Häuten von Tieren wurde ihnen bei lebendigem Leib die Haut abgezogen. Als Belohnung für das Herausnehmen von Tierherzen wurden ihre eigenen heißen menschlichen Herzen herausgerissen. Sie wurden bespien und mit Spott überzogen. Aber in all diesen fluchbeladenen Alpträumen erstarrte ihr Blut, das immer stolz darauf war, menschlich zu sein, nicht. Ja! Jetzt ist die Zeit gekommen, wo Männer und Frauen, in denen dieses Blut fließt, Göttlichkeit anstreben.“[8]

In seinen Ausführungen zur Geschichte der Burakumin weist Shoichi Kawamoto darauf hin, daß die japanische Sicht der Natur kein Konzept des „recycling“ kennt. Die japanische Wahrnehmung der Natur schätzt lediglich die erste Hälfte des Zyklus, vom Aufkeimen, Wachsen und Blühen bis zur Frucht, als reine Natur und wertet die zweite Hälfte, vom Welken und Faulen zur erneuten Reproduktion, als unrein ab.[9] Kawamoto macht darauf aufmerksam, daß, im Gegensatz zur sehr einseitigen Sicht der Natur des Durchschnittsjapaners, das Naturkonzept der Burakumin den gesamten Zyklus umfaßt. Die Burakumin waren von der Landwirtschaft ausgeschlossen und gezwungen, Tätigkeiten auszuüben wie die Säuberung öffentlicher Plätze, das Schlachten von Haustieren, das Begraben der Toten, das Bewachen und Hinrichten von Verbrechern. Sie machten aus Tierhäuten Leder und Trommeln, aus Knochen Schirmgriffe, aus Klauen Kämme, aus Roßschweifen Schreibpinsel, aus Talg Kerzen, aus Blut Arzneien und aus den Resten Dünger. Jeder Bestandteil eines toten Tieres wurde verwertet, nichts weggeworfen. Sie waren stolz auf ihre Techniken und gaben sie von Generation zu Generation weiter – obwohl gerade diese Fähigkeiten der Grund für ihre Diskriminierung waren. Sie betrachteten die Natur als ein recycelndes System und begriffen sich selbst als Teil der Natur. Nach Ansicht Kawamotos war dies in der vorbuddhistischen Zeit die allgemeine Naturauffassung.

Die Fischer an den Küsten und die Jäger in den Gebirgen sicherten ihren Lebensunterhalt gleichfalls durch das Töten von Fischen, Vögeln und Säugetieren, aber sie töteten nie mehr, als sie brauchten, und sie töteten niemals sinnlos. Sie glaubten daran, ihr Leben in Übereinstimmung mit den Wohltaten der Natur gestalten zu können. Aber natürlich wurden sie aufgrund des buddhistischen Grundsatzes vom Nicht-Töten generell ausgegrenzt.

Kanichi Nomoto macht darauf aufmerksam, daß das Töten von Tieren eine Grundlage des menschlichen Lebens bildet.[10] Das Zusammenleben beinhalte nicht nur vertraute, sondern auch sich widersprechende Beziehungen. Die Diskriminierten sahen sich also der realen Situation gegenüber und schufen so ihren ursprünglichen Glauben, demzufolge die toten Tiere sich in Geistwesen verwandeln, die sie als Götter verehrten. Es scheint, daß die Naturauffassung der Diskriminierten die Wirklichkeit der Natur besser erfaßt als die der Diskriminierer. Wer den Kreislauf der Natur kennt, verfügt über eine tiefere Einsicht als jemand, der nur ihre reinen Aspekte wahrnimmt.

8. Die Selbsttäuschung des japanischen Buddhismus

Der berühmte Zen-Philosoph Daisetzu Suzuki schreibt: „Am Anfang mögen die Japaner einfach von der Schönheit um sie herum angezogen gewesen sein. Möglicherweise betrachteten sie alle Gegenstände der Natur als in gleicher Weise belebt, nach der Art primitiver Menschen, die sogar fühllose Dinge von einem animistischen Standpunkt betrachten. Durch die Beschäftigung mit den Lehren des Zen wurde ihre ästhetische und religiöse Sensibilität verfeinert. Diese Verfeinerung führte zu verstärkter moralischer Schulung und hoher geistiger Erkenntnis."[11] In diesen Ausführungen zeigt sich die Selbsttäuschung des japanischen Buddhismus. Suzuki zufolge veränderte der japanische Buddhismus die ursprünglich animistische Sicht der Natur – aber nicht zum Besseren, sondern zum Schlechteren! Die Menschen des vorbuddhistischen Zeitalters sympathisierten mit allen Gegenständen der Natur, den werdenden und den absterbenden. Der japanische Buddhismus brachte Werturteile in diese naive Naturauffassung. Sein Rein-Unrein-Dualismus zerteilte die ganze Natur in eine Hierarchie.

Einen Eindruck von der Künstlichkeit der Naturliebe japanischer Zenbuddhisten geben die Gärten der Zentempel. Zenpriester lieben die Natur nicht so, wie sie ist; sie putzen ihre Gärten heraus. Sie lieben den weißen Sand, der den Eindruck von Reinheit vermittelt. Sie umgeben ihre Gärten mit hohen Mauern, so daß nur Priester und Schüler deren Schönheit genießen können. Der koreanische Wissenschaftler O-Young Lee sieht das Naturbild in den Zengärten so: „Eine Natur, die als nüchterne Landschaft in die Gärten geholt wurde, ist nicht mehr die der Welt draußen. Sie ist zurechtgestutzt, extrem vereinfacht, auf die Veranda gestellt. Es ist eine spezielle Sorte von Natur, die nach ihren eigenen Gesetzmäßigkeiten existiert, getrennt von dem, was wir normalerweise Natur nennen."[12] Schmutz oder nutzlose Elemente sind aus den Zengärten verbannt. Die japanische Sicht der Natur unterscheidet sich Lee zufolge stark von der koreanischen, die die Natur nimmt, wie sie ist. Sie ähnelt eher der westlichen, die die Natur dienstbar macht und sich aneignet, wenn auch mit anderen Zielen und Methoden. Bonsai- oder Schalengärten verkörpern diese einzigartige japanische Natursicht. Bonsailiebhaber versuchen, Natur in Ordnung zu verwandeln, um sie sich so näherzubringen, indem sie Bäume verkrüppeln und Äste abschneiden. Wir können daraus schließen, daß die meisten Japanerinnen und Japaner die eingeschlossene Natur innerhalb ihrer Mauern und unter menschlicher Schirmherrschaft lieben und sie als rein betrachten.

Viele japanische Buddhisten ignorieren wie Suzuki die Einseitigkeit der japanischen Naturauffassung und versichern, daß der Buddhismus eine ökologische Religion sei, während das anthropozentrische Christentum die Natur ausbeute und zerstöre. Ich halte diese Denkweise für falsch. Der japanische Buddhismus kann so lange ökologisch sein, wie er es mit reiner Natur zu tun hat, aber er diskriminiert unreine Natur und überläßt sie ohne Schuldgefühl der Ausbeutung und Zerstörung. Und auch wenn die bekannten buddhistischen Meister es niemals zugeben, enthält der japanische Buddhismus Lehren, die Frauen und die Inhaber unreiner Berufe diskriminieren.

Der japanische Buddhismus, Japans Hauptreligion, hat viele Fehler begangen. Sein größtes Problem ist aber, daß ihm seine Selbsttäuschung nie bewußt geworden ist. Obwohl er nur eine eingezäunte Natur schützt, gibt er vor, Beschützer der ganzen Natur zu sein. Obwohl er die Natur auf seine eigene Weise kontrolliert, gibt er sich als ökologische Religion aus.

9. Worin besteht unsere Verantwortung?

Seit der Meiji-Restauration scheint der Rein-Unrein-Dualismus überwunden und die auf ihn zurückgehende Diskriminierung aufgehoben zu sein. Doch das äußere Erscheinungsbild trügt. Die offensichtliche Diskriminierung aufgrund von Unreinheit wurde untersagt, aber sie verwandelte sich lediglich in eine andere Form. Der Dualismus Inland–Ausland tauchte auf. So konnte die Vorstellung, daß die einheimische Natur rein und schützenswert, die ausländische dagegen unrein und nicht schutzwürdig sei, in Japan die Oberhand gewinnen; die Natur des Auslands wurde zur abstrakten Welt der Expansion.

Mit dem Ende der Meiji-Zeit begann das kaiserliche Japan, in seine Nachbarländer einzudringen. Ziel war die Ausbeutung der natürlichen Ressourcen in den asiatischen Ländern. Die fanatische Philosophie, derzufolge Japan das heiligste Land der Welt ist und die anderen Länder Asiens ihm zu gehorchen haben, wurde in Japan allgemein akzeptiert. Die Diskriminierung richtete sich jetzt gegen alle nichtjapanischen Asiaten, die als minderwertig eingestuft wurden. Nach Ansicht Satoshi Uesugis wurde der Dualismus rein–unrein benutzt, um die japanischen Invasionen theoretisch zu rechtfertigen.[13] In den Angriffskriegen der japanischen Armee wurden zahllose Menschenleben und auch die Umwelt in den Nachbarländern zerstört. Die japanische Regierung hat bis heute nicht die Verantwortung für diese Verbrechen übernommen. Sie unternahm vielmehr Anstrengungen, durch eine ökonomische Invasion anderer Länder die eigene Industrie zu entwickeln. Japanische Unternehmen begannen, die Umwelt dieser Länder auszubeuten und zu zerstören. Riesige Waldgebiete wurden abgeholzt, gigantische Projekte durchgeführt, die massiv in die Umweltbedingungen eingriffen. Trotz ihrer Liebe zur eigenen Natur und ihrem Eifer bei deren Schutz zeigen Japanerinnen und Japaner kein Interesse an der Natur anderer Länder, die sie als ihnen zustehende Ressource betrachten. Ein asiatischer Umweltschützer hat die Japaner einmal als ökologische Rassisten bezeichnet.

Wir Japaner müssen uns des Ethnozentrismus bewußt werden, der in der Idee liegt, daß wir die Natur mehr lieben als alle anderen Völker der Welt. Wir lieben und schützen nur die heimische Natur und machen uns dabei der Ausbeutung und Zerstörung „fremder" Natur schuldig. Zunächst müssen wir die dualistische Denkweise aufgeben, die die Natur und die Menschen in Hierarchien zerteilt. Zweitens müssen wir jene Natursicht wiedergewinnen, die die Natur als ein Ganzes begreift und ihren zyklischen Charakter erfaßt. R. R. Ruether, die sich selbst als ökofeministische Theologin versteht, bemerkte dazu kürzlich: „Die nicht-menschliche Natur hat ein Recycling-System entwickelt, das verhindert, daß sich Abfälle als Verschmutzung ansammeln. Die Krise der Umweltverschmutzung in der modernen Zivilisation resultiert zum größten Teil aus deren Unvermögen, dieses natürliche Recycling-System nachzuahmen. Weil man keine Ko-Industrien entwickelt, die die technologischen Abfälle von Produktion und Verbrauch recyceln wie die natürlichen Abfälle von Nahrung und Exkrementen, sammeln sich diese Abfälle in konzentrierter Form und vergiften Böden, Luft und Gewässer.“[14]

Diese zyklische Sicht der Natur finden wir bei den Diskriminierten Japans, wie den Burakumin oder den Ainu auf Hokkaido, auf die ich hier nicht näher eingegangen bin. Ihre Sichtweise kann meiner Ansicht nach bei der Lösung der globalen ökologischen Probleme hilfreich sein, aber unglücklicherweise wird ihr Wert von vielen nicht erkannt, und viele werten sie weiterhin gegenüber der modernen Technologie ab. Sie versuchen mit großem Eifer, die heimische japanische Natur mittels neuer Technologien zu schützen. Natürlich sind auch diese wichtig, und sie müssen auch zum Schutz der „fremden“ Natur eingesetzt werden.

Val Plumwood, eine kritische Ökofeministin aus Australien, macht darauf aufmerksam, daß die Unterdrückung der Natur eng mit der von Geschlecht, Rasse und Klasse zusammenhängt.[15] Ökologische Bewegungen müssen deshalb mit solchen, die gegen Diskriminierungen aufgrund von Geschlecht, Rasse und Klasse angehen, zusammengeführt werden. Ich möchte hinzufügen, daß es auch zu Diskriminierungen aufgrund der Lage von Gebieten gekommen ist. So in Minamata, wo die Bevölkerung der armen Fischerdörfer unter Umweltseuchen litt, Tokyos Chefmanager dies aber bewußt völlig ignorierten und die Umwelt weiter vergifteten. Der Kampf gegen das Großunternehmen, das die Verseuchung Minamatas verursacht hat, ist zugleich der Kampf diskriminierter Bewohner dieser Gegend gegen die Zentralgewalt.

Wir sollten über den Grund dafür nachdenken, daß wir ein alternatives Umweltethos nicht in der diskriminierenden Bevölkerung der technisch hochentwickelten Kulturen finden, sondern bei den Diskriminierten: den Burakumin, den Ainu, bei der australischen und nordamerikanischen Urbevölkerung, bei denen also, deren Kultur und Religion als primitiv und tiefstehend betrachtet wurde. Gewiß haben Hochreligionen wie das Christentum und der Buddhismus diese primitiven Kulturen und Religionen abgewertet; gleichzeitig aber haben sie ihren Gehalt aufgenommen und in ihre Lehren integriert.

Von daher besteht die Möglichkeit, solches Umweltethos wiederzubeleben und auch in Christentum und Buddhismus praktisch anzuwenden. So wie nicht wenige Christen versuchen, ein neues Umweltethos einzuführen, so gibt es auch Buddhisten, die die ursprüngliche buddhistische Sicht der Natur zu neuem Leben erwecken wollen. Im Vimalakirtinirdesa-Sutra finden wir folgende Sätze: „Wie ein sanfter Windhauch und einige Blüten an einem Zweig vom Kommen des Frühlings künden, so geht ein neuer Pulsschlag des Lebens durch Gräser, Bäume, Berge, Flüsse und alle Dinge, wenn ein Mensch die Erleuchtung erlangt." Erleuchtung erlangen bedeutet hier, die Leidenschaften der Welt zu überwinden und am Aufbau des Buddha-Landes mitzuwirken, in dem das Leben aller Lebewesen erneuert wird. In unserer Welt der Begierden ist es für die Menschen sehr schwer, Erleuchtung zu erlangen, nicht nur in ideellem, sondern auch im praktischen Sinne. Wir müssen vor allem die dualistische Denkweise überwinden, die die Natur und die Menschen zwei getrennten Reichen zuordnet.

Wir müssen unsere Egozentrik überwinden und den Mut fassen, die Diskriminierungssysteme überall in der Welt zu bekämpfen. Wenn es das Buddha-Land gibt, so herrscht dort sicher keine Diskriminierung wie in unserer Welt, und ihre Überwindung ist, so glaube ich, die Vorbedingung für den Frieden mit der Natur und unter allen Lebewesen. Ich bin davon überzeugt, daß es die Aufgabe kritischer, ökologisch orientierter Buddhistinnen und Buddhisten ist, kontinuierlich weiter darüber nachzudenken, wie ein solches Buddha-Land auf dieser Erde Wirklichkeit werden kann.

Aus dem Englischen übertragen von Gunther Ludwig

Anmerkungen

[1] Andree Collard, Rape of the Wild, London 1988, 102.

[2] Hajime Nakamura, Ways of Thinking of Eastern Peoples, Honolulo/Hawaii 1964, 351.

[3] Honen, Muryojukyo-shaku, übers. von Junko Oguri, in: Joung East, Osaka 1984, 8.

[4] Ketsubon-kyo: chi no ike jigoku, in: Nyonin Jobutsu Ketsubon-kyo, übers. von Hirano Sojo, in: Dai Nikon zokuzokyo, Bd. 87, Tokyo 1912.

[5] Junko Minamoto, Buddhism and the Historical Construction of Sexuality in Japan, in: U.S.-Japan Women's Journal 5 (1993), California.

[6] Hideo Kuroda, Kyokai no chusei and shocho no chusei, Tokyo 1986.

[7] Ruben L. F. Habito, Towards a Global Spirituality; in: Zen Buddhism Today 8 (1990) 116, The Kyoto Seminar for Religious Philosophy (Kyoto).

[8] Buraku Mondai Kenkyusho (Hrsg.), Suihei undoshi no kenkyu Bd. 2, Kyoto 1971, 143.

[9] Shoichi Kawamoto, Hisabetsu buraku no seikatsu to bunkashi, Tokyo 1991, 27–33.

[10] Kanichi Nomoto, Kyosei no folklore, Tokyo 1994, 108.

[11] Daisetzu Suzuki, Zen and Japanese Culture, Vermont und Tokyo 1988, 363.

[12] O-Young Lee, The Compact Culture, Tokyo 1982, 85.

[13] Satoshi Uesugi, Burakushi o yominaosu, Osaka 1992, 48.

[14] Rosemary Radford Ruether, Gaia and God, San Francisco 1992, 53.

[15] Val Plumwood, Feminism and the Mastery of Nature, London 1993.

Das Problem „Mensch und Natur" im japanischen Kontext

Eine Reflexion aus der ökologischen Perspektive

Von Haruko K. Okano

Die Japaner kannten von alters her zwar reiche Ausdrücke für die einzelnen Naturphänomene wie Berge, Flüsse, Gräser und Bäume, und sie drückten den Begriff der allumfassenden Naturerscheinungen mit Worten wie „Himmel und Erde" (Tenchi), „die zehntausend Dinge" (Banbutsu) oder „zehntausend Seiende" (Banyû) aus, aber sie hatten keinen abstrakten Oberbegriff „Natur"[1], bis sie erst in der Meiji-Zeit, d.h. Ende des 19. Jh., für die Natur den Begriff und das Schriftzeichen „Jinen" adoptierten (und zwar unter anderer Lesung „Shizen", was traditionell „im Notfall" bedeutete). „Jinen" heißt im traditionellen Sprachgebrauch „sich selbst hervorbringend", was der europäische Begriff Natur etymologisch auch besagt (von lateinisch nasci „gezeugt" oder „geboren werden"). Während die Europäer schon frühzeitig die Menschen als eine von der Natur abgesonderte, andersartige Existenz verstanden und sogar die hierarchische Ordnung von Gott, Menschen und Natur bildeten, betrachteten sich die Japaner bis zur Modernisierung der Meiji-Zeit als Teil der Natur. Also war die Natur für die Japaner kein Objekt der philosophischen Reflexion. Demnach scheint den Japanern jene Weltanschauung eigentlich fern gewesen zu sein, nach der die wilde, irrationale und ungezähmte Natur zugunsten der Zivilisation der Menschheit künstlich geändert werden muß. In Wirklichkeit ist das hochindustrialisierte Japan inzwischen eines der führenden Länder geworden, die für die Naturzerstörung und das bedrohte Lebensrecht anderer Völker sowie der unterdrückten Schicht der eigenen Gesellschaft verantwortlich sind.

Am Beispiel von Japan zeigt sich in bezug auf die Ökologie am krassesten das Positivste und Negativste, was der Mensch tun kann. Dem Christentum wird im Angesicht der globalen Krise der Natur sowie der menschlichen Verhältnisse vorgeworfen, daß gerade das Herrschen von Menschen über die Natur, biblisch legitimiert, an dem heutigen Problem der ökologischen Misere mitschuldig sei. Hingegen reflektieren die Japaner noch kaum darüber, daß sie trotz der freundlichen Einstellung ihrer Religionen zur Natur an der globalen Naturzerstörung nicht wenig mitgewirkt haben. Im Folgenden untersuchen wir, warum japanische Religionen gegen die fortschreitenden Umweltbeeinträchtigungen widerstandslos waren und nicht zur Reflexion darüber angeregt haben. Wir schicken jedoch die traditionelle Naturanschauung der Japaner als Vorverständnis voraus.

1. Mensch und Natur in Japan

Im alten Japan gab es vor der Einpflanzung des Buddhismus im 6. Jh. grundsätzlich zwei verschiedene Naturverständnisse: die zu fürchtende Natur und die segnende Natur. Indem die Japaner zu Beginn der historischen Zeit auf diese ambivalente Macht der Natur einerseits mit Ehrfurcht, andererseits mit Dank reagierten, witterten sie numinose Macht in den Naturphänomenen, verehrten diese als „Kami", d.h. beseelt oder göttlich, und versuchten sie so zu beeinflussen, daß sie zugunsten des Menschen wirkten. In der japanischen Mythologie ist die Sonne, die für den Ackerbau unentbehrlich ist, als Göttin, und zwar als Ahnengöttin der Tennô-Familie personifiziert, während der Sturm, der für die Agrarwirtschaft ambivalent wirkt, als ihr Bruder verehrt und zugleich gefürchtet ist. Die phantasievolle Dämonengestalt im Schlangenkörper mit Hörnern „Yato no Kami", die aber als machtvoller Kami verehrt wurde, symbolisiert wohl eine Schaden bringende negative Seite der Natur. Die Natur erschien jedenfalls als mit Macht geladen. Die Berge waren ein typisches Beispiel dafür; der Berg Miwa in der Nara-Provinz erfreute sich als ganzer göttlicher Verehrung. Auch die zeugende und gebärende Macht der Natur ist deifiziert als „Musubi"-Götter, also Götter des Hervorbringens und Werdens.

Die alten Japaner kannten also keinen transzendenten Schöpfer-Gott, so daß es zwischen Göttern, Seelen, Naturphänomenen und Menschen keine absolute Kluft gab, sondern eine gewisse kontinuierliche Verbindung von allem. Auch Menschen wie besonders mächtige Kaiser oder Helden sind häufig zur Gottheit erhoben worden.

Diese ursprünglich animistische Naturanschauung erfährt eine Wende durch die Begegnung mit dem Mahâyâna-Buddhismus, der bereits in China anders als in Indien naturphilosophisch reflektiert wurde. Der esoterische Shingon-Buddhismus, von Kôbô Daishi (774–835) im 9. Jh. aus China eingeführt, lehrt die Vereinigung der Menschen mit dem absoluten Sonnen-Buddha (Mahâ-vairocana), der das erhabene Leben des Kosmos symbolisiert. Die von Kôbô Daishi gelehrte Praxis zur kosmischen Vereinigung machte den Japanern die Seligkeit des Identischseins mit der Natur bewußt und bahnte die volksfromme Glaubensform der Bergaskese (Shugendô) an, also „den Weg, sich durch Meditieren und körperliche Übung im Umgang mit den Elementen außernatürliche Kräfte zu verschaffen“.

Der Tendai-Buddhismus, auch im 9. Jh. von Dengyô Daishi (767–822) von China geholt, hatte bereits den universalistischen Ansatz der späteren Lehre, daß nicht nur Lebewesen, sondern auch Gräser, Bäume und Erde alle Buddha werden. Diese positive Anerkennung der Naturphänomene begründete religiös das ästhetische Preisen der Schönheit der Natur besonders in den Metaphern von Blüte, Vogel, Wind und Mond, die in den Künsten der höfischen Kultur begegnen. Daß die ästhetische Naturanschauung durch die kosmische Spekulation des Buddhismus zustande kam, bedeutete eine Entzauberung der Naturwelt der alten Japaner, die nach buddhistischer Ansicht substanzlos und somit vergänglich ist. Die vorwiegend buddhistisch-japanische Ästhetik ist einerseits immer durch die Vergänglichkeit der Welt bedingt, läßt aber andererseits den Mond als Metapher für Unvergänglichkeit bestehen, die aus der ständigen Sehnsucht nach dem buddhistischen „Reinen Land“ (Saihô Jôdo) hervorgeht und Seelenruhe symbolisiert. Philosophie und Ästhetik der damaligen Japaner sind im berühmten Gedicht des buddhistischen Mönchs Saigyô aus dem 13. Jh. vollendet zum Ausdruck gebracht: „Am liebsten würde ich sterben / unter den Kirschblüten im Frühling / in der Zeit des Vollmondes im März.“

Die zen-buddhistische, besonders von Dôgen (1200–1253) vertiefte Philosophie, nach der die Buddha-Natur in allen Lebewesen sowie allen Dingen immanent vorhanden ist[2], löste sich später in der Ästhetisierung der Natur auf, und dies wirkte hemmungslos zugunsten der Bejahung der diesseitigen Wirklichkeit und somit auch der Untaten des sündigen Menschseins, so daß eine solche Philosophie in Japan nicht zur Grundlage für das ökologische Weltethos dienen konnte. Es sei noch darauf hingewiesen, daß der japanische Buddhismus wegen der mahayanistischen Grundthese der Identität des „Selbst“ mit den Dingen keine Objektivierung der Natur fördert. Die ästhetische Lebenseinstellung im erlebnishaften Einssein mit der Natur läßt kaum eine Entwicklungsmöglichkeit für naturwissenschaftliches Denken erwarten, ebensowenig eine ökologische Reflexion.

Die Rezeption des Konfuzianismus der Sung-Zeit, der in der feudalen Tokugawa-Zeit (1600–1867) als Ideologie der Staatseinheit funktionierte, gab einen weiteren Anstoß für das japanische Naturverständnis: Indem die von der letzten Wirklichkeit (Ri) durchwaltete „große äußere Natur“ als transzendente Natur bzw. als Makrokosmos erfaßt wird, wird der Mensch, in dessen Herzen das numinose Ordnungsprinzip Ri wohnt, als die „Natur im Inneren“ zum Mikrokosmos. Damit lenkten die Japaner zum ersten Mal ihr Interesse auf „die große äußere Natur“. Die durch die neokonfuzianische Grundthese zweier Naturwelten inspirierten Spekulationen der Japaner wurden zur Basis der Rezeption der europäischen Wissenschaften und Technik.

Im Modernisierungsprozeß des 19. und 20. Jh., dessen Sondercharakter durch den pragmatischen Grundsatz „Japanischer Geist, europäische Wissenschaft“ (Wakon Yôsai) zu charakterisieren ist, setzten sich die Japaner ständig unter Voraussetzung ihrer Anschauung des Kosmos als organisch mit der Mechanisierung des Weltbildes aufgrund der europäischen Naturwissenschaft und Technologie auseinander. Die Rezeption der europäischen Wissenschaft und Kultur hat am meisten die Welt- und Lebensanschauung der modernen japanischen Gebildeten geprägt. Es gab einerseits realistische Strömungen, die befreit von der religiösen Naturanschauung bzw. der zum Klischee gewordenen Metaphern von Blüte, Vogel, Wind und Mond die reale Natur zu beschreiben versuchten (Masaoka Shiki u. a.), andererseits neigten die Romantiker (Kunikida Doppo u. a.) und selbst der Naturalist Tayama Katai (1871–1930) dazu, die Natur wieder zu deifizieren oder als Schicksalsmacht zu betrachten, der gegenüber der Mensch mit Ehrfurcht oder mit dem Geständnis seiner eigenen Ohnmacht reagieren muß. Auch Natsume Sôseki (1867–1916), der als moderner Denker sich lebenslang mit dem Egoismus des Menschen auseinandersetzte, stieß immer wieder auf das Problem, wie man die mikrokosmische Natur des Menschen mit der makrokosmischen Natur zusammenbringen könne, indem er die makrokosmische transzendente Natur als „Himmel“ bezeichnete (Sokuten Kyoshi). Der Philosoph Nishida Kitarô (1870–1945), dessen religiöse Grunderfahrung buddhistisch und dennoch von der christlichen Theologie inspiriert war, sprach von „Kami“ als der transzendenten Wirklichkeit, die er gleichzeitig mit dem Ausdruck der negativen Theologie „das absolute Nichts“ (Zettai-Mu) nannte.[3] Für ihn ist „Kami“ nichts anderes als der erhabene Geist des Kosmos, der Geist und Natur in sich vereint.

Die modernen Japaner begegneten somit auf ihre Weise der absoluten letzten Wirklichkeit, die nicht als personaler Schöpfergott, sondern als die die Natur transzendierende numinose Macht erfahren wird, für die Personsein nur Begrenzung bedeuten würde. Dabei ist zu beachten, daß auch die moderne Vorstellung vom Numinosen in einer engen Verbindung mit der Natur oder mittels des traditionellen Naturverständnisses gewonnen worden ist. Seit dem letzten Weltkrieg verfügen auch die Japaner über eine hohe Technologie und wirken aktiv an der Beherrschung der Natur und der Naturzerstörung mit, während sie spirituell noch in einer gewissen Abhängigkeit von der Natur leben. Das sieht man daran, daß Shintô-Götter in modernen Industriebetrieben oder auf den Dächern der Hochhäuser mitten in den Großstädten verehrt werden oder durch die Blumensteckkunst (Ikebana) oder Zwergbäume (Bonsai) ein Stück der Natur ins Haus geholt wird. Dieser Widerspruch zwischen der naturfreundlichen Einstellung der Japaner und der Mitwirkung der Japaner an der gegenwärtigen Naturkrise zeigt, daß die Hochschätzung der Natur allein nicht fähig ist, das ökologische Problem zu lösen und so dem heute notwendigen Weltethos nahezukommen.

2. Gibt es Gründe für den ökologischen Rückstand im japanischen Denken?

Wir wenden uns nun vertieft den Fragen zu, einmal, warum der Mahâyâna-Buddhismus in bezug auf das Weltethos seinen Beitrag schuldig blieb, und zum anderen, wie die Ethik der Japaner im Modernisierungsprozeß konzipiert ist.

2.1 Das mahâyâna-buddhistische Gedankengut im Hinblick auf ein ökologisches Weltethos

Wegen des theravâda-buddhistischen Gebotes „ahimsâ“ (du sollst kein Lebewesen töten), das das beste Modell für ein ökologisches Weltethos sein könnte, oblag den Laien das „delegierte Töten von Tieren, denn am Anfang waren die indischen Mönche und Nonnen keineswegs Vegetarier. Erst im China des 6. und 7. Jh. setzte sich der Vegetarismus durch.“[4] Die Mönche durften kein Lebewesen töten noch verletzen, aber sie aßen Fleischreste, die von den Laien geschenkt wurden. Somit ergab sich das Problem, daß bestimmte Berufe wie Metzger, Hufschmiede usw. verachtet oder Nicht-Buddhisten (z. B. in Sri Lanka die Moslems) mit dieser Arbeit beauftragt wurden. In Japan, wo man im Unterschied zu den anderen Ländern des Mahâyâna-Buddhismus keinen Wert auf das Einhalten der Gebote legte, spielte „ahimsâ“ kaum eine ökologische Rolle, aber es entstand durch die kultische Reinheitsidee des Mahâyâna-Buddhismus unter dem Einfluß des Shintô eine diskriminierte Volksschicht mit Berufen, die mit Töten von Tieren oder mit den Toten zu tun hatten. Das Problem dieser Volksschicht, die „Burakumin“ genannt wird und in ghettoartigen Siedlungen existieren durfte, die heute noch bestehen, ist ein Maßstab für die geistige Reife oder Unreife der Japaner.

Das buddhistische Gesetz des Geburtenkreislaufs (samsâra) hätte für das Weltethos motivieren können, denn während des langen Geburtenkreislaufs könnten einmal alle Lebewesen irgendwann und irgendwo füreinander Vater, Mutter, Bruder und Schwester sein. Aber der Gedanke des Geburtenkreislaufs diente und dient in Japan nicht zu der Einsicht, daß jeder einmal Burakumin sein kann, sondern praktisch nur dazu, die Ursache unheilbarer Krankheiten oder unerforschbaren Unglücks mit dem Karma früherer Existenzen eines Menschen zu erklären, was wiederum eine Art von sozialer Diskriminierung mit sich brachte.

2.2 Die Konzeption der japanischen Ethik im Modernisierungsprozeß

Durch die zwangsläufige Begegnung mit den amerikanisch-europäischen Großmächten gegen Ende des 19. Jh. assimilierten die Japaner eifrig die europäischen Wissenschaften und technischen Errungenschaften, während sie als Gegenreaktion dazu nach und nach nationalistisch gesinnt wurden und einen absolutistischen Nationalstaat bildeten. In diesem Modernisierungsprozeß konnte die Idee der Menschenrechte sich kaum entfalten, die zur Voraussetzung für die Anerkennung der Menschenwürde und somit für ein Weltethos werden könnte. Katô Hiroyuki (1836–1916), Ende des 19. Jh. Rektor der Tôdai-Universität, vertrat ursprünglich die Idee vom naturgegebenen Recht eines jeden männlichen Individuums auf Freiheit, Gleichheit und Selbstbestimmung und unterstützte die Bewegung für Freiheit und Volksrecht, änderte aber allmählich seine Meinung, als er den Evolutionismus Darwins rezipierte und dann das Christentum radikal ablehnte. Seitdem entwickelten sich in Japan kaum noch philosophisch-religiöse Diskussionen um die Menschenrechte.

Aber wie wurde dann die Ethik im nationalistischen Modernisierungsprozeß konzipiert? Ein wichtiger Philosoph war Watsuji Tetsurô (1889–1960), der sich entschieden gegen die westlich-ethischen Konzeptionen wandte, welche die Ethik seiner Meinung nach zu einer Individualethik degradierten, der es nur um die Fragen der Unabhängigkeit des Selbst von der Natur, der Autonomie des Subjekts oder der Befriedigung der eigenen Wünsche ging. Für Watsuji liegt der Ort aller ethischen Fragen nicht in dem Bewußtsein des isolierten Individuums, sondern in der Intersubjektivität, in der „Beziehung zwischen Mensch und Mensch".[5] Auf dem Weg der Entfaltung seiner Theorie gab er, der absolutistischen Strömung seiner Zeit entsprechend, der kollektiven Ganzheit den Vorzug vor dem Individuum, indem er die Meiji-Verfassung von 1889 und das kaiserliche Erziehungsedikt von 1890 für absolut erklärte. Watsuji postulierte demzufolge Selbsthingabe und Verpflichtungen des einzelnen Menschen dem Staat gegenüber, so daß er nicht, wie er glaubte, die europäische Individualethik überwunden, vielmehr die angebliche Besonderheit des japanischen Denkens als zwischenmenschliche Beziehung in den Vordergrund gestellt hat. Dies sollte noch eine späte Auswirkung haben.

In den siebziger Jahren des 20. Jh. erfuhr Japan einen großen wirtschaftlichen Aufschwung und fing an, sich zu fragen, was die Japaner sind und welche Möglichkeit sie für die Zukunft besitzen. Es erschienen wieder zahlreiche nationalistisch gesinnte Thesen über den Sondercharakter der Japaner („Nihonjin ron"), unter ihnen die von Hamaguchi Eshun aufgestellte These der neuen „Zwischenmenschlichkeit" (Kanjinshugi), die das Gedankengut von Watsuji aufgriff und noch heute als ideale Konzeption der japanischen Ethik hohe Anerkennung genießt. Hamaguchi meint, während das europäische Menschenbild mit individuellem Bewußtsein durch Egozentrismus und Autonomie des Einzelnen zu charakterisieren sei, werde das japanische Bewußtsein durch gegenseitige Abhängigkeit und Vertrautsein miteinander gekennzeichnet. Seine These verleiht der „Zwischenmenschlichkeit" eine gewisse Heiligkeit, so daß man meinen könnte, die Japaner bräuchten kein transzendentes Sein.

Inzwischen wird in Japan auf die Gefahr hingewiesen, die zwischenmenschliche Beziehung zu verherrlichen, da sie kein absoluter Wert ist und sich unter Umständen leicht einem wandelbaren Wertsystem anpassen könnte. Mir scheint außerdem diese Glorifizierung der menschlichen Beziehungen zwar innerhalb einer homogenen Gesellschaft gut funktionieren zu können, aber nicht zu einem Weltethos zu führen. Angesichts der diversen Wertordnungen der internationalen Gesellschaft kann eine solche innerjapanische Mitmenschlichkeit nicht zu einer universalen Konzeption von Menschenrechten motivieren.

3. Gedanken zum Problem des ökologischen Weltethos

Am Beispiel der Japaner haben wir gezeigt, daß das positive Selbst- und Naturverhältnis allein das Problem des ökologischen Weltethos nicht lösen kann. Die Japaner hatten und haben zwar ein sehr freundliches Verhältnis zur Natur, das nicht ethisch, sondern ästhetisch begründet ist, aber sie haben niemals die Natur objektiviert, so daß sie von sich aus über die Gefahr und die Mitverantwortlichkeit für das ökologische Problem hätten reflektieren können. Wir Japaner sollten uns nicht schämen, die Kosmologie der Ainu, der Ureinwohner unseres Landes, wiederzuentdecken, die ähnlich wie die der Ureinwohner von Nordamerika und Australien die Auffassung überliefert, daß wir unsere Erde nur geliehen bekommen, also keinen Besitzanspruch und kein absolutes Verfügungsrecht über sie haben. Diese auf nachfolgende Generationen gerichtete Ethik gehört zum Wesen des ökologischen Weltethos.

Wie sollen wir das Öko-System wieder in Ordnung bringen, also Recht und Würde jedes Menschen, aller Lebewesen und auch der kleinen Dinge hochschätzen und anerkennen können? Als Japanerin und Christin möchte ich auf folgendes hinweisen. Bei Mt 16,24–25 heißt es: „Darauf sagte Jesus zu seinen Jüngern: Wer mein Jünger sein will, der verleugne sich selbst, nehme sein Kreuz auf sich und folge mir nach. Denn wer sein Leben retten will, wird es verlieren; wer aber sein Leben um meinetwillen verliert, wird es gewinnen." Hier wird eine radikale und dynamische Umstellung der diesseitigen Wertordnung postuliert. Jesus löst auch die blutsverwandte Bindung der einzelnen Menschen und lädt sie zur spirituellen Liebesgemeinschaft ein. „Dem, der ihm das gesagt hatte, erwiderte er: Wer ist meine Mutter, und wer sind meine Brüder? Und er streckte die Hand über seine Jünger aus und sagte: Das hier sind meine Mutter und meine Brüder. Denn wer den Willen meines himmlischen Vaters erfüllt, der ist für mich Bruder und Schwester und Mutter" (Mt 12,48–50).

Durch die Negierung seiner egoistischen Interessen wird man in der neuen spirituellen Gemeinschaft wiedergeboren, in der man eine reife Wechselbeziehung pflegen und entfalten kann, um die Persönlichkeit und Lebensweise anderer anzuerkennen und bei der Gestaltung der Persönlichkeit eines anderen Menschen Hilfe zu leisten. Eine dynamische Umstellung der Werte gibt es in jeder großen Religion, außer dem Christentum im Buddhismus, Islam, Judentum und anderen mehr. In dieser den Religionen gemeinsamen Umstellung der Werte, für die wir wieder sensibel werden müssen, liegt sicher ein Schlüssel für das zu schaffende Weltethos.

Weder die sentimentale Sehnsucht nach der alten animistischen Naturanschauung noch die übermäßige Glorifizierung der zwischenmenschlichen Beziehungen der Japaner kann einen Beitrag zum Weltethos schaffen. Religionen, die das Verhältnis von Herrschen und Beherrschtsein zu überwinden fähig sind und eine Toleranz angesichts der inhaltlich divergierenden Wertmaßstäbe verwirklichen können, geben Antriebskraft für die Harmonie zwischen Natur und Mensch sowie zwischen ausgebeuteten und ausbeutenden Ländern.

Anmerkungen

[1] Ôno Susumu, Nihongo no Nenrin (Jahresringe der japanischen Sprache), Tokyo 1969.

[2] Die mahayanistische These „Alle Lebewesen besitzen die Buddha-Natur" verstand Dôgen noch erweitert: „Alle Lebewesen und alle Seienden besitzen die Buddha-Natur." Vgl. Ruben Habito, Nihon-teki ekolojî Shingaku o mezashite (Eine Konzeption der japanischen Theologie der Ökologie), in: Ekolojî to Kirisuto-kyô, Tokyo: Shinkyô Shuppan, 1993, 294. Ferner Heinrich Dumoulin, Geschichte des Zen-Buddhismus Bd. 2, Bern 1986, 60.

[3] Zen no Kenkyû, Kap. 2 Jitsuzai (Über das Sein), Tokyo 1986 (1950).

[4] Michael von Brück, Naturverständnis und kosmische Einheitserfahrung im Buddhismus, in: Karl Golser (Hrsg.), Verantwortung für die Schöpfung in den Weltreligionen, Innsbruck–Wien 1992, 114f.

[5] Lydia Brüll, Die japanische Philosophie, Darmstadt 1989, 150f.

Natur und Kultur in Philosophie und Praxis Chinas

Von Heiner Roetz

1. Gegenbild China – zur Geschichte eines Klischees

Die Geschichte der europäischen Wahrnehmung Chinas hat vor allem im Zeichen eines Topos gestanden: des Topos der Einheit und Ungeschiedenheit. Hierbei ist zu denken an die Einheit von Mensch und Natur, von Makro- und Mikrokosmos, aber auch an die des Einzelnen mit der Gesellschaft. Diese Perspektive ist von der Aufklärung über den deutschen Idealismus und Max Weber bis hin zum New Age bestimmend geblieben. Allerdings ist der Topos der Einheit in sehr unterschiedlichen Wertungen ins Spiel gebracht worden.

Die Aufklärung mit ihrer antikirchlichen Parole von einer „natürlichen Vernunft“ faszinierte der Gedanke einer einheitlichen moralischen Weltordnung, den auch chinesische Mikro-Makrokosmos-Parallelisierungen zu belegen schienen. Ihre China-Begeisterung – man denke etwa an Leibniz, Wolff, Voltaire und den Physiokraten Quesnay – steht in direktem Zusammenhang mit ihrem Stoizismus, ihrem Glauben an eine vernünftige All-Natur, und entsprechend rezipierten sie das spärliche Textmaterial, das durch Übersetzungen von Missionaren seit dem späten 17. Jahrhundert bekannt geworden war. Den philosophischen Garaus bereitete der Sinophilie des 18. Jahrhunderts namentlich die Zerstörung des stoischen Kosmos durch Kant. An die Stelle der Gewißheit einer natürlichen Ordnung, die in allem am Werk ist, tritt das Kritischwerden der Vernunft, die sich zunächst einmal über ihre eigenen Grenzen und Möglichkeiten klar werden muß. Hegels Programm einer dialektischen Überwindung des Kritizismus versöhnt die Kantischen Trennungen zwar wieder. Doch die restituierte neue Einheit ist keine unmittelbare mehr, sondern eine vermittelte. Ihr gegenüber rückt das angebliche chinesische „substantielle“ Einheitsdenken, das die Grundlage der Wahlverwandtschaft zwischen dem 18. Jahrhundert und China gewesen war, an den bloßen Anfang der Geschichte, auf die Stufe der „Naturreligion“ und die „Stufe der Einheit des Geistes mit der Natur“, mit der der Weltgeist seinen Zug durch die Zeit erst beginnt. In Hegels Geschichtsphilosophie ist China die Verkörperung des Substantiellen, an dem „das Moment der Subjektivität ... noch nicht vorhanden ist“ *(Phil. d. Gesch.)*. Einheit ist nun schlechte Unmittelbarkeit; der Topos wird negativ – eine Tendenz, die sich schon bei Montesquieu angekündigt hatte. Schelling faßt dann das „chinesische Bewußtseyn“ wohl erstmals unter den Begriff des „Mythischen“ und erkennt in ihm die Urform des „absolut vorgeschichtlichen“ Denkens. Es beruht auf einer unmittelbaren Verweltlichung der „ursprünglichen astralen Religion“ zum „Princip des Staates“, das dieselbe erdrückende Gewalt ausübt wie zuvor das religiöse Prinzip. Der Herrscher Chinas ist Weltenherrscher, in dessen Gedanken und Tun sich „die ganze Natur mitbewegt“ *(Phil. d. Myth.)*. Noch Bloch ist im *Prinzip Hoffnung* dieser Deutung Schellings verpflichtet.

Der Ethno-Sinologe J. J. M. de Groot hat das vermeintliche Charakteristikum Chinas, um das es hier geht, später auf den Begriff des „Universismus“ gebracht. Gemeint ist eine für alle chinesischen Denkrichtungen universell gültige sympathetische Denkform, die diesseits der „abendländischen“ Dihäresen steht. De Groots einschlägiges Werk *Universismus* (Berlin 1918) war von großem Einfluß auf Max Weber, der es in seiner äußerst folgenreichen Arbeit *Konfuzianismus und Taoismus* nach eigenem Bekenntnis „überall benutzt, wie jeder Leser sieht“.[1] Weber folgt ganz der nun schon zur Tradition gewordenen holistischen Interpretation Chinas. Er nimmt den alten Topos der Ungeschiedenheit chinesischen Denkens in seinem Diktum vom „Fehlen jeglicher Spannung gegen die Welt“ auf und verhilft ihm zu einer bis heute unübersehbaren Verbreitung. Fehlende Spannung gegen die Welt bedeutet zum einen – im diametralen Unterschied zum Protestantismus, und um diesen Kontrast ist es Weber zu tun – eine Ethik der „Weltanpassung“, die keinen jenseitigen Gott und damit keinen archimedischen Punkt kennt, von dem aus die irdischen Verhältnisse aus den Angeln zu heben wären oder auch nur hinterfragt werden könnten. Zum andern bedeutet sie das Ausbleiben moderner Formen der Unterwerfung der Natur und ihrer Entzauberung zum profanen Material profaner Zwecke. Die Welt bleibt ein magischer „Zaubergarten“, in dem die Ordnung des Kosmos zugleich die der Gesellschaft ist. Einen ganz ähnlichen Tenor hat Marcel Granets berühmtes, zur Standardliteratur avanciertes Werk *Das chinesische Denken* (Paris 1934).

Es verwundert nicht, daß angesichts der ökologischen Krise das vermeintliche ganzheitliche Denken „der“ Chinesen sich in letzter Zeit zunehmender Aufmerksamkeit erfreut. Ein mittlerweile schon wieder klassisches Beispiel für die positive Umwertung des Einheits-Topos ist

Fritjof Capras *Wendezeit*, ein Kultbuch des New Age, das seine „Bausteine für ein neues Weltbild" aus China bezieht. Die behauptete „Synchronie zwischen Dingen und Geschehnissen" ist für Capra das spezifisch Wertvolle am chinesischen Denken. Im Daoismus erkennt er einen „besonders tiefen und schönen Ausdruck ökologischer Weisheit", und wo immer er „Werte und Verhaltensweisen erörtert", soll dies „weitgehend innerhalb eines theoretischen Rahmens geschehen, der in allen Einzelheiten im I Ging *(Yijing)* entwickelt wurde und die eigentliche Grundlage des chinesischen Denkens bildet".[2] Einer der prominentesten Verbreiter des Bildes der „Harmonie" zwischen Mensch und Natur in China ist Joseph Needham. Der Mensch, so Needham, ist für die Chinesen „Teil eines Organismus, der viel größer ist als er selbst. Daraus erhielt man eine wache Empfindlichkeit gegenüber möglicher Leerplünderung und Verschmutzung natürlicher Reichtümer."[3] Eine von Needham inspirierte deutsche Delegation marxistischer Landschaftsplaner, die China 1978 besuchte und mit der ernüchternden Realität konfrontiert wurde, kam übrigens zum Schluß, daß der „philosophische Überbau" wohl „nicht die entscheidende Auswirkung auf das Verhältnis der chinesischen Bauern zur Natur" gehabt haben konnte.[4] Indes ist es nicht nur um die „Basis", sondern auch um den „Überbau" etwas anders bestellt, als schwärmerische Darstellungen glauben machen.

Mit der Unterstellung, daß dem „chinesischen Denken" ein sympathetisches Naturverhältnis eigen sei, ist in der Regel zugleich eine methodische Präferenz für eine generalisierende Interpretation Chinas getroffen, die sich nicht zwischen verschiedenen Richtungen dieses Denkens sowie verschiedenen, in jeweils spezifischer Weise ausgebildeten Bereichen der Kultur zu unterscheiden genötigt sieht. Der behauptete Holismus verbietet solche Differenzierungen. Auch die Ethik ist aus dieser Perspektive nur eine Modifikation der Kosmologie. Ebensowenig wie Naturwissenschaften, die eine Distanz zur Natur voraussetzen, die nicht gewinnbar ist, wenn der Mensch sich nur als deren Teil versteht, kennt China demnach eine autonome Ethik. Denn so, wie der Mensch im großen nur Teil des Kosmos ist, wird er im kleinen nur Teil seiner Gesellschaft sein und in deren Üblichkeiten eingebunden bleiben.

Indes ist eben eine differenzierende und nicht generalisierende Betrachtungsweise des Verhältnisses von Natur und Kultur schon die Voraussetzung, um Konfuzianismus und Daoismus und damit die zwei konkurrierenden Grundrichtungen der chinesischen Philosophie zu verstehen. Das Auftreten beider Schulen ist gerade Ausdruck des

Bruchs der Kultur mit der Natur; womit sie selber im Medium der Differenz und nicht der Einheit stehen. Dies schließt „sympathetisches" Denken nicht aus – doch nicht im Sinne einer „substantiellen" Denkform, sondern einer problembewußten, gewählten, philosophischen Stellungnahme. Hintergund dieses Problembewußtseins ist eine zerstörerische Praxis, die seit der chinesischen Antike in der Natur primär das Material für die Realisierung menschlicher Ziele sieht und ganz und gar nicht von Empathie geprägt ist. Was fraglos fehlte, war das modern „westliche" systematische „Stellen" der Natur mit seinen mittlerweise apokalyptischen Dimensionen, nicht aber die objektivierende Einstellung als solche. Das so ansprechende Bild eines einfühlsamen Umgangs mit der Natur, die uns als Vorbild dienen könnte, gehört eher in das romantische Reich der Gegenwelten.

2. Die chinesische Praxis gegenüber der Natur

Werfen wir nun, um dem Verhältnis von Natur und Kultur in China nachzugehen, einen Blick auf die reale Praxis und die philosophischen Grundlagen.[5] China ist heute eine der ökologisch am meisten bedrohten Regionen der Welt. Der Sinologe Werner Meißner schreibt: „China wird bei immer noch ungebremstem Bevölkerungswachstum in wenigen Jahren zu einem bevölkerungspolitischen und ökologischen Weltproblem ersten Ranges. ... Nach neuesten Daten ist die Luftverschmutzung chinesischer Städte zehn- bis zwanzigmal so hoch wie die amerikanischer Städte. Natürlichen Wald wird es im Jahr 2000 in China nicht mehr geben. Im Norden wird das Wasser knapp. Unzählige Reservoirs sind in den achtziger Jahren ausgetrocknet. Ein Drittel des Trinkwassers gilt als stark belastet. Doch das größte Problem ist der Verlust der Ackerfläche durch Erosion, Versteppung und Versiegelung. Pro Jahr verliert die Volksrepublik etwa 0,5 Prozent ihrer Anbaufläche. ... Übernutzung und Mißbrauch von Dünger und Pestiziden beschleunigen inzwischen die Erosion. Und schließlich: Wenn China weiterhin auf Kohle als seinen Hauptenergieträger setzt, dann wird es in 15 Jahren mehr zur Verschmutzung der Atmosphäre beitragen als Europa und Amerika heute zusammen."[6]

Im Unterschied zu den meisten Ländern der Dritten Welt ist die ökologische Verwüstung Chinas ein Prozeß, der sich ohne die Beteiligung westlicher Konzerne vollzog. Verdankt er sich nicht aber zumindest einer westlichen Ideologie, nämlich dem Marxismus mit seinem Glauben an die Möglichkeit und Wünschbarkeit der Beherrschung der Natur durch den Menschen, und in den letzten Jahren zudem einem gleichfalls importierten zügellosen Wirtschaftsliberalismus? Zweifellos ist der Einfluß aus dieser Richtung nicht zu unterschätzen. Ihre wirkliche Dynamik hat die Idee der Naturbeherrschung in China aber erst durch die Kombination westlichen und indigenen Gedankenguts entfaltet. Daß sie einheimische Wurzeln besitzt, legt auch das Beispiel des offiziell traditionsbewußten Taiwan nahe, das gleichfalls eine rabiate Ausplünderung seiner Natur betreibt (Japan verfolgt zwar mittlerweile eine in mancher Hinsicht strenge interne Umweltpolitik, aber auf Kosten eines um so rücksichtsloseren Zugriffs auf die natürlichen Ressourcen Nord- und Südostasiens).

Das moderne ökologische Desaster China hat eine weit zurückreichende Geschichte. China ist seit über drei Jahrtausenden eine der am intensivsten bewirtschafteten Regionen der Welt. Es ist den Weg aller Hochkulturen gegangen, der gekennzeichnet ist durch die ständige Ausweitung der Nutzfläche auf Kosten der ursprünglichen Vegetation und Fauna. Schon früh begann in der Umgebung der Siedlungszentren die Rodung der Urwälder. Sie ist das typische Geschäft der frühen Herrscher und Kulturheroen aus vordynastischer Zeit, die das Selbstverständnis der chinesischen Zivilisation repräsentieren. Huang Di „holzte die Berge ab und legte die Sümpfe trocken" (*Guanzi* 85), Shun „verbrannte die Sümpfe, in denen sich die wilden Tiere verbargen" (ebd.), und Yi „brannte die Berge und Sümpfe ab, so daß die Tiere flohen und sich verkrochen" (*Mengzi* 3A4).

Die Eroberung der Natur fand ihren poetischen Widerhall. Im *Shijing* („Buch der Lieder"), einer Anthologie aus der ersten Hälfte des ersten Jahrtausends v. Chr., findet sich etwa die folgende Hymne auf einen Ahnherrn der regierenden Dynastie (Übersetzung Victor v. Strauß' in der Diktion des 19. Jh.): „Da rodet er, zernichtet er / das tote Holz, das umgestürzte, / da ordnet er, da richtet er / das Dickicht und das Wildverschürzte. / Da öffnet er, da trieb er ab / das Weidicht und das harte Rohr, / da lichtet er, da hieb er ab / Waldmaulbeerbaum und Sykomor ... / Der Herr sah nieder auf's Gebirg: / und Eich und Dorn, fort waren sie, / Pfad ließ Zypress und Fichte hie."

Belege wie diese sind zahlreich und finden sich auch in der philosophischen Literatur der ausgehenden Zhou-Zeit (11.–3. Jh. v. Chr.). Der Konfuzianer Mengzi (Meng-tzu, Mencius, 372–281) etwa vergleicht den empirischen Normalzustand der menschlichen Natur, die ursprünglich gut, aber durch menschliche Schuld ruiniert worden sei, mit einem abgeholzten Berg (*Mengzi* 6A8). Im *Zhuangzi (Chuangtzu)*, einem Klassiker des Daoismus, wird der Baum, sowohl der gefällte als auch der nur dank seiner Nutzlosigkeit verschonte, geradezu zum Symbol für das Schicksal der Natur. „Angenommen, ich wäre nützlich gewesen", spricht ein alter, verwachsener Baumriese zu einem Zimmermann, der ihn verschmäht, „hätte ich es da zu dieser Größe gebracht?" (*Zhuangzi* 4). Ein anderer daoistischer Text aus der Mitte des 2. Jh. v. Chr., das *Huainanzi*, bringt nach einer für den Daoismus typischen Beschreibung der Urharmonie, die kein menschliches Planen kennt, in der die kosmischen Kräfte Yin und Yang und die Jahreszeiten ihren geregelten Rhythmus finden und alle Wesen in Einklang miteinander leben, eine eindringliche, sich mythischer Bilder bedienende Beschreibung des vom Menschen initiierten „Zeitalters des Verfalls":

> „Als dann das Zeitalter des Verfalls hereinbrach, bohrten die Menschen das Gestein der Berge an. Sie bearbeiteten Metall und Jade, brachen Austern und Muscheln auf, schmolzen Kupfer und Eisen, und die Dinge der Natur gediehen nicht mehr. Die Menschen schlitzten die schwangeren Tiere auf und töteten die Jungen (wegen der Felle), und das Qilin (ein glückverheißendes Einhorn) erschien nicht mehr. Sie kippten die Nester um und zerstörten die Eier, so daß auch der Phönix nicht mehr flog. Die Menschen drehten die Feuerbohrer, um Feuer zu entzünden, und zimmerten Holz zu Terrassen. Sie zündeten die Wälder an, um Tiere zu jagen, und sie entwässerten Seen, um die Fische darin zu fangen. ... So wuchsen die Dinge der Natur nicht mehr in Massen, und der größte Teil von ihnen mußte sterben, noch bevor er keimen, schlüpfen oder geboren werden konnte. Die Menschen aber schichteten den Erdboden auf und wohnten auf den Hügeln, sie düngten die Felder und säten Getreide, sie brachen die Erde auf und bohrten Brunnen für Trinkwasser. Sie reinigten die Betten der Flüsse, um auch daraus noch Vorteil zu ziehen. Sie errichteten Stadtmauern und bauten sie zu Befestigungen aus. Sie fingen wilde Tiere, um sie zu zähmen. Da gerieten Yin und Yang durcheinander, und die vier Jahreszeiten verloren ihre Ordnung. Hagel und Graupel stürzten herab, dichter Nebel, Reif und Schnee ließen den Himmel nicht mehr aufklären. Und die Dinge der Natur fanden einen frühen Tod. ... Die Menschen hauten die Urwälder nieder, um dort Sprößlinge und Ähren wachsen zu lassen, und unzählbar waren die Gräser und Bäume, die starben, als sie gerade keimten, blühten oder in Frucht standen." (*Huainanzi* 8)

Im Anschluß an die düstere Schilderung der Knechtung und Plünderung der Natur beschreibt der Text, wie sich die Menschen in der derart zerstörten Welt einrichten: in geschmackvoll ausgestatteten Häusern nämlich, in die das Bunt hineingemalt wird, das man außen vernichtet. Doch schließlich ergreift das Unheil auch den Menschen selber: Naturkatastrophen überziehen die Welt, und mit dem Staat entsteht ein blutiges Unterdrückungsinstrument, das den Herrn über die Natur seinerseits tyrannisiert und gefügig macht. Als Konsequenz plädiert das *Huainanzi*, hierin den früheren daoistischen Klassikern folgend, für die Umkehr zur „Inaktivität“ *(wuwei)* des Urzustandes.

Was das *Huainanzi* schildert, ist zum einen das Ergebnis einer schon damals über tausendjährigen Hochkultur, zum andern der Beginn eines Prozesses der massiven Aneignung der Natur, der in den alljährlichen Überschwemmungskatastrophen der Volksrepublik China mündet – ein Prozeß übrigens, in dessen Verlauf sich der „Gelbe Fluß“ infolge der mitgeschwemmten, durch Abholzungen erodierten Lößmengen gelb färbte. Er trägt sein Adjektiv seit Mitte des 1. Jahrtausends n. Chr. Zu den heutigen periodischen Desastern Chinas bedurfte es nicht erst des maoistischen Wahns, daß „das Subjektive das Objektive“ und „der Mensch die Natur besiegt“. Wahr ist vielmehr, daß es die idyllische Einheit des Menschen mit der Natur niemals gab und daß das sogenannte „chinesische Denken“ vor dem Hintergrund dieser Tatsache verstanden werden muß. Sogar die modern anmutende maoistische Kampfmetaphorik hat historische chinesische Wurzeln.

3. Die Theorie

Die praktische Auseinandersetzung des Menschen mit der Natur fand ihre theoretische Reflexion. Anders als das Stereotyp von der ostasiatischen Harmonie es vermuten läßt, fielen die Stellungnahmen sehr unterschiedlich aus und decken ein ganz ähnliches Spektrum ab wie im Okzident. China hatte den Riß der Nabelschnur, die den Menschen mit der Natur verband, nicht weniger zu verarbeiten als andere Hochkulturen, und es hat dies nicht nur kritisch, sondern auch affirmativ getan. Die kritische Haltung ist im wesentlichen die des Daoismus, die affirmative die des Konfuzianismus; die beiden Hauptrichtungen der klassischen chinesischen Philosophie lassen sich somit als paradigmatisch verschiedene Antworten auf die Tatsache der Herausbildung einer spezifisch menschlichen Welt der Kultur aus der Welt der Natur begreifen. Während die Daoisten den hierzu notwendigen Prozeß der Zivilisation als die niemals wiedergutzumachende Zerstörung einer idealen Ureinheit betrachten, bejahen die Konfuzianer die Unterwerfung der Natur unter das Diktat des Menschen nicht nur, sondern sehen in ihr die Voraussetzung einer sicheren und menschenwürdigen Existenz.

a) Der Daoismus

Die daoistische Position ist die dem ökologisch angehauchten oder zivilisationsflüchtigen Westen gemeinhin sympathischste. Die frühen Daoisten setzen gegen die entfaltete Welt der Zivilisation, des staatlichen und moralischen Zwanges, die Idee der Einheit der Natur, ausgemalt in Form der Idylle eines frühen Goldenen Zeitalters der „höchsten Einheit", das die Existenz eines von der Natur überhaupt unterscheidbaren Menschen eigentlich noch gar nicht kennt. So heißt es im *Zhuangzi*:

> „Im Zeitalter der höchsten Urtugend gingen die Menschen gemächlich ihres Weges und schauten mit tumbem Blick einher. Zu jener Zeit gab es auf den Bergen keine Pfade und Rampen und auf den Gewässern keine Boote und Brücken. Alle Dinge wuchsen in Massen in der unmittelbaren Nähe der Gemeinden. Die Tiere lebten in Scharen, und Gräser und Bäume erreichten ihr natürliches Wachstum. So konnte man wilde Tiere an Leinen führend herumspazieren und zu den Nestern der Elstern und anderer Vögel hinaufklettern und hineinsehen. Im Zeitalter der höchsten Urtugend hausten die Menschen mit den wilden Tieren zusammen und lebten mit allen Wesen in enger Gemeinschaft. Was hätten sie denn gewußt von 'Edlen' und 'Gemeinen'! Sie waren wie unwissend, und so verließ sie die Urtugend nicht. Sie waren wie begierdelos. Dies nennt man das Ungefärbte und Unbehauene. Durch das Ungefärbte und Unbehauene kam die Natur des Volkes zu ihrem Recht." (*Zhuangzi* 9)

Die Natur ist in diesen und ähnlichen Vorstellungen ein wohlgeordnetes Chaos von einander gleichberechtigten Prozessen und Wesen, ein idealer zwangloser Zusammenhang, in den nicht eingegriffen werden darf und der sich nach eingespielten Regeln selbst steuert. Sie ist in ihrer bunten Vielfalt das schlechthin Selbstgenügsame und Vollkommene, in dem es „nichts gibt, was zu kürzen, und nichts, was zu verlängern wäre", in dem „das Krumme krumm ist, ohne eines Kurvenlineals, und das Gerade gerade ist, ohne einer Meßschnur zu bedürfen" (*Zhuangzi* 8). Sie ist eine Welt „höchster Richtigkeit" (ebd.), der keinerlei menschliches Maß aufzuoktroyieren ist. Jeder Eingriff muß sie unweigerlich zerstören.

Ihr Naturalismus liefert den Daoisten die Grundlage für ein umfassendes und kohärentes System metaphysischer und geschichtsphilosophischer Spekulationen, lebensphilosophischer Reflexionen und politisch-sozialer Kritik. So korrespondiert ihr Bild der Geschichte ihrem Bild des Menschen. Auch die dem Menschen angeborene Natur ist der Inbegriff des Guten. Was in der Genese der Gattung die Urkommune, ist in der Ontogenese des Individuums die früheste Kindheit. In ihr zeigt sich das Wirken der Natur noch unverfälscht. Im Daoismus findet sich deshalb eine auffallende Idealisierung des Kleinkindes. „Wer die Fülle der Urtugend birgt, ist einem Säugling vergleichbar", heißt es in *Laozi (Lao-tzu)* 55, und *Laozi* 28 fordert die „Rückkehr zur Kindheit".

Die Natur, die keine Zwecke kennt und alles absichtslos geschehen läßt, wird dann selbst zum Zweck in dem doppelten Sinn, daß sie zum einen verdient, nicht zerstört zu werden, und daß sie zum andern einen Leitfaden auch für das menschliche Leben abgeben kann. Auch der Mensch soll Kalkül und Zwänge, vor allem das Nutzensdenken und die Moral, aufgeben. Der markanteste Ausdruck dieser Einheit von Deskription des Natürlichen und normativer Präskription ist die „Inaktivität", die das „Dao" als den nicht-teleologischen Urgrund allen Seins auszeichnet und die sich auch der Mensch wieder zu eigen machen soll.

Das substantielle Leben des daoistischen Urzustandes erlebt jedoch ein tragisches Ende durch das Aufkommen von Staat, Moral, Kultur und Technik, die allesamt fremde Normierungen in eine Welt bringen, die ihrer nicht bedarf. Dies illustriert eine Allegorie, in der die anthropomorphen Figuren „Jäh" *(shu)* und „Abrupt" *(hu)*, Versinnbildlichungen des gewaltsamen Einbruchs des Menschen in die Natur, dieser als dem jeder Norm fremden und selbstgenügsamen „Chaos" *(hundun)* ihr Gesicht aufzwingen, um das Inkommensurable sich gleich zu machen:

> „Der Herrscher des Südmeeres war Jäh, der des Nordmeeres war Abrupt, und der der Mitte war Chaos. Jäh und Abrupt trafen sich von Zeit zu Zeit auf dem Gebiet von Chaos, und stets behandelte sie Chaos mit der größten Freundlichkeit. Da berieten Jäh und Abrupt, wie sie die Güte von Chaos vergelten könnten. Sie sprachen: „Jeder Mensch hat sieben Öffnungen, nur Chaos hat keine. Wir wollen ihm mal welche meißeln!" Jeden Tag meißelten sie eine Öffnung. Am siebten Tag war Chaos tot." (*Zhuangzi* 7)

Der Sündenfall, der der spezifisch menschlichen Weltformung als Weltzerstörung vorangeht, ist die „Aufrührung" des Denkens, das, „tückischer noch als ein Gebirgsstrom" (*Zhuangzi* 32) und „ungestüm, dreist und nicht zu bändigen" (*Zhuangzi* 11), mit Hilfe seines „Mordwerkzeugs", des Wissens, Kalkül und Strategie freisetzt, um über Menschen und Dinge zu herrschen. Die Folge ist eine doppelte Entzweiung von Mensch und Natur: Der einmal entfesselte kalkulierende Verstand zerstört, umgesetzt in praktische Manipulation, die äußere Natur wie die dem Menschen angeborene innere. Die phylogenetische Entwicklung des Gattungswesens vom in die Natur fest eingebundenen Mitglied der Urkommune zum gestreßten, seinen Zwecken nachjagenden und seinerseits von den Institutionen gejagten Bürger der Kulturgesellschaft wiederholt sich in der Ontogenese vom ungezwungenen Säugling zum durch Erziehung deformierten, konkurrenten Erwachsenen.

Die Antworten der Daoisten, wie dem Verlust der Natur zu begegnen sei, sind, was den Zivilisationsprozeß im ganzen betrifft, negativ: „Nichts gibt es mehr, um zur angeborenen Natur und zum Ursprung zurückkehren. Die Welt hat das Dao schon verloren, und das Dao die Welt." (*Zhuangzi* 16) Gleichwohl rufen radikale Vertreter der Schule (sie inspirierten offenbar noch den Mao Zedong der Kulturrevolution) dazu auf, die Kultur samt allen technischen Geräts und Zierats im Namen der Wiedergewinnung der ursprünglichen Schlichtheit und einer kathartischen Reinigung der verdorbenen Sinne zu zerstören, auf daß die Welt „wieder im Dunkel gleich" werde (*Zhuangzi* 10). Und der Daoist Lao Dan, die Intellektuellen als Repräsentanten des Denkens als die eigentliche Ursache des Verhängnisses identifizierend, verkündet: „Macht Schluß mit der Genialität und beseitigt die Intelligenz! Erst dann herrscht auf der Welt die vollkommene Ordnung!" (*Zhuangzi* 11)

Eine andere Richtung des Daoismus entdeckt die Mystik als Mittel, die verlorene Unio zumindest individuell und für einen Moment wiederzugewinnen, eine weitere, mit der Mystik eng verwandte, entwickelt eine naturalistische Lebensphilosophie, die durch Intellektlosigkeit, Affektlosigkeit, Amoralismus und Inaktivität Natur mimetisch sich anzueignen sucht und oft mit dem Rückzug in die verbliebene Wildnis einhergeht. Im ganzen ließe sich das Naturgefühl der Daoisten mit Schiller als genuin „sentimentalisch" kennzeichnen.[7] Nicht die „naiv" vorausgesetzte Einheit der Welt, sondern ihr Verlust und der partielle Versuch ihrer Rückgewinnung ist das Schlüsselmotiv, von dem aus sich zahlreiche Philosopheme der frühdaoistischen Literatur erschließen lassen.

Die drei Wege der Kulturdestruktion, der Mystik und der Mimesis sind folgerichtige Konsequenzen der antiintellektualistischen Pointierung der daoistischen Kulturkritik. Zu fragen ist aber, ob sie nicht als hilfloses und regressives Ausweichen vor der Kulturentwicklung zu bewerten sind und ob nicht insbesondere mit der intellektuellen Reflexion, die als „ausnahmslos schädlich" (*Zhuangzi* 26) gilt, zugleich eben jenes Mittel der Kritik preisgegeben wird, dessen sich die Daoisten selber in bis dato ungekannter Schärfe zur Anprangerung der dunklen Seiten des Zivilisationsprozesses bedienen. Die Tragik dieses Selbstmißverständnisses zeigt sich namentlich darin, daß sich daoistische Theoreme alsbald in die Richtung der gleichfalls kulturfeindlichen, aber staatsbesessenen Law-and-order-Philosophie des sog. Legalismus bewegen und sich auch in den einschlägigen Texten der Legalisten selbst wiederfinden. Der Daoismus läßt sich damit gerade von seinen Antipoden usurpieren, die seine im Namen der Natur vorgetragene Intellektuellenschelte zu einer gezielten praktischen Politik der Volksverdummung im Namen autoritärer Institutionen umbiegen. In legalistischer Hand degeneriert der philosophische Daoismus zur dialektischen Herrschaftsstrategie. So holt ihn das Verhängnis der Kultur in barbarischer Weise selbst ein.

b) Der Konfuzianer Xunzi

Eine ganz andere Umwertung erfährt die daoistische Naturphilosophie durch Xunzi (ca. 310–230), den letzten der großen Konfuzianer der „Achsenzeit". Im Gegensatz zu den Daoisten sind die Konfuzianer prinzipielle Befürworter der Herausbildung einer Kulturwelt aus der als fremd bis feindselig empfundenen Natur. Wie sehr das Naturverständnis beider Schulen divergiert, zeigt sich exemplarisch an ihrem Verhältnis zum Tier. Der frei dahinfliegende Vogel, das nicht unter das Joch gezwungene wilde Pferd, der Hirsch in freier Wildbahn, die in der warmen Frühlingssonne gemächlich dahinkriechende Raupe, dies sind die Sinnbilder aus dem Reich der Tiere, mit denen das *Zhuangzi* sein idealisiertes Gemälde der Natur mit Vorliebe ausstattet. Die Tiere gelten mitunter als dem Menschen ebenbürtige Subjekte der Erkenntnis. Die Konfuzianer hingegen definieren den Menschen gerade über den Unterschied zum Tier, dem das spezifisch Menschliche, nämlich Moral, Etikette und soziale Differenzierung, fehlt. Man soll kein Tier sinnlos töten, doch nicht aus Achtung vor der Natur, sondern aus dem ganz und gar anthropozentrischen Motiv der Pietät gegenüber den Eltern (*Dadai Liji* 52). Die Tiere, so wird in nüchterner Entlarvung der daoistischen Gegenwelt konstatiert, „fressen einander" (*Mengzi* 1A4), sie kennen weder Vater noch Fürsten (*Mengzi* 3B9), und nur der mühevollen Gründung des den Daoisten verhaßten Staates durch die frühen Kulturheroen ist es überhaupt zu verdanken, daß sie dem Menschen seinen Platz nicht länger streitig machen können (*Mengzi* 3A4). Denn im Naturzustand ist der Mensch den Tieren hoffnungslos unterlegen. Zwar ist er, so Xunzi, das „Wertvollste" auf der Welt. Denn „Feuer und Wasser haben Energie, aber kein Leben; Gräser und Bäume haben Leben, aber kein Wissen; die Tiere haben Wissen, aber kennen keine Gerechtigkeit; der Mensch aber hat Energie, Leben, Wissen, und überdies Gerechtigkeit"

(*Xunzi* 9). Doch ist der Mensch nach Xunzi, der die konfuzianische Gegenposition zum Daoismus am markantesten vertritt, von Natur aus auch unfertig, muß seine Fähigkeiten erst erwerben und bedarf einer sorgfältigen Bildung. Wie im abendländischen Natura-noverca-Motiv ist er ein Mängelwesen, das zur staatlich organisierten Kultur verdammt ist, will es nicht untergehen. Einmal gesellschaftlich zusammengeschlossen, vermögen die Menschen aber, sich die Dinge der Natur als ihr Objekt zu „unterwerfen" und „über die Dingwelt zu verfügen" (*Xunzi* 9).

„Über die Dingwelt zu verfügen" wird so zu einer Parole, von deren Befolgung das Überleben des Menschen direkt abhängt. Xunzi entwickelt über die Einsicht in die anthropologische Beschaffenheit des Menschen, die es ebenso notwendig wie möglich macht, sich gegen die übrige Natur durchzusetzen, eine entschiedene Philosophie der Naturbeherrschung. Konfuzius' (551–479) Hinwendung des Blicks auf die Eigenverantwortung des Menschen, Mo Dis (480–400) Utilitarismus – auf beides kann hier nicht eingegangen werden[8] – und Mengzis Lehre von der Entstehung des Staates durch den Sieg über die Natur verschmelzen dabei mit Anleihen eben bei der aufgeklärten daoistischen Naturphilosophie, die die Natur als einen zweckfreien, in sich selbst geregelten und nicht etwa magischen oder einer göttlichen Teleologie unterworfenen Zusammenhang begreift, zu einem System von bemerkenswerter Stringenz.

Wie die Daoisten vertritt auch Xunzi eine materialistische und dysteleologische Sicht der Natur, allerdings ohne jede normative Verklärung. Die Natur besitzt eine feste „Invarianz" *(chang)*, die nicht etwa wegen eines schlechten Herrschers gestört oder über die Eingriffe göttlicher Mächte außer Kraft gesetzt werden kann. Noch hinter ihren absonderlichsten Erscheinungen verbirgt sich keine geheime Absicht, keine Warnung höherer Mächte, die der Mensch zu beherzigen hätte, sondern ein und derselbe in sich geschlossene, konstante Prozeß:

„Wenn Sternschnuppen fallen und Bäume heulen, so fürchten sich alle Bürger und fragen, was das bedeuten mag. Ich sage: Es bedeutet gar nichts. Es ist nur die Wandlung von Himmel und Erde (der Natur) und der Wechsel von Yin und Yang. Allerdings handelt es sich um Dinge, die selten auftreten. So mag es angehen, daß man sich darüber wundert, doch es zu fürchten ist falsch. Sonnen- und Mondfinsternisse, Wind und Regen zur Unzeit und das unerwartete Erscheinen seltsamer Gestirne gibt es regelmäßig in ausnahmslos jeder Generation. Wenn die Obrigkeit aufgeklärt und die Politik gerecht ist, so schadet selbst ein gleichzeitiges Auftreten all jener Erscheinungen nichts. Ist aber die Obrigkeit borniert und die Politik abenteuerlich, dann nützt es sogar nichts, wenn nicht einmal eine einzige von ihnen auftritt." (*Xunzi* 17)

Xunzi, der sich hier von soziokosmischen Entsprechungslehren (s. u.) absetzt, hat aber als genuiner Konfuzianer einen Sinn für Rituale. Ohne den tradierten Verhaltenskodex, so sagt schon Konfuzius, hätte der Mensch „keinen Stand". Die Tradition aber transportiert auch das Vermächtnis von in Magie und Mythos befangenen Zeitaltern. Der Konfuzianismus nun hat das tradierte Ritual niemals abgelehnt, sondern es als kultivierte Etikette zur authentischen Lebensform der Chinesen umzuformen versucht. Hierbei bedient er sich gegenüber den Göttern und Geistern, denen das Ritual ursprünglich einmal galt, einer Als-ob-Annahme. Man soll ihnen „opfern, als ob sie beim Opfer dabei wären", sagt Konfuzius (*Lunyu* 3.12). Auch Xunzi folgt dieser Interpretation des Rituals resp. des Opfers, dessen sozialer Sinn in den Mittelpunkt rückt. Wenn es nach einer Regenzeremonie tatsächlich regnet, so schreibt er, dann, weil es ohnehin geregnet haben würde. Wenn ein „Edler" derartige Praktiken gelten läßt, dann nicht als etwas „Wundersames", sondern als einen Ausdruck von „Kultur" (*Xunzi* 17). Die Legitimität des Kultes ruht nicht auf einer wie immer gearteten metaphysischen Basis, sondern auf seinem sittlichen Wert für die Herausbildung eines traditionsverbundenen und doch nicht in Traditionen befangenen Lebensstils.

Die völlig entmythisierte Natur nun wird zu einem kalkulierbaren Objekt menschlicher Praxis. Dabei heißt für Xunzi, ähnlich wie in der daoistischen Parallelisierung der Zerstörung der äußeren Natur und des Verlustes der inneren Natur des Menschen, Naturbeherrschung ein Doppeltes: Zum einen gilt die dem Menschen angeborene, triebhafte Natur *(xing)* als „schlecht" und bedarf der Inzuchtnahme und Steuerung durch den verständigen Geist bzw. durch die bereits historisch realisierte Vernunft der Institutionen, z. B. die des Lehrers. Erst einem solcherart geformten und kultivierten Menschen wird es dann zum anderen möglich sein, auch die ihm ursprünglich fremde und nicht auf ihn zugeschnittene äußere Natur für sich einzurichten und in Dienst zu nehmen. Xunzi feiert diese Indienstnahme in einem hymnisch rhythmisierten und gereimten Lehrgedicht in einer Abhandlung über den „Himmel", ein ursprünglich religiöser Begriff, der durch den Daoismus zur „Natur" entteleologisiert worden ist:

„Die Natur zu bestaunen und seine Gedanken auf sie zu richten – wie wäre das dem vergleichbar, sie wie ein Ding zu domestizieren und über sie zu verfügen! Der Natur Gefolgschaft zu leisten und sie zu besingen – wie wäre das dem vergleichbar, ihre Bestimmung für sich einzurichten und zu nutzen! Einen günstigen Zeitpunkt herbeizugucken und auf ihn zu warten – wie wäre das dem vergleichbar, auf jeden Augenblick zu reagieren und ihn für sich wirken zu lassen! Den Dingen nachzulaufen und sie sich mehren zu lassen – wie wäre das dem vergleichbar, sein Können zu entfesseln und sie zu verändern! Seine Gedanken auf die Dinge zu richten und sie Dinge sein zu lassen – wie wäre das dem vergleichbar, ihnen eine Ordnung zu verleihen und ihrer nicht verlustig zu gehen! Sich zu dem hinzusehnen, durch das die Dinge entstehen (der Natur), – wie wäre das dem vergleichbar, im Besitz dessen zu sein, wodurch die Dinge zur Vollendung kommen! Wer deshalb den Menschen beiseite läßt und seine Gedanken auf die Natur richtet, der verfehlt die wahren Verhältnisse der Dinge!" (*Xunzi* 17)

Xunzis „Domestizierung" der Natur verleiht dieser eine neue, auf den Menschen zugeschnittene und sie in seinem Sinne „vollendende" Ordnung, doch nur unter Beachtung der ihr an sich eigenen Struktur und Sperrigkeit. Der Mensch hat der Natur, will er sie nutzen, zu „entsprechen", womit ein dialektischer Gedanke aufleuchtet, der in Europa namentlich von Francis Bacon und später von Hegel entwikkelt worden ist. Das „Entsprechen" ist hier, ganz anders als im Daoismus, gegen den Xunzi polemisiert, ein Moment des Sieges über die Natur und nicht ihrer Gefolgschaft. Eine solche Gefolgschaft gemäß der daoistischen Devise der „Inaktivität" hieße für Xunzi, „sich von der Natur befangen machen zu lassen und den Menschen zu verkennen" (*Xunzi* 21). Dementgegen beharrt er darauf, der Natur nicht das letzte Wort zu überlassen und sich vielmehr unter Beachtung ihrer Eigenbestimmtheit aus ihr emporzuarbeiten.

Allerdings ist an dieser Stelle einem Mißverständnis vorzubeugen: Daß Xunzi die Natur als Objekt des Menschen sieht, heißt noch nicht, daß er dem modernen Homo oeconomicus etwas abgewinnen würde. Vielmehr wäre dieser für ihn nichts anderes als die Verkörperung der Naturwüchsigkeit selber, nämlich eines rohen Eigeninteresses. Den Bann der Natur zu brechen ist nicht als Zweck an sich, sondern als notwendige Voraussetzung einer moralischen Kultivierung des Menschen gedacht, die ihrem Anspruch nach die Verselbständigung einer „instrumentellen Vernunft" ausschließt. Gleichwohl bleibt innerhalb des ethischen Rahmens Xunzis Einstellung gegenüber der Natur objektivierend.

Xunzis Denken hat die chinesische Geistesgeschichte nachhaltig geprägt. Seine Lehre vom Sieg über die Natur fand sogar Eingang in die chinesische Medizin. Als naturverbunden geltend, hat sie mit ihrem Bedarf an Tigerknochen, Bärengalle, Schlangenblut, Schildkrötenpanzern etc. nicht wenig zum Artenschwund in China beigetragen. Es verwundert nicht, wenn Zhang Jiebin (ca. 1560–1635), ein theoretisch einflußreicher Mediziner der Ming-Zeit, die Heilkunst nicht mit der Natur im Bunde, sondern in Gegnerschaft zu ihr sieht: „Viele meinen, daß die Natur den Menschen besiegt. Es ist jedoch der Mensch, der schließlich die Natur besiegt.“ *(Leijing)*

c) Entsprechungslehren

Ich möchte zum Schluß auf eine weitere, anfangs eigenständige, sich aber zunehmend mit den anderen Lehren vermischende Spielart chinesischer Spekulationen eingehen, die zusammen mit dem Daoismus für die These vom chinesischen Holismus in der Regel Pate steht. Im Gegensatz etwa zu Xunzi vertreten die Entsprechungslehren, wie ich sie nennen möchte, eine ganzheitliche Sicht des Universums als eines einheitlichen Struktur- und Wirkungszusammenhangs. Alles ist in diesem Zusammenhang einander analog, und alles wirkt nach bestimmten Regeln auf alles. Strukturanalogien werden etwa zwischen dem menschlichen Körper, dem Jahreslauf und Himmelserscheinungen gesehen; funktionelle Zusammenhänge etwa zwischen einer schlechten Politik und Naturkatastrophen. Theoretische Fundierungen dieser Vorstellungen, die vor allem in der Han-Zeit (206 v.–220 n. Chr.) grassierten, liefern die Yin-Yang-Lehre und die Theorie der „Fünf Wandlungsphasen“ (Holz, Wasser, Metall, Feuer, Erde), oder Kombinationen beider. Der Kosmos ist hiernach von Kräften oder Dominanzphasen beherrscht, denen der Mensch in seinem Tun korrespondieren muß. Tut er es nicht, gerät die Ordnung aus dem Gleichgewicht. Der Mensch kann allerdings auch gezielt Einfluß nehmen, etwa indem er durch Stimulierung des feuchten Prinzips Yin Regen anregt oder durch Stimulierung des trockenen Prinzips Yang dem Regen Einhalt gebietet. Mittels einer solchen quasi-naturalistischen Erklärung wird die Regenbitte trotz der vorangehenden Kritik durch Xunzi vom Han-Konfuzianer Dong Zhongshu (ca. 179–104 v. Chr.) ausdrücklich rehabilitiert.

Konzeptionen dieser Art lassen sich teils als Wiederaufleben niemals ganz überwundener archaischer Denkmuster und als kognitive Regressionen hinter das Niveau der vorangehenden Blütephase der klassischen Philosophie interpretieren. Es läßt sich aber zeigen, daß selbst sie vom Widerspruch durchzogen sind und um die Unterschiedlichkeit des in Einheit Gesetzten sehr wohl wissen. Ich will mich hier in Rückkehr zu einer der Ausgangsfragen meines Beitrags aber nur noch dem Problem zuwenden, ob dem kosmischen Entsprechungsdenken ein ökologischer Gehalt zuzusprechen ist oder nicht. Wieder wäre hier zu differenzieren. So stellt eine Schrift mit dem Titel *Monat-*

liche Anweisungen (*Yueling*, 4. oder 3. Jh. v. Chr.) auf der Grundlage der Theorie der fünf Wandlungsphasen ein detailliertes Programm jahreszeitlicher Ge- und Verbote auf, das beispielsweise das Fällen von Bäumen und das Bejagen von Tieren reglementiert, um den Naturhaushalt nicht in Unordnung zu bringen. Eine andere Richtung schlägt das in einschlägigen Kreisen vielgerühmte *Yijing* („Buch der Wandlungen") ein. Das *Yijing*, in seinen ältesten Teilen ein Orakelbuch, operiert bekanntlich mit einem Grundsystem von acht Trigrammen, Kombinationen von drei vollen oder durchbrochenen, Yang bzw. Yin symbolisierenden Strichen, die zu 64 Hexagrammen zusammengesetzt werden. Die acht Trigramme repräsentieren Himmel, Erde, Donner, Wasser, Berg, Wind, Feuer und Sumpf, also elementare Kräfte bzw. Phänomene der Natur, deren Konstellationen dem Menschen über das Orakel den Weg zum erfolgreichen Handeln weisen. Nun liefern aber gerade diese Fingerzeige der Natur im großen Inspirationen und Handlungsanweisungen, die für die den Menschen umgebende Natur im kleinen die Unterwerfung und Verfügbarmachung bedeuten. So sind dem *Yijing* zufolge die Erfindung neuer Produktionstechniken, von Netzen für die Jagd, von Pflügen zum Öffnen der Erde, von Schiffen zum Befahren der Gewässer, des Jochs zum Zähmen der Pferde usw. – sämtlich Greuel für die radikalen Daoisten – eben der Interpretation des Orakels durch die frühen Kulturheroen zu verdanken *(Yijing, Xici)*. Die Einheit mit dem Kosmos bedeutet hier also genauer die Orientierung am Makrokosmos; daß der Mensch hingegen die ihm unmittelbar ausgelieferte Natur sich nach besten Kräften unterwirft und kultiviert und eben dies für den Gesamtprozeß langfristige Folgen haben könnte, wird in keiner Weise problematisiert. „Alles Leben, was da kriecht und läuft und atmet, in den Höhen fliegt und in den Tiefen schwimmt, steht sämtlich unter der Herrschaft des Menschen. Der Mensch ist es, wodurch die Natur alle Dinge regiert", formuliert Wang Fuzhi (1619–1692) in einer Exegese des *Yijing (Zhouyi waizhuan)*. Der Triumph der Kultur über die Natur ist für ihn das Spezifikum der menschlichen Existenz:

> „Daß der Mensch seine Kräfte verausgaben kann, das macht die Natur. Der Mensch selber aber ist es, der diese Kräfte zum Einsatz und seine Fähigkeiten zur Vollendung bringt. So kann er am Leben erhalten, was die Natur sterben lassen will, er kann weise machen, was von Natur aus dumm ist, er kann etwas zustandebringen, was es in der Natur gar nicht gibt, und er kann Ordnung schaffen, wo von Natur aus Chaos ist. Wer alles der Natur überläßt und nicht selber zu handeln vermag, der ist kein Mensch." *(Xu Zuoshi zhuan boyi)*

4. Resümee

Die chinesische Kultur, so läßt sich resümieren, hat sich – in der Literatur des Daoismus – mit der Bedrohung der Natur durch den Menschen und den Folgen für ihn selbst in eindringlichen und warnenden Bildern, die noch heute kaum von ihrer appellierenden Kraft verloren haben, auseinandergesetzt. Doch tat sie dies nicht aus einem urwüchsigen Gefühl der Empathie, sondern mit dem Rücken zur Wand im Angesicht einer bedrohlichen Realität, die sie selbst heraufbeschworen hatte und die sie niemals wieder in den Griff bekam. Zudem gewann die Schule der Konfuzianer der Zurückdrängung der Natur durchweg positive Seiten ab, da sie in ihr die Voraussetzung der Kultur erkannte. China aber zum Kronzeugen einer Einheit von Mensch und Natur zu machen und die im Namen der Kultur sich vollziehende Konfrontation beider zu unterschlagen, ist wohl nur mit dem Interesse an Gegenwelten zu erklären, das die Rezeption fremder Kulturen immer wieder dominiert. Schon Goethe hat das Muster beschrieben: „Im selben Maße wie sich in der politischen Welt irgend ein ungeheures Bedrohliches hervortat, so warf ich mich eigensinnig auf das Entfernteste. Dahin ist es denn zu rechnen, daß ich ... mich mit ernstlichem Studium dem chinesischen Reich widmete."

Aus China ist deshalb kaum ein Weg zur Lösung der ökologischen Krise zu erwarten. Angesichts der globalen Ausmaße der Probleme dürfte ohnehin jede einzelne, spezifische Kulturtradition für sich genommen überfordert sein. Es ist zu vermuten, daß auch die weiteren dem „Westen" als Vorbild entgegengehaltenen Kandidaten für ökologisches Denken in Wirklichkeit den Tribut aller Kultur, den Verlust der Natur, längst haben zahlen müssen. Man bedenke in diesem Zusammenhang nur, mit welcher Aufnahmebereitschaft die Länder des „Südens" noch die zerstörerischste Technologie des „Nordens" importieren, während in anderen Fragen, etwa hinsichtlich der Menschenrechte, sogleich das Abwehrargument der bedrohten kulturellen Besonderheit bemüht wird. Was fehlt, sind meist nur die technischen Mittel, nicht aber die Bereitschaft, sie rücksichtslos einzusetzen. Homo faber hat Homo sapiens nicht nur im Abendland herausgefordert.

Anmerkungen

[1] M. Weber, Gesammelte Aufsätze zur Religionssoziologie I, Tübingen 1920, 482 Anm. 1.

[2] F. Capra, Wendezeit. Bausteine für ein neues Weltbild, Bern–München–Wien 1982, 31 und 465.

[3] J. Needham, Chinas Bedeutung für die Zukunft der westlichen Welt, Köln 1977, 66.

[4] D. Albrecht u. a., Landnutzungsplanung in China, Berlin 1980, 24.

[5] Vgl. zum folgenden H. Roetz, Mensch und Natur im alten China. Zum Subjekt-Objekt-Gegensatz in der klassischen chinesischen Philosophie, zugleich eine Kritik des Klischees vom „chinesischen Universismus", Frankfurt a. M. 1984.

[6] Die Tageszeitung 11. 3. 94. Vgl. auch V. Smil, The Bad Earth. Environmental Degradation in China, New York und London 1984.

[7] Vgl. H. Roetz, „'Naives' und 'Sentimentalisches' in Chinas Philosophie und Dichtung", in: Festschrift für Günther Debon, Hg. R. Ptak und S. Englert, Heidelberg 1986, 216–234.

[8] Vgl. H. Roetz, Die chinesische Ethik der Achsenzeit, Frankfurt a. M. 1992.

Die Bioregion Taiwan und eine heutige chinesische Theologie der Erde

Von Timothy Yong-Xiang Liau

I. Einleitung

Vor vier Jahrhunderten segelte eine Gruppe portugiesischer Seeleute an der Westküste Taiwans entlang und rief gefesselt durch ihre Schönheit aus: „Ihla Formosa!“ Seitdem kannte man die Insel in der westlichen Welt mit diesem Namen. In den letzten drei Jahrzehnten baute Formosa in raschem Tempo eine Industrie auf, darum bemüht, sich den entwickelten Nationen beizugesellen, und unglücklicherweise verschwand ihre Schönheit im selben Tempo. Nicht länger ist sie die „Ihla Formosa“, Taiwan ist eine Insel mit Umweltverschmutzung und Habgier geworden, obgleich es auch positive Elemente kultureller und religiöser Provenienz gibt.

Dieser Beitrag unternimmt den Versuch, die ökologische Krise in Taiwan, ihre Gründe und ihren kulturellen und religiösen Hintergrund zu analysieren, mit dem Ziel, Wege ausfindig zu machen, die drohende Katastrophe zu verhindern. Als Christ, der sich mit der Vermittlung des Glaubens beschäftigt, werde ich versuchen, eine ökologische Theologie aus der Perspektive der taiwanesisch-chinesischen Kultur und der Volksreligionen zu entwerfen, um so eine Brücke zu bauen und einen Dialog zu führen zwischen Christen und ihren Nachbarn. Meine Argumentation läuft darauf hinaus, daß die taiwanesische Kultur und die Volksreligionen in ihrem Wesen nicht gegen die Umwelt eingestellt sind. Ganz im Gegenteil gehen ihre traditionellen Bräuche und religiösen Überzeugungen von einer guten Beziehung mit der natürlichen Umwelt aus. Eine unserer dringlichen Pflichten besteht darin, die Menschen an diese Tradition zu erinnern und sie mit einer klaren ökologischen Grundperspektive zu erziehen. Meine Überzeugung ist es, daß alle Menschen guten Willens und mit verschiedenen religiösen Überzeugungen zusammenwirken müssen. Solidarität bringt Stärke.

II. Die Bioregion Taiwan

1. Taiwan: Seine Geographie, Geschichte, Kultur und gegenwärtige politische Situation

Das Gesamtgebiet Taiwans umfaßt 36000 km², weniger als die Schweiz. Das zentrale Gebirge erstreckt sich von Nord nach Süd, mit mehr als 62 Gipfeln, deren Höhe um 3000 m liegt. Nur ein Drittel des ganzen Inselgebietes ist zur Besiedlung geeignet. 95% der Bevölkerung verteilen sich auf die fruchtbare, aber enge Westküste. Die Bevölkerungsdichte ist die zweithöchste der Welt.

Die Chinesen begannen 1206 nach Taiwan einzuwandern. Die Portugiesen drangen im frühen 16. Jh. ein, gingen aber bald wieder. 1626 kamen die Spanier, 1634 auch die Holländer, die schließlich die Spanier vertrieben und auf der Insel für etliche Jahre herrschten, bis ein chinesischer General (Pirat) sie im Jahre 1662 einnahm. Seit dieser Zeit stand Taiwan in lockerer Verbindung mit den Chinesen, bis es 1895 an Japan abgetreten wurde. Die Japaner gaben Taiwan nach ihrer Kapitulation 1945 an die Chinesen zurück. Als die chinesische kommunistische Revolution 1949 erfolgte, flohen ungefähr eine Million Festlandbewohner nach Taiwan, um dort eine Ein-Partei-Regierung einzurichten. Die seitherige taiwanesische Geschichte kann in vier Perioden eingeteilt werden: (1) Aufnahme von Festland-Chinesen (1945–1949): Taiwan befand sich im Zustand ökonomischer Depression und Inflation. (2) Wiederaufbau und Entwicklung der Landwirtschaft (1950–1958). (3) Wechsel zur Industriegesellschaft (1959–1965): Rapides ökonomisches Wachstum, sozialer Fortschritt, Verstädterung. (4) Modernisierung (1965–1994): Die Amerikanische Hilfe endete 1965. Um Investitionen aus Übersee anzulocken, erließ die Regierung gesetzliche Richtlinien, die ausländischen Investoren Vorteile boten und sie anzogen. Export und Import nahmen von Jahr zu Jahr zu. Taiwan ist zu einem reichen Land geworden.

Die Geschichte Taiwans verlief in politischem Tumult. Die meisten seiner Regenten waren ausländische Herrscher. Sie identifizierten sich nicht mit der Insel, sondern verstanden sie als Hotel oder fremdes Land und benahmen sich wie Gäste. Für Hunderte von Jahren wurde Taiwan als „wertvolle Insel" geschätzt, die zum eigenen Profit ausgebeutet werden kann. Während der „Periode des Wechsels" in den 60er Jahren bemühte sich die Regierung und importierte eine große Zahl an Industrieanlagen mit hoher Umweltbelastung, um das ökonomische Wachstum zu beschleunigen. Unter den „Bestimmungen für steuerfreie Investitionen" wurden viele westliche Industriebetriebe, die von ihren Regierungen aus ökologischen Gründen verbannt worden waren, willkommen geheißen, ihre Produktionsstätten nach Taiwan zu verlegen. Dies hat die kleine Insel zu einem billigen Paradies für westliche Investoren gemacht, aber auch beispiellose Schäden mit sich gebracht.

2. Die Ökologische Krise im heutigen Taiwan

Gemäß der jüngsten „Studie über die Umweltprobleme im asiatisch-pazifischen Raum"[1] sind das Wirtschaftswunder und die starke Bevölkerung in Taiwan die Hauptfaktoren für den Druck auf Umwelt und Natur. Haupthindernis für die Lösung des Problems ist der Bürokratismus.

In den letzten dreißig Jahren haben das rapide Wachstum der Fabrikanlagen und Wirtschaft[2] wie auch die Bevölkerungsexplosion, die unbegrenzte Zunahme von motorisierten Fahrzeugen[3] und der Mangel an Umweltbewußtsein zusammen zur ökologischen Krise in Taiwan beigetragen. Die Ernsthaftigkeit der Krise kann aus der folgenden Tabelle ersehen werden:

Vergleich der Umweltbelastungen in Taiwan, Japan und den USA (1989)

	Taiwan	Japan	USA
Gebiet (km^2)	36000	377815	9372614
Bevölkerung (in tausend)	21000	122032	243830
Bevölkerungsdichte (pro km^2)	583	323	26
Motorisierte Fahrzeuge (pro km^2)	226	127	18
Registrierte Fabriken (pro km^2)	3	1,16	0,04
Gehaltene Schweine (pro km^2)	195	32	5
Abwasserkanalisierungsprozentsatz (%)	3	42	74

Die meisten Flüsse Taiwans sind ernsthaft verschmutzt. Bodenoberfläche, Grundwasser, Wasserbehälter und Zisternen sind weitgehend kontaminiert durch giftige Metalle und Chemikalien. Der Hauptgrund liegt darin, daß es Tausende von kleinen Untergrundfabriken gibt, welche umweltbelastende Produkte herstellen, indem sie die staatlichen Auflagen umgehen. Die Regierung verhält sich widersprüchlich: Wenn die Gesetze strikt angewendet und die nicht dem Standard entsprechenden Fabriken geschlossen würden, dürfte das nationale Wirtschaftswachstum darunter leiden. Nur sehr wenige der

Abfallhalden sind modernisiert und in umweltverträglichem Zustand. Die meisten befinden sich an einem Flußufer. Dies hat zu einer solchen Verschlechterung des Umweltzustandes beigetragen, daß menschliches Leben gefährdet ist. Taiwan war arm an natürlichen Ressourcen. Die zunehmende Industrialisierung und Urbanisierung macht es noch ärmer (Abnahme von kultiviertem Land, Verschmutzung der Fischfanggründe, Zerstörung des Waldes etc.).

3. Gründe für die ökologische Krise in Taiwan

a) Politische und bürokratische Gründe. Der Umweltsschutz in Taiwan verharrt noch immer auf einer Vorstufe: wegen der Unbeständigkeit der staatlichen Umweltpolitik, der mangelhaften Organisation des erst 1987 eingerichteten Ministeriums für Umweltschutz, der inadäquaten Gesetze und Regelungen, dem Defizit an Umwelt-Informationen wie auch Finanzen und Personal. Die Massenmedien, in starkem Maße von der Regierung unterstützt und kontrolliert, sind darauf eingeschworen, die staatliche Politik zu propagieren und in Schutz zu nehmen. Die Öffentlichkeit ist deshalb ziemlich unkundig in Sachen Ökologie. Ihr Wissen um die ökologische Krise verbleibt auf dem Niveau einer „allgemeinen Gefahr". Die staatliche Umweltschutzpolitik beschränkt sich auf Lückenbüßer-Maßnahmen. An die Wurzeln des Übels reichende Maßnahmen wie Umweltschutz-Erziehung oder die Einrichtung eines Meß- und Wertungssystems für die Belastung der Umwelt werden nicht ergriffen.

Grundsätzlich unterliegen ökologische Themen der Kontrolle durch die staatliche Außen- und Wirtschaftspolitik und können daher einer Lösung nicht zugeführt werden, wenn nicht das politische System radikal reformiert wird. Zum Beispiel ist „Westing House Company", ein amerikanischer Stromerzeugungsgigant, der Hauptbetreiber der Kernkraftwerke in Taiwan. Um das Handelsdefizit mit Amerika auszugleichen und politisch Vorteil zu schlagen, erhebt die Regierung die Geschäftsbeziehungen mit „Westing House" zu einer politischen Angelegenheit. Obwohl die Anti-Atomkraft-Bewegung durch die Öffentlichkeit Unterstützung erfährt, bleibt es unverändert bei der festgelegten politischen Marschrichtung. Da hohe Wachstumsraten in der Wirtschaft immer die höchste Priorität in der staatlichen Politik besitzen, werden Bemühungen für den Umweltschutz nur akzeptiert, wenn sie das wirtschaftliche Wachstum nicht beeinträchtigen. Wenn die Kosten zur Eindämmung der Verschmutzung für die

Industrie zu hoch sind, wird jene zum luxuriösen Slogan. Die Einflußnahme der Umweltschutzpolitik auf die Wirtschaftspolitik liegt unter einem Prozent. Wirtschaft, nationale Verteidigung, materieller Wohlstand etc. sind wichtiger als der Schutz der Umwelt.

b) Ökonomische Gründe. Unter dem Leitstern wirtschaftlicher Entwicklung hat Taiwan in den beiden letzten Jahrzehnten die Ehre errungen, einer der „Vier kleinen Drachen in Asien" zu werden. Bessergestellt durch den materiellen Überfluß und in der Hoffnung auf eine bessere Zukunft neigten die Menschen dazu, die wirtschaftliche Entwicklung als den endgültigen Lebenszweck anzusehen.

Die Verschlechterung der Umweltqualität in Taiwan hat sich zu einer gewaltigen Krise zugespitzt. Dies liegt exakt darin begründet, daß der wirtschaftliche Erfolg mit Konsumismus als Hauptziel Priorität genießt vor dem Umweltschutz. Die Natur wird als unerschöpflich angesehen und ohne jedes Gespür ausgebeutet. Vorgehensweisen wie Überholzung, übermäßiger Steinbruch, wahllose Jagd auf wilde Tiere, willkürliches Abladen und Verklappen von Müll werden als selbstverständlich betrachtet. Verblendet durch die kurzzielende Sichtweise, daß materielles Wohlergehen alles ist, wird die taiwanesische Gesellschaft durchtränkt mit einer Hinordnung auf den Luxus. Der Begrenztheit natürlicher Ressourcen und der Verbundenheit von Mensch und Umwelt werden keine Beachtung geschenkt.

c) Kulturelle Gründe. In der chinesisch-taiwanesischen Kultur wird die Zahl der Nachkommen als ein Segenszeichen betrachtet. Ein Sprichwort lautet: „Viele Kinder, viele Enkel, viel Segen." Diese Einstellung ist der Forderung der Umweltaktivisten nach Reduzierung der Bevölkerung hinderlich. Nach einer neuen Umfrage ist die durchschnittliche Idealzahl an Kindern in den Vorstellungen verheirateter Paare drei. Daneben ist in den Köpfen der meisten Menschen ein Sohn wertvoller als eine Tochter. Denn der Mann trägt die Verantwortung für den Fortbestand der Sippe, und die Fortdauer der Sippe besitzt höchste Priorität.

Materieller Wohlstand wird als ein Segenszeichen angesehen, nach dem Menschen ihr ganzes Leben lang trachten. Um zu beweisen, daß man gesegnet ist mit materiellen Gütern, lebt man so luxuriös wie möglich. Für die meisten Menschen besteht der einzige Lebenssinn im Erwerb von Vermögen und in einem Leben voller Behaglichkeit und Ansehen. Mit dieser materialistischen und utilitaristischen Gesinnung Probleme des Umweltschutzes zu diskutieren, ist nicht möglich. Wenn die gegenwärtige Art politischer, ökonomischer und industrieller Aktivitäten beibehalten wird, dann wird das Überleben und Wohlergehen der Menschen auf der in ihren Möglichkeiten beschränkten Insel bedroht. Die von der gewaltig angewachsenen chinesisch-taiwanesischen Bevölkerung immer mehr in unwirtliche Gebirgsregionen abgedrängten und kulturell überfremdeten Ureinwohner (Bunun, Amis etc.) bekommen das zuerst zu spüren.

d) Religiöse Gründe. Die religiösen Gründe, die zur Umwelt-Krise in Taiwan beigetragen haben, sind vielfältig. Ich beschränke mich auf die Volksreligionen. Während der religiösen Handlungen sind vorbereitete Materialien vonnöten, um die verehrten Gegenstände geneigt zu machen. Zusätzlich zu den Tieropfern gibt es Reis, Gemüse, Tee, Wein, brennenden Weihrauch, Räucherstäbe und Kerzen, Feuerwerkskörper, goldenes Papiergeld für Götter und silbernes Papiergeld für Geister oder Ahnen. Goldenes und silbernes Papier hält man jeweils für die Währung in der Götter- und Geister-Welt. Um der eigenen devoten Haltung gegenüber dem verehrten Gott oder Geist Ausdruck zu verleihen, verbrennt man so viel Papiergeld wie möglich. Feuerwerkskörper werden gleichzeitig gezündet. Daneben werden sowohl in den Tempeln als auch in jedem Haushalt täglich Kerzen angezündet, um die Gegenwart von Göttern, Geistern und Ahnen sicherzustellen. In der gegenwärtigen ökologischen Situation (Knappheit von Holz und anderen Energiequellen, Treibhauseffekt usw.) sollten diese religiösen Aktivitäten ersetzt, wenn nicht abgeschafft werden.

III. Konzepte der Erde in der traditionellen taiwanesisch-chinesischen Kultur

1. Die Konfuzianische Lehre in ihrem Verhältnis zum Naturkonzept

Der Konfuzianismus lehrte die Menschen, sich um *Jen* (Güte) oder *Te* (Tugend oder Moralität) in menschlichen Beziehungen zu bemühen, um sein eigenes Wesen zu verwirklichen und Reife zu erwerben, um „Menschsein im Höchstmaß" darzustellen und um die kosmische Harmonie zu erlangen. Mencius (ca. 372–289 v. Chr.), ein Konfuzianer, der eine bedeutende Rolle bei der Ausformung chinesischer Kultur spielte, ist bekannt durch seinen Ausspruch, daß die menschliche Natur gut sei, weil sie durch den Himmel hervorgebracht wurde. Auch die Natur der tausenderlei Dinge unter dem Himmel ist gut, solange sie nicht störend beeinflußt wird. Die Natur eines existierenden Wesens hilft uns zu verstehen, wie dieses sein oder werden wird, wenn keine Störung von außen erfolgt. Mencius begreift Natur im Muster von Wachstum und Entwicklung: „Gerste nun, wenn wir den Samen aussäen und ihn bedecken, wächst, wenn der Boden derselbe und die Zeit des Aussäens ebenfalls dieselbe ist, rasch hoch und ist zur Herbstzeit ohne Unterschiede reif. Selbst wenn es Abweichungen gibt, beruhen diese auf der unterschiedlichen Fruchtbarkeit des Bodens, der ungleichen Menge an Regen und Feuchtigkeit oder Unregelmäßigkeiten in der menschlichen Bearbeitung. Daher gleichen Dinge derselben Art allesamt einander, warum bezweifelt man dies nur im Falle des Menschen?“[4]

Ein anderer Vergleich macht deutlich, daß moralisches Wachstum durch den Versuch der Forcierung gestört werden kann: „Handle nicht wie der Mann im Staate Sung. Da gab es einen Mann in Sung, der in Sorge war, weil seine Reisschößlinge nicht wuchsen. Er zog an ihnen, um ihrem Wachstum nachzuhelfen. Müde geworden kehrte er nach Hause zurück und erzählte seiner Familie: ‚Ich bin müde, weil ich den Reisschößlingen half zu wachsen!‘ Sein Sohn ging zu den Feldern, um sich die Reisschößlinge anzusehen. Siehe da, sie waren alle vertrocknet. Es gibt nur sehr wenige unter dem Himmel, die den Reisschößlingen nicht beim Wachsen helfen!“[5]

2. Die taoistische Lehre über die Natur

Anders als der Konfuzianismus richtete sich der Taoismus auf einen intuitiven und mystischen Zugang zum Leben. Die erste Tugend ist das *„wu-wei“* (wörtlich „handeln, ohne zu handeln“, passender „kreative Ruhe“). Der Mensch ist nicht inaktiv, eher läßt er an sich handeln durch das *Tao*[6] und empfängt dadurch die Kraft, um kreativ zu handeln. Sich im *wu-wei* zu befinden bedeutet, sich in den Rhythmus der Natur fallenzulassen, die durch das *Tao* geordnet ist. Nicht durch die Bemühung oder Anstrengung des Menschen, sondern durch *wu-wei* wird kosmische Harmonie erreicht. Doch der Mensch ist stolz darauf, sich von der Natur durch sein zielgerichtetes Handeln zu unterscheiden. In genauer Umkehrung beschreibt Lao-tzu das Verhalten des Weisen als Nichtstun: „Der Weg tut beständig nichts, und doch ist da nichts, das er nicht tut. Wenn Fürsten und Könige fähig sind, daran festzuhalten, werden ihre eigenen unzähligen Dinge eine Umgestaltung erfahren.“[7]

Es ist dieser Standpunkt, der den taoistischen Naturalismus in Opposition zu allen Arten von Maschinen brachte: Maschinen beuten die Wunder der Natur aus; sie pfuschen herum an Gebieten, die dem *Tao* vorbehalten sind. „Wie ich bei denjenigen, die die ganze Welt nehmen würden, um sie nach ihren Vorstellungen zurechtzupfuschen, beobachte, daß sie niemals Erfolg haben werden: Weil die Welt ein heiliges Gefäß ist, nicht dazu gemacht, um von Menschen verändert zu werden. Der Pfuscher wird sie zerstören; Usurpatoren werden sie verlieren."[8]

In der taoistischen Tradition gibt es eine enthüllende Geschichte, die man angeblich Lao-tzu über Tzu-kung, einen Schüler von Konfuzius, erzählt hat. Auf seinen Reisen trifft Tzu-kung einen Dorfbewohner, der seinen Gemüsegarten bewässert, indem er sich selbst in den Brunnen hinunterbegibt und mit einem Krug voll Wasser wieder hinaufkommt. Solch eine Methode war langsam, mühsam und wenig effizient. Daher schlug Tzu-kung vor, er solle ein hölzernes Gerät benutzen, um das Wasser heraufzuziehen. Der Dorfbewohner nahm den Hinweis übel und entgegnete: „Mein Lehrer pflegte zu sagen, daß es, wo es listige Einrichtungen gibt, listiges Verhalten geben wird, und wo es listiges Verhalten gibt, da wird es ein listiges Herz geben ... Es ist nicht so, daß ich nichts von dieser Erfindung wüßte, aber ich sollte mich schämen, sie zu nutzen."[9] Solche anti-technologischen Töne durchziehen einen Großteil der taoistischen Literatur.

Lao-tzu zufolge existieren Himmel und Erde ewig, weil sie, anders als der Mensch, nicht versuchen, ihre Existenzdauer zu verlängern; wenn der Mensch ihrem Beispiel folgt und sich nicht unnötig beunruhigt über seine Existenz, befindet er sich auf dem Weg, der seinem eigenen Überleben am günstigsten ist: „Himmel besteht fort, Erde dauert fort. Der Grund, warum Himmel und Erde in der Lage sind, fortzubestehen und fortzudauern, liegt darin, daß sie sich selbst nicht erzeugen, weshalb sie in der Lage sind, fortwährend erzeugt zu werden. Daher stellt der Weise seine eigene Person hintan und ist seine Person doch vorndran, läßt er seine Person draußen und überlebt seine Person dennoch."[10]

Diese nicht-manipulierende Einstellung der Natur gegenüber hat die chinesische Kunst inspiriert, ihren Beitrag zum Bestand der chinesischen Kultur geleistet und auch auf viele Herrscher Einfluß ausgeübt.

Die „Inneren Kapitel" des *Chuang-tzu* (4./3. Jh. v. Chr.) waren in vielerlei Hinsicht eine Erweiterung und Bereicherung dessen, was wir bereits bei *Lao-tzu* angetroffen haben. Das endgültige Ziel menschlichen Lebens bestand in der Anpassung an den Lauf der Dinge, statt zu versuchen, den Dingen seinen eigenen Willen aufzuerlegen. Alle Dinge folgten untrüglich dem Lauf und Streben des *Tao*. Immer, wenn wir Menschen den Lauf des *Tao* verfehlen, indem wir rigide an ausformulierten Kodizes oder Regelungen festkleben, lassen wir uns in die Irre führen. Das Herz des Weisen verharrte in Neutralität allen menschlichen Werten gegenüber, keines der unzähligen Dinge konnte seine Herzensruhe stören.[11]

Das moralische Implikat dieses Denkens liegt darin, daß, anstelle der Suche nach Gründen für die richtige Wahl (wie es die Konfuzianer taten), Chuang-tzu's Ideal besagte, es gebe überhaupt keine Wahl. Er behauptete, daß der Weise „beständig sich leiten läßt durch das Spontane und dem Prozeß des Lebens nichts hinzufügt."[12] In solch einem Zustand könnten alle menschlichen Handlungen ebenso spontan ausfallen wie diejenigen der natürlichen Welt. Menschen würden eins mit der Natur und tauchten ein in das *Tao*.

Chuang-tzu sah die von Menschen hervorgerufenen Übel Krieg, Armut und Ungerechtigkeit und glaubte, daß der einzige Ausweg darin besteht, dem unnützen Troß konventioneller Werte zu entsagen und die Dinge aus einer anderen Perspektive zu betrachten. So betont er den Rückzug aus und die Nicht-Teilnahme an dem gewöhnlichen „business of life": „Der Weise beschäftigt sich nicht mit den Angelegenheiten der Welt."[13] Distanz zum konventionellen Werte-System der Menschen und den Auffassungen von Zeit, Raum, Vernunft, Realität und Verursachung.

Im letzten der „Inneren Kapitel" ist dieses Ansinnen, sich an die Natur zu halten, besonders klar formuliert. Mehrere Geschichten werden zu dessen Illustration erzählt. Die erste zeigt, daß alles seine natürliche Fähigkeit besitzt. Sogar dem kleinen Vogel und der kleinen Maus eignen natürliche Weisen, sich selbst zu schützen und Dinge zu tun. Die beste Art des Lenkens liegt darin, die Dinge sein und sie agieren zu lassen, wie es in ihrem Vermögen steht: „Wenn die Weisen die Welt in Ordnung bringen, haben sie kein Interesse an dem, was außerhalb der menschlichen Natur liegt. Sie billigen jedem Menschen zu, seiner eigenen Natur zu folgen und danach zu trachten. Jeder Mensch tut das, was er wirklich tun kann; das ist alles."

Die nächste Geschichte gibt auf die Bitte um „Auskunft über die Leitung der Welt" nach anfänglicher Zurückweisung der Frage schließlich die Antwort: „Mach' einen Ausflug in reine Schlichtheit. Identifiziere Dich mit Nichtunterscheidung. Folge der Natur der Dinge und lasse keine personale Neigung zu, dann wird die Welt in Frieden existieren."

Die letzte Geschichte faßt Chuang-tzus Naturphilosophie zusammen:

„Identifiziere Dich mit dem Unendlichen. Mache einen Ausflug in die Leere. Übe in vollem Maße das aus, was Du von der Natur empfangen hast, aber erwerbe nichts daneben. In einem Wort, sei leer. Das Gemüt des vollkommenen Menschen ist wie ein Spiegel. Es bewegt sich nicht mit Dingen, noch erhofft es sie. Es antwortet auf Dinge, aber es hält sie sich nicht. Daher ist er imstande, erfolgreich mit Dingen umzugehen, aber er wird nicht berührt durch sie. Der Herrscher des Südmeeres wird Wechsel genannt; der Herrscher des Nordmeeres Unbeständigkeit und der Herrscher des Zentrums Einfachheit. Wechsel und Unbeständigkeit trafen sich häufig auf dem Gebiet der Einfachheit, und da sie immer von ihm gut behandelt worden waren, beschlossen sie, seine Freundlichkeit zu erwidern. Sie sagten: Alle Menschen haben sieben Öffnungen zum Sehen, Hören, Essen und Atmen. Einfachheit allein hat keine. Laß uns versuchen, ihm welche zu bohren. So bohrten sie jeden Tag eine Öffnung; aber am siebenten Tag verstarb die Einfachheit.“[14]

Beide, Lao-tzu und Chuang-tzu, teilen eine Grundeinsicht, daß, während andere Dinge sich in spontaner Weise auf dem ihnen zukommenden Weg bewegen, der Mensch sich von dem Weg gelöst hat durch Nachdenken, das Aufwerfen von Alternativen und die Formulierung von Handlungsprinzipien. Ihre gesamte Philosophie baut auf den ewigen Gesetzen der Natur auf und läßt sich in drei kurzen Formulierungen zusammenfassen: (a) die Natur kennen, (b) natürlich sein und (c) nicht störend einwirken auf die Natur. Beide würden sagen: „Ich lebe, doch nicht Ich, sondern es ist das Tao, das in mir lebt; weil ich nämlich in dem Tao lebe, mich bewege und meine Existenz besitze.“[15]

3. Natur in den taiwanesischen Volksreligionen

In den taiwanesischen Volksreligionen gibt es drei Elemente, welche zur Erstellung einer Theologie der Erde beitragen können.

a) Die Verehrung der Natur. Im Glauben der Mehrheit der Menschen in Taiwan gibt es Verehrung menschlicher Geister als Götter und Verehrung von Naturgottheiten. Erstere ist die Verehrung für verstorbene heldenhafte Menschen; letztere die Verehrung für die Naturelemente (Himmel, Erde, Sonne, Mond, Sterne, Berge, Flüsse, Wind, Regen, Sturm, Wasser, Feuer, Felsen, Bäume, Tiere etc.). So gibt es in den Volksreligionen Meergötter (z. B. Ma-tsu), Baumgötter in alten großen Bäumen (z. B. Chia-tung Kung), Felsengötter in einzigartigen Felsen (z. B. Shih-t'ou Kung), die Verehrung von Tieren und Tierknochen, wie Katzengott (Ta-chiang Kung), Hundegott (T'ai Kung) oder Gott der Ochsenknochen (Ling-ying Kung). Solche religiösen Phänomene sind der Naturverehrung im alten China ähnlich.

Der Volksglauben sieht überall in der Natur Götter und Geister. Die gesamte Natur ist belebt, personal und heilig. Die Erde wird auch als eine lebenspendende Mutter gesehen. Daher konnten die meisten Menschen früher so einfühlsam und zurückhaltend mit den Naturgegenständen umgehen, von denen sie glaubten, daß sie Götter oder Geister von Göttern enthalten. Wenn zum Beispiel eine neue Straße gebaut wurde und ein alter Baum im Wege stand, konnte man erleben, daß die Menschen mit allen Mitteln den Baum zu schützen suchten.

b) Verehrung der Lokalgottheiten des Erdbodens. Es ist eine alte und allgemeine Praxis in Taiwan, diese Erdgötter zu verehren. In jedem Ort, auf der Straße zum Feld, gibt es kleine Tempel, „Tempel der Götter des Bodens" genannt. Die Erdgötter werden als die Patrone der ansässigen Menschen und des Landes betrachtet, die jeder Person und Familie in der Gemeinde Segen und Wohlfahrt spenden können.

Man sagt, daß der Gott des Erdbodens eine abgewandelte Form der alten Verehrung des Bodens und des Getreidekorns sei.[16] Im alten China glaubten die Menschen, daß das Getreidekorn vor dem Menschen da war und daß diese dank des Getreides existieren konnten. Sie waren dem Erdboden, welcher dem Getreide das Leben schenkte, dankbar. Nach einiger Zeit wurde der Erdboden ein Gott und verehrt. In der agrarisch geprägten Gesellschaft, noch vor kurzem in Taiwan die verbreitetste Sozialform, genoß die Verehrung der Götter der Erde besonderen Stellenwert. Jede Erdgottheit ist eine freundliche, lautere, großzügige Gottheit, die beständig bereit ist, den Menschen zu helfen. In der heutigen taiwanesischen Industriegesellschaft ist der Glaube an die Erdgötter zu einer utilitaristischen religiösen Aktivität geworden. Sie werden nicht nur von Landleuten, sondern auch von Fischern, Minenarbeitern, Geschäftsleuten und Bankangestellten verehrt, in der Hoffnung, daß ihnen von den Göttern ein großzügiges Geschick zuteil werde.

Doch der Glaube an die Erdgötter wurde hervorgebracht von den Urahnen, die, um ihrer Dankbarkeit dem Land gegenüber Ausdruck zu verleihen, das Land als eine Gottheit achteten und es wie eine Gottheit verehrten: ein Zeichen der Ehrerbietung, Liebe und Wertschätzung des Landes.

c) Das Konzept des *feng-shui*. *Feng-shui* (wörtlich „Winde und Wasser") bezeichnet das geomantische oder Weissage-System der Chinesen und Taiwanesen, mittels dessen die günstigste Lage bestimmt wird für Gräber, Häuser und andere Gebäude. Das Grundprinzip liegt darin, daß Menschen ihr eigenes Lebensgeschick besser entwikkeln können, indem sie die Tätigkeiten der Natur bestimmen und mit diesen dann ihre eigenen Handlungen in Einklang bringen.

Das Konzept des *feng-shui* rührt von der alten Theorie des *yin-yang wu-hsing* her, welche die Winde und das Wasser als die dynamische Quelle der zahllosen Dinge im Universum ansieht, die aktiv und produktiv von Generation zu Generation sind. Daher bedeutete *feng-shui* eigentlich Geist des Himmels und der Erde: an jedem Ort, wo sich die beiden Geister entsprechend der Wirkweise von *yin* und *yang* in vollkommener Harmonie befinden, liegt die beste Stelle für das menschliche Leben. Diejenigen, die an einer solchen Stelle leben, werden Wohlstand, Reichtum und Ehre genießen. Die wichtigste Aufgabe im Leben besteht daher darin, für den Haus-, Tempelbau oder zur Anlage von Begräbnisstätten für die eigenen Vorfahren einen guten Platz aus der Perspektive des *feng-shui* auszuwählen, einen Platz, an dem es eine einvernehmlich-ruhige Harmonie all der himmlischen und irdischen Elemente gibt, welche Einfluß nehmen auf diesen partikularen Platz. Jegliche Handlung, welche in Widerspruch zum natürlichen Gesetz des *feng-shui* steht, wird die vorherigen harmonischen Relationen zwischen Menschen und der Erde zerstören, und dann wird nicht nur die Natur leiden, sondern auch die Menschen werden bedroht. In diesem Sinne ist das ursprüngliche Konzept des *feng-shui* die nachdrückliche Betonung des normalen und einträchtigen Verhältnisses zwischen Menschen und der Erde.

Dieses Konzept des *feng-shui* ist sehr ähnlich dem der frühen ionischen Naturphilosophen (7. bis 5. Jh. v. Chr.), die nach der Essenz und dem Ursprung der natürlichen Welt suchten. Sie versuchten die allgemeinen Prinzipien herauszufinden, welche allen Dingen Kohärenz und Totalität verleihen. Sie glaubten, daß die physis alle Elemente im Kosmos – sogar entgegengesetzte Pole wie Leben und Tod – zu einem ineinander verbundenen Prozeß verband. Das Bewußtsein der Verbundenheit aller Dinge ist die Basis für eine Ethik der Einfügung in die Natur. Der Kosmos und die Erde sind in guter Ordnung, wenn alle Wesen, die Menschheit eingeschlossen, die immanenten Gesetze der Natur befolgen. Es liegt auf der Hand, daß eine solche Sicht und Haltung eine Tendenz zu einem Ethos minimaler Naturzerstörung hervorbrachte. Dies ist ebenfalls in dem taiwanesischen Konzept des *feng-shui* impliziert.

In taiwanesischer Volksreligion ist die große Natur ein personaler Gott, der eine höhere Position als die Menschen innehat und dem folglich Ehrerbietung seitens der Menschen erwiesen werden muß. Obgleich solche Verehrung der Natur von dem christlichen Verständnis von Natur verschieden ist, ist sie ein bedeutsames Mittel, um eine ökologische Theologie zu erstellen, die Relevanz besitzt für die Menschen in Taiwan und auf dem chinesischen Festland.

IV. Eine ökologische Theologie aus einer taiwanesischen Perspektive

Gemäß dem Konzept von Erde in taiwanesischer Volksreligiosität sollten die Menschen in einer harmonischen Beziehung mit der Natur stehen. Dennoch gibt es keine Harmonie, sondern eher Feindseligkeit. Dies ist so, weil die Menschen ihrer eigenen Kultur und den religiösen Glaubensgehalten keine Beachtung schenken. Wie die Säkularisierungswelle im Westen eine Entfremdung zwischen Menschen und gelebter Religion mit sich gebracht hat, hat die Säkularisierung in China und Taiwan die Tür zum Materialismus und Utilitarismus im öffentlichen Leben geöffnet. Und so werden die positiven Ansätze eines Naturverhältnisses, die ihrer Kultur und Religion einwohnen, beiseite geschoben. Meine Intention ist daher die Rekonstuktion einer ökologischen Theologie aus der Perspektive chinesisch-taiwanesischer Kultur und Religiosität. Eine detailliertere Behandlung hat stattgefunden in dem Buch *Theologie der Erde: Ökologische Theologie in christlicher Perspektive*, einer gemeinsamen Unternehmung von mir und meinem Kollegen Luis Gutheinz.[17] Mein Ziel ist es, Christen in dieser Region an ihr kulturell verwurzeltes Naturverständnis und ihre Verantwortlichkeit zu erinnern, einen chinesisch-taiwanesischen christlichen Lebensstil zu pflegen, der auf der Essenz ihrer Kultur basiert.

1. Verehrung von Naturgegenständen und die trinitarische ökologische Theologie

Die Verehrung der Natur in der taiwanesischen Kultur kann eine Brücke bilden, um die christliche ökologische Theologie in die lokale Kultur einzuführen. Angesichts der ökologischen Krise haben christliche Theologen neue Denkmodelle zum Verhältnis zwischen Gott und der Welt entworfen. Sie überziehen nicht länger die Unterscheidung zwischen Gott und der Welt bis hin zu ihrer Trennung, sondern verfechten eine „Theologie des Einwohnens Gottes“, welche Gott in der Welt und die Welt auch in Gott wohnend sieht.[18]

Dieser Sicht zufolge wohnt der Geist Gottes, der einwohnende göttliche Geist, in allen Geschöpfen. „Wenn wir den Schöpfer, seine Schöpfung und das Ziel dieser Schöpfung in einem trinitarischen Sinne verstehen, dann wohnt der Schöpfer durch diesen Geist in seiner gesamten Schöpfung und in jedem individuellen geschaffenen Wesen kraft seines Geistes, der sie zusammenhält und am Leben erhält."[19] Hier wird nicht betont, daß Gott nicht die Natur und die Natur nicht göttlich sei, sondern die „immanente Spannung" Gottes: Gott schuf die Natur und trat gleichzeitig in die Natur ein; er manifestiert sich sogar durch die Natur. Die Natur verdankt ihre Existenz der schöpferischen Kraft Gottes, aber Gott ist auch gegenwärtig in der Natur. Daher können wir in der geschaffenen Natur die Gegenwart, die Göttlichkeit Gottes erfahren.

Mag auch der Nachdruck auf dem trinitarischen Gott, der in der geschaffenen Natur wohnt, und der geschaffenen Natur, die im trinitarischen Gott wohnt, in der derzeitigen christlichen ökologischen Theologie sich von dem pantheistischen Verständnis der Natur und Gottes in den taiwanesischen Volksreligionen unterscheiden, bezeichnet er doch dieselbe Erfahrung, daß es eine intime Beziehung zwischen der Gottheit und der Natur gibt. In der ersteren glaubt man, daß Gott gegenwärtig und fortwährend tätig ist in der gesamten Welt und Natur. Solch ein Gott möchte immer mit den Menschen kommunizieren durch jedes Geschöpf in der Natur. Jedes Geschöpf im Universum ist ein Symbol von Gottes Gegenwart. Dieser Akzent in christlicher Theologie liegt nicht gänzlich im Widerstreit mit dem Verständnis von Naturverehrung in den taiwanesischen Volksreligionen und kann von diesen bis zu einem gewissen Maße akzeptiert werden. Christliche Theologen in Taiwan sollten sich daher um die Ausarbeitung einer ökologischen Theologie im Dialog zwischen den Volksreligionen und den Christen bemühen, in welchem sie zusammenarbeiten zum Schutze der Umwelt, ihrer eigenen sowohl als auch der weltweiten.

2. Die Kraft des Geistes als Einigendes von *Yang* (Vater) und *Yin* (Sohn)

Ich habe ausgeführt, daß das Konzept des *Feng-shui* von der alten Theorie des *yin-yang wu-hsing* herrührt, welche die Natur als bipolare versteht. *Yin* und *yang* repräsentieren die beiden Gegenpole in jedem Ding im Universum. Diese Gegenpole waren notwendig und ergänzten einander. Sie hatten eine Tendenz, miteinander zu verschmelzen und sogar das Gegenteil ihres früheren Selbst zu werden.

Der Grund oder fundamentale Stoff des Universums wurde als homogen angesehen, und alle partikularen Phänomene wurden individuiert durch diese Prozesse. Dieses Prinzip will eine Erklärung für zyklische Prozesse wie die Folge von Nacht und Tag oder den Jahreszeitenwechsel bieten und vermag den Prozeß des Wachstums und des Niedergangs zu erklären, beispielhaft im Zu- und Abnehmen des Mondes. Als ein philosophisches Prinzip war es eine der fruchtbringendsten und nützlichsten Kategorien, die jemals von Menschengeist ersonnen wurden, um der unendlichen Vielzahl von verschiedenen Tatsachen im Universum Sinn beizulegen. Natur ist demnach tätig durch das Wechselspiel von Licht und Dunkelheit, Wärme und Kälte, männlich und weiblich usw. *Yang* (die erste Größe jedes Paares) und *yin* (die zweite Größe jedes Paares) befinden sich nicht in losgelöster und fortwährender Gegenstellung zueinander. Sie sind bestimmbare Phasen in einem unaufhörlichen Fluß der Veränderung. Sie haben nichts zu tun mit einem Kampf zwischen den Grundprinzipien Gut und Böse, sind vielmehr gleichermaßen wesentliche Kräfte in der unaufhörlichen Dynamik des Universums, die unaufhörlich interagieren.[20]

Gemäß der *Yin-yang*-Theorie, auf welcher die *Feng-shui*-Theorie basiert, sind die Menschen aufgefordert, sich an die Natur zu halten, um ein glückliches Leben führen zu können. In dieser Hinsicht dürfte die christliche Lehre vom Heiligen Geist hilfreich sein, um eine taiwanesisch-chinesische ökologische Theologie zu formulieren. Der Heilige Geist hat zumindest folgende Funktionen: Er ist in die Geschöpfe gesandt vom Vater durch den Sohn, um jedem Geschöpf seine Individualität, Unabhängigkeit und Begrenztheit zu verleihen; er ist die vereinigende Kraft zwischen dem Vater und dem Sohn, die Kraft zu kommunizieren, vereinigen und integrieren. Im Prozeß der Schöpfung schuf der Heilige Geist, der in jedem Geschöpf wohnte, die Verbundenheit unter den Geschöpfen und ihre harmonischen und inter-dependenten Beziehungen, so daß sie im Universum zu Einigkeit geeint werden und sich auf einen integralen Zustand zubewegen. In diesem Sinne ist der Heilige Geist die Kraft der Vereinigung der Geschöpfe und das Prinzip der Ganzheit.[21]

Aus der Perspektive des *yin-yang* ist es angemessen zu sagen, daß der Heilige Geist, wie er die Kraft der liebenden Einheit zwischen dem Vater und dem Sohn ist, so auch die dynamische Kraft darstellt, welche *yang* (Himmel) und *yin* (Erde) eint. Die Gemeinschaft zwischen Geschöpfen ist ein Zeichen der Kraft der liebenden Einheit zwischen *yang* (Vater) und *yin* (Sohn) in der Trinität der Gottheit. Dies erklärt, daß der Heilige Geist mit seiner positiven Kraft alle Geschöpfe im Universum eint, eins zu werden mit Gott. Die Trinitätslehre kann daher helfen, die geheimnishafte Interaktion zwischen *yin* und *yang* im traditionellen taiwanesisch-chinesischen Denken neu zu interpretieren.

3. Der Heilige Geist und das Konzept des ch'i im traditionellen chinesischen Denken

Chang Ch'un-shen erklärt in seinem Versuch, die Möglichkeit theologischer Indigenisierung zu verfolgen, die Lehre des Heiligen Geistes mit dem Konzept des ch'i im traditionellen chinesischen Denken.[22] Er sieht wenigstens vier Parallelen zwischen der chinesischen Theorie des ch'i und dem biblischen Konzept des Heiligen Geistes: (a) Etymologisch bezeichnen beide den Wind in der Natur und den menschlichen Atem; (b) beide stehen mit dem Universum oder der Natur und mit den Menschen oder dem ethischen Bereich in Beziehung. Durch ch'i oder den Geist („Spirit") kommuniziert der Himmel mit den Menschen und haben alle Dinge Einfluß aufeinander. (c) Das ch'i ist nicht unabhängig, sondern abhängig von den Dingen oder Menschen; die normale Weise, Dinge bzw. Menschen zu unterscheiden, gründet in ihrem ch'i oder Vermögen. Ähnlich ist der Geist („Spirit" bzw. „spirit") in der Bibel abhängig von Gott bzw. Menschen: Gottes Geist („Spirit") ist die Quelle des Universums und die Vermittlung der Gemeinschaft zwischen Gott und den Menschen; er ist auch die dynamische Kraft der Erlösungsgeschichte. Der menschliche Geist („spirit") repräsentiert die wirkliche Kraft des Menschen, welche in jeder Dimension menschlichen Lebens Bestand hat, wie Atmen und physiologisches, psychologisches oder intellektuelles Leben. (d) Wie der Geist in der Trinitätslehre wirkt auch ch'i als eine Kraft der Integrierung und Synthetisierung.

So kann ch'i ein geeignetes Mittel sein, um die Gegenwart des Heiligen Geistes in der christlichen Lehre zu erklären. In seiner Kraft durchdringt das ch'i die Gegenstände, von welchen es abhängt, um ihnen spezielle Qualitäten zu verleihen. Die christliche ökologische Theologie, in welcher der einwohnende Geist in allen Geschöpfen wohnt, kann von Taiwanesen und Chinesen nur akzeptiert werden, wenn der Geist („Spirit") verstanden wird als eine der Dimensionen des ch'i.

Ferner ist das Konzept des ch'i als integrierende und synthetisierende Kraft ein Berührungspunkt mit der christlichen Lehre vom Heiligen Geist. Gottes Geist eint alle: das innere Leben der Gottheit, das christliche Leben und die zahllosen Dinge im Universum. Das kommt der Aussage von Chuang-tzu sehr nahe: „t'ong t'ien-hsia i ch'i", was bedeutet, daß das ch'i die unzähligen Dinge unter dem Himmel dahingehend integriert, ein ch'i zu werden. Chuang-tzu brachte auch die Interaktion zwischen den Dingen durch die Einführung des ch'i zum Ausdruck. Wie der Heilige Geist in der christlichen Lehre durchdringt das ch'i alles in der Welt und führt zur unaufhörlichen Abfolge des Lebensprozesses im Universum. In diesem chinesischen Verständnis ist der Geist Gottes das ch'i, welches alles durchmißt und durchdringt. Bei der Formulierung einer ökologischen Theologie in den gegenwärtigen taiwanesisch-chinesischen Verhältnissen könnte sich diese indigenisierte Lehre des Heiligen Geistes als bedeutungsvoll erweisen.

V. Schlußfolgerung

Dem Bericht des Untersuchungsteams über die Lebensqualität in der Bioregion Taiwan (1991) zufolge waren sich die meisten Menschen Taiwans in hohem Maße dessen bewußt, daß sich die Umweltsituation in Taiwan rapide verschlechtert.[23] Dies ist ein gutes Zeichen, obwohl es nicht notwendig bedeutet, daß diese Menschen sich auf ein Leben verpflichten, das den gesunden Zustand der Natur sicherstellt. Die problematische Distanz zwischen Einsicht (erhöhtem Umweltbewußtsein) und Handeln (Verhalten in bezug auf Produktion, Verbrauch, Verschwendung) muß noch überwunden werden.

Um dieses Ziel zu erreichen, scheint ein inter-religiöser Dialog erforderlich zu sein, der die verschiedenen Glaubensgehalte und Religionen umgreift, nicht zuletzt weil die Christen eine Minorität darstellen (4% der Gesamtbevölkerung), während Gläubige aus den Volksreligionen eine wesentlich bedeutsamere Rolle im politischen, sozialen, ökonomischen Bereich spielen. Das Solidaritätsprinzip, wonach alle Personen guten Willens und verschiedener religiöser Provenienz Hand in Hand vorgehen müssen, um etwas für den Schutz der Umwelt zu tun, ist die effektivste Vorgehensweise.

Die traditionelle taiwanesisch-chinesische Erwartung der Vereinigung des Himmels und der Menschen ist das Ideal und höchste Ziel des menschlichen Lebens. Dieses Ideal entwickelte sich indes stufenweise im Prozeß der Geschichte zu dem endgültigen Zustand der eschatologischen Einheit des Himmels, der Erde und der Menschen.[24] Lao-tzu sagte: „Das Tao, die erste Ursache oder kreative

Kraft in der Natur, bringt den Kosmos hervor, das tai chi. Tai chi bringt das yin (das negative oder weibliche Prinzip) und yang (das positive oder männliche Prinzip) hervor. Aus den Tätigkeiten dieser zwei Prinzipien yin und yang haben wir Himmel, Erde und Menschheit. Diese drei sind die fundamentalen zusammensetzenden Elemente im Universum. Harmonie setzt sich durch, wenn der Geist der Wahrheit sie alle durchmißt und leitet."[25] Eine solche Harmonie legt die christliche Eschatologie des neuen Himmels und der neuen Erde in der Zukunft nahe, in welcher „shalom" unter allen Geschöpfen im Universum eintreten wird. Es kann eine Überbrückung zwischen der chinesischen Kultur und dem christlichen Glauben geben in der Hoffnung auf ein neues heraufziehendes Zeitalter, in welchem alle Geschöpfe unter dem Himmel auf organische Weise miteinander in Beziehung stehen. Um dieses Stadium zu erreichen, sind alle Menschen, ungeachtet ihrer Rasse oder ihres religiösen Glaubens, dazu verpflichtet, den Lebensstil zu pflegen, welcher zur Einheit des Himmels, der Erde und der Menschen führt.

Aus dem Englischen übertragen von Bernhard Dörr

Anmerkungen

[1] Diese Studie, 1991 durchgeführt, untersucht die Umweltprobleme in 12 Staaten mit dem Ziel, eine gemeinsame Grundlage für ein ökologisches Gleichgewicht herzustellen. Die 12 Staaten waren: Australien, China, Hongkong, Indien, Indonesien, Japan, Malaysia, Philippinen, Singapur, Südkorea, Taiwan und Thailand.

[2] Ungeachtet der politischen Instabilität während der letzten vier Jahrzehnte haben die hart arbeitenden Taiwanesen ein Wirtschaftswunder vollbracht, das sich beispielhaft verdichtet in der Anhäufung von über 70 Billionen $ Überschuß aus Außenhandelsbeziehungen. Ein neuer, sechsjähriger Nationaler Entwicklungsplan ist im Entstehen.

[3] Gemäß dem offiziellen Bericht Anfang 1994 gab es mehr als 20 Millionen motorisierte Fahrzeuge in Taiwan. Beinahe jeder auf der Insel besaß ein Fahrzeug. Die Fahrzeugdichte ist 15mal höher als in den USA, 2,4mal höher als in Japan, 2,5mal höher als in Deutschland, 3,3mal höher als in England, 6mal höher als in Frankreich.

[4] Vgl. Meng-tzu, Kao-tzu p'ien shang, 8.

[5] Meng-tzu, Kung-sun-ch'ou p'ien shang, 2.

[6] Dem Taoisten zufolge ist die Bedeutung des *Tao* der „Weg", es ist die Realität hinter oder in den Erscheinungen, die letzte metaphysische Wahrheit. Wie der Gott einiger westlicher Philosophen ist es das, über das nichts ausgesagt

werden kann, aber aufgrund dessen alle partikularen Phänomene ihr Sein haben; ob als Sein oder Nichtsein aufgefaßt oder als das Prinzip in allen partikularen Dingen, es wird in jedem Fall als Gottheit begriffen.

[7] Lao-tzu, Gedicht 37. Übersetzt von A. C. Graham in seinen „Disputers of the Tao", La Salle, Illinois: Open Court Publishing Co., 1989, 232.

[8] Lao-tzu, The Way of Life, übers. von R. B. Blankney, New York: New American Library, Mentor Books, 1955, Gedicht 29, 81.

[9] Chuang-tzu, Kap. 12 (T'ien-ti P'ien 10).

[10] Lao-tzu, Gedicht 7. Graham 230.

[11] Vgl. Chuang-tzu, Kap. 7.

[12] Vgl. Chuang-tzu, Kap. 5.

[13] Vgl. Chuang-tzu, Kap. 1.

[14] Die Übersetzungen sind entnommen aus Fung Yu-Ian, Chuang-tzu, Beijing: Foreign Languages Press, 1989, 107–113. Vgl. auch die abweichende Übersetzung dieses Textes im Beitrag von H. Roetz, oben S. 154.

[15] Vgl. Y. C. Yang, China's Religious Heritage, New York: Abingdon-Cokesbury Press, o. J., 155.

[16] Vgl. Tung-Fang-yuan, Taiwan Folk Religions, Taipei: Ch'ang-ch'ing Publishing Co., 1984, 190.

[17] Luis Gutheinz/Timothy Y. S. Liau, Chi-tu Hsin-yang chung te Sheng-t'ai Shen-hsüeh (Theologie der Erde: Ökologische Theologie in christlicher Perspektive), Taipei 1994.

[18] So z. B. Jürgen Moltmann, God in Creation: An Ecological Doctrine of Creation. Übers. v. Margaret Kohl. London: SCM, 1985.

[19] Moltmann, xii.

[20] Vgl. Laurence G. Thompson, Chinese Religion: An Introduction, Encino, CA: Dickenson Publishing Co., 1975, 4.

[21] Moltmann, 3.

[22] Chang Ch'un-shen, „Chung-guo-jen te ch'i lun yu shen-hsüeh shang te chi ko wen-t'i", in: Collectanea Theologica 53 (1982) 341–368.

[23] Das Team setzte sich zusammen aus 11 Mitgliedern verschiedener religiöser Herkunft und Lehrgebiete und ist eine nicht auf Profit ausgerichtete apolitische akademische Organisation. Ihr 1994 erschienener Schlußbericht mit dem Titel „Quality of Life in the Bioregion of Taiwan" wird herausgegeben von der Fujen Catholic University, Faculty of Theology, Taipei.

[24] Das Konzept der eschatologischen Einheit von Himmel, Erde und Menschen ist der allgemeine Titel der Trilogie „Das Geheimnis Gottes", „Theologische Anthropologie" und „Theologie der Erde", die von meinem Kollegen Luis Gutheinz, S. J., für Chinesisch sprechende Leser geschrieben wurde.

[25] Tao-te Ching, Kap. 25.

Eine erd-gesinnte Spiritualität im heutigen Australien

Von Eugene Stockton

Australien im Wandel

Mein Land durchschreitet derzeit eine gewaltige, aber friedliche Revolution. In meiner Jugendzeit in den 40er Jahren kannte ich einmal eine Nation, die sich damit brüstete, britischer zu sein (in der ethnischen Zusammensetzung) als die Britischen Inseln selbst. Wir nannten England 'Heimat' und Australien die Antipoden. Unser Gründungsmythos war der einer britischen Sträflingskolonie, die heranreifte zu einer Demokratie mit einem vollständigen Satz britischer Institutionen. Unsere Geschichte dauerte noch nicht 200 Jahre.

Heute behauptet einer von vier Australiern, in Übersee geboren zu sein, einer von fünfen hat als Muttersprache eine andere als Englisch. Mehr als 90% der Nationen dieser Welt sind Geburtsort unserer Bürger.[1] Es entwickelt sich ein Empfinden, daß der Welt die Chance zu einem Neubeginn auf dem Insel-Kontinent gegeben wird, da Gruppen von Menschen allerlei Herkunft zusammenkommen und die alten Feindseligkeiten und die Bürde einer Geschichte weitentfernter Nationen hinter sich lassen. Multikulturalismus ist kein Zufall der Geschichte, sondern ein Anliegen wohlerwogener amtlicher Politik, welches von starker öffentlicher Unterstützung mitgetragen wird. Jede Kultur wird dazu ermutigt, sich in Familien und ethnischen Institutionen zu entwickeln und sich gemäß ihrem eigenen Charakter an die neue Umgebung anzupassen und so das Ganze des kulturellen Gemisches zu bereichern. Die Gastgeber-Kultur bietet einen gemeinsamen Bestand an Sprache, Gesetzen und staatlichen Institutionen, auch einen Geist der Gleichheit und Toleranz, um die Vielfalt willkommen zu heißen und zusammenzuschweißen.

Der frühere Gründungsmythos kann dieser neuen Nation nicht länger dienlich sein. Es gibt heute eine intensive Suche nach neuer Identität, welche ihr Echo findet in der Suche religiöser Kreise nach einer australischen Theologie und Spiritualität. Das Land dient nicht nur auf physischer Ebene als vereinigende Instanz der verschiedenen Rassen und Kulturen, sondern mehr und mehr auch auf spiritueller Ebene. Australier spüren, daß das Land eine spirituelle Kraft ist, und erkunden die Spiritualität der Aborigines, da *sie* die Stimme dieser Kraft sind. Aborigines betreten die Hauptbühne des nationalen Lebens, insofern als Australien danach trachtet, Fehler der Vergangenheit wiedergutzumachen, und zwar auf gesetzlichem Wege, in ökonomischer und sozialer Hinsicht, unterwegs zu voller Aussöhnung. Wir erkennen jetzt, daß wir eine Nation mit einer mehr als 60000jährigen Geschichte sind, in der die große Majorität der Australier Aborigines gewesen ist.[2]

Aborigines stehen Rede und Antwort wie niemals zuvor, da sie eine angeborene Meisterschaft in Symbolen und Kommunikation an den Tag legen. Bildende Kunst der Aborigines erfährt eine Renaissance, gleichzeitig in Stammesgebieten und in den Städten. Gemälde der Aborigines brachen explosionsartig hervor im Land, ausgestattet mit außerordentlicher Vitalität und Farblichkeit und mit kompromißloser Unerschrockenheit in der Aussage. Nur wenig geringer ist der Einfluß ihres Tanzes, der Musik, Literatur und anderer Formen der Kunst. Zusätzlich zur osmotischen Wirksamkeit der genannten Ausdrucksweisen sind Sprecher der Aborigines gefragt, die Spiritualität ihres Volkes zu erklären.

Während des Internationalen Jahres der Indigenen Völker (1993) fand ich mich als Redner auf so vielen Foren über dieses Thema wieder, daß ich dazu veranlaßt wurde, ein Buch zu schreiben mit dem Titel: Das Geschenk der Aborigines: Spiritualität für eine Nation (1995).[3] Ziel war es, in traditionellen Religionen jenseits der kultischen Besonderheiten, die großenteils der Vergangenheit angehören, einen Kernbestand an Werten und Haltungen auszumachen, die bis zu den heutigen Aborigines fortbestanden haben und aufgeführt werden, um Einfluß zu nehmen auf die Spiritualität der Australier, gedacht als eine Reihe von konkreten Herausforderungen, um äquivalente Posten in der eigenen religiösen Tradition wiederzuentdecken. Der vorliegende Beitrag stellt das Gerippe des Buches dar.

Bedenkt man die ethischen Forderungen der Umwelt gegenüber der Menschheit, dann erkennt man die in so vielen Gebieten und auf so vielen Ebenen notwendigen pragmatischen Anstrengungen (technologische, soziologische, politische und ökonomische etc.). Aber für diejenigen, die diese Arbeit leisten, zusammen leisten sollen, ist ein Konsens hinsichtlich der Motivation und darum eine gemeinsame Denkweise erforderlich. Für diejenigen mit religiösem Hintergrund würde das auf eine Spiritualität hinauslaufen. Was die Spiritualität der Aborigines nicht nur den Australiern, sondern meiner Meinung nach der ganzen Welt anzubieten hat, ist eine Form der Askese, welche aufmerksam auf die Um-Welt sowohl in der Gesellschaft als auch in der Natur achtet. Gerade so, wie die Aborigines, die seit langem Teil ihrer Umwelt und in Einklang mit ihrer Umwelt sind, von der Landschaft ein Gesetz der Harmonie untereinander und mit der Natur ablesen, so können sie uns wiederum lehren, von der Umwelt den möglichen Weg abzulesen, in Einklang mit ihr und uns selbst zu leben.

I. Eine Einführung in die Spiritualität der Aborigines

1. Schöpfungserzählung

Das Fundament der Religion der Aborigines ist die Schöpfung. Obwohl die Erzählungen von Region zu Region große Unterschiede aufweisen, folgt in jeder das Gründungs-Geschehen einem gemeinsamen Muster.[4]

Es prä-existierte eine formlose Materie-Masse, dunkel und eigenschaftslos, aus welcher, einer Mutter ähnlich, wie aus dem Schlaf, die ersten Wesen hervorgingen. Diese Ahnen-Wesen nahmen verschiedene Gestalten an, dergestalt daß eines bisweilen agieren und aussehen konnte wie ein bestimmtes Tier und ein anderes Mal wie ein Mensch. In einem heftigen Ausbruch kreativer Aktivität bewegten sich diese Wesen über die Landschaft hin und formten deren physische Eigentümlichkeiten so, wie sie sich heute den Blicken zeigen. Diese Ahnen-Wesen brachten Lebensformen hervor, ein jedes begründete eine Linie von Abkömmlingen, welche aus einer lebenden Spezies und ihren menschlichen Gegenstücken bestanden, die als ein einzelnes Totem oder Träumen(des) [dreaming] verbunden waren. Diese Periode vehementer Kreativität war bis dahin ohne Gesetz und Moralität, insofern als jeder totemische Ahn auf seinen Streifzügen verhandelte, experimentierte, die Wahlmöglichkeiten testete, bis schließlich die Regeln und Grenzen für das Leben und Handeln seiner Nachkommenslinie festgelegt waren. So verliehen die Ahnen-Geister jedem Lebewesen sein eigenes Gesetz, festgelegt für alle Zeiten und eingeschrieben in die Landschaft. Einige dieser Ahnen-Wesen waren Kultur-Heroen, welche den Menschen beibrachten zu jagen, Feuer und Gebrauchsgegenstände herzustellen, eine Zeremonie zu begehen und all die Dinge, die zum Überleben von Belang sind.

Endlich, nach der vollständigen Ausführung ihrer Aufgaben und überkommen von Müdigkeit, sanken sie zurück in ihren ursprünglichen Schlummer. Einige verschwanden in dem Grund, woher sie zuerst aufgetaucht waren, andere verwandelten sich in die physischen Eigenschaften der Landschaft und hinterließen eine Spur ihres Lebens, weshalb die Geist-Kinder in der Gestalt ihrer Vorfahren geboren werden. Obwohl unbeweglich geworden, hörten diese Schöpfer-Geister nicht auf, lebendig, kraftvoll und im Besitz des Bewußtseins zu sein. Die kreative Aktivität setzt sich fort mittels der Lebens-Kraft, die an ihren Verweilplätzen verborgen vorhanden ist, an Örtlichkeiten, die von Bedeutung sind für ihre Geschichte, und in den verschiedenen Transformationen oder Inkarnationen. Ihre Transformationen schließen nicht nur besondere Landstriche, sondern ebenso heilige Gegenstände, totemische Embleme, Bilder und Teilnehmer an einer Zeremonie ein.

2. Zeremonie

Die Träumenden wurden am lebendigsten vergegenwärtigt durch spezielle rituelle Handlungen. Die Zeremonien der Aborigines dienten nicht nur der Erinnerung an vergangene kreative Akte, sondern vermittelten diese Aktivität auch in die Gegenwart hinein. Die Teilnehmenden wurden dabei in unmittelbaren Kontakt, ja sogar Identität mit dem uranfänglichen Schöpfungsereignis gebracht, wodurch ein Schub Lebenskraft freigegeben wurde.

Der Zweck der Zeremonie war nicht die Verehrung der Ahnen-Wesen noch ihre Besänftigung oder eine Bitte an sie, sondern teilzuhaben an den ursprünglichen kreativen Akten und ihre Kontinuierung in die Gegenwart hinein sicherzustellen, zum Zwecke des anhaltenden Wohlergehens der Welt. So eng war die Verbindung zwischen uranfänglicher Schöpfung und ihrer fortgesetzten Wirksamkeit vermittels der Zeremonie, daß die Meinung bestand, sollte die Zeremonie fehlgehen, würde auch die Welt scheitern müssen. Alle Menschen, und nicht nur eine spezielle Gruppe professioneller Priester, teilte sich die Aufgabe der beständigen Erneuerung des Universums. All die Bemühungen des Menschengeschlechts waren notwendig, um die Natur in harmonischem Lauf zu halten.

Das Träumen(de) geht immer weiter und ich bin Teil des weitergehenden Prozesses, indem ich zu dessen Stoßkraft das Meinige beitrage. Mein Leben, meine Handlungen, besonders die in der Zeremonie, stellen – ebenso wie andere in den ihnen verliehenen Rollen – sicher, daß das Ganze weitergeht.

3. Leben

Traditionelle Religion drehte sich ganz um Leben; sie war geprägt von der Zustimmung zu den empfangenen Lebensbedingungen.[5] Darin drückt sich eine Gefühlslage aus, die das Leben akzeptiert als eine Mischung aus Gut und Böse, aus Freude und Leid, und es dennoch preist. Leben, wie es jetzt gegeben ist, häßliche Auswüchse und all das hinlänglich Bekannte, ist nicht Folge des Abfalls von einem uranfänglichen, goldenen Zeitalter, sondern Leben in dieser Form wurde initiiert in dem Träumen(den). Obschon das Träumen und die Träumenden die gegenwärtigen Lebensbedingungen festlegen, fällt die Antwort der Menschen weder tragisch oder fatalistisch, noch rebellierend oder murrend aus. Sich in das zu fügen, was besteht, und nicht zu klagen über die Lebensbedingungen ist nicht passive Resignation, weil es doch einen Enthusiasmus fürs Leben gibt, eine Bereitschaft, es zu preisen, wie es halt ist, einen Willen zu überleben und das Staffelholz des Lebens weiterzureichen an die nächste Generation im Stafettenlauf des Lebens.

Leben selbst, und an sich, ist ein heiliges Gut. Leben selbst ist Religion. Es gibt keinerlei lebenskompensatorische Themen (wie Seelenheil, Nirvana, Messianismus oder Eschatologie), und man benötigt nicht Handlungen wie Opfer oder Bittgebete.

Sogar der Tod ist, dessenungeachtet, daß er unwillkommen sein mag, Bestandteil des Lebens, Mittel der Weitergabe des Lebens. Töten, Essen, Wachsen, Geburt, Tod – es handelt sich um einen Lebenskreislauf in einem Gesamtsystem, an welchem alle teilhaben gemäß ihren jeweiligen Gesetzlichkeiten. Ehrfurcht vor dem Leben räumt Respekt vor dem Tod ein. Der eine stirbt, damit ein anderer leben kann, jedes zu seiner Zeit.

4. Gesetz

Die Bewahrung und Vermehrung des Lebens ist das letztgültige Kriterium der Moralität der Aborigines und der letztgültige Zweck ihres Gesetzes. Das Gesetz[6] basiert auf dem Gedanken, daß der gesamte Kosmos ein lebendiges, selbst-reproduzierendes System ist, in welchem alle Teile lebendig, im Besitz von Bewußtsein und miteinander verbunden sind. Jeder Bestandteil ist ein moralisch Handelnder, d.h., er besitzt sein eigenes Gesetz und ist verantwortlich für seine Selbstversorgung sowie die Erhaltung des Ganzen, während er die anderen

Teile respektiert. Jeder Teil ist autonom, weder herrschend noch den anderen unterworfen. Wo ein Gegensatz aufkommt (wie in rechtmäßigem räuberischem Verhalten von Tieren, Kontroversen, der Bewirtschaftung von Land), gilt die Bemühung nicht der Zerstörung, sondern der Erhaltung, jeder Bestandteil soll in Balance mit den anderen und in einem Machtgleichgewicht gehalten werden. Die autonomen Bestandteile sind dennoch interdependent, jeder handelt und reagiert zusammen mit den anderen, und indem er dies tut, testet jeder die Grenzwerte seiner eigenen Begrenzungen. Diese Harmonie erfordert Disziplin, das eigene Leben nach dem Muster auszurichten, das die Tradition festgelegt hat.

Aborigines betrachteten sich selbst als durch verwandtschaftliche Bande mit jedem Teil des Kosmos verbunden und den Kosmos selbst schlicht als erweiterte Familie, so daß das auf der kosmischen Ebene gültige Gesetz auch auf der sozialen Ebene galt. Wie in der Umwelt, so waren in der Gesellschaft Beziehungen gekennzeichnet von einem ausgeprägten Sinn für Teilen und Fürsorge, der aus dem Bewußtsein wechselseitiger Dankesschuld erwuchs. Jeder Teil der Gesellschaft, ob Individuum oder Gruppe, schätzte seine Autonomie. Die Neigung der Menschen zur Kampfeslust wurde hinsichtlich ihrer Ausübung in Grenzen gehalten durch einen Sinn für Balance und Gleichgewichtszustände, so daß im Konfliktfall die eine Seite genau festlegte, die andere nicht zu zerstören, sondern (am Leben) zu erhalten, indem sie lediglich hinreichende Vergeltung übte. Angesichts von außen kommender Bedrohung, wie sie durch die europäische Invasion auftrat, gab es eine kreative Anpassung dahingehend, die Grenzen zu testen, was man retten könnte in einer gänzlich widrigen Lage.

5. Land

Das Land ist ein heiliger Platz, der Ort kreativer Akte des Träumen(den), die fortdauern in die Gegenwart hinein. Es ist noch immer bevölkert von Ahnen-Geistern, welche der Landschaft und deren Bewohnern Form verliehen und jetzt an speziellen Orten, den Lebenszentren, ruhen. Dort sind sie, obwohl im Schlaf, dennoch mit Bewußtsein behaftet und aktiv.

Das Land hat eine Geschichte zu erzählen. Da die Eigentümlichkeiten des Landes die physischen Aufzeichnungen von träumenden Ereignissen sind, kann ein Aboriginal das Land „meine Bibel“ nennen. Er kann es ebenso als „mein Gesetz“ bezeichnen, weil die

Ahnen-Geister, welche dem Land Form und Leben verliehen, in es auch ein ethisches System in-kodierten, das den Nachkommen zugewiesen wurde. Land sorgt für den Landbewohner, erhält sein Leben, und der Landbewohner sorgt für das Land (durch Zeremonie und Landbearbeitung). Als ungeschriebene Bibel und *Torah* beansprucht das Land sorgfältige Aufmerksamkeit, weil „der Großteil des Chores und der Ausstattung des Himmels und der Erde von den Aborigines als ein unermeßliches Zeichen-System angesehen wird. Man bewegt sich nicht in einer Landschaft, sondern in einem humanisierten Bereich, der reich erfüllt ist von Bezeichnungen."[7]

Es ist instinktiv-westlich, Land als eine separate Entität zu betrachten, auf der man als ein höheres Intelligenzwesen umherschreitet und die man als ein Gebrauchsobjekt für ökonomischen Gewinn oder fürs Vergnügen benutzt. Der Aboriginal hingegen sagt: „Ich bin das Land." Er empfindet sich als Teil eines Ganzen, er ist Teil jedes anderen ebenso, wie jedes andere Teil von ihm ist. Das Land ist nicht nur die Oberfläche, sondern schließt Flora, Fauna, sogar himmlische Körper in einem korporativen organischen Ganzen ein, welches ebenso beseelt, fühlend, intelligent, selbst-bewußt und kommunikativ ist wie jeder seiner Teile.

6. Mystik

Dieses Empfinden, achtsam zu sein auf alles um einen herum im Urwald und daß all die anderen für einen selbst empfänglich sind, mutet an, als befände man sich in einer lebhaften Menge auf einer Feier. Diese Art wechselseitigen Teilens wurde 'Intersubjektivität'[8] genannt. Sie ist die Basis der Mystik der Aborigines. In der Umwelt sind alle Dinge lebendig, bewußt und aufmerksam aufeinander. So ist eine Person nicht nur von umsichtiger Aufmerksamkeit der Umwelt gegenüber, sondern die Umwelt wird als umsichtig aufmerksam ihr gegenüber und als mit ihr kommunizierend empfunden; ein jeder ist für den anderen empfänglich. Die intensive gegenseitige Kenntnis und der innige Lebensstil von Angesicht zu Angesicht, an dem ein Aboriginal in Familie und Gemeinschaft teilhat, wird ausgeweitet auf die Erfahrung des Kosmos. Aus dieser wechselseitigen Aufmerksamkeit und der Beobachtung des Gesetzes erwächst ein Gefühl der Harmonie, Einheit und Ganzheit aller Teile des Kosmos: Alle Teile des Kosmos handeln verantwortlich und lassen sich ein auf eine mystische Union mit dem kosmischen Ganzen.

Folglich ist personale Mystik Bestandteil verantwortlichen Lebens und selbst ein verantwortlicher Akt, um den ganzen Kosmos in seinem kosmisch-mystischen Charakter zu steigern, allerdings von einem personalen Zentrum aus. Ich spiele meine Rolle „im Bewußtsein des Universums". Die Religion der Aborigines ist als eine von Immanenz bestimmte beschrieben worden, Immanenz, „welche basiert auf einer fundamentalen Ganzheit, von welcher jede einzelne Entität eine Manifestation ist. Lebensgeist durchweht uns alle; beim Einen zu sein bedeutet, im Höchstmaße beheimatet zu sein. Mystik in dieser Tradition ist ein Begreifen der Welt mit empfindsam erhöhter Aufmerksamkeit für Intersubjektivität. Das Selbst ist nicht inkorporiert in das andere, aber vollständig verwickelt mit anderen."[9]

II. *Dadirri*-Askese

1. Geschenk an eine Nation

Als der Papst 1986 Aborigines in Zentralaustralien traf, schloß er seine Ansprache an sie mit folgenden Worten: „Die Kirche ihrerseits wird nicht vollständig die Kirche sein, wie Jesus sie will, bevor Ihr Euren Beitrag geleistet habt zu ihrem Leben und bevor dieser Beitrag voller Freude von den anderen entgegengenommen worden ist." Australier haben um so mehr Grund, auf den spezifischen Beitrag der Spiritualität der Aborigines achtzuhaben, als diese sich entwickelt hat wie unsere einzigartige Flora und Fauna in diesem Land und den höchsten menschlichen Ausdruck dieses Landes darstellt.

Dieser Einfluß sollte nicht als etwas Fremdes angesehen werden, das wir uns selbst aufzwängen, sondern als eine Herausforderung, die in der christlichen Tradition bereits gegebenen und in besonderer Weise in unserer Zeit und an unserem Ort angemessenen Elemente von neuem zu prüfen und hervorzuheben. Dazu gehören:

a) Das Empfinden der Aborigines von Zelebrieren und Sakramentalität[10] kann Christen aus sakramentalen Traditionen (Katholiken und Orthodoxe) einen neuen Blick und eine neue Wertschätzung für ihr eigenes sakramentales Leben schenken, für das tiefe Geheimnis, das sich in ihren Liturgien entfaltet, für den festlichen Geist, welcher der Feier der Liturgie einwohnen und in das Alltagsleben überfließen sollte.

b) Die Zustimmung zum Leben als gegebenem ruft das Mysterium paschale ins Gedächtnis, durch welches Jesus ja sagte zum Tod, um zum Leben ja zu sagen, ein Geheimnis, das auch unserem Leben aufgeprägt ist, insofern als wir immer wieder zu einer Mutterleib-artigen Existenz sterben, um in größere Weite einzugehen.

c) Das Gesetz der Aborigines unterwies sie darin, wie sie in Harmonie miteinander und mit der Umwelt leben konnten, indem sie alles Leben und das Gewebe an Beziehungen zwischen allen lebendigen Dingen respektierten. Es konnte aus der Landschaft abgelesen werden und pflegte die Gesellschaft zu durchformen. Es legt den modernen Australiern nahe, daß der Urwald oder jegliches Natur-System uns beibringen können, wie wir uns zu organisieren haben, nicht nur auf dem praktischen Feld (z.B. Permakultur, nachhaltige Entwicklung, integrale Ökonomie), sondern im Hinblick auf unser Leben und unsere Gesellschaft.

d) Aborigines neigen dazu, die Welt als eine große, ausgedehnte Familie zu betrachten, in welcher alle gleich sind, auch wenn es einige Älteste gibt.[11] Wir könnten uns also dazu bewegen lassen, die Weltsicht von Jesus, der Gott „Abba-Vater" nannte, das Empfinden von Familie in der Kirche (zum Ausgleich gegenüber ihrem hierarchischen Geist) und ein familiäres Empfinden für alle Teile des Kosmos (nach der Art des Hl. Franziskus) wiederzugewinnen.

e) Aborigines haben ein Identitätsempfinden mit dem Land und ein Empfinden seiner Heiligkeit. Das ruft die biblische Vorstellung des Heiligen Landes als Sakrament von Gottes Bund mit seinem Volk in Erinnerung. Eine moderne Spiritualität kann nicht länger die Umweltprobleme umgehen und sollte sich angemessenerweise ein kosmisches Mitgefühl und Solidarität mit dem Ganzen und all seinen Teilen zu eigen machen.

f) Diese Elemente kommen zusammen in der Mystik der Aborigines, für die eine „nicht-fokussierte Aufmerksamkeit" wesentlich ist, d.h. eine Fähigkeit, gleichzeitig auf die ganze Umgebung aufmerksam und vom Ganzen in Anspruch genommen zu sein. Katholiken werden von ihrer eigenen Tradition an frühe keltische und mittelalterliche germanische Mystik erinnert, die sich durch die göttliche Immanenz in der Natur zu einem transzendenten Gott hin ausstreckt. Miriam Rose Ungunmerr ist wie eine Brücke zwischen der Mystik der Aborigines in ihrer traditionellen Form und einer, die ganz in der katholischen Tradition beheimatet ist. Sie nennt die Mystik der Aborigines in ihrer eigenen Sprache *dadirri* und beschreibt sie als eine Art der Kontemplation: „inneres tiefes Hören, ruhendes friedvolles Gewahren, geduldiges Warten".[12]

Dieses einzigartige Angebot kommt zu einer Zeit, in der es ein starkes Interesse an Meditation gibt, welche dennoch häufig zu übersteigerter Introspektive tendiert, zum Rückzug in den „Garten der Seele“: ein Sichzurückziehen vom Leben eher als ein Sicheinlassen darauf. *Dadirri* bietet eine wohltuende Balance in seiner Wendung nach außen zur Realität, dem realen Garten um uns herum, auf der Suche nach einer Einheit mit dem Ganzen.

2. Umwelt-Askese

Ich bin überzeugt, daß *dadirri* das Potential hat, eine besondere australische Schule der Spiritualität zu begründen. Diese Spiritualität läuft in unmittelbar entgegengesetzter Richtung zu einer nationalen Veranlagung zu exzessiver Aktivität, aber sie vermag vernachlässigte Elemente unserer biblischen Tradition zu wecken, voran den Sabbat und die mit ihm assoziierten Werte.

Von all den Handlungen der Verehrung, die Gott galten im Alten Testament, war die Einhaltung der Sabbat-Ruhe bei weitem die bedeutendste. Sie war das große Tu-nichts-Gebet der Bibel. Sie lehrt den Wert der 'leeren', ja der 'ungenutzten' Zeit, die Gott Zeit und Raum gibt, uns wiederherzustellen: Laß gut sein, laß Gott machen. Die Wüste wurde das spirituelle Symbol der Werte, die sich um das Sabbat-Ideal gruppieren. Zu ihnen gehört auch der Geist des Wartens und Hoffens, der in der jüdischen und urchristlichen Tradition fest verankert ist.

Die Kirche in ihrem steigenden Interesse für soziale Gerechtigkeit und in jüngerer Zeit für die Umwelt führt die Gläubigen zu einer Spiritualität, die sich ihrer Umgebung voll bewußt ist, sowohl der Gesellschaft als auch der Natur. Frühere Spiritualitäten in der Kirche hatten als Motto z. B. 'Bete und arbeite' oder 'Armut, Keuschheit und Gehorsam' (und wurden dadurch faktisch das Monopol religiöser Menschen in einer Ordensgemeinschaft). Ich bin zu der Überzeugung gelangt, daß eine Askese für unsere Zeit, die soziales Bewußtsein mit Sensibilität für die Umwelt verbindet, während sie offen ist für Menschen in allen Lebenslagen, sich durch folgende Grundhaltungen auszeichnen würde: *Mitfühlen*, *Geduld*, *Güte*, *Schlichtheit* (compassion, patience, gentleness, simplicity). Für einen Christen werden diese Grundhaltungen exemplifiziert und geschaut in der Person Jesu. Sie sind ein zeitgemäßer Ausdruck der Seligpreisungen (Mt 5, 3–12) oder der Frucht des Geistes (Gal 5, 22–23).

Diese vier Grundhaltungen bilden den Kern einer Spiritualität, die sich ausstreckt nach Gott durch die gesellschaftliche und natürliche Umwelt eines jeden hindurch. Solch eine Spiritualität würde sich Ausdruck verschaffen in der Sorge um Menschen und um das Ganze der Schöpfung. Liebe ist das richtige Wort, aber es ist heute so inflationär gebraucht, daß man sich zweifelnd die Frage stellt, ob man wirklich liebt. Aber wir wissen darum, wenn wir uns um etwas sorgen, und Sorge (care) wagt es, praxisrelevant etwas durchzuziehen, wo das möglich ist. Als ein religiöses Ideal wäre solche Sorge gerichtet auf und motiviert durch die Sorge Gottes, indem sie Gottes Sorge für uns nachahmte und erwiderte.

Sorge würde in natürlicher Weise Ausdruck finden im Gottesdienst, welcher den Schöpfer-Befreier und all seine Werke feiert. Um ein Stichwort aus der traditionellen Zeremonie der Aborigines aufzunehmen, kann man öffentlichen Gottesdienst und privates Gebet, anstatt sie immer an Gott zu richten, bisweilen *mit* Gott praktizieren, Seite an Seite mit Gott, so daß man teilhat an den kreativen, erlösenden Handlungen Gottes (gerade wie man mit Gott am Sabbat ruht und mit Gott vergibt in der Versöhnung). *Mit* Gott zu beten wird zu einer bewußt gewollten Beteiligung am kosmischen Prozeß, am Kreislauf des Lebens. Der Urwald kann jemandes Kapelle werden: Der aufmerksame Liebende tritt mit andächtigem Geist ein, achtgebend auf jede kleine Einzelheit, alles tönend von Leben und gegenseitigem Kennen. Hier findet ein heiliges Fest statt, farbenfroh und glitzernd, singend und tanzend, und man läßt sich auf den schwingenden Rhythmus des Festes mit völliger Ungezwungenheit ein. Sogar die Sorge um kleine Dinge im eigenen Verantwortungsbereich – eine Pflanze, ein Tier, ein Kind etc. – kann Gebet mit Gott sein, besonders wenn sie mit Bedacht in der Gegenwart Gottes gelebt wird.

Solch eine Spiritualität ist weit entfernt davon, eine liebliche Option darzustellen. Als wahre Askese würde sie Disziplin und Selbst-Verleugnung beinhalten. Aber während die Formen der Vergangenheit dahin tendierten, eine künstliche Auswahl der Praktiken der Selbst-Verleugnung zu treffen, würde diese erdige Spiritualität eine hinreichende *ascesis* (wörtlich: die im Training der Athleten unternommenen Anstrengungen) oder Mittel der persönlichen Entwicklung finden, als Antwort auf die täglichen Anrufe zum Sorgen im gewöhnlichen Leben. Sich selbst zu schulen in Mitgefühl, Geduld, Güte und Schlichtheit verlangt beständig lebensfördernde Selbst-Verleugnung. Moderne *ascesis* kann in 'grünen' Bestrebungen ausgelebt werden wie Bewahrung des Wassers oder der Energie, Heranziehen und Kompostieren von Pflanzen, zurückhaltender Gebrauch des

Autos, Recycling. Die Liste kann unendlich weitergeführt werden, das tägliche Leben bietet eine Vielzahl von Wegen des Wachstums ohne außergewöhnlich fromme Praktiken, solange das Herz auf Gott gerichtet ist durch die Schöpfung hindurch.

Eine auf die Umwelt umsichtig achtgebende Spiritualität könnte besiegelt werden durch einen *Bundesschluß mit dem Land und seinem Volk*, orientiert an dem Modell von Gottes Bund nach der Flut (Gen 9, 8–17). In dem Jahr der Indigenen Völker (1993) schlug eine australische Organisation, Kuri-Ngai Partners, die feierliche Durchführung dieses Bundesvertrages durch eine Gruppe von Leuten vor, die bevorzugt um ein Lagerfeuer herum sitzen sollten in Urwaldumgebung, und zwar mit der folgenden Erklärung:

„Heute, schließen wir ... einen Vertrag mit diesem Land. Wie ein Ast einem reifen Stamm aufgepfropft wird, so wollen wir dem alten Erbe dieses Landes aufgepfropft werden, damit sein Leben uns durchflutet. Wir binden uns an das Land um uns herum und an alle, die zu ihm gehören, sowohl diejenigen, die Eingeborene sind, als auch die Einwanderer, die in gleichartiger Weise diesem Land gegenüber eine Verpflichtung eingegangen sind. Wir werden Sorge tragen für es, unsere Mutter, und für ihre Kinder, mit Güte, Geduld, Schlichtheit und Mitgefühl. Nicht als etwas, auf das wir Besitzrechte in Anspruch nehmen könnten, sondern vielmehr als ein Geschenk an uns von Gott werden wir das Land ansehen, für das wir von ganzem Herzen Dankbarkeit empfinden, und unterziehen uns der freudigen Pflicht, auf dieses Geschenk achtzuhaben bis zum Tag der Rechenschaft. Wir danken Gott auch für all die Güter auf der Erde – Luft, Wasser, Energie, Nahrung und all die Reichtümer über und unter dem Erdboden – und geloben, sie zu nutzen, soweit wir sie brauchen, sparsam und mit Bedacht.

Gemäß unserem Gottesverständnis betrachten wir das Land als ein Sakrament und eine Ikone unseres Gottes, der wie eine Mutter sorgt. Wir halten Ausschau nach der Ankunft von Gottes Sohn bei uns in unserem Land. Im Grade wir tiefer eindringen in dieses mystische Sein um uns herum, werden wir auf den Geist lauschen, den Atem Gottes, der seit Ewigkeiten dieses Land durchweht hat."

Aus dem Englischen übertragen von Bernhard Dörr

Anmerkungen

[1] In Neusüdwales z. B. sind von 264 Nationen der Erde nur 25 nicht vertreten gemäß „The people of New South Wales: Statistics from the 1991 Census", Ethnic Affairs Commission of N.S.W., Sydney, 1994.

[2] Zu einer differenzierten Sicht australischer Geschichte vgl. vom Autor „Their Blackened Stump is Holy Seed", in: Compass Theology Review 22/1–2

(1988) 19–25. In D. Graetz u. a., Looking Back: The Changing Face of the Australian Continent 1972–1992, Canberra: CSIRO, 1992, wurde die Gesamtzahl der Aborigines mit 360 000 000 angegeben. Der Hauptautor teilte mir mit, daß man zu dieser Zahl ausgehend von 300 000 Aborigines, einer Generationsspanne von 25 Jahren und 1500 Generationen gelangte, was diese Berechnung auf dem heutigen Kenntnisstand als sehr konservativ erscheinen läßt. Ich kam, auf derselben Basis, zu einer Zahl von ungefähr 40 000 000 australischer *Nicht-*Aborigines.

[3] E. Stockton, The Aboriginal Gift: Spirituality for a Nation, Alexandria/NSW: Dwyer, 1995. Meine früheren Erkundungen auf diesem Gebiet umfassen „This Land, Our Mother", CCJP Occasional Paper No. 9, Catholic Commission for Justice and Peace, 1986; „Coming Home to our Land", in: Tjurunga. An Australian Benedictine Review 35 (1988) 29–40; „Sacred Story – Sacred Land", in: Compass Theology Review 25 (1990) 5–14, 36; „Voice in the Desert", in: Australian Catholic Record 68/1 (1991) 56–64. Zu den Diskussionen über dieses Thema auf seiten der Aborigines siehe E. Stockton, „Talk about Spirituality", in: Nelen Yubu 50 (1992) 4–16; und „Aboriginal Thinking", in: Nelen Yubu 51 (1992) 17–19.

[4] Siehe für eine lebendige und vollständigere Darstellung T. G. H. Strehlow, Central Australian Religion. Personal Monototemism in a Polytotemic Community, AASR Special Studies in Religion Series, Vol. 2, Adelaide 1978.

[5] Das folgende greift hauptsächlich zurück auf W. E. H. Stanner, Religion, Totemism and Symbolism, in: R. M. and C. M. Berndt (ed.), Aboriginal Man in Australia, Sydney: Angus and Robertson, 1965; ders., The Dreaming. White Man Got no Dreaming, Canberra: A.N.U. Press, 1979; D. B. Rose, Consciousness and Responsibility in an Australian Aboriginal Religion, in: Nelen Yubu 1985, 11–13; ders., Dingo Makes us Human, Cambridge: C.U.P., 1992, 91–105.

[6] Siehe über die „Meta-Regeln" des Gesetzes der Aborigines D. B. Rose 1992, 44f.

[7] W. E. H. Stanner, Religion, Totemism and Symbolism, in: R. M. u. C. H. Berndt (Hrsg.), Aboriginal Man in Australia, Syndney: Angus and Robertson, 1965, 215 u. 227.

[8] D. B. Rose 1985, 8–9, 1992, 90–91.226.

[9] D. B. Rose 1992, 237.

[10] M. Wilson war es, der als erster die Ansicht äußerte, daß Sakramentalität und Zelebrieren der Hauptbeitrag der Aborigines zu einer australischen Theologie seien: „New, Old and Timeless", in: Nelen Yubu Missiological Series No. 1, Kensington, 1979.

[11] Vgl. E. Stockton, in: Nelen Yubu 50 (1992) 4–16; 51 (1992) 17–19.

[12] Miriam Rose Ungunmerr, „Dadirri", in: Compass Theology Review 22/1–2 (1988) 9–11. Siehe auch ihren Beitrag im vorliegenden Band.

Dadirri: Die Spiritualität der australischen Ureinwohner

Von Miriam Rose Ungunmerr

Mein Stamm heißt *Ngangikurungkurr.* Das Wort ist aus drei Teilen zusammengesetzt: *Ngangi* bedeutet Wort oder Klang, *Kuri* heißt Wasser, und *Kurr* ist tief. Der Name meines Volkes bedeutet also „Die Klänge des tiefen Wassers" oder „Klänge der Tiefe". Ich will im folgenden Text zeigen, wie man aus dieser tiefen Quelle, die sich in uns befindet, schöpfen kann.

Immer mehr weiße Australier begreifen, daß wir Ureinwohner ein besonderes, achtungsvolles Verhältnis zur Natur leben. Die enge Verbindung zwischen uns und dem Land ist heilig und einzigartig. Viele Weiße beginnen, das besser zu verstehen. Es gibt mittlerweile auch viele weiße Australier, die es schätzen, daß wir Ureinwohner ein sehr ausgeprägtes Gemeinschaftsgefühl besitzen: Alle sind wichtig; wir alle gehören zusammen. Immer mehr Weiße beginnen langsam zu verstehen, daß wir Ureinwohner ein Volk sind, dessen Wesen darin lebendig ist, daß wir in religiösem Sinn „zusammen feiern". Die das gesamte Dasein einschließende und tragende „Feier des Lebens", sie macht unsere gemeinschaftliche Existenz als Volk aus.

Es gibt eine besondere religiöse Eigenschaft meines Volkes. Ich meine sogar, es ist die wichtigste. Es ist unsere ureigenste Gabe; vielleicht die größte, an der wir unsere australischen Landsleute teilhaben lassen können. In unserer Sprache heißt diese Eigenschaft *Dadirri. Dadirri* – das ist inneres, tiefes Zuhören und leises, stilles Gewahrsein. *Dadirri* weiß um die tiefe Quelle in uns. Wir wenden uns ihr zu, und sie gibt uns Antwort. Dies ist die Gabe, nach der sich Australien sehnt. Es ist etwas, was man bei den Weißen „Kontemplation" nennen würde. Wenn ich *Dadirri* erfahre, werde ich wieder ganz, wieder heil. Ich kann am Flußufer sitzen oder unter Bäumen spazierengehen; sogar wenn ein Freund gestorben ist, kann ich in diesem schweigenden Gewahren meinen Seelenfrieden finden. Es bedarf dazu keiner Worte.

1. *Dadirri* ist zu einem großen Teil Zuhören. Über die Jahre hinweg haben wir unseren Geschichten zugehört. Sie werden seit Zehntausenden von Jahren, gleichsam seit Anbeginn des Daseins, immer wieder erzählt und gesungen, während eine Jahreszeit die andere ab-

löst. Auch heute noch sitzen wir ums Lagerfeuer und lauschen gemeinsam den heiligen Geschichten. Wir werden älter und werden selbst zu Geschichtenerzählern. Wir geben den Jüngeren all das mündlich weiter, was sie wissen müssen. Die Geschichten und Lieder sinken leise in unser Gedächtnis, und wir halten sie tief verborgen. Bei den Festen feiern wir das Wissen um unser Leben als etwas Heiliges.

Die kontemplative Form von *Dadirri* umfaßt unser gesamtes Leben. Sie erneuert uns und bringt uns Frieden. Sie bewirkt, daß wir wieder heil werden. Eins der Feste, das diese Heilung mit sich bringt, ist das „Rauch-Fest". Ich nehme an diesen Festen teil. Mir gefallen die angemalten Körper, ich schaue den Tänzern gerne zu. Ich mag den Klang der Didgeridoo, unserer tiefen Flöten, und der Klangstöcke. Ich fühle mich bei diesen Zeremonien nie allein. Manchmal, bevor die Tänze beginnen, sitzen wir zusammen und lauschen, wie der Sänger oder die Sängerin mit der Geschichte anfängt. Jeder ist entspannt. Wir fühlen uns geborgen und glücklich. Wir sind alle beisammen, und es ist gut.

Ich empfinde tiefste Anteilnahme für viele Menschen meines Volkes, die ihre Feste und ihre Kultur verloren haben. Die Entbehrungen und Tragödien der vergangenen 200 Jahre unserer Geschichte haben viele Menschen meines Volkes verletzt oder getötet. Auch heute noch sterben viele Menschen meines Volkes einen inneren Tod. Doch als Volk überleben wir. Das Überleben ist durch die Jahrhunderte des Kampfes und Durchhaltewillens ein Teil von uns selbst geworden. Unsere Kultur ist noch lebendig. Ich hoffe, daß sie durch Bildung und Austausch mit anderen wieder stärker wird. Ich setze darauf, daß wir alle, Ureinwohner und Weiße, dadurch bessere Menschen werden.

Wir Ureinwohner haben auf unsere Weise von unseren ersten Tagen an gelernt zuzuhören. Wir können kein gutes und nützliches Leben führen, wenn wir nicht zuhören. Dies ist für uns die normale Form des Lernens – nicht das Fragenstellen. Wir lernen durch Beobachten, Zuhören, Warten – und dann Handeln. Unser Volk hat diese Form des Zuhörens seit mehr als 40000 Jahren überliefert.

Der Papst hat in Alice Springs zu uns gesprochen. Sein Wort hat uns geehrt mit tiefem Verständnis und Respekt für unsere Religion und Kultur. Johannes Paul II. sagte: „Ihr habt in spiritueller Nähe zum Land gelebt, mit seinen Tieren, Vögeln, Fischen, Wasserstellen, Flüssen, Hügeln und Gebirgen. Durch eure Verbundenheit mit dem Land habt ihr die Heiligkeit der Beziehung des Menschen mit Gott berührt, denn das Land ist der Beweis einer Kraft im Leben, die stärker ist als ihr selber. Ihr habt das Land nicht verdorben, aufgebraucht, ausgelaugt, und geht dann fort. Ihr habt verstanden, daß euer Land mit dem Ursprung des Lebens verbunden ist."

Mein Volk hat keine Angst vor Stille. Es ist vollkommen zu Hause in ihr. Es hat viele Jahrtausende mit der Stille der Natur gelebt. Heute erkennt und erfährt mein Volk in dieser Stille den großen lebenspendenden Geist, unser aller Vater. Für mich ist es einfach, Gottes Gegenwart zu erfahren. Wenn ich im Busch bin, von Bäumen umgeben, auf einem Berg oder an einem See: Das sind Augenblicke, in denen ich einfach in Gottes Gegenwart sein kann. Mein Volk hat eine enge Beziehung zur Natur. Es ist natürlich, daß wir uns dem Schöpfer nahefühlen.

Der weiße Anthropologe W. E. H. Stanner, dessen Arbeit sich zu einem Großteil mit den Stämmen des Daly River befaßt hat, schrieb einmal: „Die Religion der Ureinwohner ist von den uns bekannten Religionen wohl eine derjenigen, die am wenigsten auf das Materielle ausgerichtet und am meisten am Leben orientiert ist."

In letzter Zeit lauschen wir einem sehr heiligen Wort, das von Gott unserem Vater zu uns kommt. Dieses neue Wort heißt Jesus. In unserem *Dadirri*, dem tiefen Zuhören und der friedlichen Stille, die uns heilmacht und wiederbelebt, findet Jesus, das Wort Gottes, ein Zuhause. Jesus bereichert und erneuert unsere Kultur. Er kommt zu erfüllen, nicht zu zerstören. Er bringt sanfte Bewegung in unsere innere Ruhe, aber er nimmt uns nicht unseren Frieden. Wir hören gerne Worte des Friedens, so wie Jesus sie sprach. Wir lauschen gerne Worten, die wahr und gut sind, und geben sie gerne weiter – wie die Worte, die uns durch unsere Kultur und Tradition überliefert wurden; und wie die Worte, die im Evangelium Jesu zu uns kommen.

Danach sehne ich mich: daß diese Worte uns leiten und alle Menschen dazu kommen, dem Klang Gottes zu lauschen. Wir müssen alle versuchen zuzuhören: dem Gott in uns – unserem Land – und einer dem anderen.

2. Jetzt möchte ich über die andere, für die weiße Welt befremdliche Seite von *Dadirri* sprechen: das Warten. Unsere Kultur hat uns gelehrt, ruhig zu sein und zu warten. Wir versuchen nicht, Dinge zu beschleunigen. Wir lassen alles seinen natürlichen Gang gehen – wie die Jahreszeiten. Wir achten auf den Mond in jeder seiner Phasen. Wir warten auf den Regen, damit er unsere Flüsse fülle und die durstige Erde bewässere, wie auf unseren Gemälden hier. Wir leben im Rhythmus des Landes. Wenn die Dämmerung anbricht, bereiten wir

uns auf die Nacht vor. Morgens stehen wir mit der Sonne auf. Wir achten auf die Früchte des Waldes; doch wir warten, bis sie reif sind; erst dann sammeln wir sie. Wir warten auf unsere Jugendlichen, wie sie heranwachsen, Schritt für Schritt durch ihre Initiationszeremonien. Wenn ein Verwandter stirbt, so lassen wir der Trauer viel Zeit. Unser Schmerz gehört uns, und wir gestatten ihm, langsam zu heilen.

Wir warten auf die rechte Zeit für unsere Treffen und Feiern. Die richtigen Menschen müssen da sein. Alles muß in der angemessenen Weise geschehen, muß sorgfältig vorbereitet werden. Es macht uns nichts aus zu warten, weil wir möchten, daß alles achtsam geschieht. Manchmal dauert es Stunden, einen Körper vor einer wichtigen Feier anzumalen.

Wir hetzen nicht. Das unterscheidet uns zutiefst von der weißen Kultur. Es gibt nichts Wichtigeres als das, womit wir uns gerade befassen. Es gibt nichts, was dringlicher wäre, so daß wir irgendwohin eilen müßten.

Wir warten – auch auf Gott. Seine Zeit ist die richtige Zeit. Wir warten darauf, daß er uns sein Wort klar macht. Deshalb machen wir uns keine ruhelosen Gedanken. Denn wir wissen, daß wir seinen Weg rechtzeitig und im Geist von *Dadirri* – diesem tiefen Zuhören und dieser friedlichen Stille – erkennen werden.

Wir vom Volk der Ngangikurungkurr sind geprägt vom Fluß, der auf den weißen Landkarten „Daly River“ heißt. Wir können den Fluß nicht antreiben. Wir müssen uns mit seiner Strömung bewegen und seine Wege verstehen.

Wir hoffen, daß die eingewanderten Menschen in Australien warten: nicht *auf* uns – daß wir sie einholen –, sondern *mit* uns, da wir unseren eigenen Schritt in dieser Welt finden müssen.

Wir erleiden viel Schmerz und Kampf bei unserem Warten: Wir warten immer noch darauf, daß uns die Weißen besser verstehen. Wir selbst mußten viele Jahre lang die Lebensweise der Weißen verstehen lernen – oftmals unter Zwang. Wir haben ihre Sprache gelernt. Wir haben zugehört, was sie zu sagen hatten. Doch dieses Lernen und Zuhören sollte endlich in *beide* Richtungen stattfinden. Wir möchten, daß die Menschen in Australien sich Zeit nehmen, um uns zuzuhören. Wir sehnen uns immer noch nach Respekt und Verständnis.

Aus dem Englischen übertragen von Hans Kessler

Mensch und Natur in den Anden

Beitrag zu einem ökologischen Ethos aus der Sicht der Aymara und Quechua

Von EDWIN CLAROS-ARISPE

Einleitung

In Bolivien ist die Diskussion über ökologische Themen sporadisch und unbedeutend. Man trifft auf gute Absichten von Regierungseinrichtungen und Nicht-Regierungs-Organisationen und auch von Privatpersonen, aber es gibt keine klaren Kriterien, gangbaren Programme oder konkreten Finanzierungen des Schutzes der Umwelt. Obwohl Bolivien eines der wenigen Länder ist, die ein Umweltgesetz verabschiedet haben (Gesetz Nr. 1333 vom 27. April 1992), muß man leider sagen, daß dieses Gesetz nicht zu spezifisch ökologischen Politikformen geführt hat.

Das Thema Ökologie ist der multiethnischen Welt Boliviens nicht unbekannt. Die eingeborene Bevölkerung äußert in ihren Versammlungen ihre Sorge wegen der Wasserverschmutzung, der Verarmung der Böden, der Erosion und der Ausrottung pflanzlicher und tierischer Arten; sie weisen hin auf den Zerfall ihrer gesellschaftlichen Strukturen, den Niedergang ihrer Traditionen und auf die fortschreitende Verarmung, die die neuen Regeln der Weltwirtschaft mit sich bringen. Trotz ihrer ökologischen Feinfühligkeit werden die eingeborenen Völker wegen der bedrückenden sozioökonomischen Armut zu Komplizen der Angriffe auf die Natur.

Die vorliegende Studie will keine quantitative Diagnose und Bewertung der Umweltschäden vorlegen, was wegen fehlender Informationen ohnehin nicht möglich wäre. Ich beschränke mich auf einzelne Aspekte der Erfahrungen des andinen Menschen und seiner Beziehung zur Umwelt. Dieser Erfahrungshintergrund ermöglicht es uns, einige eigenständige Prinzipien und kulturellen Formen des Verständnisses der natürlichen Umgebung zu retten.

1. Der ökologische Raum der Anden

Eine knappe Information über die Geographie der andinen Welt erleichtert die Annäherung an das Verständnis der Beziehung zwischen Mensch und Natur, wie sie für einen erheblichen Teil der bolivianischen Bevölkerung gilt.[1]

Der andine Lebensraum, der gewöhnlich Altiplano (und manchmal Puna) genannt wird, ist in keiner Weise für den Tourismus geeignet, obwohl er seine besonderen Reize hat. Im allgemeinen hat er keine wuchernde Flora und Fauna zu bieten. Es gibt trockenes Gras (ichu), Steine, kalten Wind und je eine Gebirgskette von ewigem Schnee im Osten und im Westen. Das Altiplano ist eine Hochebene zwischen zwei parallelen Andenketten und liegt fast 4000 m über dem Meeresspiegel. Diese Höhe bringt ein Ökosystem mit vielen klimatischen Nachteilen mit sich: Kälte, Wind, Eis, Hagel, Schnee, Blitzschlag, regelmäßige Trockenheitsperioden und zeitweise Überschwemmungen. Neben diesen Hochebenen gibt es kleine Täler, die angenehmer sind als die Puna.[2]

Trotz der großen Höhe und der Beschränkungen lebt die Mehrheit der eingeborenen Völker (die es immer noch gibt) in dieser Region; sie leben um den Titicaca-See, am Fluß Desaquadero, um den Poopó-See und in einigen anderen Gebieten des eigentlichen Hochlandes.

Wie war es möglich, auf einer Höhe von 4000 m zu überleben? J. Murra bemerkt treffend und voller Bewunderung und Erstaunen, daß der andine Mensch „die Höhe“ mit seiner systematischen Kenntnis und der optimalen Ausnutzung der wenigen natürlichen Ressourcen der Zone „erobert hat“ – „eine einzigartige Errungenschaft in der Geschichte der Landwirtschaft“ (Murra 1988, 58), d. h., daß es ihm gelang, die Kälte in einen positiven, schöpferischen Faktor zu verwandeln. Die Technik des Dörrens von Pflanzen und Fleisch ist eine dieser andinen Errungenschaften: die Kartoffel in ch'unu und das Fleisch in ch'arki zu verwandeln.

Die natürliche Umwelt und der Mensch sind die beiden Grundelemente jedweden ökologischen Raums. Seit dem Beginn der Menschheit haben sich zwischen diesen beiden Elementen dauernde Beziehungen von Interaktion und gegenseitiger Abhängigkeit ausgebildet. In einigen Kulturen waren diese Beziehungen einfacher und erfolgreicher; für andere wiederum waren sie schwieriger und komplizierter, wenn auch nicht unmöglich. Letztendlich gilt für jede Kultur, daß menschliches Leben nur in Solidarität mit dem natürlichen Leben, das uns nährt und bewahrt, möglich ist.

Die menschliche Erfahrung in 4000 m Höhe erfordert ein Neudenken unseres Ökologiebegriffs, der fast ausschließlich auf den Faktor natürliche Ressourcen (Boden, Wasser, Sonnenlicht, Luft, Flora und Fauna) ausgerichtet ist. Natürlich machen die ökologischen Ressourcen den ökologischen Raum aus, aber hinzuzuzählen sind die menschlichen Hilfsmittel (die die Beziehung zur natürlichen Umwelt organisieren, orientieren und bewerten), die technischen und technologischen Hilfsmittel und die kognitiven Hilfsmittel wie die Gesamtheit des ökologischen Wissens, das seinen höchsten Ausdruck in der Planung, Organisation und der Art der Bewahrung und des Schutzes des menschlichen und natürlichen Elements findet; und schließlich darf die ethische Dimension nicht fehlen: die Solidarität mit der Natur.

Diesen Komplex der Hilfsmittel hat der andine Mensch in einer prähispanischen Epoche optimal entwickelt und hat seiner Vision vom Kosmos später funktional technische Elemente europäischen Ursprungs einverleibt. Wir können weder die Ursprünge menschlichen Lebens auf dem Altiplano genau datieren noch einen genauen genealogischen Stammbaum erstellen. Die Geschichtsmythologie und die archäologischen Funde bezeugen frühere Wanderbewegungen, Eroberungen und Expansionen, das Aufblühen einiger Gruppen und Niedergang oder Unterwerfung anderer. Letztendlich ging es darum, sich in einer feindseligen natürlichen Umwelt (4000 m Höhe!) durchzuschlagen und sich desungeachtet nicht als Feind oder Unterwerfer der Natur zu betrachten, sondern als jemanden, der eine belebte Welt entdeckt, eine Welt, die Leben hervorbringt und göttlich ist. Die Umwelt war ein Gemeingut.

Der Unterschied zwischen dem andinen Menschen und dem modernen westlichen Menschen beruht auf eben der Weise, in der er sich zur natürlichen Umwelt verhält. Der westliche Mensch betrachtet seine Umwelt als Depot natürlicher Ressourcen, über die er gemäß seinen Interessen und gemäß seinen Kriterien, die auf ein bestimmtes Modell von Wirtschaftspolitik abgestellt sind, verfügen kann. Zuerst kam also die Ökonomie und dann die Ökologie. Demgegenüber bezieht sich der andine Mensch horizontal und dialogisch auf seine Umwelt; alles, was dazugehört, wird als Lebewesen, Personen betrachtet. Die Natur hatte ihre Schönheit und nutzte ihre Hilfsmittel auf kluge und maßvolle Weise.

Die dialogisch-intime (fast persönliche) Deutung, die die Andenbevölkerung ihrer Umwelt gibt, läßt sie das Gebiet als Raum voller Leben, als auf die ganze Menschheit bezogenen Raum, als Grundelement ihrer Sicherheit, des dauernden Bezugnehmens und ihrer Geschichte begreifen. Wie Amodio sagt, ist der territoriale Raum auch „der Schauplatz der Beziehungen zwischen Gemeinden derselben örtlichen Gruppe und zwischen den Völkern verschiedener Kulturen" (E. Amodio 1993, 53). Diese Beziehungen werden meistenteils in ihren rituellen, auf autochtonen Wurzeln beruhenden Zirkeln und während der Feste der Schutzheiligen christlichen Ursprungs verwirklicht und legitimiert. Ein weiteres bemerkenswertes andines Kennzeichen ist die Art, wie das Territorium bewohnt wird: Bis heute wird die Teilung der Gemeinden in zwei Hälften, die obere und die untere, beibehalten.

Letztere Unterscheidung, die Deutung der andinen Welt als zweihälftig, erlaubt es mir, das Paradigma des Paares wiederzuentdecken, den heutigen Begriff des Geschlechts (género, gleichbed. mit dem engl. gender). Dieses Paradigma ist für das andine Weltbild so grundlegend, daß es als Grundelement seiner Erkenntnistheorie gelten kann.

2. Das Prinzip des Paares: Mann – Frau

Die westliche Kultur, die seit der „Entdeckung" der Neuen Welt in Lateinamerika zu finden ist, hat diesem Kontinent ein Modell patriarchalischer Gesellschaft auferlegt, in dem die Männerrolle Vorrang hat. Zu diesem Modell gehört meiner Ansicht nach, daß es nicht nur in den kreolischen und mestizischen Gesellschaften Vorurteile gegen die Frauen und exklusiv-männliche Konzeptionen erzeugt hat, sondern daß es unter der Hand auch eine Annäherung der eingeborenen Gemeinden verhindert hat, deren Wirklichkeit wesentlich eine Geschichte ist, die von Männern und Frauen gemeinsam geschrieben wurde. Literatur und Dokumente der kolonialen und nachkolonialen Zeit haben eine anthropologische Sichtweise der eingeborenen Völker hervorgebracht, die auf traditionellen patriarchalischen Stereotypen beruht, in denen die Frau die große Abwesende ist.

Jüngste Studien erlauben es, die Rolle der Frau und des Weiblichen in den autochtonen Gesellschaften Lateinamerikas – darunter auch den andinen – wiederzuentdecken und wieder in die richtigen Verhältnisse zu rücken. Unter den Autoren sind S. Palomino (1971), J. Murra (1988), T. Platt (1976), I. Silverblatt (1976), Carter/Mamani (1982), O. Harris (1985), THOA (1986), S. Rivera C. u. a. (1990) zu nennen. Verschiedene dieser Studien, die sozioökonomische, politische, religiöse und soziologische Themen behandeln, entdecken das Paradigma Mann-Frau als organisatorisches andines Prinzip wieder.[3]

Das Prinzip des Paares meint ausdrücklich die Einheit Mann-Frau. In der andinen Gesellschaft versteht sich die Frau, für sich genommen, als unpaarig, und der Mann, wenn er alleine ist, ebenso. Ein aymarisches Sprichwort sagt: „Taqikunas pänipuniw akapachanza", „Das ganze Universum ist ein Paar" (s. Rivera C. u.a. 1990, 7), d.h., die Gesamtheit der andinen Existenz und deren Einheit ist der Vereinigung von Unpaarigen und der dauernden Paarbeziehung geschuldet – in den menschlichen Gesellschaften als Mann-Frau, in der Natur als männlich-weibliches Paar.

Matilde Qulqi, eine Frau aus der Gemeinde von Jach'a Qullu, vergleicht das Paarprinzip mit den Flügeln eines Vogels: Wenn einer abgeschnitten wird, kann das Vögelchen nicht fliegen, es braucht beide. Der Mann für sich alleine ist wie ein Vögelchen mit abgeschnittenem Flügel. Er braucht den Paar-Flügel. Wenn sie Mann-Frau sind, können sie fliegen und alles Mögliche unternehmen.[4] Das Paradigma des Paares trägt zum Verständnis der wahren Dimension der Beziehung zwischen Mann und Frau als notwendiger Interaktionsbeziehungen, als gegenseitiger Abhängigkeit bei (Silverblatt 1976, 308 u. 310). Die Paarbeziehung hat Folgen im praktischen und täglichen Leben, in Verhaltensweisen der Horizontalität, der Gleichheit, der gegenseitigen Hilfe, Reziprozität, des Respekts usw., eben wie in der Metapher vom „Flügel des Vögelchens" Matilde Qulqis.

Auch in der Gegenwart gibt es Anhaltspunkte für die strikte Paarbeziehung. Ein Aymara und eine Aymara werden erst zu vollwertigen Personen, wenn sie mit Rechten und Pflichten bezüglich der Gemeinde als „jaqi" anerkannt sind, d.h., wenn er oder sie „sich paart", heiratet. Im Aymara bedeutet „Ehe" deshalb „Jaqichana" (s. Rivera C. u.a. 1990, 6). In der andinen Literatur des späten 16. und frühen 17. Jh. betonen die aymarische und die Quechua-Sprache, daß der Mann sich einer Frau beigesellen oder daß die Frau einen Mann haben solle.[5]

In der andinen Vorstellung von der Ehe ist es offenkundig, daß es sich um zwei biologisch unterschiedliche Wesen handelt, die sich zum Zwecke der Fortpflanzung gegenseitig brauchen. Dennoch bestehe ich darauf, daß die strikt biologisch-generative Begrenzung durch sozio-kommunale und sozio-ethische Kategorien überschritten wird, die mit dem Begriff des Gleichgewichts ausgedrückt werden können. Dieses Konzept wird noch klarer, wenn man einerseits das Paarprinzip im System der belebten und unbelebten Natur untersucht und andererseits in den Systemen des ritualisierten andinen Lebens. In der Sphäre der Natur und der der Riten hat also der Paarbegriff Mann-

Frau oder männlich-weiblich entscheidenden Einfluß darauf, daß über das andine Gleichgewicht gewacht wird.

Das Prinzip des menschlichen Paares dehnt sich auf weitere Bereiche der andinen Wirklichkeit aus. Das Paarmodell zeigt sich in der Welt der Gottheiten (in ihrer Mythologie und ihren rituellen Feiern), in der tierischen, mineralischen, pflanzlichen Welt und der geographischen Landschaft (Berge, Flüsse, Grasebene), in den ökologischen Systemen (Hochebene und Tal), in den atmosphärischen Erscheinungen, in der Musik und sogar in den Farben und Zahlen. In der hier gebotenen Kürze kann ich nur auf die repräsentativen Gebiete eingehen und auf die, die direkt oder indirekt auf die Natur bezogen sind.[6]

Mann/männlich	Frau/weiblich	
Sonne (heiligster Vater)	Mond (heiligste Mutter oder Maria)	(Platt 1976, 21)
Tag	Nacht	(Vokral 1990, 13)
Blitz (Regen)	Erde (Pachamama)	
	feuchte Jahreszeit	(Vokral 1990, 32)
hell	dunkel	(Vokral 1990, 14)
kalt	warm (heiß)	(Vokral 1990, 10)
hohes Gebiet	tiefes Gebiet	(Platt 1976, 8)
Puna[7]	Tal	(Platt 1976, 8)
Kartoffeln[8]	Mais	(Platt 1976)
Kondor	Kröte (Maria)	(Platt 1976, 24)
hoch	tief	(Platt 1976)
Vögel	Eichhörnchen	(Platt 1976)
Kaufladen	Küche	(Platt 1976)
rechts	links	

Diese Serie gegensätzlicher Begriffspaare läßt sich linguistisch nicht formalisieren, wie leider in vielen Studien über die Anden angenommen wird, wo sie als Serie fortlaufender Antithesen dargestellt wird. Das Besondere an diesen „komplementären Gegensätzen“ besteht nicht in der Gegensätzlichkeit und auch nicht darin, der Zeit und dem Raum in den Anden Charakteristiken des jeweiligen Geschlechts zuzuschreiben. Ihre Bedeutung liegt vielmehr darin, daß sie die Grundidee der Einheit im Paar ausdrücken.

Diese Idee ermöglicht das Wohlergehen einer andinen Gemeinde in einer menschenfeindlichen Umgebung. Sie drückt sich aus in konkreten Erfahrungen wie der des Paares Mann-Frau, das die

Tiere reproduziert, dem Paar Regen-Erde, das das Feld fruchtbar macht, dem Paar der hohen und tiefen Region, das eine Austauschbewegung von Produkten hervorbringt, dem Paar trockene-feuchte Jahreszeit, das die Arbeiten des landwirtschaftlichen Zyklus organisiert, dem Paar kalt-warm, das die nährenden Schutzheiligen darstellt und die Systeme der Heilung und Gesundheitsfürsorge (s. Vokral 1990, 10) bereitstellt.

Wenn die Erfahrungen mit dem Paarprinzip in symbolischen Begriffen reformuliert werden, werden sie, wie oben erwähnt, in origineller Weise zu rituellen Einstellungen. In der Ethnie der Laymis (nördlich von Potosí) beobachtete O. Harris: „Die Unverheirateten, die an einem Ritual teilnehmen, müssen eine Begleitung entgegengesetzten Geschlechts suchen. Während verschiedener Momente eines ausgearbeiteten Rituals hält das Paar chachawarmi (Mann-Frau) an, einer an des anderen Seite, die Frau links und der Mann rechts, jeder mit zwei Bechern – der größte in der rechten Hand und der kleinere in der linken – und bringen Trankopfer für ihre eigene Fruchtbarkeit und für die der Gemeinde“ (Harris 1985, 21f.).[9]

Nach dem, was bisher über das Modell Mann-Frau gesagt wurde, erscheint es mir angemessen, einige grundlegende Folgerungen zu ziehen, von denen sich einige unmittelbar auf die Ökologie beziehen:

a) Das Paarprinzip ist im menschlichen und außermenschlichen Bereich gegenwärtig, und es formt sich aus zu einer Art symbolischer Erkenntnistheorie der Welt.

b) Die durchgängige Geltung des Paarprinzips in der Natur erlaubt es dem andinen Denken, diese als animierte Natur zu sehen. Dieses Denken ist dem neuzeitlich-westlichen Denken gänzlich entgegengesetzt, das die Natur als nichtanimiert, zweitrangiges Objekt, eine gegenüber dem Menschen marginale Angelegenheit betrachtet, die unbegrenzter Nutzung unterworfen ist.

c) Das Paarprinzip bringt es mit sich, daß die es begründenden Elemente unbedingt miteinander kooperieren müssen. Auf ökologischem Gebiet drückt sich dies in der Wechselwirkung männlicher und weiblicher Kategorien aus.

d) Die familiäre Dimension des Paarprinzips bedeutet gegenüber der Natur, daß der andine Mensch symbolische „Verwandtschaftsbeziehungen“ herstellt, die es ihm erlauben, sich der Umwelt verbunden zu fühlen.

3. Der gesellschaftliche andine Raum

3.1 Die menschliche Gemeinschaft

Der gesellschaftliche Raum ist der „Ort, an dem sich das Netz der sozialen Beziehungen befindet, das Spiel der Interaktionen zwischen Personen und Gruppen gespielt wird, die Normen und Verpflichtungen sozialen Verhaltens ausgedrückt werden, wo die gesellschaftlichen Prozesse im Großen und Kleinen und in ihrer historischen Perspektive verlaufen ..." (Kessel 1989, 144f.). Diese technische und soziologische Definition drückt sich innerhalb einer andinen Gemeinschaft in ihren Verwandtschaftsbeziehungen, in ihrem System gegenseitiger Hilfe und der Beachtung der Reziprozität aus. Was aber hat die Qualität der Beziehungen jeder Gemeinde mit deren natürlicher Umwelt zu tun?

Diese Grundelemente gehen in die Beziehung Gemeinde-Natur ein. Zunächst einmal erstreckt sich der Begriff des Lebens in der Gemeinde auch auf die Natur, und dies in wechselseitiger Weise: Die Natur ist Teil der Gemeinde, und die Gemeinde (und daher auch die Person) ist Teil einer großen Gesamtheit, in der es wechselseitige Beziehungen zwischen Menschen, den Tieren, den Pflanzen, der Erde und den atmosphärischen Erscheinungen gibt. Zudem erstreckt sich auch das Prinzip der menschlichen Reziprozität auf die Natur, wobei es sich nach dem Beziehungsmodell „empfangen-zurückgeben oder geben-empfangen" richtet.

Zum besseren Verständnis dessen, was Gemeinde bedeutet, fasse ich kurz zusammen, wie sie sich in der Geschichte nach der spanischen Eroberung entwickelt hat. Dann gehe ich auf ihre autochtonen Wesenszüge ein.

Wegen der militärischen und religiösen Eroberung, die im letzten Drittel des 16. Jh. begann, erlitten die ursprünglichen andinen Gemeinden drastische Veränderungen. Das koloniale System der Haziendas (direkte Kontrolle von Spaniern oder anderen über das fruchtbare Land) und der Encomiendas (indirekte Kontrolle der eingeborenen Bevölkerung durch Spanier oder Missionare, die theoretisch diese Bevölkerung evangelisieren, verteidigen und schützen sollten) waren die ersten Phasen des Wechsels. Dann kam das System der Reduktionen (die Zusammenziehung der eingeborenen Bevölkerung auf Dörfer mit dem Ziel einer effizienteren Indoktrinierung und Nutzung der Arbeitskraft), das in den Gemeinden strukturelle Verschlechterungen hervorgerufen hat. Mit der Unabhängigkeit vom spanischen Kolonialreich (1825) wurde das System des Privateigentums eingeführt, um die landwirtschaftliche Produktion zu verbessern. In den achziger Jahren verschlimmerte sich die Lage wegen der Enteigung von Gemeindeland durch die Haziendabesitzer. 1953 bricht die Agrarreform mit dem Hazienda-System, und aus den früheren Haziendas wird Kleinbesitz, ein Mosaik kleiner familiärer Güter.[10]

In heutiger Zeit hat das neoliberale Wirtschaftssystem mit seinem freien Markt ernsthafte Auswirkungen auf die Landgemeinden: größere Armut und eine deutliche Abwanderung von Frauen und Kindern, vor allem aber von Männern vom Land in die Stadt, wodurch die Familien auf dem Land zerstört werden und neue Formen der Knechtschaft der eingeborenen Bevölkerung in den Städten entstehen.

Der ayllu (= Gemeinschaft) gründet sich auf die Großfamilie, die sich aus wirklichen und/oder spirituellen (System der unverbrüchlichen Freundschaft) Familienbeziehungen zusammensetzt. Die gegenseitigen Beziehungen werden mittels vielfältiger Formen der Zusammenarbeit und Solidarität gepflegt. Zudem sind verschiedene gemeinsame Pflichten und Arbeiten im Dienst der gesamten Gemeinde zu erledigen. Nach Berg wird im aymarischen Dorf eine Art „Kult des Gemeinschaftslebens“ gefeiert (Berg 1991, 69f.).

3.2 Ökologische Gemeinde

Die Organisation des Raums hat für die Beziehung zwischen dem andinen Menschen und der Natur grundlegende Bedeutung. Ursprünglich praktizierten die Andenbewohner den Zugang zu verschiedenen ökologischen Stockwerken, also zum Grundbesitz in verschiedenen Höhenlagen der Anden. Dadurch wurden eine zyklische gesellschaftliche Interaktion und interökologische Beziehungen möglich, die den Zugang zu und den Austausch von landwirtschaftlichen Produkten aus der eigenen, tiefer gelegenen Zone mit solchen der Hochregion absicherte. Infolge dieser Reisen erwarb der andine Mensch (aymara) beeindruckende Kenntnisse seiner natürlichen Ressourcen, der klimatologischen Bedingungen und der Flora und Fauna. Leider verlor dieses System interökologischer Beziehungen wegen der Einrichtung des Privateigentums und der Verstaatlichung des Bodens an Bedeutung. Gegenwärtig gibt es andere Arten des Kontaktes und der Beziehung mit den ökologischen Stockwerken.

Der bebaubare Boden ist eine der Grunddimensionen des Menschen im allgemeinen und der andinen Gemeinde im besonderen. Er stellt z.B. eine der Identitätsfacetten der Aymaras dar. Regelmäßig hören wir seitens der Aymaras Dinge wie: „Für die Andenbewohner ist die Erde nicht einfach Erde“, will sagen: sie ist nicht einfach eine natürliche Ressource, die zu beherrschen und auszubeuten ist und nach ihrer Erschöpfung dem Vergessen anheimfällt. Die Erde ist für den Aymara „der Mittelpunkt seiner Existenz, die Quelle seiner gesellschaftlichen Organisation und der Ursprung seiner Traditionen und Bräuche“, ein magischer ökologischer Bezugspunkt, der dem andinen Menschen Sinn gibt. Die Erde „ist das Leben des andinen Volkes selbst“[11], weshalb man sie „Mutter Erde“ (Pachamama) nannte und bis heute nennt. Eine Mutter, die schützt und hütet, eine alte Mutter, die ihren Kindern Kost und Logis gewährt, und eine junge Mutter, die sich dauernd erneuert (Berg 1991, 72).

Mutter Erde, Pachamama, ist eine der Anthropomorphisierungen der andinen Ökologie. Der Begriff deckt eine Reihe von menschlichen Einstellungen und Verhaltensweisen gegenüber der Erde ab (individuelle und kommunitäre), die es uns ohne Zweifel erlauben, von einem Vorschlag zu einem andinen ökologischen Ethos zu sprechen. Obwohl die Sprache dieser Beziehung strikt familiär und symbolisch ist, ist sie dennoch real und wirksam für eine Mentalität, die aus einer ökologischen Kultur entstanden ist.

1. Das andine Paar hat große Achtung vor der Erde, es verehrt sie geradezu. Wenn es sie rodet oder auf ihr ruht oder sich von einem Ort wegbegibt, bitten der Mann oder die Frau „um Erlaubnis“. Immer wieder bieten sie ihr etwas zu essen oder zu trinken an.

2. Das andine Paar gibt ihr Zuwendung. Seine Beziehung zur Erde ist nicht kühl, rational, berechnend, sondern persönlich, mit Affektivität und Zuneigung aufgeladen. Wenn der andine Mensch die Pachamama erwähnt, tut er dies in liebevollem Ton. Nie spricht er abwertend oder zornig über sie. Allerdings fürchtet er sie gelegentlich, denn sie kann recht böse werden.

3. Seitens des Paares erfreut sich die Erde gewissenhafter Fürsorge, sie wird mit Verantwortungsbewußtsein geschützt. Sie muß gedüngt werden, „sich ausruhen“, und es darf ihr nicht mehr entnommen werden, als zum Leben notwendig ist. Die Sorge um die Pachamama drückt sich in symbolischen Handlungen wie dem Schmücken der Äcker, dem Verbrennen von Räucherwerk, der Errichtung bestimmter Steinhaufen und gelegentlich kleiner Kreuze aus.

4. Es gebührt der Mutter Erde, daß ihr Dank bezeugt wird, und dies vor allem dann, wenn sie großzügig mit der Ernte und das Vieh fruchtbar war. Das andine Paar bringt ihr als Danksagung Trank- und Speiseopfer und feiert sie mit Gesängen oder Festen.

5. Das Paar bittet sie auch um Verzeihung. Fällt die Ernte der Mutter Erde dürftig aus, gilt dies als „menschliches Versagen“ in den familiären oder kommunalen Beziehungen. Selbst atmosphärische Katastrophen werden als Ergebnis ernsthafter menschlicher Konflikte betrachtet, die sofortiges rituelles Handeln erfordern, um das ökologische Gleichgewicht wiederherzustellen.

6. Der andine Mensch soll die Erde und die ganze sie umgebende Natur zu jedem Zeitpunkt der landwirtschaftlichen Arbeit anrufen und zu ihr sprechen; dies gilt auch dann, wenn er sich von ihr wegbegibt, um zu verreisen, und wenn er ihre Produkte tauscht oder verkauft. Es gilt auch, auf die Erde zu hören und die Botschaft der ganzen andinen Natur zu verstehen. Er muß sie aufmerksam beobachten und fähig sein, das Leben der Tiere, der Pflanzen, der Wolken, der Winde und leichten Brisen, die Bewegungen der Gestirne und der Sternzeichen zu spüren. Sie alle teilen ökologische Botschaften bezüglich der Landwirtschaft mit.

Für den europäischen modernen Menschen ist diese Sprache und besondere Form der Konzeptualisierung der Mensch-Natur-Beziehung in den Anden unüblich und merkwürdig. Vergessen wir nicht, daß der andine Mensch, der im wesentlichen Landwirt (Ackerbauer oder Viehhalter) ist, die Natur als Teil seiner selbst und sich als Teil der Natur empfindet. Jahrtausendelange Erfahrung hat es ihm erlaubt, eine angemessene Ackerbau- und Viehhaltetechnik zu entwickeln, eine Produktionspolitik der Selbstversorgung, gesellschaftliche Beziehungen, die auf gemeinsamer Hilfe beruhen und einen riesigen Bestand symbolischer Techniken der Beziehung mit den Menschen, der Natur und seinen Gottheiten, die sich mythischer und ritueller Sprache bedienen. Bewußt und unbewußt unterstreicht er den Gedanken des Gleichgewichts zwischen den Personen und dem Menschen und der Natur. Wenn dieses Gleichgewicht gestört ist, merkt er, daß sein Leben Gefahr läuft.

4. Der andine religiöse Raum

Wer einmal Gelegnheit hatte, einen Jahreszyklus lang den Alltag einer andinen Familie oder Gemeinde zu begleiten, dem wird es nicht entgangen sein, daß dieser Alltag in einem religiösen Kontext steht. Der Kreislauf des Lebens, der Landwirtschaft, der Atmosphäre, der Feste, der Wirtschaft und der Politik, also jedwedes Handeln, sind von einfachen oder komplexen religiösen Zeremonien oder Ritualen begleitet. Wir gehen gewiß nicht fehl, wenn wir sagen, daß die andine Kultur vor allem eine Kultur des Ritus ist.

Zu Recht nennt Kessel, ein Anthropologe der andinen aymarischen Welt, die religiöse Dimension des andinen Menschen eine symbolische Technologie, die in besonderer Weise für die Kosmovision der andinen Kultur steht. „Die andine Kosmovision ist eine religiöse Kosmovision, und seine Technologie ist eine religiöse Technologie, die – als 'technisch' angemessene und effiziente Weise der Organisation der produktiven Arbeit – einen religiösen Sinn ausdrückt, den die Arbeit für den andinen Menschen hat" (Kessel 1992, 203).

Die symbolische Technologie (der mythische Diskurs, rituelle Praktiken) ist von der empirischen Technologie untrennbar. Die Rituale begleiten und orientieren also stets das wirtschaftliche Handeln. Hinzu kommt, daß für den andinen Menschen jedwede produktive Arbeit in dem Maß erfolgreich ist, in dem sie technisch gut gemacht und religiös gut angegangen und abgeschlossen wird (Kessel 1992, 203 f.).

Wenn sich die andine Kultur von der westlichen, modernen in irgendeiner Weise unterscheidet, dann in ihrer „Zweidimensionalität", denn sie führt die technisch-empirische Dimension mit der symbolischen zusammen. Die moderne Kultur hingegen ist „eindimensional", und dies eben wegen ihres Autonomieprinzips und ihrer normativen Unabhängigkeit (s. Kessel 1992, 203). Diese Kultur geht nicht über die Grenzen der wirtschaftlichen Werte hinaus.

Wie zuvor bemerkt, ist die ökologische Wirklichkeit mit religiösen Begriffen und Verhaltensweisen vollgesogen. Wenn der andine Mensch landwirtschaftlichen Erfolg haben will, bemüht er die symbolische Technologie, um die Naturkräfte zu mobilisieren, die in der Mutter Erde (Pachamama) wirken. Er wendet sich an die Regenspender, die in den Wolken und Bergen wohnen (Apus), an die verstorbenen Vorfahren (Achachilas) und andere mitwirkende Kräfte wie die Geister des Saatgutes, die Schutzsteine des Ackers, die Geister der Bewässerungsgräben, der Bäche und Seen. Das Modell der Familienbeziehungen – von Zuwendung, Aufmerksamkeit und Sorge, Verzeihen, Danken und Weitergeben – scheint bei der Anrufung all dieser ökologischen Kräfte durch.

Die zentralen ökologischen Persönlichkeiten sind die Erde und der Regen. Die männliche Persönlichkeit, die für den Regen verantwortlich ist, ist die antike panandine Gottheit „der Blitz", Illapa. Diese Gottheit macht die Erde, die Tiere und die Menschen fruchtbar. (Heute gibt es nur noch wenige andine Gemeinden, die den ursprünglichen Namen „der Blitz" beibehalten haben. Er wurde, als die Epoche der Conquista und Nach-Conquista zu Ende ging, durch Persönlichkeiten der christlichen Welt wie Santiago, St. Bartolomé,

St. Andreas, St. Isidor, Sta. Barbara, St. Severin usw. ersetzt. Trotz dieser Namensauswechslung bleibt der ursprüngliche Sinn erhalten.)

Die für die Fruchtbarkeit der Saat zuständige weibliche Persönlichkeit ist die Erde, Pachamama. Auch sie ist eine panandine Gottheit, deren autochtoner Name noch zu finden ist, wenn sie auch vielerorts „Wirgina", eine der andinen Sprechweise angepaßte Form des christlichen „Virgen" (Jungfrau), genannt wird.

Beide ökologischen Mythen stehen immer noch für die religiöse Vorstellung der Beziehung Mensch–Natur. Es handelt sich um eine positive religiöse Erfahrung, die über stereotype Bewertungen wie „psychologische Kategorien" und „vorwissenschaftliches Wissen" hinausgeht.

In seiner Würdigung der Funktionalität der andinen symbolischen Technologie hebt Jan van Kessel (Kessel 1992, 212–215) einige religiöse Rollen von höchster Bedeutung hervor:

a) Die symbolische Technologie hat den andinen Menschen mit großer Feinfühligkeit gegenüber den materiellen Werten seiner Existenz ausgestattet.

b) Die Rituale bauen auf einer kontemplativen und systematisierten Beobachtungsmethode auf.

c) Die Rituale stellen eine Verbindung oder Brücke zwischen wirtschaftlich-materiellen und nichtmateriellen, ethisch-religiösen Werten dar.

d) Die symbolische Technologie steht für das mnemotechnische Grundsystem der andinen Kultur.

e) Die Rituale fördern beim andinen Menschen die Verantwortung sowohl für die Arbeit als auch für die Früchte der Arbeit.

f) Da die Rituale fast durchgängig kollektiv sind, führen sie dazu, daß die symbolische Technologie zur Garantie dafür wird, daß die andine Technologie Gemeineigentum ist und daß ihre gelungene Handhabung und Reproduktion in die Verantwortlichkeit des Kollektivs fällt.

5. Andine ökologische Ethik

Da die andine Kultur lediglich mündlich überliefert ist, gibt es keinerlei Text oder Kompendium zur ökologischen Ethik. Wir finden die ethisch-ökologischen Indizien, Formulierungen und Argumentationen in ihrer Lebenspraxis und konkret in der Art, wie sie technisch-empirisch vorgehen und ihre technisch-symbolischen Feiern veranstalten.

Ich erlaube mir, kurz und systematisch einige Punkte vorzutragen, von denen ich meine, daß sie die Plattform der andinen ökologischen Ethik bilden.

1. Das Paarprinzip (Mann-Frau) ermöglicht es der andinen Gesellschaft, ihre Umwelt in sich ergänzenden Elementen wie männlich und weiblich wahrzunehmen. Diese Wahrnehmung weist nicht nur auf den Gedanken der Totalität der andinen Welt hin, sondern gibt wegen der Dynamik der Paarbeziehung auch Regeln der familienähnlichen Einstellung zum Ökosystem vor.

2. Das Gemeinschaftsprinzip erlaubt es der andinen Gesellschaft, in ihrer natürlichen Umgebung feinfühlige und affektive Beziehungsnormen wie Rücksicht, Zuneigung, Dank und Vergebung aufzustellen und Beziehungen angemessener Technik des Gebrauchs und Umgangs mit natürlichen Ressourcen zu knüpfen. Weiterhin führt das Gemeinschaftsprinzip den Begriff und die Praxis des Gemeineigentums an den natürlichen Ressourcen ein. Dadurch fällt die Bewahrung des Ökosystems in die Verantwortung der Gemeinde. Zudem bestätigt das Gemeinschaftsprinzip die symbolischen Kooperations- und Solidaritätsbeziehungen zwischen Mensch und Natur, und dies in Begriffen der Reziprozität des Erlangens des Gleichgewichts zwischen Ökosystem und Mensch.

3. Die religiöse Dimension spielt eine wichtige Rolle. Sie strukturiert und organisiert die ureigensten Ideen, Begriffe und Visionen des andinen Menschen zu seiner „Welt". Diese Dimension wird zu einem „ungeschriebenen Kompendium" der antiken traditionellen ethischen Normen in menschlich-ökologischer Hinsicht.

Zum Schluß möchte ich darauf hinweisen, daß zwar der gesamte Bestand wertvoller andiner Erfahrungen, die Anhäufung ökologisch-landwirtschaftlichen Wissens, das interessante Ensemble sozialer Reziprozitätsbeziehungen und die tiefe religiöse Erfahrung in der andinen Kultur immer noch vorhanden sind, daß trotz allem aber die machtvolle Ideologie von Entwicklung und Moderne den andinen Menschen auf einen Weg führt, auf dem er seine traditionellen kulturellen Werte verliert. Einige Werte schwächen sich ab, andere werden zur Folklore, wieder andere sind am Verschwinden.

Für die eingeborenen Menschen im besonderen und für die Bolivianer im allgemeinen ist es an der Zeit, „die alten Lektionen für die modernen Zeiten" wiederzuentdecken und wieder schätzen zu lernen. Die Integrität der Natur muß bewahrt werden, damit wir Menschen leben (und nicht nur überleben) können, der Gedanke der familiären

Beziehungen zur Umwelt muß dringend wiedergewonnen werden und die gemeinsame Verantwortung für die Wiederherstellung des ökologischen Gleichgewichts muß wieder zur Geltung kommen.

Wir müssen ernsthaft über die Worte Carl Friedrich von Weizsäckers nachdenken: „Es gibt keinen Frieden zwischen den Menschen ohne Frieden mit der Natur. Es gibt keinen Frieden mit der Natur ohne Frieden zwischen den Menschen."

Aus dem Spanischen übertragen von Dieter Maier

Anmerkungen

[1] Die eingeborene Bevölkerung Boliviens besteht hauptsächlich aus Quechuas und Aymaras. Gegenwärtig geht man davon aus, daß es zwei Millionen Quechuas und und etwas mehr als eine Million Aymaras gibt.

[2] Leider ist es nicht möglich, hier die geographischen Unterteilungen der Hochebene und das Mosaik der Mikroklimata aufzuführen, die entsprechend der geographischen Zone unterschiedlich sind.

[3] In den andinen Sprachen wie dem Quechua und dem Aymara wie auch in vielen anderen Sprachen ist die Unterscheidung zwischen männlich und weiblich grundlegend. „Mensch" heißt in Quechua „Runa" und in Aymara „Haque" (gemeinsamer Begriff für Mann und Frau). „Mann" heißt in Quechua „Cari" und in Aymara „Chacha". „Frau" heißt in Quechua „Huarmi" und in Aymara „Marmi". Vgl. Antonio Ricardo (1586) für das Quechua und Bertonio (1612) 1984, II 120, I 464 und I 235 für das Aymara.

[4] „Quari sapa ma antimanchu ari. Uj alata khuchugariyman kaymanta k'utuqayman uj p'iskitutaga, uj alawan mana atinmanchu jataya, sapan má atinmanchu, iskayniywinpuni jatarispa imatapia ruwasun, qhariwarmipuni. Piru warmi astawan tuwanchaq" (s. Rivera C. u. a. 1990, 6f.).

[5] Siehe Ricardo 1586; Bertonio 1612/1984, I 120.

[6] Hier sind weder lokale noch regionale Verschiedenheiten beinhaltet, noch soll gesagt werden, daß die vorgetragene Charakterisierung homogen ist und für alle und jede andine Gemeinschaft gilt. Es geht darum, das Modell Mann-Frau über das Biologische hinaus auszuführen.

[7] Bei den Laymis ist die obere Zone (zuni) weiblich, denn die Erde in diesem ökologischen Stockwerk ist „schwächer"; die untere Zone (liquina) ist männlich, denn sie ist „stärker", bringt verschiedene Früchte und jährliche Ernte hervor (s. Harris 1985, 22f.). Zur Erklärung dieser Variante s. Harris 1985, 24.

[8] Nach einer anderen Variante ist die Kartoffel die Frau und der Mais der Mann.

[9] Die Autorin bezieht sich auf die strenge Norm des Gebrauchs der rechten und der linken Hand bei der Ausführung der Rituale. Ein ritueller Hinweis er-

fordert sogar, daß beide Hände geküßt werden müssen (s. Harris 1985, 22). Die Studie von Harris über die Machas (nördlich von Potosí) stellt dasselbe Paarprinzip fest (Yanantín).

[10] Zu weiteren Angaben über diesen Prozeß s. W. Carter – X. Albó 1988, 451–492.

[11] Dies sind Worte des Aymara-Priesters Domingo Llanque (s. Berg 1991, 69).

Bibliographie

Amodio, Emanuele (1993): Cultura 1, La Paz, UNICEF. – Bertonio, Ludovico (1612): Vocabulario de la Lengua Aymara, Edición facsímil, Cochabamba: CERES-IFEA-MUSEF. 1984. – Carter, Willian/Albó, Xavier (1988): La comunidad aymara: un mini-estado en conflicto, in: Albó, Xavier (Hrsg.), Raíces de América: el mundo aymara, Madrid: Alianza Editorial/UNESCO, 451–492. – Carter, Willan/Mamani, Mauricio (1982): Irpa Chico. Individuo y comunidad en la cultura aymara. La Paz: Librería-Editorial Juventud. – Berg, Hans van den (1991): Conviven con la tierra, in: Cuadro Intermedio Nr. 18, 64–83 (Cochabamba). – Earls, John (1991): Ecología y agronomía en los andes, La Paz: HISBOL. – Harris, Olivia (1985): Complimentariedad y conflicto. Una visión andina del hombre y la mujer, in: Allpanchis, Nr. 25, 17–42 (Instituto de Pastoral Andino, Sicuani-Cusco). – Kessel, Jan van (1989): Los espacios andino y urbano y su articulación: validez de los conceptos, in: Allpanchis, Nr. 33, 135–159 (Instituto de Pastoral Andina, Sicuani-Cusco). – Kessel, Jan van (1992): El pago de la tierra: porque el desarrollo lo exige, in: Allpanchis, Nr. 40, 201–216 (Instituto de Pastoral Andina, Sicuani-Cusco). – Murra, John V. (1988): El aymara libre de ayer, in: Albó, Xavier (Hrsg.), Raíces de América: el mundo aymara, Madrid: Alianza Editorial/UNESCO, S. 51–72. – Palomino Flores, Salvador (1971): La dualidad de la organización socio-cultural de algunos pueblos del area andina, in: Revista del Museo Nacional, Bd. 37, 231–260 (Instituto Nacional de Cultura, Lima). – Platt, Tristan (1976): Espejos y maíz: temas de la estructura simbólica andina, La Paz, Cuadernos CIPCA Nr. 10. – Ricardo, Antonio (Hrsg.) (1586): Arte y Vocabulario en la lengua general del Perú llamado Quichua y en la lengua Española, Lima. – Rivera Cusicanqui, Silvia u. a. (1990): La mujer andina en la historia, Chukiyawu (La Paz): Ediciones del THOA, 1990. – Silverblatt, Irene (1976): Principios de organización feminina en el Tahuantinsuyu. Revista del Museo Nacional, Bd. 42, 299–340 (Instituto Nacional de Cultura, Lima). – Taller de Historia Oral Andina (THOA) (1986): Mujer y resistencia comunitaria. Historia y memoria, La Paz: HISBOL. – Vokral, Edita V. (1990): Patrones alimenticios y simbolismos andinos. Hombre y ambiente. El punto de vista indígena. 4. Jahrgang, Okt.–Dez., Nr. 16, 7–35 (Ediciones ABYA-YALA, Quito).

Ein Ethos ökologisch orientierter Humanität als Weltethos

Von Bernhard Irrgang

Hans Küng hat mit seinem Buch „Projekt Weltethos" eine Diskussion angestoßen, die in vielfältiger Form weiterverfolgt werden kann. Obwohl auch er nicht zu verhehlen vermag, daß die Anhänger der großen Religionen nicht wüßten, was ihnen gerade im Ethos gemeinsam sei, und das, was die großen Religionen eint, erst im einzelnen aus den Quellen jeweils genau herausgearbeitet werden müßte[1], konstatiert Küng eine gemeinsame religiöse Grundorientierung, nämlich das Wohl des Menschen betreffend.[2] In allen Weltreligionen werden Maximen elementarer Menschlichkeit zum Ausdruck gebracht, findet sich eine Einladung zum Nachvollzug eines bestimmten Lebensstils, werden Dispositionen, Haltungen und Tugenden propagiert, die dem Menschen einen Weg weisen.[3] Und so liegt es nahe, vielleicht sogar wie Hans Küng über globale Laster und Tugenden zu spekulieren.[4] Allerdings scheint eine Beschränkung auf das Wohl des Menschen heute angesichts der ökologischen Krise nicht mehr recht glaubwürdig.

Die ökologische Krise und die Wiederkehr der Naturkategorie haben in vielfacher Form zur Kritik insbesondere der christlichen Anthropozentrik beigetragen, obwohl eine gewisse anthropozentrische Grundhaltung offenbar allen großen Weltreligionen gemeinsam ist. Ein neues kosmozentrisches oder biozentrisches Weltbild wird gefordert, ohne allerdings die philosophischen und theologischen Konsequenzen einer solchen Forderung zu bedenken. Zu den vehementen Kritikern der Anthropozentrik gehört Eugen Drewermann. Für ihn stellt die Umweltkatastrophe nicht nur ein technologisches Problem dar. Die eigentliche Entscheidungsebene sei religiöser Art.[5] Auf eine „christliche Anthropozentrik" lasse sich keine „Ethik der Natur" begründen.[6] Eugen Drewermann sucht die Ursachen der ökologischen Krise in einer Geisteshaltung „im säkularisierten Erbe des Christentums".[7] Abgesehen von der methodischen Fragwürdigkeit, eine so umstrittene Interpretationsformel wie die der „Säkularisation"[8] hier heranzuziehen, ist das Problem „Neuzeit" viel zu komplex, um auf Anthropozentrik reduziert werden zu können.

Im Gegensatz zu Drewermann bin ich der Überzeugung, daß vom Boden einer neuzeitlichen, christlich inspirierten Anthropozentrik aus durchaus Elemente eines ökologischen Weltethos eruiert werden können. Ein Blick auf die europäische Geistesgeschichte, insbesondere auf die Entwicklung der neuzeitlichen Naturwissenschaften wird dabei ergeben, daß Anthropozentrik und Kosmozentrik aufeinander bezogen werden müssen. Die Ansatzpunkte in Naturwissenschaft und Technik, die ein solches Unternehmen erlauben, sind herauszuarbeiten. Faßt man alle diese Vorüberlegungen zusammen, so ergeben sich zwei Ausgangsfragen: (1) Ist so etwas wie ein Weltethos überhaupt möglich? (2) Muß dieses Weltethos anthropozentrisch oder nicht vielmehr ökologisch ausgerichtet sein?

I. Muß ein ökologisches Weltethos kosmozentrisch sein?

Vor jeder detaillierten Diskussion sind die grundlegenden Begriffe zu klären. Zunächst muß zwischen Moral, Ethos und Ethik unterschieden werden. Der Begriff *Moral* stammt von dem lateinischen „mos“ (Sitte) ab und bezeichnet die gelebte Überzeugung einer Gesellschaft oder Gemeinschaft, also das, was faktisch als sittlich verpflichtend angesehen wird. Moral wird vermittelt durch Tradition und Erziehung. Probleme treten auf bei Wertkonflikten. *Ethos*, vom griechischen „ethos“ (Verhalten, Sitte), meint eine spezifische sittliche Lebensform, die von Grundhaltungen und einer gewissen praktischen Rationalität geprägt ist. Lebensformen können von spezifischen gesellschaftlichen Gruppen oder Berufsständen ausgeprägt werden. Das Ethos ist daher partikulär. Von beiden zu unterscheiden ist die *Ethik* als wissenschaftliche Reflexion auf Moral und Ethos mit dem Ziel, Verhaltensvorschriften, sittliche Verpflichtungen und Handlungsregeln für Entscheidungen argumentativ auszuweisen und zu rechtfertigen. Sittliche Überzeugungen gehören in die beiden ersten Bereiche; Gegenstand der Ethik ist die argumentative Rechtfertigung des Verpflichtungscharakters von sittlichen Überzeugungen auch für andere.

Um die Möglichkeit eines ökologischen Weltethos und seiner Grundausrichtung zu erörtern, sind die Voraussetzungen für die Notwendigkeit eines Ethos der Natur-Mensch-Beziehung zu klären. Dazu ist eine Position zu entwickeln, die Wissenschaft und Technologie konstitutionell so zu interpretieren versucht, daß Ethik möglich ist. Folgende Fragenkomplexe spielen dabei eine Rolle:

1. Ist ein ökologisches Welt-Ethos überhaupt möglich? Als Arbeitshypothese läßt sich folgende Vermutung formulieren: Hinsichtlich der Möglichkeit eines universalen Weltethos wird sich der skeptische Einwand erhärten, daß der Glaube der Aufklärung an die Vernunftstruktur des Menschen, wie sie einem universalen Weltethos zugrunde liegt, nicht berechtigt ist. Mit Ethosformen bezeichnet man Grundüberzeugungen von unterschiedlichen Gemeinschaften, wobei gemeinsame Überzeugungen hinsichtlich der Natur und der Stellung des Menschen hinreichend unwahrscheinlich sind. Dann müßte auf allgemeine, nicht material gefüllte Beziehungen im Mensch-Natur-Verhältnis zurückgegriffen werden, um ein Welt-Ethos grundlegen zu können. Der Gedanke oder die Grundhaltung einer Rücksicht auf die Natur, eines Respektes vor der Natur oder der Gerechtigkeit könnten solche Leitlinien konkretisieren.

2. Der Vorwurf des Eurozentrismus neuzeitlicher Naturwissenschaft ist genauer zu analysieren. Die experimentell vorgehende Wissenschaft wurde zwar in Europa im ausgehenden 16. Jh. erfunden. Im Zentrum steht jedoch nicht die Subjekt-Objekt-Spaltung der neuzeitlichen Philosophie seit Descartes, wie immer wieder vorgebracht wird, sondern ein Modell effizienter Kausalität, also von Analytizität und Überprüfung der Ergebnisse durch Experimente. Experimente sind Konstruktionen (bewußt konstruierte Erfahrungen). Hier zeigt sich der technisch-instrumentelle Zug des Experiments. Zu unterscheiden sind ebenfalls handwerkliche Technik, Technologie und moderne Technologie, die wachsende Handlungs- und Eingriffsspielräume gebracht haben, aber auch wachsendes Wissen um die Folgen unseres Handelns.

3. Die Analyse der Bedeutung der Anthropozentrik für eine Umweltethik ergibt eine vierfache Unterscheidung der Ebenen. Zunächst meint (a) Anthropozentrik auf inhaltlich-*materialer* Ebene eine Idee, die die Menschheit als Zentrum des Kosmos oder als Ziel der Evolution, als Krone der Schöpfung oder als Spitzengeschöpf begreift, ausgestattet mit einem Gestaltungs- und Herrschaftsauftrag über die Welt. Allerdings impliziert Anthropozentrik bereits in den biblischen Schöpfungsberichten als zweite Bedeutungsebene von Anthropozentrik (b) eine *Ethosform* im Sinne einer Verantwortung vor Gott für die Mitmenschen und für die Schöpfung. Gemäß dieser Bedeutungsvariante trägt der Mensch Verantwortung für sein Handeln und dessen Folgen. Diese Ethosform hat das jüdisch-christliche Denken im wesentlichen erstmals formuliert. Es wurde in der philosophischen Neuzeit und Aufklärung einesteils vertieft gedacht, andernteils vergessen.

Davon ist drittens (c) die *methodische* Anthropozentrik zu unterscheiden. Sie artikuliert sich in der Einsicht, daß im Erkennen und Handeln der Mensch nicht eliminiert zu werden vermag, ohne wesentliche Dimensionen des Handelns und Erkennens zu ignorieren. Hier artikuliert sich die erkenntnistheoretische Unverzichtbarkeit des Menschen in jeder Aussage oder Erfahrung in der Natur. Die Einsicht in die methodische Anthropozentrik wurde von einer (christlichen) Anthropozentrik als Denkform vorbereitet und in der Neuzeit vertieft. Alle drei Bedeutungsvarianten sind nicht identisch (d) mit dem *modernen Anthropozentrismus*, wie er sich im 19. Jh. insbesondere im Positivismus herausgebildet hat. Dort sind die Bedürfnisse des Menschen letzter Maßstab der Wissenschafts- und Technologieentwicklung. Punkt (b) und (c) sind in jeder Ethik unverzichtbar, auch jede reflektierte Ethosform sollte sich klar sein, daß das Subjekt der Ethik wie des Ethos der Mensch ist, der sittlich zurechnungsfähig handelt.[9]

4. Auch der Gedanke einer Kosmozentrik oder Harmonie der Mensch-Natur-Beziehung ist zu untersuchen. Die Natur wurde sowohl in der antiken griechischen Philosophie wie heute noch im Hinduismus und Taoismus als Kosmos, Ordnung und Harmonie gedacht, so daß wie in der Stoa Natur als das Vorbildhafte und Normative betrachtet wurde. Daher wird im katholischen Lehramt in Sachen Sexualmoral noch vom Naturgesetz geredet, wobei neuzeitlich die Frage aufgeworfen wurde, inwieweit eine empirisch-deskriptiv aufgefaßte Natur überhaupt normativ sein kann und ob nicht vielmehr die so gewonnenen Normen sich einem naturalistischen Fehlschluß verdanken. Das Sinnwidrige in der Natur wie Übel, Krankheit, Tod und gegenseitige Konkurrenz der Arten sperrt sich gegen eine einfache Ableitung ethischer Normen aus der Natur. Auch eine immanente Teleologie der Natur, die Ziele, eventuell auch sittliche Ziele begründen könnte, läßt sich gemäß dem modernen Evolutionsverständnis nicht aufweisen. Auch Homöostasen werden immer wieder durchbrochen und pendeln sich auf neuem Niveau wieder ein. Es ist falsch anzunehmen, Gleichgewichtszustände könnten nur durch Nichthandeln erhalten werden. Letztlich haben wir keine andere Wahl als in bestimmte Kreisläufe einzugreifen. Nicht Eingriffsverbote sind das Mittel der Wahl, sondern Folgenabschätzungen für Handlungen.

II. Das Ethos ökologisch orientierter Humanität als Weltethos

Im 20. Jh. hatten die Kosmologie (Relativitätstheorie), die Physik der Elementarteilchen (Quantentheorie) und nun auch die Evolutionstheorie (Autopoiesiskonzeption) Konzepte entwickelt, die eine anthropozentrisch reflektierte Kosmo- oder Biozentrik zumindest als Denkmöglichkeit im Rahmen naturwissenschaftlicher Theoriebildung zuläßt. Dem sollte auf ethischer Seite eine biozentrisch oder kosmozentrisch reflektierte Anthropozentrik als neue Grundhaltung gegenüber der Natur entsprechen. Dieser Aufgabe kann m. E. ein Ethos ökologisch orientierter Humanität gerecht werden.[10] Dieses versucht, die berechtigten Argumente von klassischer Anthropozentrik, Zukunftsethik, Pathozentrik, Biozentrik und Physiozentrik aufzunehmen, die je unterschiedliche Verantwortungsbereiche kennen und diese zunehmend ausgeweitet haben. Dieses Ethos soll den technisch orientierten Humanismus[11] ablösen und könnte als Ethos einer weltumfassenden Technologie-Zivilisation dienen. Gemäß diesem Ethos müssen Handlungsverpflichtungen universalisierbar und begründbar sein und nicht bloß einem spezifischen, gesellschaftsabhängigen ökologischen Bedürfnis[12] entstammen.

Humanität, im neuzeitlichen Sinne verstanden, impliziert Wissenwollen, Neugierde und Innovationsbereitschaft. Aber Kern dieses Ethos ist auch ein Verantwortungsethos, das möglichst alle Handlungsfolgen berücksichtigt und dazu anleitet, Technologie langfristig in eine ökologisch und sozial verträglich ausgestaltete Industriegesellschaft einzubinden. Unter Humanität versteht man die Summe der geistigen Normen und praktischen Verhaltensweisen, die einen Menschen zum Menschen machen.[13] Der Gedanke der Humanität verbindet Liebe zum klassischen Altertum, das Toleranzdenken der Aufklärung mit der Hochschätzung von Bildung und Individualität.[14] Der Humanitätsgedanke ist älter als die Hochschätzung der Technik, auch wenn ihr letzter Höhepunkt abgesehen vom Existentialismus dieses Jahrhunderts mit dem Beginn der industriellen Revolution zusammenfällt. Trotzdem gibt es Konvergenzen, denn Humanität begriff sich traditionell als Überformung der Natur. Bisweilen bildet in der Dimension des Naturalen Natur sogar gegenüber der Humanität den Gegenpol des Unmenschlichen.[15] Andererseits wurde Humanität immer im Sinne einer noch ausstehenden Menschlichkeit aller Menschen verstanden. Und was kann eine Menschlichkeit bedeuten, die die Leibhaftigkeit des Menschen und seine Umgebung nicht berücksichtigt?

Die im Humanitätsgedanken implizierte Idee der Naturgestaltung läßt eine verantwortungsethische Ausrichtung und damit eine Berücksichtigung des Folgenprinzipes sowie ökologischer Belange zu. Im Ethos ökologisch orientierter Humanität wird die Hochschätzung der Personalität des Menschen ergänzt durch den Grundsatz einer Gleichbehandlung aller Betroffener unter vergleichbaren Umständen. Dieser verpflichtet, in abgestufter Weise Interessen zukünftiger Generationen, naturale Strebungen leidensfähiger Tiere nach dem Kriterium der größeren Verwandtschaft mit uns bzw. ihrer Stellung in der Evolution des zentralen Nervensystems und letztlich auch Natur als conditio sine qua non für die Entwicklung von Humanität zu berücksichtigen.

Verpflichtungen gegenüber Tieren oder gegenüber der Natur lassen sich nicht apodiktisch aufweisen, sondern bedürfen einer plausibilisierenden Konvergenzargumentation. Diese ist jedoch möglich, weil auch der handelnde Mensch in sich Vorstufen seines Handelns im eigenen Verhalten entdeckt. Dieses ermöglicht ihm die Kommunikation zumindest mit höher entwickelten Säugetieren, mit denen der Mensch ein nicht unerhebliches Verhaltensrepertoire gemeinsam hat, das im übrigen bei längerem Umgang mit Menschen bei einigen Arten ausbaufähig ist. Dabei ist eine gewisse Vorsicht geboten, denn wir neigen dazu, anderen Menschen und Tieren psychische Zustände zuzuschreiben gemäß der Ähnlichkeit des Verhaltens und des Aussehens. Letztlich steht dahinter die Selbsterfahrung, wenn wir die Betroffenen von Handlungen anderer sind.

III. Ethische Grundsätze einer handlungstheoretisch begründeten Umweltethik

Das Ethos ökologisch orientierter Humanität ist wie jedes Ethos zur konkreten Handlungsnormierung ergänzungsbedürftig. Zur ethischen Absicherung einer praktikablen Umweltethik bedarf es eines verantwortungsethischen Rahmens. Eine Verantwortungsethik, die dem Ethos ökologisch orientierter Humanität korrespondiert, geht von ethischen Grundsätzen aus, nach denen wir beurteilen können, ob und welche Verpflichtungen wir gegenüber der Natur oder Teilen von ihr haben. Leitlinien ethischer Argumentationen oder Leitbilder für Ethosformen helfen bei ihrer Formulierung. Ganz unterschiedliche solche Hintergrundrechtfertigungen werden von Umweltethiken angeboten, so daß hier eine Typologie von Umweltethos-Formen weitere Klärung verspricht. Mit Umweltethik-Schemata habe ich mich anderswo bereits ausgiebig beschäftigt,[16] so daß ich mich hier darauf beschränken kann, fünf Ethos-Typen als potentielle Leitbilder einer Umweltethik zu rekonstruieren. Zu unterscheiden sind (1) verschiedene Spielarten von Anthropozentrik und (2) die Position der Zukunftsethik, die sich als Verantwortung für zukünftige Generationen begreift. Nicht-anthropozentrische Ansätze spalten sich auf in Versionen der (3) Pathozentrik, (4) der Biozentrik und (5) der Physiozentrik.

Dem Ethos ökologisch orientierter Humanität korrespondiert eine erweiterte Verantwortungsethik, die auch nicht-menschliche als ethisch relevante Betroffene von Handlungsfolgen zuläßt und daher Leidensfähigkeit, Empfindungsfähigkeit und die Erhaltung bestehender Kreisläufe der Natur als ethisch relevante empirische Kriterien berücksichtigt. Die neuzeitlichen Ethiken haben z. B. den Aspekt der Folgenbewertung in utilitaristischen und konsequentialistischen Ethiken unter den Grundsatz der Optimierung des Wohlergehens gestellt. Eine Verantwortungsethik gemäß dem Ethos ökologisch orientierter Humanität kann von formalen neuzeitlichen ethischen Grundprinzipien der Universalisierung, Gleichheit und Gerechtigkeit ausgehen[17] und knüpft insofern an deontologische Argumentationstypen an. Diese Grundsätze sind für die bioethische Diskussion umzuformulieren in die Unparteilichkeitsforderung[18], in die Verpflichtung zur Gleichbehandlung unter vergleichbaren Umständen[19] und in Gerechtigkeit als Sachgerechtigkeit, Lebensgerechtigkeit und Berücksichtigung aller Betroffener[20].

Ohne hinreichenden Grund jemandem zu schaden ist eine Verletzung der Gerechtigkeit. Ein formaler Grundsatz wie Gerechtigkeit kann alle Betroffenen einer Handlung und damit auch die Natur einschließen. Die Verpflichtung einer Gleichbehandlung unter vergleichbaren Umständen kann ebenfalls auf Tier und Mensch angewendet werden, insofern vergleichbare Umstände plausibel gemacht werden können. Dies wird im Hinblick auf – zumindest analoge – Schmerzempfindlichkeit bei Mensch und Tier der Fall sein. Die Verallgemeinerungsregel zur Überprüfung der Gattungs-Unparteilichkeit kann von einem einzelnen durch Reflexion vollzogen werden. Hinsichtlich Gerechtigkeit, Gleichbehandlung und Fairneß von Folgen läßt sich nur im Diskurs ein jeweils zeitlich begrenztes Urteil erreichen.

Die insbesondere bei der Anwendung des Gleichbehandlungs-Grundsatzes erforderlichen Güterabwägungen verlangen ein Dringlichkeitskriterium, wenn mehrere Betroffene in nur teilweise vergleichbaren Umständen berücksichtigt werden sollen. Zu seiner Entwicklung darf auf Höffes Idee einer „abgestuften Solidarität"[21] zwischen Mensch und Tier zurückgegriffen werden. Höffes Gedankengang läßt sich aufgrund der Generalisierungsregel über den Kreis der Tiere erweitern und formuliert eine anwachsende Verpflichtung zur Schadensvermeidung insbesondere mit dem Grad biologischer Ausdifferenzierung bis hin zur Schmerzempfindlichkeit als Fähigkeit, einen Schaden auch wahrnehmen zu können.

Ein weiteres Dringlichkeitskriterium zur Bewertung innovativen Handelns ist die Vorsichtsregel. Ihre ethische Verpflichtungskraft ist auf Handlungen mit unsicherem Ausgang und potentiell großem Schadensausmaß der Folgen beschränkt. Sie könnte etwa so formuliert werden: Vorsicht ist um so dringlicher geboten, je größer unser Nichtwissen ist.[22] Mit Hilfe der Vorsichtsregel läßt sich auch ein gewisser Arten- und Naturschutz ethisch begründen: Bestimmte Arten und ihr Vorkommen sind Bedingungen für die Stabilität ökologischer Kreisläufe. Wenn sich ein neues Gleichgewicht einstellt, kann das alte nicht wieder erreicht werden. Zudem besteht eine gewisse Unsicherheit, welches Gleichgewicht sich einstellen wird. Somit erscheint eine indirekte Begründung von Artenschutznormen als möglich. Allerdings ist gemäß dieser Begründung Naturschutz und Artenschutz Kulturprinzip[23] und setzt eine Einigung darüber voraus, was wir als Natur haben wollen. Artenvielfalt fungiert hierbei als ein ethisch relevantes ästhetisches Kriterium.

Eine Verantwortungsethik, die einem ökologisch orientierten Ethos entspricht, kann ich im Detail hier nicht vorstellen. Sie liegt an anderer Stelle vor.[24] Dennoch möchte ich zum Abschluß die fundamentalen bereichsspezifischen Handlungsregeln zumindest benennen, die zur ethischen Bewertung des menschlichen Verhältnisses zur Natur herangezogen werden können.[25] Hier ist zunächst

1. die *allgemeine Folgenberücksichtigungs-Regel* zu formulieren, die alle Betroffenen einer Handlung als berücksichtigenswert betrachtet. Sie kann auch *Verantwortbarkeits-Regel* genannt werden. Eng zusammen mit dieser hängt

2. die *Gleichbehandlungs-Regel*, die aufgrund des Fairneßprinzips eine Gleichbehandlung aller Betroffenen unter vergleichbaren Umständen empfiehlt. Hinzu kommt

3. die *Nicht-Schadens-Regel*, die im Hinblick auf die Folgenabschätzung zu weitgehender Schadensvermeidung bei den Betroffenen verpflichtet, und

4. die *Verbesserungs-Regel* oder die *Wohlfahrts-Regel*, die auf weitmögliche Verbesserung der intendierten Handlungsfolgen im Vergleich zu bestehenden Zuständen, Verfahren und Behandlungsmethoden verpflichtet. Darüber hinaus ist

5. eine temporäre Handlungsregel zu formulieren, nämlich die *Vorsichts-Regel*, die zur Wahl der Projektalternative mit der größeren Prognosesicherheit und – verknüpft mit der Nicht-Schadens-Regel – zur Wahl derjenigen Innovationsstrategie verpflichtet, welche das größte Folgenwissen ermöglicht.

Anmerkungen

[1] H. Küng, Projekt Weltethos, München–Zürich 1990, 80.

[2] Ebd., 81.

[3] Ebd., 82–85.

[4] Ebd., 87.

[5] E. Drewermann, Der tödliche Fortschritt. Von der Zerstörung der Erde und des Menschen im Erbe des Christentums, Regensburg 1983, 46.

[6] E. Drewermann, Mit dem alten Geist brechen, in: Theologie der Umwelt – Kontrovers. Ist der Mensch die Krone der Schöpfung? Publik-Forum-Sonderdruck 14. Jg., Nr. 11/12 (31. 5. 85), 5.

[7] E. Drewermann, Fortschritt, 7.

[8] H. M. Baumgartner, B. Irrgang, Zur These vom Ende der Neuzeit, in: Dies. (Hrsg.), Am Ende der Neuzeit? Die Forderung eines fundamentalen Wertwandels und ihre Probleme, Würzburg 1985, 14–18 und die dort zitierte Literatur.

[9] B. Irrgang, Christliche Umweltethik, München–Basel 1992.

[10] Siehe B. Irrgang, Umweltethik.

[11] R. Maurer, Ein möglicher Sinn der Rede von Postmoderne im Spannungsfeld zwischen Technologie und Ökologie, in: W. Ch. Zimmerli (Hrsg.), Technologisches Zeitalter oder Postmoderne, München 1988, 88–110, hier 102.

[12] L. H. Tribe, Was spricht gegen Plastikbäume?, in: D. Birnbacher (Hrsg.), Ökologie und Ethik, Stuttgart 1980, 20–71, hier 22.

[13] R. Rieks, Art. Humanismus, Humanität, in: J. Ritter/K. Gründer (Hrsg.), Historisches Wörterbuch der Philosophie, Bd. 3, Basel 1974, 1231–1236, hier 1231.

[14] C. Menze, Art. Humanismus, Humanität, in: Ebd., 1217–1219, hier 1218.

[15] R. Romberg, Art. Humanismus, Humanität, in: Ebd., 1219–1225, hier 1219.

[16] Siehe B. Irrgang, Umweltethik, 52–63.

[17] W. Ch. Zimmerli, AIDS – ethisch betrachtet, in: ZEE 32 (1988) 190–198.

[18] Irrgang, Umweltethik, 109.

[19] Ebd., 108 f.

[20] Ebd., 110.

[21] O. Höffe, Der wissenschaftliche Tierversuch. Eine bioethische Fallstudie, in: Elisabeth Ströker (Hrsg.), Ethik der Wissenschaften? Philosophische Fragen, Paderborn 1984, 117–150, hier 135.

[22] B. Irrgang, Forschungsethik, Molekulargenetik und neue Biotechnologie, Stuttgart 1996.

[23] U. Riedl, Integrierter Naturschutz. Notwendigkeit des Umdenkens, normativer Begründungszusammenhang, konzeptioneller Ansatz, Hannover 1992, 213.

[24] Irrgang, Umweltethik, und ders., Forschungsethik.

[25] B. Irrgang, Forschungsethik.

Umweltvölkerrecht als Rahmen für „ökologisches Weltethos"?

Das Umweltvölkerrecht und der interkulturelle Konsens zum Schutz der Umwelt

Von Harald Hohmann

Umweltschutz ist eine Frage der Akzeptabilität und des Überlebens unserer Gesellschaftsordnung. Denn akzeptabel kann nur eine Gesellschaftsordnung sein, die allen Menschen dieser Welt eine Befriedigung ihrer Grundbedürfnisse erlaubt, ohne die Umwelt so zu belasten, daß sie für kommende Generationen als Lebensraum zerstört ist[1]. Es geht daher angesichts des Interesses an konkurrierenden Naturnutzungen um einen Umwelt- und Nachweltschutz. In einer Rede des früheren Bundespräsidenten v. Weizsäcker heißt es[2]: „Nur wenn wir die Natur um ihrer selbst willen schützen, wird sie uns Menschen erlauben zu leben ... Heute stehen wir an der Schwelle, verstehen zu lernen, daß die Schöpfung unbezahlbar ist. Wir müssen lernen, die Natur zu pflegen, wenn wir der Selbstzerstörung entgehen wollen ... Die Erde ist älter als die Menschen. Sie wird die Menschen auch überdauern. Sie wird uns Menschen beherbergen, solange wir unseren angemessenen Teil von ihren Kräften für uns in Anspruch nehmen – nicht mehr."

Die Bewahrung der Schöpfung verlangt eine Änderung des Bewußtseins, eine freiwillige ökonomische Selbstbegrenzung[3]; die ethische Herausforderung lautet: Konsumaskese (wegen des Bewußtseins der Grenzen), Sparsamkeit/Einfachheit, Klugheit (langfristiges Denken) und Gerechtigkeit (im Sinne der globalen Solidarität)[4]. Aus völkerrechtlicher Sicht geht es erstens um das Vorsorgeprinzip (einschließlich *inter-generational equity* und bestandsfähiger Entwicklung), zweitens um das Umweltmanagement einschließlich *rational use*, drittens um die aus der internationalen Solidarität ableitbare Pflicht zur globalen oder regionalen Kooperation und zum Technologietransfer. Anders ausgedrückt: Es geht um den Paradigmenwechsel vom durch Umweltnutzung zum durch vorsorgenden Umweltschutz geprägten Völkerrecht, das auch die Grundbedürfnisse künftiger Generationen respektiert.[5]

Nach Hans Küng gibt es kein Überleben ohne Weltethos, keinen

Weltfrieden ohne Religionsfriede, und keinen Religionsfrieden ohne Religionsdialog.[6] *Mein Beitrag soll zeigen*, daß das Umweltvölkerrecht den Rahmen abgeben kann für den von Küng geforderten und vom Dialog der Religionen zu stimulierenden „neuen Grundkonsens von integrierenden humanen Überzeugungen", das planetarische ökologische Ethos. Dabei geht es *erstens* um die Frage, ob trotz unterschiedlicher kultureller Traditionen ein globaler Konsens möglich ist, der als Umweltvölkerrecht den Rahmen für ein potentiell künftiges „ökologisches Weltethos" abgeben könnte, wobei kurz die Wechselbeziehung zwischen Ethik und Recht zu skizzieren ist, und *zweitens* soll analysiert werden, welche zentralen rechtlichen und ethischen Standards so beschaffen sind, daß sich verschiedene Kulturen ihnen unterwerfen können. *Schließlich* soll *(im Ausblick)* angedeutet werden, welche rechtlichen Instrumente die Diskrepanz zwischen gestiegenem Umweltbewußtsein und nicht-ökologischem Handeln verringern könnten.

1. Globaler umweltrechtlicher Konsens trotz unterschiedlicher kultureller und nationaler Traditionen?

a) Kultur-übergreifendes Umwelt-Völkerrecht

Es liegt der Einwand auf der Hand, daß etwa die japanische Mythologie, die keinen transzendenten Schöpfer-Gott kennt und Naturphänomene als beseelt oder göttlich *(kami)* betrachtet[7], und die christliche Auffassung[8] miteinander so unvereinbar sind, daß eine beiden Auffassungen gemeinsame Öko-Ethik ausgeschlossen erscheint. Ich bin anderer Auffassung. Denn eine einseitige Interpretation des Christentums – insbesondere die Mißdeutung des Schutz-Auftrages „Macht euch die Erde untertan" (Gen 1,28)[9] – und eine einseitige japanische Interpretation des Buddhismus[10] haben im gleichen Maße zu großen Umweltzerstörungen geführt, so daß es denkbar erscheint, nach der Aufdeckung der Miß-Interpretation in gleichem Maße zu vorsorgenden Schutzpflichten zu gelangen. Der Dialog der Religionen müßte also die Mißinterpretationen aufzeigen.

Küng hat natürlich recht: Recht ohne Sittlichkeit, ohne Bewußtsein für regionale Religion, regionale Ethik und daraus resultierende Pflichten kann auf Dauer keinen Bestand haben.[11] Dies entspricht der Anforderung der „besonderen Wirklichkeitsnähe" des Völkerrechts, nach der die Rechtsdogmatik keine normative Schein-Welt annehmen darf, die nicht mehr in der realen Welt verankert ist.[12] Überlegungen von Wolfgang Huber weiterführend, betont Hans Kessler, daß die religiös-kulturellen Traditionen nicht auf ihre gemeinsamen Aussagen reduziert werden dürfen, daß vielmehr das ökologische Weltethos kontextuell verwurzelt und deshalb plural sein müsse.[13] Das Umweltvölkerrecht muß folglich in der Lage sein, die Anregungen aus verschiedenen religiös-kulturellen Traditionen aufzunehmen und unter Berücksichtigung dieser Unterschiede zu gewohnheitsrechtlichen Pflichten oder allgemeinen Rechtsgrundsätzen zu kommen, die für *alle* Regionen der Welt konsensfähig sind.

Genau dieses hat das Völkerrecht – insbesondere das Umweltvölkerrecht – inzwischen geschafft, wobei es auch die Möglichkeit anerkennt, daß für einzelne Regionen ein höherentwickeltes regionales Gewohnheitsrecht besteht[14]. Dies war nicht immer so, doch hat sich das *universelle* Völkerrecht immer stärker im Laufe der Zeit herausgebildet. Basierend auf der stoisch-christlichen Philosophie und den Auffassungen der ersten Völkerrechtslehrer – wie Francisco Suárez (1548–1619), Hugo Grotius (1583–1642) und Christian Wolff (1679–1754) – setzte sich etwa ab dem 16. Jh. die Erkenntnis durch, die ganze Menschheit als eine durch Naturrecht (oder eine durch Konsens bzw. staatliche Übung zu schaffendes internationales Recht) verbundene Einheit zu betrachten.[15] Heute sind an die Stelle des Naturrechts das durch Konsens und Übung zu schaffende *Gewohnheitsrecht*[16] sowie die (durch Rechtsvergleichung feststellbaren) *allgemeinen Rechtsgrundsätze* und die *völkerrechtlichen Abkommen* getreten (Rechtsquellen nach Art. 38 IGH-Statut).[17] Das ursprünglich nur auf die *res publica christiana* und später auf das *ius publicum europaeum* beschränkte Völkerrecht – es entsprach dem damaligen Stand der allein auf Europa beschränkten diplomatischen Beziehungen – wurde im 20. Jh. (spätestens 1945 mit der Unterzeichnung der UN-Charta) universell, so daß die afrikanischen, asiatischen und amerikanischen Staaten einen immer größeren Einfluß auf die Weiterbildung des Völkerrechtes ausübten.[18] Nur Rechtspflichten, die für *alle* Staaten der globalen Weltgemeinschaft konsensfähig sind, haben eine Chance, als Gewohnheitsrecht anerkannt zu werden.

Für die drei mit der Kodifikation von Gewohnheitsrecht und allgemeinen Rechtsgrundsätzen betrauten Organe, die im UN-Auftrag tätige *International Law Commission* (ILC) und die im privaten Auftrag tätigen *Institut de Droit International* (IDI) und *International Law Association* (ILA), ist daher eine internationale – alle Rechtskreise der Welt vertretende – Besetzung zwingend. Während die ILC, die kürzlich einen wichtigen Entwurf zur nicht-schifflichen Nutzung internationaler Gewässer verabschiedet hat[19], aus 34 Experten aus 34, alle

Rechtskreise darstellenden, Staaten besteht, müssen in den Komitees der ILA – also etwa im ILA-*Water Resources Committee*, in dem der Autor dieses Beitrages mitarbeitet – Experten aller wichtigen Staaten – im *Water Resources Committee*: der wichtigen Staaten mit internationalen Flußläufen (Ober- und Unterliegerstaaten)[20] – vertreten sein, wobei pro Staat nicht mehr als ein Experte zugelassen wird. Von daher ist von vornherein ausgeschlossen, daß eine nur in Europa anerkannte Pflicht als universell verbindliches Gewohnheitsrecht kodifiziert wird, da die Experten aus den nicht-europäischen Staaten dies sofort verhindern. Trotz unterschiedlicher Kulturen, Traditionen und Religionen ist es daher möglich, zu einem globalen Konsens, und damit zu einem für die ganze Weltgemeinschaft gültigen Gewohnheitsrecht[21] zu kommen.

b) Regionales/nationales Bewußtsein und globaler Konsens[22]

Voraussetzung für diesen globalen Konsens (und damit für die Entstehung des Umwelt-Gewohnheitsrechts) ist aber ein entsprechendes nationales oder regionales Bewußtsein, und hierfür spielen Religion und Tradition eine große Rolle. Denn jedes Umweltproblem kann erst dann rechtlich zufriedenstellend gelöst werden, wenn die Zeit und das Bewußtsein hierfür reif sind. *Mit fortschreitender Zeit ändern sich Bewußtsein und Recht.* Wenn ein Problem *vor* diesem Reife-Zeitpunkt geregelt wird, können nicht mehr als die berüchtigten *shall endeavour*-Formulierungen herauskommen: Formulierungen wie „Staaten *sollten* ... soweit als möglich und sofern wirtschaftlich tragbar ...“ sind noch nicht rechtlich verbindlich, sondern eher moralische Appelle. Die Zeit war noch nicht reif für einen globalen Konsens zu dieser Frage. Die Schwierigkeit ist nun, daß viele überlebenswichtige Umweltprobleme mit einer riesigen Geschwindigkeit gelöst werden müssen, so daß die traditionellen Abkommen häufig zu schwerfällig sind. Da meist 20–60 Parlamente das Abkommen ratifizieren müssen, kann sein Inkrafttreten über ein Jahrzehnt brauchen, wie die Seerechtskonvention von 1982 zeigt.

Die Umwelt-Diplomatie hat deswegen die Bedeutung von Deklarationen und Protokollen entdeckt. Dies läßt sich am sauren Regen verdeutlichen. Die zentralen Bestimmungen der Genfer Konvention von 1979[23] sind deswegen so *soft* („weiches Recht“: sie wimmeln von *shall endeavour*-Bestimmungen), weil 1979 noch kein Bewußtsein dafür bestand, was Ursachen und Folgen des sauren Regens sind. Daß eine deutsche Fabrik zum sauren Regen in Polen, Skandinavien und Rußland und zum dortigen Waldsterben beitragen kann, war ein Gedanke, an den man sich erst einmal gewöhnen mußte. Als auf einer Konferenz 1982 erstmals mit Hilfe der computer- und satellitengestützten Überwachungstechnologie gezeigt wurde, in welchem Maße jedes europäisch-nordamerikanische Land sauren Regen ex- und importiert, wurde klar, daß dieses Problem nicht nur skandinavische Seen betrifft, sondern daß *alle* Länder West- und Osteuropas einschließlich USA, Kanada und Rußland, die in der *Economic Commission for Europe* (ECE) kooperieren, sofort handeln mußten, um die schweren Waldschäden zu begrenzen. Wäre jetzt die Genfer Konvention verhandelt worden, wäre sie wegen des neuen Umweltbewußtseins anders ausgefallen. Nur: ein einmal zu einem bestimmten Zeitpunkt ausgehandeltes Abkommen kann in der Regel kaum verändert worden.

Hier halfen sich die Umwelt-Diplomaten zunächst mit Deklarationen: Einige ECE-Staaten verpflichteten sich 1984 in einer Erklärung, ihre SO_2-Emissionen bis 1993 um mindestens 30% (gegenüber 1980) zu reduzieren. Zwei Völkerrechtler-Gremien – die ILA und das IDI – verabschiedeten Erklärungen zum sauren Regen, welche (nach Art der amerikanischen *Restatements*) das geltende Gewohnheitsrecht niederschrieben und präzisierten. Das in der Genfer Konvention von 1979 enthaltene Gewohnheitsrecht kann durch dieses in drei Artikeln dieser Deklarationen[24] weiterentwickelte Gewohnheitsrecht verändert werden. Aus der „weichen", appellhaften Bekämpfungspflicht von 1979 ist dann wegen des später weiterentwickelten Gewohnheitsrechts eine verbindliche gewohnheitsrechtliche Pflicht geworden, den sauren Regen zu bekämpfen.[25] Selbst wer an letzterem zweifelt, kann nicht leugnen, daß manche auf internationalen Konferenzen erarbeiteten Deklarationen bereits deswegen von so hoher Wichtigkeit sind, weil sie den mühsam erkämpften Konsens der Weltgemeinschaft darstellen, der später in präzisere Abkommen umgegossen wird. Dieses ist in der Vergangenheit mit den Guidelines des *United Nations Environment Programme* (UNEP) geschehen, und dieses wird möglicherweise auch mit der Wald-Erklärung des Erdgipfels von Rio geschehen.

Religion und Tradition beeinflussen das nationale und regionale Bewußtsein; und der globale Konsens, der seinerseits unter bestimmten Voraussetzungen zum Umwelt-Gewohnheitsrecht der Welt werden kann, ist vom nationalen und regionalen Bewußtsein abhängig. *Für die Entstehung des globalen Umwelt-Gewohnheitsrechts ist erforderlich, daß dieser Konsens an (bewußtseinsbedingten) Rechtsüberzeugungen in rechtlich relevanten Dokumenten niedergeschrieben wird.* Nun soll das Verhältnis Umweltrecht–Umweltethos präzisiert werden.

c) Umweltethik/Umweltethos und Umweltrecht: eine Einheit?

Ethik ist die Wissenschaft vom Sittlichen[26], die Erklärung und Ergründung des Sittlichen, die nach den letzten Gründen der sittlichen Erscheinungen fragt und bestimmte sittliche Normen für die Einzelbereiche des menschlichen Handelns (der Individuen und der Gemeinschaft) auf ihren Sinn und ihre objektive Geltung hin untersucht und rechtfertigend begründet.[27] Möglicherweise wird man sagen müssen, daß ethische Prinzipien als solche nicht konsensbedürftig sind, während Recht *de facto* eines Konsenses bedarf;[28] dies wäre ein erheblicher Unterschied zwischen Ethik und Recht. *Ethos* ist hingegen die *de facto* geltende sittliche Lebensordnung (oder die herrschende Sitte) innerhalb einer menschlichen Gruppe.[29] Anders ausgedrückt: Ethos ist die Konkretisierung ethischer Prinzipien in einer bestimmten Kultur und Gesellschaft;[30] damit ist Ethos kulturgebunden und bedarf weitgehend des gesellschaftlichen Konsenses.

Recht ist ein schwer faßbares autoritatives System zur Regelung und Verhütung gesellschaftlicher Konflikte. Allein nach westlicher Kulturauffassung ist Recht weitgehend auf das positive (geschriebene) Recht reduziert, welches für andere Kulturen nur die „Spitze des Eisbergs" ist.[31] Recht ist ein Kultur-Träger („ein Spiegel der Gesellschaft")[32], so daß das gleiche Recht in einem anderen Kulturkreis – etwa bei der Rezeption deutschen Zivilrechts in Japan – anders ausfällt, weil Geschichte, Traditionen, Geographie, Religion, Ethos, Bewußtsein etc. einwirken.[33]

Demnach stehen sich Ethos und Recht nahe, weil beide kulturgebunden und konsensabhängig sind. Da aber das Ethos in geringerem Umfang auf Konsens, sondern stärker auf Kultur, Tradition u. ä. angewiesen ist, liegt die Annahme nahe, daß das Umweltvölkerrecht nicht auf einem planetarischen Ethos beruht, sondern auf dem Konsens vieler traditional geprägter Lebensformen. *Einerseits prägt der Ethos-Konsens das Recht und andererseits setzt das Recht auch verbindliche Grenzen und damit einen Rahmen für ein partikuläres (nationales oder regionales) Ethos*, welches (völlig) außerhalb dieses rechtlich verbindlich gewordenen Ethos-Konsenses steht.

Dabei müssen wir uns vergegenwärtigen, daß Forderungen etwa der Ethiker auf Anerkennung der Menschenrechte, der Entwicklungssoziologen auf Anerkennung des Rechts auf Entwicklung (einschließlich des *basic needs-approach*)[34], der Philosophen und Ökonomen auf Anerkennung der bestandsfähigen Entwicklung (*sustainable development*), der Anthropologen und Umweltschützer auf Schutz der besonderen Rolle der indigenen Völker[35] und der Feministinnen auf Schutz der besonderen Rolle der Frauen[36] erst durch Juristen politikfähig wurden, indem diese solche ethische Forderungen kodifizierten oder sonstwie in rechtlich relevanten Dokumenten niederschrieben.[37] Die wesentliche publizistische Vorarbeit und die Kodifikation geschahen praktisch allein durch Juristen[38], was zu der Frage führt, warum Ethiker sich nicht beteiligen an der Kodifikation der Präzisierung von *sustainable development*, indem sie etwa für die Arbeit des ILA-*Committee on Legal Aspects of Sustainable Development* ein Positions- und Forderungspapier entwerfen, in dem die zentralen ethischen Aussagen „bestandsfähiger Entwicklung" enthalten sind. *Denn ethische Prinzipien und das Ethos zahlreicher Lebensformen müssen in Recht umgegossen werden*, wenn sie die Weltpolitik beeinflussen oder steuern wollen; in dieser zentralen Aufgabe sollten die Juristen (Völkerrechtler) nicht alleingelassen werden. Den Juristen geht es um die pragmatische Realisierung konsensfähiger ethischer Forderungen für die globale Politik.

2. Inhalt der zentralen umweltrechtlichen Standards, denen sich die Kulturen unterwerfen

Die nächste Frage ist die nach dem Inhalt der zentralen umweltrechtlichen Standards, denen sich die Kulturen der Weltgemeinschaft unterwerfen können und unterworfen haben. Dabei soll besonderes Gewicht gelegt werden auf die Normen, welche den Nord-Süd-Gegensatz überbrücken helfen.

Eine *erste Gruppe von universell verbindlichen gewohnheitsrechtlichen Normen* betrifft den vorsorgenden Schutz der drei Umweltmedien: Wasser, Boden (einschließlich Natur- und Artenschutz und umweltgerechter Abfallentsorgung) und Luft/Atmosphäre. Nachdem das traditionelle Gewohnheitsrecht den Grundsatz des *equitable use* der Gewässer, der auf gleichmäßige und maximale Nutzung aller Anrainer-Staaten gerichtet ist, entwickelt hatte, begann mit der Stockholmer Konferenz von 1972 eine neue Rechtsentwicklung, in deren Zentrum zunehmend der Schutz der Umweltmedien auch um ihrer selbst willen steht.[39] Hierzu gehören das Verbot ernsthafter Schädigungen in fremdem (oder hoheitsfreiem) Gebiet (Stockholmer Prinzip 21) mit der daraus abgeleiteten Pflicht, neue Verschmutzungen zu verhindern und bereits bestehende zu bekämpfen, so daß keine erheblichen Schäden in fremdem (oder hoheitsfreiem) Gebiet entstehen oder zurückbleiben. Bereits bei der Annahme eines erheblichen Schadens können Vorbeugepflichten ausgelöst werden, ohne daß es des letzten Nachweises bedarf. Hierzu gehören weiter folgende Pflichten: Verschwendungsverbot, Ressourcenschonung, Verbot destruktiver Fangmethoden sowie Verbot von Aktivitäten, die der Natur einen nicht wiedergutzumachenden Schaden zufügen könnten; Verbot unkontrollierter Ableitungen (Pflicht zur vorherigen Behandlung); Genehmigungs- und Bewertungspflicht für potentiell besonders gefährliche Tätigkeiten; Pflicht zur Verschmutzungskontrolle (durch Emissions- oder Qualitätsstandards, schwarze oder graue Listen), zur laufenden Umweltüberwachung (einschließlich Meß-, Berichts- und Dokumentationspflichten) und zu elementaren Planungen; hinzu kommen Empfehlungen, nur den *rational use* zu erlauben und Verschmutzungen möglichst an der Quelle zu bekämpfen.[40]

Diese Rechtspflichten konnten nur deswegen zwischen 1972 und heute auf den Konsens der internationalen Staatengemeinschaft stoßen und daher als Gewohnheitsrecht akzeptiert werden, weil seit 1972 ein Umdenken stattgefunden hat. Gründe für dieses steigende Umweltbewußtsein liegen darin, daß der Stockholmer Konferenz eine Reihe von internationalen Umweltkatastrophen (Quecksilber-Katastrophe in Minamata/Japan, massive Meeresverschmutzungen durch das Bersten des gestrandeten Öltankers „Torrey Canyon“, Tod von Fischen in den amerikanischen Great Lakes) vorausgegangen waren und Schweden wissenschaftliche Analysen über den weiträumigen Ferntransport der Luftschadstoffe (von Mittel- nach Nordeuropa) und über die Verschmutzung der Ostsee vorgelegt hatte. 1972 erschien auch der Bericht des Club of Rome[41], der die „Grenzen des Wachstums“ verdeutlichte. Es sind in der Folgezeit nicht nur Umweltkatastrophen (wie etwa Tschernobyl 1986) und ein dadurch ausgelöstes höheres Bewußtsein über die ökologische Verletzlichkeit unserer Welt, die zur Weiterentwicklung des Umweltvölkerrechts führen, sondern dies geschieht vor allem zunehmend durch institutionelle Zusammenarbeit mit Hilfe internationaler Organisationen wie UNEP, durch deren Mitarbeit eine Vielzahl von Regionalorganisationen (etwa für die acht Meere des Regionalmeeresprogramms)[42] und ähnliche internationale Regime entstehen. Diese eröffneten und nutzten zunächst nicht vorhandene Spielräume für die Kooperation; dies geschieht, indem sie durch Messungen, wissenschaftliche Forschungen und Expertenrunden eine veränderte Informationslage schaffen, durch welche die Erfolgsaussichten politischer Verhandlungen über strengere Normen entscheidend beeinflußt werden, und indem sie die Konferenz der Vertragsparteien mit der Weiterentwicklung der Abkommen

– häufig durch dem Abkommen beigefügte Protokolle – beauftragen[43], so daß ein ursprünglich appellhaftes Rahmenabkommen durch das spätere Protokoll sehr präzise Rechtspflichten erhält.

Eine *zweite Gruppe von Regeln universellen Gewohnheitsrechts* betrifft deshalb Zusammenarbeitspflichten; sie entstanden vor dem Hintergrund des Übergangs des Völkerrechts vom klassischen Koexistenz- zum globalen Kooperationsrecht.[44] Der Paradigmenwechsel zum modernen Kooperationsrecht war unvermeidlich, weil seit der Entkolonialisierung an die Stelle der traditionellen diplomatischen Beziehungen zwischen 51 relativ homogenen Staaten die internationale Weltgemeinschaft von über 150 Staaten mit unterschiedlichem kulturellem und ökonomischem Hintergrund getreten war, die durch eine Vielzahl von internationalen Konferenzen, Gremien und Organisationen einen Konsens sucht, um die weltweiten Herausforderungen zur Erhaltung der Naturressourcen und die Nutzungsinteressen gerecht und ökologisch zu regeln. Im Bereich des Umweltschutzes ist die Notwendigkeit zu regionalen oder globalen Kooperationen besonders deutlich, weil Staaten – etwa mit Hilfe der exakten Analysen des im Rahmen der Genfer Konvention zum Schutz vor weiträumigen grenzüberschreitenden Luftverunreinigungen eingerichteten computergestützten Überwachungssystems EMEP[45] – seit 1980 sehen können, daß aus dem traditionellen Nachbarschaftsverhältnis zwischen individuellem Emittenten- und individuellem Opferstaat das moderne Verhältnis einer Vielzahl von weitverstreuten Emittenten- und Opferstaaten entstand, wobei die aggregierten Emissionen aus weitverstreuten Quellen zu erheblichen Schäden bisher nicht gekannten Ausmaßes fernab vom Ursprungsort führen (etwa: Waldsterben) und jeder Staat zugleich Täter und Opfer ist.[46]

Dies erleichterte das Denken in globalen oder regionalen Kategorien, so daß das traditionelle Nachbarschafts- und Souveränitäts-Denken immer stärker erodierte zugunsten des Bewußtseins der Notwendigkeit gemeinsamer Verantwortungen, regionaler oder globaler Kooperationen, bei der die Umwelt als *shared resource* oder als *common concern of mankind* aufgefaßt wird.[47] Es wurde daher zunehmend unverzichtbar, diese Naturressourcen international zu bewirtschaften mittels einer regionalen oder globalen Kommission;[48] dieser Institutionalisierungs-Trend ist inspiriert von der Notwendigkeit einer ständigen Einrichtung für laufende Überwachung und wissenschaftliche Auswertung, für eine Aktualisierung internationaler Standards, für Beschlußfassung und Durchführung eines gemeinsamen Umweltmanagements, für die Erleichterung des Informations-Austausches, für die Auswertung von Implementations-Berichten der Vertragsparteien und für die Überprüfung und Fortentwicklung des Abkommens mittels vereinfachter Prozeduren für Abkommens-Änderungen.[49]

Das Solidaritätsprinzip und die Anerkennung regionaler oder globaler Interdependenzen – ausgelöst durch die Erkenntnis, daß ein erheblicher Umwelt-Schaden in einem Land die ökologische Bilanz der ganzen Region (oder der ganzen Welt) bedrohen kann – förderten den Kooperationstrend, so daß regelmäßiger Informationsaustausch und gemeinsame Forschungen sowie – im Fall potentiell gefährlicher grenzüberschreitender Aktivitäten – Notifikationen, Konsultationen und grenzüberschreitende Umweltverträglichkeitsprüfungen und teilweise das grenzüberschreitende Einräumen gleicher Klagemöglichkeiten verpflichtend wurden. Angesichts des Nord-Süd-Gegensatzes reicht dieser Stand an Kooperationspflichten noch nicht: Ohne die Anerkennung einer Pflicht zum Technologietransfer oder *funding* wäre ein globaler Umweltschutz nicht möglich, da häufig erst ein Technologietransfer – etwa ein Transfer der Verhütungstechnologie und der Ersatzstoffe für FCKW – den Entwicklungsländern ein Umweltmanagement ermöglicht; das *funding* dient den Erhaltungsmaßnahmen[50] und dem Ausgleich für Nutzungsverzichte – etwa dem Verzicht, die Bäume des Tropenwaldes zu vermarkten –, die die Entwicklungsländer im globalen Interesse an der Umwelterhaltung erbringen. Die Solidarität der Industrie- mit den Entwicklungsländern für die Erhaltung der *global commons* (Atmosphäre, Klima, Ozonschicht, Hochsee, Antarktis und tropische Regenwälder) ist teuer, aber unumgänglich. Seit 1989 erkennen vier Umweltabkommen die Pflicht zum kostengünstigen Technologietransfer bzw. zur Förderung dieses Technologietransfers an und sehen die Möglichkeit des *funding* vor[51]; besonders hinzuweisen ist auf den 1990 durch das neugefaßte Montreal-Protokoll eingerichteten *Multilateral Fund*, der Modellcharakter zu haben scheint.[52]

Dieser Rechtslage entsprechen die von den Dokumenten des Erdgipfels beschworenen *„common, but differentiated responsibilites“*, welche den Industriestaaten eine Hauptverantwortung für den Schutz der *global commons* zuschreiben; diese so verstandene *globale Partnerschaft* (Rio-Prinzip 7)[53] dürfte der Eckpfeiler nicht nur des modernen Umweltvölkerrechts, sondern auch eines ökologischen Weltethos sein. Diese Rechtspflicht und dieses Ethos bedeuten konkret etwa folgendes: Die Amazonas-Staaten werden zu den *Hütern der Weltgemeinschaft* für die Erhaltung des tropischen Amazonas-Regenwaldes, während die Industriestaaten, in deren Interesse die Erhaltung vor allem liegt, zu *Unterstützerstaaten im globalen Interesse* werden; ohne die technologischen und finanziellen Leistungen der Industriestaaten sind die Wächterstaaten nicht zur Erhaltung verpflichtet (und finanziell nicht zur Erhaltung in der Lage); Unterstützungs- und Erhaltungspflichten gemeinsam bilden die globale Partnerschaft.

Die drei großen Umweltdeklarationen, Stockholm-Deklaration, Weltcharta (1982) und Rio-Deklaration (1992)[54], enthalten neben rechtlichen auch manche ethischen Aussagen, etwa daß:

- der Mensch Sachwalter der bedrohten Natur ist (Stockholm-Prinzip 4 und Weltcharta-Prinzip 6; Verankerung des gemäßigten anthropozentrischen Ansatzes)[55],
- der Mensch ein Recht auf angemessenen Umweltschutz besitzt (Stockholm-Prinzip 1),
- Verpflichtungen auch zum Schutz künftiger Generationen bestehen, wobei Umweltschutz ein integraler Bestandteil jeder Entwicklungspolitik ist (*sustainable development* und *inter-generational equity*: Rio-Prinzipien 3 und 4),
- Ökosysteme und andere bedrohte Natur möglichst entsprechend dem Standard der optimalen Dauerproduktivität (*optimum sustainable yield*) geschützt werden (Weltcharta-Prinzip 4),
- die Umweltkonsequenzen menschlicher Aktionen stärker berücksichtigt werden müssen (Stockholm-Präambel No. 6) und hierfür die Industriestaaten eine etwas größere Verantwortung tragen (Stockholm-Präambel No. 4, Rio-Prinzipien 7 und 12), wobei sie insbesondere die *least developed countries* und die ökologisch am meisten betroffenen Entwicklungsländer schützen müssen (Rio-Prinzip 6).

3. Ausblick

Der Beitrag sollte zeigen, daß kulturübergreifende rechtliche Standards möglich sind, denen sich die verschiedenen Kulturen deswegen unterwerfen können, weil das Völkerrecht *universell* ist und weil die Umweltfrage selber zur Überlebensfrage *der ganzen Menschheit* geworden ist. Das Bewußtsein der Weltgemeinschaft ist hierfür jetzt vorhanden. Die Staaten der Weltgemeinschaft wissen, daß sie regional oder global zusammenarbeiten müssen, um die Umwelt zu bewirtschaften und vorsorgend erhebliche Umweltgefahren zu verhüten. Angestoßen durch Umweltkatastrophen und vor allem durch steigende Institutionalisierung der Umweltkooperation können Umweltabkommen und das Umwelt-Gewohnheitsrecht immer mehr weiterentwickelt werden. Dieses Umweltvölkerrecht kann vor allem durch die betroffenen Regionalorganisationen durchgesetzt werden; moderne computergestützte Überwachungstechnologien erlauben ihnen die Feststellung, ob die Umsetzungsberichte der einzelnen Vertragsparteien zutreffend sind; bei mangelnder Umsetzung drohen dem Umweltsünder erneute Berichtspflicht, diplomatischer Druck und ähnliche Sanktionen. In begrenztem Maße kann vielleicht auch UNEP, als die einzige weltweit tätige Umweltorganisation, Einhaltung des Umweltvölkerrechts anmahnen; bezüglich der auf dem Erdgipfel beschlossenen *Agenda 21* kommt noch die *Commission on Sustainable Development* hinzu, die ihrerseits der Mithilfe von *non-governmental organizations* (Umweltverbänden) bedarf.[56] Das moderne Umweltvölkerrecht ist vor allem seit dem Erdgipfel (1992) dabei, die Rechtsinstrumente einer gerechteren Lastenverteilung zwischen Nord und Süd (Technologietransfer und *funding*) zunehmend anzuerkennen.

Gegenwärtig ist es noch schwierig, die beträchtliche Diskrepanz zwischen gestiegenem Umweltbewußtsein und umweltschädlichem Verhalten (Wegwerf- und Konsumgesellschaft) zu verringern: Geeignete Instrumente hierfür wären einmal finanzielle Anreize (Lenkungs- und Finanzierungsabgaben oder steuerliche Erleichterungen) und andere Formen einer Ökonomisierung der Ökologie, welche den Verbraucher überzeugen, mit den natürlichen Ressourcen sparsam umzugehen, und zum anderen ein verstärktes Erfassen der Produktions- und Konsumstrukturen (Produktionsverbote bzw. Substitution von Schadstoffen, Abfallvermeidung, ökologische Landwirtschaft, ökologische Prioritäten bei der Wasser- und sonstigen Naturnutzung)[57] – aber diese Instrumente sind vorläufig im Umweltvölkerrecht kaum anerkannt. Ein erster wichtiger Ansatz hierzu ist Rio-Prinzip 8 in Verbindung mit Kapitel 4 der Agenda 21.

Kulturübergreifende rechtliche Öko-Standards sind – wie gezeigt – möglich, sie setzen einen Rahmen für ein potentiell künftiges „planetarisches Ethos"; sie sind auch nötig, da meist erst das Umweltvölkerrecht den wesentlichen Anstoß dafür geben kann, einen ökologisch wenig sensiblen Staat zu einem verbesserten nationalen Umweltrecht anzustoßen.[58] *Diesen kultur-übergreifenden rechtlichen Standards lassen sich einige abstraktere ethische Standards entnehmen*, die unmittelbar Elemente eines künftigen „ökologischen Weltethos" werden könnten; hierzu gehören etwa: globale Partnerschaft; gemeinsame, aber unterschiedliche Verantwortlichkeiten; gerechtere Lastenverteilung durch Technologie- und Finanztransfer (sowie besonderen Schutz der besonders betroffenen Entwicklungsländer); Schutzpflichten gegenüber gegenwärtigen und künftigen Generationen; Schutz der bedrohten Natur durch den Menschen als Treuhänder etc.

Demnach scheint es so, als ob unterschiedliche kulturelle Traditionen und Ethik-Vorstellungen zum gemeinsamen Ziel der Umwelterhaltung zusammenarbeiten können. Das darf aber nicht darüber hinwegtäuschen, daß der *Vollzug* des Umweltvölkerrechts nur gelingen kann, wenn in jedem Staat das *Umweltbewußtsein* entsprechend No. 6 der Stockholm-Präambel herrscht: „A point has been reached in history when we must shape our actions throughout the world with a more prudent care for their environmental consequences. Through ignorance or indifference we can do massive and irreversible harm to the earthly environment on which our life and wellbeing depend."

Besondere Umsetzungsprobleme beim völkerrechtlichen Verbot der Nutzung destruktiver Fischfang-Methoden und beim vorläufigen Jagdverbot von Walen stellen sich bei Japan (und ähnlich bei Südkorea und Taiwan), weil diese Staaten das destruktive Treibnetz-Fischen (mit bis zu 60 km langen und 15 Meter tiefen Treibnetzen) nicht aufgeben wollen; Japan möchte das vorläufige Jagdverbot für Wale aufheben und auch Tropenhölzer importieren[59]. Schuld hieran dürfte sein, daß Japaner wegen ihres Gefühls, in Eintracht mit der Natur zu leben, die Ursachen für (nicht direkt sichtbare) Umweltzerstörung nur in der Verwestlichung und europäischen Kulturgesellschaft sehen.[60] Der Verfasser, der durch einen längeren Japan-Aufenthalt die japanische Kultur sehr hochschätzen gelernt hat, hofft, daß das japanische Umweltbewußtsein bald steigen wird.[61] Der Dialog der Religionen (und ein verstärkter internationaler Austausch) kann hierzu dienen. Erst wenn das erforderliche Umweltbewußtsein erreicht ist, kann Umweltvölkerrecht umgesetzt werden und ein künftiges Projekt „ökologisches Weltethos" beginnen.

Anmerkungen

[1] Vgl. A. Podlech, Vorwort, in: H. Hohmann (Hrsg.), Freiheitssicherung durch Datenschutz, Frankfurt: Suhrkamp 1987, 23.

[2] R. v. Weizsäcker, Rede vom 7. 10. 1986, in: Bulletin Nr. 122. 1025 vom 9. 10. 1986 (Zitate: 1026, 1028).

[3] Vgl. etwa W. Huber, Selbstbegrenzung aus Freiheit, in: Evang. Theologie

52 (1992) 128ff. und G. Winter, Von der ökologischen Vorsorge zur ökonomischen Selbstbegrenzung, in: Aus Politik & Zeitgeschichte B 37/94 vom 16. 9. 1994, 11ff. (16f.).

[4] Vgl. M. Rock, Umweltschutz. Eine Herausforderung an die christliche Ethik, Reihe: aktuelle informationen (des Bischöflichen Ordinariates Mainz) Nr. 8, Mainz [2]1981, 31ff.

[5] Vgl. H. Hohmann, Precautionary Legal Duties and Principles of Modern International Environmental Law. The Precautionary Principle: International Environmental Law Between Exploitation and Protection (International Environmental Law & Policy Series), London/Dordrecht/Boston: Graham & Trotman/Nijhoff 1994. (Vgl. auch die deutsche Vorauflage: ders., Präventive Rechtspflichten und -prinzipien des modernen Umweltvölkerrechts [Schriften zum Völkerrecht vol. 97], Berlin: Duncker & Humblot 1992; im folgenden wird nur die englische Zweit-Auflage zitiert.)

[6] H. Küng, Projekt Weltethos, München 1990, 13.

[7] Vgl. H. K. Okano, in diesem Band, 138.

[8] Vgl. H. Kessler, in diesem Band, 263–266; M. Rock (Anm. 4), 30.

[9] Vgl. N. Lohfink, Die Priesterschaft und die Grenzen des Wachstums, in: Stimmen der Zeit 192 (1974) 435ff.; M. Rock a.a.O., 21ff.; vgl. auch W. Coleman, Göttliche Vorsehung, Kapitalismus und Umweltzerstörung, in: R. P. Sieferle (Hrsg.), Fortschritte der Naturzerstörung, Frankfurt a.M. 1988, 191ff.

[10] Vgl. A. Ogoshi, in diesem Band, 123–132.

[11] So Küng in: EvKomm 26 (1993) 488; siehe H. Kessler, Problemaufriß, in diesem Band, 16f. mit Anm. 63–65.

[12] Vgl. B. Simma, Bemerkungen zur Methode der Völkerrechtswissenschaft, in: Festschrift Ernst Kolb 1971, 339ff.; A. Verdross/B. Simma, Universelles Völkerrecht. Theorie und Praxis, Berlin: Duncker & Humblot [3]1984, 17, § 22. Gleiche Anforderungen gelten für die Rechtsvergleichung, vgl. B. Grossfeld, Macht und Ohnmacht der Rechtsvergleichung, Tübingen: Mohr 1984 und A. Heldrich, Profane Gedanken über die Hintergründe der Rechtsvergleichung, in: Festschrift für Zentaro Kitagawa (Wege zum japanischen Recht), Berlin: Duncker & Humblot 1992, 157ff.

[13] H. Kessler, in diesem Band, 17–22, mit Bezug auf W. Huber, Menschenrechte und planetarisches Ethos, in: B. Jaspert (Hrsg.), Hans Küngs Projekt Weltethos. Beiträge aus Philosophie und Theologie, Hofgeismar 1993, 69ff. (89).

[14] Für das umweltrechtliche Gewohnheitsrecht vgl. Hohmann (Anm. 5), 201 und 339f. (deutsche Vorauflage 261 und 405).

[15] Vgl. Verdross/Simma (Anm. 12), 11–19 (§§ 14–25). Zu den unterschiedlichen Theorien über das Völkerrecht vgl. U. Fastenrath, Lücken im Völkerrecht, (Schriften zum Völkerrecht vol. 93), Berlin: Duncker & Humblot 1991.

[16] Zur Entstehung des Gewohnheitsrechts werden verschiedene Theorien vertreten; herrschend ist die Auffassung, daß eine vom Konsens der Rechtsüberzeugungen getragene Übung der Staaten – oder konkludentes Verhalten

der Staatenvertreter entsprechend diesem Konsens der Rechtsüberzeugungen – für die Begründung des Gewohnheitsrechts erforderlich ist; vgl. Verdross/Simma (Anm. 12), § 551. Eine Mindermeinung will unter ganz spezifischen Voraussetzungen auch ausnahmsweise allein den Konsens der Rechtsauffassungen von Staatenvertretern auf internationalen Konferenzen genügen lassen; dies wird allerdings auf wenige Bereiche des Völkerrechts mit Rechtssetzungs-Besonderheiten – wie insbesondere das Umweltvölkerrecht – begrenzt; so Hohmann (Anm. 5), 335f. (anders noch ders. in der deutschen Vorauflage).

17 Art. 38 IGH-Statut (BGBl. 1973 II, 507) zählt als Völkerrechtsquellen auf: internationale Verträge, internationales Gewohnheitsrecht, allgemeine Rechtsgrundsätze und die Hilfsquellen (internationale Rechtsprechung und die Auffassungen der „fähigsten Völkerrechts-Lehrer").

18 Vgl. Verdross/Simma (Anm. 12), 19–23. Bezüglich der Menschenrechte meldet J. Galtung (Menschenrechte – anders gesehen, Frankfurt a.M. 1994) eine gewisse Skepsis bezüglich der Universalität an: Es hätten umfassender nicht-europäische Ansätze aufgenommen werden können.

19 Draft der ILC (1991) und die Resolutionen von IDI und ILA sind abgedruckt in: Hohmann (Hrsg.), Basic Documents of International Environmental Law (International Environmental Law & Policy Series), 3 Bände, London/Dordrecht/Boston: Graham & Trotman/Nijhoff 1992, 227ff. Der 1994 endgültig verabschiedete Entwurf der ILC ist abgedruckt in: UN-Doc. A/49/10, 195ff.

20 Im ILA-Water Resources Committee arbeiten Experten aus folgenden Staaten: USA (Colorado-Bassin), Argentinien & Paraguay (Rio de la Plata-Staaten), Indien, Bangladesh & Nepal (Ganges-Staaten), Kenia, Ägypten & Israel (Viktoria-See und Nil-Bassin), Italien, Deutschland & Niederlande (Rhein-Bassin) sowie aus Großbritannien, Kanada, Polen, Rußland und Ex-Jugoslawien; hinzu kommen Berater aus USA und China. Zum jüngsten Entwurf dieses Komitees vgl. Hohmann, Cross-Media Pollution and International Environmental Law, in: Natural Resources Journal 34 (1994) 535ff.

21 Nach anderer Auffassung handelt es sich bei solchen Resolutionen – solange keine diesen entsprechende Staatenpraxis nachgewiesen wird – nur um „autoritative Stellungnahmen", in deren Lichte die rechtsverbindlichen Dokumente gesehen werden müssen; vgl. Simma in einem Brief, zitiert bei Hohmann (Anm. 5), 175 in der dortigen Anm. 39. Im folgenden soll dieser Meinungsstreit vernachlässigt werden, da er zumeist im *Ergebnis* nicht viel ändert.

22 Eine ausführlichere Version dieses Kapitels (unter der Überschrift: Hohe Schule der Umweltdiplomatie) ist erschienen in: „Forschung Frankfurt" 2/1995, 13.

23 BGBl.II 1982, 374 und in: Hohmann (Anm. 19), Dokument 75 (1650).

24 Es geht insbesondere um Art. 10–12 der Kairo-Resolution des IDI, in: Annuaire de l'IDI 62 (1987 II), 296–307, sowie in: Hohmann (Anm. 19), Dokument 17.

25 Vgl. Hohmann (Anm. 5), 281f.

26 H. H. Schrey, Einführung in die Ethik, Darmstadt [4]1991, 17 und 19.

[27] W. Kerber, in: Walter Brugger (Hrsg.), Philosophisches Wörterbuch, Freiburg i. Br. [15]1978, 97f.

[28] So H. P. Siller, mündliche Stellungnahme während des Symposiums (ohne meine Einschränkung „möglicherweise"). Zweifel hieran könnten dann auftauchen, wenn diese Werte und Normen überhaupt nicht mehr wie selbstverständlich gelebt und immer mehr in Zweifel gezogen werden.

[29] Schrey (Anm. 26), 15.

[30] H. P. Siller, mündliche Stellungnahme während des Symposiums; vgl. auch H. Vorgrimler, Ethos, in: LThK, Freiburg [2]1959, Band 3, 1136: Ethos werde oft gleichgesetzt mit den faktischen Normen eines Volkes oder einer Kultur. Vgl. auch Clifford Geertz, Dichte Beschreibungen. Beiträge zum Verständnis kultureller Systeme, Frankfurt 1983, 47: Das Ethos eines Volkes ist „Stil, Charakter, Beschaffenheit, Leben, seine Ethik, ästhetische Ausrichtung und Stimmung".

[31] Vgl. Grossfeld (Anm. 12), 26f. Die Habilitations-Schrift des Verfassers dieses Beitrags wird zeigen, daß im japanischen Wirtschaftsrecht das (deutsch-amerikanisch beeinflußte) positive Recht weitgehend durch soziale Normen überlagert wird. Vgl. auch Hohmann, Modern Japanese Law: Legal History and Concept of Law, Public Law and Economic Law – A Review Essay, in: American Journal of Comparative Law (im Druck).

[32] C. Schmitthoff, Die künftigen Aufgaben der Rechtsvergleichung, in: Juristenzeitung 1978, 495ff. (498).

[33] Vgl. Grossfeld (Anm. 12), 23ff., 80ff., 127ff., 187ff. Seine Formulierung auf S. 81 („Recht ist Kultur und Kultur ist Recht") ist allerdings etwas überpointiert. Zu den Auswirkungen der Rezeption des europäischen (deutschen und französischen) Rechts auf Japan (und den Grenzen des europäischen Rechts für Japan) vgl. die drei Beiträge von R. Bahr, J. Feinermann und T. Kinoshita, alle in: Festschrift für Kitagawa (Anm. 12), 3ff., 95ff. und 199ff.

[34] Vgl. J. Galtung, The New International Economic Order and the Basic Needs Approach, in: Annales d'Etudes Internationales 1978, 127ff. und Hohmann, Recht auf Entwicklung in der internationalen Diskussion, in: Vereinte Nationen 30 (1982), 59ff.

[35] Die besondere Rolle der indigenen Völker für Umweltschutz und bestandsfähige Entwicklung wird von verschiedenen Beiträgen dieses Bandes betont (Bujo, Claros, Maathai, Stockton, Ungunmerr, Wilfred); vgl. auch Kapitel 26 der Agenda 21 (Hinweise in Anm. 37).

[36] Maathai und Ogoshi weisen im vorliegenden Band auf die besondere Rolle der Frauen für Umweltschutz und bestandsfähige Entwicklung hin. Vgl. auch Kapitel 24 der Agenda 21 (Hinweise in der folgenden Anm.).

[37] Viele dieser Forderungen sind heute rechtlich verbindlich geworden: die Menschenrechte seit der Allgemeinen Menschenrechts-Erklärung und der Menschenrechtspakte; das *right to development* (einschließlich *basic needs-approach* und Armuts-Bekämpfung), das *sustainable development*, der Schutz der besonderen Rolle der Frauen und der indigenen Völker durch: die Rio-Deklaration (Prinzipien 3 & 5, 4, 20 und 22) und ihr Implementations-Programm, die Agenda 21 (Kapitel 3, 2, 24, 26). Rio-Deklaration und Agenda 21 sind abge-

druckt in: Stanley Johnston (Hrsg.), The Earth Summit, London/Dordrecht/ Boston: Graham & Trotman/Nijhoff 1993, 118ff.

[38] Die wesentlichen Publikationen zur bestandfähigen Entwicklung sind: World Commission on Environment and Development (WCED), Our Common Future, Oxford: Oxford University Press 1987, E. Brown Weiss, In Fairness to Future Generations. International Law, Common Patrimony and Inter-Generational Equity, Dobbs Ferry N. Y.: Transnational Publishers 1989; die wesentlichen Publikationen zum Recht auf Entwicklung sind: de Waart/Peters/ Denters (Hrsg.), International Law and Development, Dordrecht/Boston/ London: Nijhoff 1988, Chowdhury/Denters/de Waart (Hrsg.), The Right to Development in International Law, Dordrecht/Boston/ London: Nijhoff 1992. Diese Bücher behandeln auch die ethischen Fragen (vgl. insbesondere Brown Weiss a. a. O. und Chowdhury in Chowdhury/Denters/de Waart a. a. O., 233ff.), wurden aber allein von Juristen geschrieben, da Ethiker sich bisher nicht beteiligten. – Die Kodifikationsarbeit geschieht durch das neugegründete ILA Committee on Sustainable Development (vgl. N. Schrijver, First Report of the Committee on Legal Aspects of Sustainable Development, in: Reports of the 66th ILA Conference at Buenos Aires (1994), London 1995, 111 ff.) und früher durch seinen Vorläufer, das ILA Committee on Legal Aspects of a New International Economic Order (vgl. Bulajics Bericht in: Reports of the 64th ILA Conference held at Queensland 1990, Sidney 1991, 251 ff.).

[39] Vgl. Hohmann (Anm. 5), 19ff. und 34ff. (deutsche Vorauflage: 41 ff. und 56ff.).

[40] Vgl. hierzu und zum folgenden: Hohmann (Anm. 5), 191 ff. und 300ff. (deutsche Vorauflage: 247 ff. und 378ff.).

[41] D. Meadows u. a., Die Grenzen des Wachstums. Bericht des Club of Rome zur Lage der Menschheit, Stuttgart 1972.

[42] Vgl. die Übersicht bei H. Hohmann, Meeresumweltschutz als globale und regionale Aufgabe, in: Vereinte Nationen 37 (1989), 53ff. (58f.).

[43] Vgl. H. Breitmeier/T. Gehring/M. List/M. Zürn, Internationale Umweltregime, in: V. v. Prittwitz (Hrsg.), Umweltpolitik als Modernisierungsprozeß, Opladen: Leske & Budrich 1993, 163ff. (186f.).

[44] Vgl. W. Friedmann, The Changing Structure of International Law, London: Stevens & Sons 1964, 60ff. und U. Scheuner, Solidarität unter den Nationen als Grundsatz in der gegenwärtigen internationalen Gesellschaft, in: Festschrift E. Menzel, Berlin: Duncker & Humblot 1975, 251 ff. (254).

[45] Vgl. Dokumente 75 und 75a in: Hohmann (Anm. 19); das EMEP (Programm für die Zusammenarbeit bei der Messung und Bewertung der weiträumigen Übertragung von luftverunreinigenden Stoffen in Europa) hat über 90 Überwachungsstationen in mehr als 22 europäischen Ländern und ermöglicht eine exakte Bestimmung der grenzüberschreitenden Strömungen von Luftverunreinigung sowie der Analyse und Menge der abgelagerten Stoffe bis hin zur Frage, wieviel SO_2 pro m^2 in einer beliebigen Stadt Europas herunterregnen.

[46] Vgl. Hohmann (Anm. 5), S. 186f. (deutsche Vorauflage S. 242).

[47] Das regionale *shared resources*-Modell (vgl. die Shared Resources Draft

Principles, in: Hohmann [Anm. 19], Dokument 2) gilt etwa für: Regionalmeere, Flußabkommen und den regionalen Natur- und Artenschutz (vgl. Abkommen in: Hohmann [Anm. 19], Dokumente 48–59 und 68–71), der globale *common concern of mankind*-Status gilt für: Tiefseebergbau, Erforschung und Nutzung des Weltraumes/Mondes und der Antarktis sowie Schutz der Artenvielfalt und des globalen Klimas.

[48] Von etwa 200 internationalen Umweltabkommen haben mehr als 40 ein regionales Gremium (eine Regionalorganisation) zur Durchführung und Überprüfung des Abkommens geschaffen, wobei einige auch bereits bestehende Organisationen (wie UNEP) mit dieser Aufgabe betrauten.

[49] Vgl. K. Sachariew, Promoting Compliance with International Environmental Standards: Reflections on Monitoring and Reporting Mechanisms, in: Yearbook of International Environmental Law 2 (1991) 31 ff. (33) und Hohmann (Anm. 5), 309. – Eine weitere Konsequenz der regionalen oder globalen Verantwortung (insbesondere des globalen *common concern of mankind*): Regionalorganisationen dürfen zunehmend mit Mehrheit (anstelle der Einstimmigkeit) entscheiden; wegen der gemeinsamen Verantwortung scheidet auch die Berufung auf das traditionell nationalstaatlich geprägte Gegenseitigkeitsprinzip zur Verzögerung einer Verhütungspflicht (bei Nichterfüllen dieser Pflicht durch einen anderen Staat) aus.

[50] Nach den Angaben von M. Glennon (Has International Law Failed the Elephant?, in: American Journal of International Law 84 [1990] 1 ff. [21]) müßte Kenia für eine effektive Überwachung seines Tsavo-National-Parks täglich (!) 1,6 Millionen US-$ (200 $ pro square mile) ausgeben, um das Töten des bedrohten afrikanischen Elefanten durch Wilderer zu verhindern; diese 584 Millionen $ jährlich sind die 16fache (!) Summe dessen, welche UNEP Ende 1988 an freiwilligen Beiträgen (34,5 Mio $) zur Verfügung stand, während die Summe knapp doppelt so hoch ist wie die, welche der Firma BASF im Jahr 1988 für Forschungen und Investitionen bei eigenen Umweltmaßnahmen zur Verfügung stand (546 Mio. DM, heute etwa: 340 Mio. $); vgl. Hohmann, Die Entwicklung der internationalen Umweltpolitik durch internationale und europäische Organisationen, in: Aus Politik und Zeitgeschichte B 47–48/1989 vom 17. 11. 1989, 29 ff. (45, in der dortigen Anm. 72; siehe auch ebda. 32 zum Sparzwang bei UNEP).

[51] Vgl. Hohmann (Anm. 5), 313, 318 und 330; vgl. auch ders., Ergebnisse des Erdgipfels von Rio, in: Neue Zeitschrift für Verwaltungsrecht 12 (1993) 311 ff. (313 und 317 f.). Die vier Abkommen zum Technologietransfer sind: Baseler Konvention und Montreal-Protokoll (beide in: Hohmann [Anm. 19], Dokumente 72 und 76 b) sowie Rahmenkonvention zur globalen Klimaänderung und Konvention zum Schutz der Artenvielfalt (in: International Legal Materials 31 [1992] 818 ff. und 849 ff.), die vier Abkommen zum *funding* sind: die drei letztgenannten sowie die Brüsseler Fund-Konvention für Öltankerhaftung (in: Hohmann [Anm. 19], Dokument 44 a).

[52] Montreal-Protokoll über Substanzen, welche die Ozonschicht schädigen, in: Hohmann (Anm. 19), Dokumente 76 a und 76 b. Die Hauptfunktion des

Multilateral Fund besteht darin, den Entwicklungsländern unter den Vertragsparteien, die Geringverbraucher der potentiell ozonschädlichen Substanzen sind, den Erwerb der umweltgerechten Ersatzstoffe und der benötigten Verhütungstechnologie auf dem Weltmarkt zu ermöglichen.

[53] Prinzip 7 der Rio-Deklaration (in: International Legal Materials 31 [1992] 876ff.) lautet: „States shall cooperate in a spirit of global partnership to conserve, protect and restore the health and integrity of the Earth's ecosystems. In view of the differentiated contributions to global environmental degradation, States have common but differentiated responsibilites. The developed countries acknowledge the responsibility that they bear in the international pursuit of sustainable development in view of the pressures their societies place on the global environment and of the technologies and financial resources they command."

[54] Die ersten zwei in: Hohmann (Anm. 19), Dokumente 1 und 3; die Rio-Deklaration (Anm. 53).

[55] Vgl. Hohmann (Anm. 5), 3 (deutsche Vorauflage: 21).

[56] Vgl. Beyerlin, Rio-Konferenz 1992: Beginn einer neuen globalen Umweltrechtsordnung?, in: Zeitschrift für ausländ. öffentl. Recht & Völkerrecht 54 (1994) 124ff. (143f.).

[57] Vgl. hierzu Hohmann, Maßnahmen zur Bekämpfung der Meeresverschmutzung. Völkerrechtliche Regelungen und Suche nach Maßnahmen, die einer modernen Konzeption des Meeresumweltschutzes entsprechen, in: H. Donner, G. Magoulas, J. Simon & R. Wolf (Hrsg.), Umweltschutz zwischen Staat und Markt – Moderne Konzeptionen des Umweltschutzes, Baden-Baden: Nomos 1989, 513ff. (542–547); ders., Suche nach nationalen und internationalen Regelungen eines modernen Meeresumweltschutzes, Natur und Recht 12 (1990) 49ff. (55f.); vgl. auch E. Feess/H. Hohmann, Aktuelle Tendenzen im Umweltrecht und ihre Auswirkungen auf Unternehmen, in: H. Kreikebaum, E. Seidel & H.-U. Zabel (Hrsg.) Unternehmenserfolg durch Umweltschutz, Wiesbaden: Gabler 1994, 83ff. (95f.).

[58] Dies zeigt etwa Machado, Comparative Law and the Law of the Environment Relating to the Brazilian Amazonas, in: M. Bothe, T. Kurzidem & C. Schmidt (Hrsg.), Amazonia and Siberia, London/Dordrecht/Boston: Graham & Trotman 1993, 130ff., für Brasilien auf: Obwohl Brasilien erst gegen die Weltcharta für Natur opponierte, hat es nun diese in nationales Recht umgesetzt.

[59] Vgl. Hohmann (Anm. 5), 253–255 (deutsche Vorauflage: 320–323); Wal- und Treibnetz-Konvention in: Hohmann (Anm. 19), Dokumente 60, 60a und 61. Zu Japans Mitschuld an der Zerstörung tropischer Regenwälder u.a. in Malaysia (Sarawak) und ihrer Auswirkungen auf die dortigen „native people" vgl. auch Hiroko Onishi, The Relationship Between Japan and the Destruction of Tropical Forests in Southeast Asia, in: Law in Japan 24 (1991) 89–97. Ähnliche Umsetzungsprobleme gibt es mit Brasilien beim Treaty for Amazonian Cooperation (in Hohmann [Anm. 19], Dokument 71), weil Brasilien darauf besteht, daß sich die internationale Gemeinschaft nicht bei der

Erhaltung der tropischen Regenwälder einmischen darf; vgl. Luis B. Mendez, Environmental Law and the Regional Approach, the Amazonian Pact, in: M. Bothe et alii (Anm. 58), 199ff. (207) und M. Bothe, The Impact of International Environmental Law on the Protection of Amazonia and Siberia, ebd., 237ff. (255).

[60] Vgl. A. Ogoshi, im vorliegenden Band, 122f.

[61] Vgl. auch Interview mit dem Umweltaktivisten Prof. Toshio Hase, in: Japan aktuell, April/Mai 1994, 10f.

Auf der Suche nach einem planetarischen Öko-Ethos

Lernertrag eines interkulturellen Dialogs

Von Hans Kessler

Die voranstehenden Beiträge wurden in zwei Symposien von je zwei Tagen diskutiert und im wechselseitigen Hören auf den kulturell anderen weitergedacht. Im folgenden Schlußbeitrag versucht der Herausgeber aus seiner Perspektive und auf seine Weise, wichtige Aspekte der Diskussion und des gemeinsamen Nachdenkens einzusammeln, sie zu strukturieren, die Ansätze weiterzuentwickeln und in einen Zusammenhang zu bringen, um so einen möglichen Lernertrag dieses interkulturellen Dialogs anzudeuten.

I. Ernüchterung: Korrektur und Präzisierung der Erwartungen an die anderen Kulturen und Religionen

Das erste, was an den Beiträgen bemerkenswert erscheint, ist die Ernüchterung, die sie brachten: Die ökologische Erleuchtung kommt nicht einfach aus dem Osten, die wegweisende Alternative nicht geradewegs und untransformiert aus dem Süden. Auf den kulturell und religiös anderen zu hören, die Differenz zwischen den Kulturen stark zu machen, heißt nicht, sich einer beliebten pauschalen Heuristik des Kontrastes zu bedienen („der Westen bzw. das Christentum ist an allem schuld", „bei den andern ist alles besser") und die Vielfalt sowie Ambivalenz in den Kulturen und Religionen selbst zu übersehen. Jede Kultur ist vielgestaltig, in jeder gibt es Elemente, die zu Unterdrükkung und Zerstörung mißbraucht wurden, und zugleich ungehobene Schätze und kritische Potentiale, die heute wieder abrufbar sind.

In der nüchternen Rückschau zeigt sich heute, daß der Prozeß der Naturübernutzung lange vor der Moderne, beim Aufkommen der sog. Hochkulturen (ca. 3000 v. Chr.) mit ihrer stets gleichen expansiven Überlebensstrategie, begann, sich dann aber durch die Moderne mit ihrem Traum von unbegrenzter Machbarkeit und Kontrolle systematisch-aggressiv verschärfte. Es ist nicht möglich, eine bestimmte Ursache für den zunehmenden Verlust des ganzheitlichen bzw. die verheerende Prädominanz des verdinglichenden Naturzugangs auszumachen, deren fundamentaler Unterschied uns heute bewußt wird; die gesuchten Sündenböcke (wie hellenische, biblische oder cartesianische Lehren) sind nicht mehr als Begleiterscheinungen eines umfassenden Prozesses, dessen gesamtes Paradigma der Korrektur bedarf.

Auch japanischer Buddhismus und chinesischer Daoismus sind Momente dieses Prozesses und stehen zu Unrecht in dem Ruf, ökologische Religionen zu sein. Die japanische Buddhistin Ogoshi, und ähnlich ihre Kollegin Okano, analysierte die in Japan (bis hin zu Daisetz Suzuki) verbreitete Selbsttäuschung, die meint, die Natur zu lieben und zu schützen, die sie in Wirklichkeit zerstört, und führte diese – vielleicht zu monokausal – auf den japanischen Buddhismus mit seiner Diesseitigkeit, ästhetisch-narzißtischen Naturbeziehung und vor allem seinem Dualismus von rein und unrein zurück. Man schätze nur die „reine" Natur (der sauber geharkten Zengärten oder planmäßig verkrüppelten Bonsaibäumchen; „den Frühling bis zur Kirschblüte"; die umfriedete einheimische Natur), während man die rauhe, unkontrollierte Natur eher fürchte und die ausländische ausbeute. Unrein seien Welken, Sterben und Gebären, die Frauen (wegen des Blutflusses), die für die andern mit Tiertötung, Abfallentsorgung und Totenbestattung befaßten Burakumin (= Ausgestoßenen) in ihren Gettos. Die Unterdrückung der Natur hänge eng mit der von Geschlecht, Klasse und Rasse zusammen. Die eigentlichen Ökologen Japans seien die Burakumin und die Ureinwohner.

Der Mut der beiden Japanerinnen zur Selbstaufklärung der eigenen Kultur überraschte und weckte Fragen danach, von woher diese Kritik geführt werde (von westlich-christlichen oder von feministischen Ideen her?) und wieweit sie in Japan geteilt werde, wozu Frau Ogoshi erklärte, buddhistische Mönche ignorierten ihre Person, läsen aber ihre Bücher, es gebe erste feministische Buddhistinnen, und junge Priester versuchten eine kritische Relecture buddhistischer Tradition. Doch gab es auch Widerspruch gegen die These, der japanische Buddhismus sei Ursache naturschädigenden Verhaltens. Sie sei verfehlt und erinnere an die wohlfeile Christentumskritik nichtchristlicher Europäer. Freilich hat Ogoshi von vornherein „zwischen der größeren Tradition des Buddhismus und dem japanischen Buddhismus ... unterschieden" und am Ende betont, daß es auch in Japan Buddhisten gibt, welche Dualismus und Diskriminierung überwinden wollen.[1] In der Diskussion wurde betont, es gelte, die öko-sozialen Stärken des Buddhismus zu fördern und weiterzuentwickeln.

Exportiert die Wirtschaftsmacht Japan die Naturverwüstung ins

Ausland, so zerstört China die Umwelt innerhalb der eigenen Landesgrenzen. Und dies seit alters her (also lange bevor westliche Ideen eindrangen), in besonders erschreckendem Ausmaß aber heute im Zusammenhang der ökonomischen Aufholjagd. Die düstere Bilanz, die Liau für das kleine Taiwan zog, gilt immer mehr auch für den Bevölkerungsgiganten Festlandchina, mit gravierenden Folgen für die ganze Erde. Gegen den Raubbau an der Umwelt bieten Chinas Großtraditionen Konfuzianismus und Daoismus nach Roetz wenig Widerstandspotentiale. Die Konfuzianer affirmieren die Nutzung der widrigen Natur, unter Achtung ihrer Strukturgesetze, zu Zwecken des Menschen, die Daoisten animieren zum Rückzug (zurück zum Anfang, d.h. Kulturdestruktion; aufs Bewußtsein beschränkte individuelle Rückgewinnung der verlorenen Einheit mit der Natur durch Mystik; naturalistische Natur-Mimesis durch naturwüchsig-ziellose Existenz[2]) – nicht zu öko-politischem Widerstehen.

Roetz' Bemerkung, China sei den Weg aller Hochkulturen gegangen und biete keinen Weg zur Lösung der ökologischen Krise, rief die Frage hervor: Suchen wir ein geschlossenes Konzept oder Bausteine? Solche Bausteine fand der Taiwanese Liau, der die Ursache der Umweltverwüstung eher in Säkularisierung und materialistischer Lebenseinstellung sah, durchaus auch in konfuzianischen Texten, im Daoismus, dessen Gegenbild zur von Menschen veränderten Welt das Prekäre und die Grenzen menschlichen Eingreifens in die (göttliche, ehrfurcht-gebietende) Natur anzeige, und zumal in der gelebten chinesischen Volksreligion, welche aktivierbare Potentiale enthalte, an die auch eine chinesische christliche Theologie kritisch anknüpfen könne; die Menschen müßten zu ökologisch bewußtem Leben erzogen werden.

Während der Inder Alvares in einem Statement forderte, die Welt müsse, um naturfreundlicher zu werden, hinduistischer werden, und zugleich den Bedeutungsverlust der großen ökologischen Tradition Indiens im heutigen Kapitalismus und politischen Hinduismus beklagte, mahnte der Hispano-Inder Panikkar in der Diskussion seines Beitrages, auf die anderen Kulturen zu hören, aber nicht romantisch-verklärend von Indien den Zauberschlüssel zur Lösung der ökologischen Probleme zu erwarten, vielmehr durch die andern sensibilisiert die je eigenen verdrängten religiös-kulturellen Reserven wiederzuentdecken. Der Inder Wilfred lenkte die Aufmerksamkeit energisch auf die – durch die von GATT, Weltbank, IWF und eigenen Regierungen betriebenen neoliberalen Entwicklungen – zunehmend ihrer unmittelbarsten Umwelt beraubten einheimischen Völker und auf die lokalen ökologischen Gemeinschaften: Nur wenn sie an den Entscheidungsprozessen über ihre Umwelt real beteiligt würden, würden ihre Werte und Weltsichten wirklich ernst genommen; Gerechtigkeit ihnen gegenüber sei der Prüfstein für ökologische Umkehr.

In ähnliche Richtung ging das Votum der Schwarzafrikanerin Maathai (Gründerin des Green Belt Movement). Alle Schwarzafrikaner sahen Lösungsmöglichkeiten allein in einer Rückbesinnung auf die eigenen, z. T. vergessenen Traditionen, in kritischer Distanz (und in Entwicklung einer Gegenkultur) zur derzeit vorherrschenden kapitalistischen, die das Menschliche vergesse und die schwachen Völker, Menschen und Mitgeschöpfe einfach beiseite schiebe.

Die starken Kulturen, so wurde mehrfach bemerkt, haben mit ihren Expansions- und Universalisierbarkeitsansprüchen die kleinen naturfreundlichen Kulturen kaputtgemacht. Als Bestandteil ihrer Ansätze kämen die Minderheiten nicht vor. Eindrücklich die Aborigin Ungunmerr am Ende ihres Beitrags: „Wir haben [die Sprache der Weißen] gelernt. Wir haben zugehört, was sie zu sagen hatten. Doch dieses Lernen und Zuhören sollte endlich in *beide* Richtungen stattfinden. Wir möchten, daß die Menschen in Australien sich Zeit nehmen, um uns zuzuhören. Wir sehnen uns immer noch nach Respekt und Verständnis."

Allen wurde klar: Wir müssen noch viel länger den anderen, und zwar weniger den Vorherrschenden als vielmehr den Beiseitegeschobenen (Afrikanern und Indigenes, Marginalisierten und Minderheiten) zuhören, was sie zu sagen haben, ehe wir zu einem Weltethos kommen. Dabei dürfte es weniger darum gehen, die in Texten fixierten Lehren zu befragen, als vielmehr die gelebten Ethosformen der Kulturen: Was wird da gelebt, und wo sind dort Gegenkräfte gegen die selbstmörderische Räuberei an den natürlichen Lebensgrundlagen?

II. Ermutigung: Nicht-dualistische Naturverhältnisse bei einheimischen Völkern und bei heutigen Gruppierungen

Offensiv-expansiver Weltzugriff und Dominanz der objektivierend-beherrschenden, aneignenden, produktiven Wahrnehmungs- und Verhaltensmuster schienen gerechtfertigt durch die technisch-ökonomischen Erfolge und – durch ein dualistisches Wirklichkeitskonzept (in Subjekt–Objekt, Mensch–Natur usw. gespaltene Welt): Der selbstbezogene Mensch als alleiniger Bezugspunkt (moderner Anthropozentrismus) steht in Opposition zur Natur, die nur Nutz-, nicht Eigenwert hat; Gott wird, wenn überhaupt, fast nur noch deistisch als außerhalb der Welt stehend geglaubt, nicht mehr in ihr präsent; die Welt ist nur noch Welt, Ding, hat kein Geheimnis mehr (nur noch zu lösende Rätsel und Probleme). Die Kehrseiten und der Mangel dieses Paradigmas treten immer offener zutage.

Offenbar gilt es ein Naturverhältnis zurückzugewinnen (und zuallererst in seiner Bedeutung für die Zukunft zu erkennen), das schon durch die hochkulturell vorherrschenden Traditionen an den Rand gedrängt wurde, durch die Modernisierung aber vollends ausgelöscht zu werden drohte, wenn nicht mittlerweile in vielen Kulturen und Religionen eine gründliche Neubesinnung in Gang gekommen wäre, die das Bewußtsein unaufhaltsam verändert und zur Hoffnung auf ein neues, das Verdrängte integrierendes Paradigma Anlaß gibt.

1. Dieses andere, eher *symphonische, nichtdualistische Natur- und Selbstverhältnis* findet sich bei den Ureinwohnern und Stammeskulturen aller Kontinente, aber auch bei Minderheiten und in vernachlässigten Traditionen der Industrienationen. Seine hervorstechenden Merkmale wurden von Claros-Arispe, Ungunmerr/Stockton, Wilfred, Maathai, Bujo (auch von weiteren Teilnehmern wie de Mesa) herausgearbeitet:

a) Diese Kulturen haben – oft unter extremen Lebensbedingungen (karge, widrige Natur usw.) – Überlebensmuster entwickelt, indem sie der Natur nicht zum Feind wurden, sondern in Zuneigung und Solidarität symbolisch-dialogisch begegnen, ganzheitlich (nicht nur partiell) auf ihre Signale hören, ihren Rhythmen entsprechen, von ihr nur das nehmen, was sie brauchen, und den von ihr empfangenen Nutzen durch Fürsorge an sie zurückgeben. – Eine Kultur der relativen (nicht absoluten) Armut vermeidet Verschwendung, erhält alles, solange es geht, und verteilt es einigermaßen gerecht; wie bei natürlichen Systemen gibt es kein Wegwerfen, alles wird möglichst vollständig aufgebraucht. Stockton erläuterte: Die weißen Australier seien den Aborigines in der genauen Wirklichkeitswahrnehmung und schonenden Überlebenspraxis weit unterlegen; sie begännen heute von ihnen zu lernen, etwa in dem Konzept der integrierten Perma-Culture, das traditionelles Wissen und heutige Wissenschaft zu verträglichen Lebensweisen verknüpft, die in Stadt und Land anwendbar sind.[3]

b) Zwischen Sozialformen (Paar- und Gemeinschaftsprinzip) und Umgang mit der Natur besteht ein enger Zusammenhang: Ein ebenbürtiges, achtsames Verhältnis von Mann und Frau geht Hand in Hand mit der Achtsamkeit für die Erde und alle Dinge. Sie sind nur geliehen bzw. Geschenk Gottes und Gemeingut, das mit allen gerecht geteilt und von niemandem besessen werden kann. Die Bedürfnisse der einen Familie und Person werden ernst genommen, aber so, daß sie mit denen der andern in Balance bleiben. Alles gehört zusammen, hat einander zu unterstützen (nicht zu schädigen oder zu schwächen), hängt voneinander ab, ist verletzlich; deswegen gehen die Menschen – in einer Kombination von Dankbarkeit und Realismus – ehrfürchtig, behutsam und bescheiden miteinander und mit allem um. Diese Gemeinschafts- und Ganzheitsorientierung steht gegen die moderne Fragmentierung und Individualisierung und droht durch sie paralysiert zu werden.

c) Eine symbiotisch-ganzheitliche Beziehung zur Natur erfährt diese nicht als bloßes Objekt, Material oder Ware, sondern als Symbol, das – wie der Leib die Seele – etwas Verborgenes verkörpert und ausdrückt: Sie ist Ort des göttlichen Lebensgeheimnisses und in stewardship zu bewahrendes Geschenk (Ike/Nigeria: Gott ist nicht von der Natur getrennt, sondern lebt in ihr mit uns). Die Offenheit für das kosmische Ganze und sein unbewältigbar göttliches Geheimnis ist die tiefste Quelle dieser Wahrnehmung der Natur, die deshalb ganzheitlich und nicht nur oder primär nach ihrer Verwertbarkeit erfahren wird (so auch Bahemuka/Nairobi in einem Statement). In der Moderne hingegen geht der Verlust des Sakralen mit der totalen Verdinglichung und Verwertung einher.

2. Wiederholt kreiste die Diskussion um *Fragen* wie diese: Können nur agrarische Dorfgesellschaften und unter ungünstigen Bedingungen in relativer Armut ums Überleben kämpfende Minderheiten ökologisch verträgliche und solidarische Gemeinschaften bilden? Kann es in einer komplexen, individualistisch-selbstzentrierten Überflußgesellschaft zu breiter Solidarität kommen? Inwieweit sind agrarisch-indigene, vormoderne Muster in hochtechnisierten Gesellschaften aufnehmbar: Können sie mehr sein als mahnende Gegenbilder oder Motivationsanstöße? Können sie dem Sog von Markt und Moderne standhalten und entgegenwirken, oder stellen sie die Bedingungen der modernen Gesellschaft selbst in Frage, verlangen Widerstand gegen diese und ihre Transformation?

a) Das traditional gelebte ganzheitliche Naturverhältnis kann nicht einfach als vormodern oder gar irrational abgetan werden: Es ist höchst vernünftig, human und konvergiert mit grundlegenden (im wissenschaftlichen und industriellen Betrieb freilich meist gerade nicht realisierten) Erkenntnissen der wissenschaftlichen Avantgarde. Dafür wurde hingewiesen auf Erkenntnisse der Quantenphysik (Subjekt und Objekt sind nicht trennbare Aspekte einer Totalität), auf die von Naturwissenschaftlern entwickelte Gaia-Hypothese (die Art, wie die Biosphäre Zusammensetzung der Luft, Temperatur auf der Erdoberfläche u. a. steuert, legt nahe, die Erde als einen großen Organismus zu sehen), auf neuere kritische Evolutionsbiologie (W. F. Gutmann, Frankfurt/M.: binnengesteuerte kohärent-energetische Organisationsstruktur der Organismen, Zusammenspiel von Autonomie und Balance), aber auch auf erneuerte Naturphilosophie (östliche wie westliche, z. B. Whitehead) und nicht zuletzt auf neuere christliche Theologie (s. u. IV. 2).

b) Fast durchweg wurde betont, es gebe kein Zurück in vormoderne Wirtschaftsformen. Die modernen Entwicklungen könnten nicht umgekehrt und zurückgedreht, aber nach vorne hin korrigiert und verändert werden. Es gilt über sie hinauszufinden in ein neues Drittes, das das Verlorene wieder integriert, so die wirklich humanen Errungenschaften der Moderne bewahren hilft und zugleich den Armen und der Umwelt Entlastung bringt.

c) Das aus symbiotischem Naturbezug kommende, gelebte reiche Wissen traditionaler Kulturen in bezug auf die Umwelt ist dem in modernen Gesellschaften praktisch wirksamen Wissen in vielen Hinsichten überlegen. Doch lassen sich, darüber bestand Konsens, die Lösungspotentiale agrarisch-indigener Kulturen nicht einfach in unseren problembeladenen urban-industriellen Kontext transplantieren; eher provozieren sie dazu, dort entsprechende Möglichkeiten zu erspüren, kreativ zu entwickeln, durch eigenes Verhalten zu fördern und so an der ökologisch verträglicheren Umgestaltung (der modernen Agrarindustrie wie der ausufernden Städte) mitzuwirken. Dazu gibt es vielfache Ansätze: die (in Rio 1992 beschlossene) Unterstützung indigener Völker, Veränderung der Konsumentenstrukturen (Eine-Welt-Läden usw.), Öko-Landwirtschaft (mit Arten-Diversifizierung), Natur und Kleingärten einbeziehende Stadtarchitektur, Kleingärtnerkulturen etwa in Schweden (so Sigurd Bergmann/Lund), dezentrale Genossenschaften, in denen Solidarität gepflegt wird, Haushaltungs- statt Geldwirtschaft in einigen prosperierenden US-Kommunen, Permaculture. Diese exemplarischen Hinweise zeigten, daß wir uns in den Modellen der andinen Quechuas oder anderer traditionaler Kulturen nicht nur historisch wiedererkennen können. Tradierte alternative Muster sind im modernen Kontext längst wirksam und beginnen das Bewußtsein (und Verhalten) unaufhaltsam zu verändern.

3. *Sinnlich-praktisches Naturverhältnis*: Es wurde bezweifelt, ob ein nicht-dualistisches Natur*verständnis* allein ausreiche, und gefragt, was ein solches leiste. Die Naturverheerung wird es nicht verhindern können, aber es rechtfertigt diese wenigstens nicht. Das ist indes zu wenig. Schöne Gedanken und Konzepte einer veränderten Sicht der Wirklichkeit, Rekonstruktionen aus überlieferten Texten bleiben abstrakt. Nur was man leibhaftig – bis ins sinnliche Spüren und praktische Tun hinein – erfahren hat, prägt und verändert auch das Verhalten. In diesem Sinne geht es um einen wirklichen Bewußtseinswandel (Wilfred), eine veränderte Grundeinstellung und praktisch geübte Wahrnehmung der Natur, die bis ins Empfinden, in die Sinne, Gefühle und Haltungen hineinreicht und von da aus das noch nicht integrierte Bewerten und Verhalten durcharbeitet und zunehmend verändert. Wie es Lynn White in einer ob der Kontroverse um seine historische These (dazu oben Berner) meist übersehenen Bemerkung treffend formuliert hat: Die Lösung der ökologischen Krise hängt davon ab, daß der Mensch-Natur-Dualismus „nicht nur in unserem Verstand, sondern auch in unseren Gefühlen" vollständig überwunden wird.[4]

Das dürfte der ausschlaggebende Punkt sein: das praktisch gelebte andere Natur*verhältnis*, das Mensch und Natur nicht als getrennt, sondern wieder als zusammengehörig erlebt und die Reichweite des Interesses und der Fürsorge vom eigenen Ich auf die anderen, auch künftigen Menschen, weiter auf die empfindungs- und leidensfähigen Lebewesen und schließlich auf alle Wesen ausdehnt (das berechtigte Anliegen sog. bio-, physio- und kosmozentrischer Ansätze). Diese ehrfürchtig-achtsame Haltung haben wir wieder einzuüben, zu ihr andere praktisch anzuleiten. Dazu ist bewußt-konkretes Naturerleben wichtig, die Rück-Bindung der eigenen Praxis und Erfahrung an die Natur (die nicht mehr v. a. aus dem Auto gesichtet, sondern zu der wieder im eigenen Lebensbereich eine persönliche Nähe sowie Beziehung der Achtsamkeit, Pflege und Verantwortung entwickelt wird). Dann kann sich der Erfahrungshorizont ändern und der Mensch als falsches Maß aller Dinge ersetzt werden – nicht durch die Natur, sondern – durch das große Beziehungsgefüge zwischen ihm, der natürlichen Mitwelt und dem gemeinsamen göttlichen Grund als neuem Maßstab.

Also gar keine „-zentrik" mehr, sondern (mit Panikkar) „Kosmotheandrik", Ökosophie, erweiterte Leiblichkeit. Bujo: Der Norden und Westen müsse aus seiner verengten, eindimensional-instrumentell auf den Menschen und seine kurzsichtigen Zwecke verengten

Rationalität (welche die Voraussetzungen, auf denen sie ruht, ausblendet) heraus- und zu einer auch kosmischen Rationalität hinfinden, die Sprache des menschlichen Leibes und die Sprache der Natur wieder erlernen. Die Inder Wilfred und Alvares, die Australier Ungunmerr und Stockton oder der Quechua Claros-Arispe betonten die liebende „Zuneigung" zur Erde und zu den anderen Wesen, das „Mitfühlen" mit ihnen, und zwar nicht im Sinne einer moralischen Verzicht-Forderung. Es ist – mit dem norwegischen Philosophen Arne Naess gesprochen – eine trügerische Grundlage, „wenn Menschen das Gefühl haben, daß sie selbstlos ihre Interessen aufgeben oder sogar opfern müssen, um Liebe für die Natur zu zeigen"; es geht – und diese Dimension ist etwa in Irrgangs Beitrag nicht genügend präsent – um die *praktische* Öffnung für die nichtmenschliche Natur und eine offenere positive Identifikation mit ihr bis hin zu einem leiblichen Sich-eins-Fühlen mit ihr als dem eigenen umfassenderen Leib und Selbst; und in diesem Sinne um „wahre Selbstliebe, die ... ihrem eigenen Interesse dient"[5], um erweitertes (wahres) Selbstinteresse.

Doch wie ist dieser grundlegende Bewußtseinswandel erreichbar und in Praxis umsetzbar? Es dürften Faktoren auf verschiedenen Ebenen eine Rolle spielen und zusammenwirken: Jede Besserung auf einer Ebene und in einem Bereich dürfte sich auch für die anderen Bereiche positiv auswirken.

III. Erdung: Stärkung der lokalen ökologischen Gemeinschaften und Vernetzung – gegen die zerstörerische Einheitszivilisation

Eine den Referenten gestellte Frage lautete: Welche öko-sozialen Erschütterungen mußte Ihre Kultur durch die moderne Zivilisation erleiden, und welche Erfahrungen von Resistenz, Standhalten, Einbrechen, Defizit, innovativen Lösungswegen wurden gemacht?

1. Die Folgen der bisherigen Entwicklung und der gegenwärtigen Geldmarktwirtschaft

De Mesa (Philippinen) schilderte die öko-soziale Situation seines Landes, die sich schon durch die spanische, besonders aber (seit 1898) durch die amerikanische Kolonisierung verschlechterte. Der amerikanische Kapitalismus suchte Rohstoffe (Holz, Gold, Kupfer, Zucker usw.) und neue Absatzmärkte (für eigene Produkte). Deshalb wurden seit 1902 das nicht rechtlich registrierte Land der einheimischen Völker zum allgemeinen Land erklärt (legalisierte Vertreibung), 1909 durch ein Freihandelsabkommen die Philippinen zum kolonialen Anhängsel der US-Wirtschaft gemacht und dann durch koloniales Bildungssystem und Medien Mentalität, Werte und Lebensweise (Ernährung, Wünsche usw.) der Philippinos verändert. Nach Entlassung des Landes in die Unabhängigkeit (1946) sicherten sich die USA noch für Jahrzehnte die wirtschaftliche Kontrolle. Dazu kam (1941–45 und seit 1948) die wirtschaftliche Abhängigkeit von Japan, wohin z. B. bis 90% des Bauholzes gingen (die Wälder sind seit Beginn des Jh. um über ⅔ geschrumpft). Die GATT-Beschlüsse öffnen das Land unter ungleichen Bedingungen dem Kapital und Ressourcennutzungsrecht des Auslands. Der jüngste Entwicklungsplan der Regierung will nach dem Modell der ostasiatischen „Tiger" (Taiwan usw.) und nach den Vorgaben von Weltbank und IWF das industrielle Wachstum vorantreiben, „eine Schnellstraße zum Umweltdesaster". De Mesa gab Beispiele des z. T. erfolgreichen Kampfes der Menschen (eingeborene Stammesvölker, Landarbeiterinnen, Fischer usw.) in Basisgemeinschaften etwa gegen die mächtige Allianz von Militärs mit Bauholzkonzernen oder gegen den Einsatz von vergiftenden Pestiziden (z. B. Aqualin und Brestan von Hoechst). Eine Lösung oder Linderung der Umweltprobleme könne nur durch eine Vernetzung solcher Initiativen mit den meist mittelständischen NGOs, v. a. aber mit Bewegungen des Volkes (für soziale Weiterentwicklung, Landreform, Verringerung der Schuldenlast) und mit kirchlichen Gruppen (von basic christian communities bis zum engagierten Philippine Ecumenical Bishop's Forum) erreicht werden – und durch behutsame Hilfe von außen.

Fast alle Referenten und Teilnehmer aus anderen Kulturen beklagten die Folgen des Kolonialismus und v. a. des heutigen neoliberalen Wirtschaftssystems (Ausplünderung der Ressourcen, korrumpierbare Regierungen und Verwaltungen, drückende Schuldenbedienung, umweltbelastende Verarmung breiter Bevölkerungsschichten usw.). Die ausbalancierte Lebenswelt sei durch die aufgezwungene, durch Geld[6] und Macht gesteuerte, von Produktivität und Maschinen besessene kapitalistische Zivilisation nachhaltig gestört (Bujo). Die herrschende Welthandelspraxis und ein partikuläres, exogenes, aber (von Weltbank, IWF) aufgezwungenes Entwicklungsmodell[7], als dessen Vollstrecker sich viele Staaten begreifen, führten zu immer aggressiveren Eingriffen in die Umwelt der Völker ohne Rücksicht auf deren Nöte und Rechte, beraubten die lokalen ökologischen Gemeinschaften ihrer unmittelbarsten Umwelt, schnitten sie von einer harmonischen endogenen Entwicklung ab, plünderten und verwüsteten die Natur (Wilfred). Öko-sozial fragwürdige Planungen und Entscheidungen (unsinnige Mega-Projekte, Monokulturen usw.) ohne Beteiligung der betroffenen Bevölkerung führten erst zu wirklicher Armut, Abwanderung der Jüngeren in die Städte, Entwurzelung, Zerstörung der Familien, Verlust der kulturellen Werte und zu reduzierter Naturwahrnehmung (Claros-Arispe; Wilfred). Als der Wald dem Volk gehörte, hätten ihn die Leute – auch aus Eigeninteresse – in dauerhafter Weise genutzt und ohne zwingenden Grund nie einen einzigen Baum gefällt (Maathai).

2. Der Angelpunkt: *Stärkung der lokalen ökologischen Gemeinschaften* und Vernetzung der Initiativen

Jede ernsthafte ökologische Umkehr müsse, so prägte F. Wilfred unvergeßlich ein, dezentral bei den lokalen ökologischen Gemeinschaften ansetzen, d. h. bei den Gruppen von Menschen, die in ihrer Umwelt leben und mit ihr auf bewährte Weise interagieren. Realistisch gesehen hänge Naturschutz entscheidend vom Wiedererstarken der dezentralen Einheiten, ihrer Neuverwurzelung in ihrer Umwelt und ihrer ökologischen Selbstverwaltung ab (und dabei spiele die religiös-kulturelle Tradition eine wichtige Rolle). Deswegen gelte es primär, die kleinen ökologischen Gemeinschaften zu stützen und zu stärken und sie an allen Planungen und Entscheidungen (auch etwa der G7) bezüglich ihrer Umwelt unmittelbar zu beteiligen.

In der Entwicklungsarbeit tätige Teilnehmer (GTZ, Misereor, Brot für die Welt) sekundierten: Diese dürfe nur zusammen mit der lokalen Bevölkerung erfolgen (partizipative Entwicklung; broadbased growth). Was nachhaltig verträgliche Entwicklung sei, müsse überall neu geklärt und von den Betroffenen in einem gemeinsamen Prozeß definiert werden. Indigenen Völkern und anderen ethnisch-kulturellen Gruppen sei Raum zu schaffen in aktiver Toleranz und Verteidigung anderer Konzepte von Leben; in diesem Prozeß würden wir uns auch selbst verändern. Die Europäer hätten eine Bringschuld gegenüber Schwarzafrika – dieser so ausgebeuteten, durch kolonial künstliche Staatengebilde zersplitterten, mit tribalen Konflikten beladenen und vom mainstream der Entwicklung abgehängten ärmsten Weltregion. „Afrika ist einfach beiseite geschoben, Indien und China sind stärker und können kämpfen", fügte Wangari Maathai hinzu, sprach sich aber gegen alle Larmoyanz und kontraproduktive Entwicklungshilfen und dafür aus, daß die Afrikaner, westliche Bildung und traditionelles Wissen verbindend, ihr Geschick selbst in die Hand nehmen.[8]

Gerade in Schwarzafrika gibt es erstaunliche lokale und regionale Initiativen, welche für eine verträgliche Lebensweise sensibilisieren können. Kleine Gruppen und Basisgemeinschaften, Zusammenschlüsse des Green Belt Movement und anderer dezentraler Entwicklungsprojekte in Schwarzafrika, aber auch in Indien, den Philippinen,

Lateinamerika, sind vielfach von Spiritualität und Ethos ihrer Vorfahren inspiriert, greifen deren bewährte öko-soziale Lebensformen, Fertigkeiten und verträgliche Wirtschaftsweisen kreativ auf und erreichen durch grassroot activities mit sehr wenig Geld oft sehr viel. Vor allem gilt dies für Fraueninitiativen, die sich nicht (wie viele Männer) von unangepaßter Technik, den Verlockungen des Geldes und der Konsumwerbung blenden lassen und darüber die konkrete öko-soziale Wirklichkeit aus den Augen verlieren, die – wie Bujo betonte – eben auch eine Inkulturation der Technik, nicht nur der Theologie verlange.

3. Teilnehmende Europäer, Nordamerikaner und Japaner sahen folgende weiteren *Herausforderungen für die wohlhabenden* Länder und Menschen:

a) Änderung des persönlichen Lebensstils im Sinne des zwingenden ökologischen Imperativs: Vermindere drastisch und spürbar die Verbräuche an Energie, Wasser und anderen Gütern der Erde (wo und wann immer es bei dir selbst und in deinem Einflußbereich möglich ist); lebe einfacher! Erlaubt ist nur noch so viel Umweltbelastung, als für ein menschenwürdiges Leben unumgänglich ist (etwa nach Matthias Claudius' Devise: „Gott gebe mir nur jeden Tag, so viel ich brauch' zum Leben"). Für jeden noch auszuübenden Akt der Schädigung von Umwelt besteht strenge Rechtfertigungspflicht; ist die *Unumgänglichkeit* dieses Aktes nicht mehr ernsthaft zu begründen, so ist eine umweltfreundlichere Alternative zu suchen.[9] Diese unabweisbare Einsicht auch im Handeln zu realisieren (und dem konsumistischen Sozialdruck wie faulen Selbstentschuldigungen zu widerstehen), verlangt Ichstärke und religiös-sozialen Rückhalt (siehe IV.).

b) Dezentralitäts- und Verursacherprinzip: Generell, so wurde bemerkt, gelte es, die ökologische Verantwortung zu den Beteiligten und Betroffenen zurückzuverlagern. Nur wenn Menschen die Entscheidung über die Gestaltung ihrer unmittelbaren Umwelt haben, fühlen sie Verantwortung für den Schutz ihrer Umwelt; und nur wenn sie die von ihnen verursachten öko-sozialen Kosten selbst ansehen und tragen müssen, sie also nicht externalisieren und anderen aufladen können, werden sie versuchen, diese Kosten erst gar nicht zu verursachen.

c) Struktur- und Umweltpolitik der Industriestaaten: Diese haben erkannt, daß ihr Ressourcenverbrauch „bereits jetzt die globalen Ökosysteme überfordert", „daher nicht Vorbild" sein kann und sie „zu einer ressourcenschonenden Wirtschaftsweise finden" müssen, die „weltweit anwendbar ist".[10] Von daher wären nachhaltige Interventionen der Industriestaaten in die eigenen Wirtschafts- und Lebensformen zu erwarten. Da aber die Staaten, durch multinationale Konzerne gegeneinander ausmanövrierbar, Gefangene der internationalen kapitalistisch-industriellen Geldmarktwirtschaft und die Regierungen, kurzatmig auf die nächsten Wahlen ausgerichtet, sich hinreichender Unterstützung der Bevölkerung für einschneidende Maßnahmen nicht sicher sind, unterbleiben die auf der eigenen Seite erforderlichen Maßnahmen zur Überwindung einer menschheitsbedrohenden Gefahr.[11] Statt ordnungspolitischer Rahmenvorgaben viel Umwelt-Rhetorik, die durch die Praxis Lügen gestraft wird. Den meisten Teilnehmern schien Skepsis angebracht, ob die staatlichen Machtträger – ohne wachsenden Druck der Bürger und radikal sich änderndes Bewußtsein – zu den nötigen politischen Schritten imstande sind. Aus dem Obligo sind sie dennoch nicht zu entlassen.

d) Dezentrale Gemeinschaften, Bürgerinitiativen und Kräfte als Träger eines neuen Umweltethos: Mit rein marktwirtschaftlichen Elementen (veränderte pekuniäre Anreize etwa durch eine ökologische Steuerreform) *allein* läßt sich das ökonomische Verhalten weder erklären noch verändern. Kosten-Nutzen-Kalkül *und* moralische Standards (siehe V. 2f.) beeinflussen das (natürlich auch von Leidenschaften und Interessen geleitete) Verhalten gleichermaßen. Die moralischen Standards aber, die Handeln in einem Sinnzusammenhang situieren, sind abhängig vom sozio-kulturellen Kontext und vom moralischen Klima einer Gesellschaft, das von wegweisenden Persönlichkeiten (Wortführern), verantwortlichen Gemeinschaften und von den Medien beeinflußt wird. Im Rahmen ihrer Kritik am natur- und selbstzerstörerischen Neoliberalismus und Individualismus haben amerikanische Kommunitaristen wieder den Vorrang des Gemeinwohls vor dem Eigennutz und die Bedeutung der konkreten Gemeinschaften (als Träger der Vorstellungen von einem guten Leben und ethischer Interessen) für die demokratische Gesellschaft herausgestellt.[12] Ethos, so wurde bemerkt, ist in konkreten Gemeinschaften verwurzelt. – Die Alternativbewegung (Umwelt- und Solidaritätsgruppen, Frauennetzwerke usw.) mit ihrem Einsatz für Gemeinwohl, für Beteiligung, verträglichen Lebensstil usw. sei ein gesellschaftlicher Faktor. Bürgerproteste und -initiativen der letzten Jahrzehnte (Whyl, Wackersdorf u. a.) hätten gezeigt, daß sie etwas erreichen und den Gang der Dinge verändern können und – daß beträchtliche Teile der Bevölkerung viel vernünftiger und zu nötigen Änderungen bereiter sind, als Politiker erwarten. Viele, v. a. jüngere Menschen fragten sich, wo sie sich sinnvoll engagieren können. Die Zivilgesellschaft berge viele Kräfte, die für öko-soziale Ziele motiviert werden können (etwa aus dem Produktionsprozeß abgekoppelte Frührentner usw.) oder die längst für sie arbeiten (wie jene intelligenten Erfinder, die ökologisch *bessere* Techniken, Chemie, Elektronik usw. entwickeln).

e) Überregionale Vernetzung der lokalen Initiativen: Um der global um sich greifenden, alles überwalzenden technisch-ökonomisch-konsumistischen Einheitszivilisation standhalten und sie transzendieren zu können, ist es – so wurde einhellig betont – entscheidend, die vielen gewaltlosen, positive Gegenentwürfe praktizierenden Gegeninitiativen zusammenzuführen, dafür Strukturen zu entwickeln und interkulturell vernetzt zu handeln. Da die Ausbeutung der Natur eng mit der der Armen und Schwächeren, der Frauen, der Diskriminierten und Minderheiten usw. zusammenhängt (Ogoshi), gibt es bei den unterschiedlichen Initiativen gemeinsame Interessen. Was mehr Gerechtigkeit, mehr Mitbestimmung und Partizipation aller bringt, bringt auch Gewinn für die Umwelt (Wilfred). Deswegen ist wechselseitige Unterstützung der Gemeinschaften wichtig, die nicht kritiklos sein darf, vielmehr der Erarbeitung gemeinsamer ethischer Prinzipien und Grundhaltungen (siehe V.) bedarf, auf die man sich verständigen und notfalls auch berufen kann.

IV. Rückbindung: Kreative Rückkehr zu den Wurzeln und Quellen der je eigenen Religion

Es wurde gefragt, welchen Stellenwert für eine dauerhaft verträgliche Entwicklung im jeweiligen Kontext die konkrete Religion habe. Religion läßt sich als Realisierung der Offenheit für die ganze Wirklichkeit in Rückbindung an deren tragenden und sinngebenden Urgrund verstehen; semiotisch gesehen sind verfaßte Religionen Systeme von Symbolen (Wasser, Licht, Leben, Tod und Auferstehung, Urgrund, Mutter usw.) mit ganzheitlicher Struktur und daher multivalenter Bedeutung, die die Welt als Einheit und menschliche Existenz in sie eingefügt erfahren lassen (Weltsicht) und die durchdringende, dauerhafte Stimmungen, Haltungen und Motivationen erzeugen (Ethos). Weltsicht und Ethos sind in der Religion eng verknüpft: Das Ethos ist authentischer lebenspraktischer Ausdruck der Weltsicht.[13] Weil Religion zwar den Tiefenkern der Kultur bildet, aber ihr Ziel nicht die Kultur selbst, sondern das gegenwärtige und künftige Heil (im Sinne gelingender Ganzheit und Integrität) ist, besteht ein Spannungsverhältnis zwischen Kultur und Religion, das von scheinbar distanzloser Einheit über kritische Distanz bis zu radikaler Weltabkehr und Verzicht auf Weltgestaltung reichen kann. Religion, so wurde bemerkt, komme in Kultur nur ermäßigt zum Zug.

1. Religion in Vormoderne, Moderne und Transmoderne

a) In traditionalen Gesellschaften durchtränkt und verbindet Religion (mit ihren Symbolen und Ritualen) alles und gibt allem eine in einem tieferen, heiligen Geheimnis gründende Bedeutung; sie sensibilisiert für das Lebensmysterium der Erde und für Menschlichkeit (Ungunmerr, Claros, Bujo). Allerdings gibt es mit zunehmender Differenzierung auch Spannungen. Mascarenhas (Karachi/Pakistan) machte am Beispiel eines Baumes im Punjab, durch dessen Safttropfen bestimmte Leiden geheilt und der vom einfachen Volk als Heilungsort (und Wohnort der Seele eines Heiligen) verehrt und geschützt, daraufhin aber – wegen des Sakrilegs – von den Ortsgeistlichen verbrannt wurde, auf den Unterschied zwischen dem offiziell-islamischen Ansatz und der Herangehensweise des einfachen Volkes in einer islamischen Kultur aufmerksam.

b) In den modernen Industriegesellschaften bildet die tradierte, organisierte Religion aufgrund der Segmentierung in verselbständigte Subsysteme nur noch ein separiertes Segment, das seine integrative Kraft verloren hat und aufgrund der fortschreitenden Säkularisierung an zunehmendem Plausibilitäts- und Bedeutungsverlust leidet, mit der Folge der Erosion der Bindungen an konkrete Religion oder Kirche. Da aber ein funktionaler Bedarf an individueller Kontingenzbewältigung (Ermöglichung des Gefühls von Sicherheit und Sinn) und an Legitimation des Gemeinwesens (Ermöglichung von Grundkonsens und Zustimmung zum Staat) bleibt, bildet sich – aus reduzierten und selektierten Elementen tradierter Religion – eine angepaßte und weithin inhaltsleere Zivilreligion (die auch in die tradierte Religion hineinwirkt und sich ein ermäßigtes Christentum ohne prophetisch-kritische und kreative Kraft zurechtformt). Diese Religiosität stellt eine Art „Hintergrundpietät" dar, die „als moralischer Alleskleber mit allem zusammengeht, was moderne Leute sonst noch treiben, einschließlich braver Mitwirkung an Welt- und Selbstzerstörungen".[14] Sie stellt die Vorherrschaft einseitig selbstbezogener Zweckrationalität mit ihrer totalen Instrumentalisierung der Natur und ihrem quantitativen Infinitismus (immer mehr, immer schneller) und Aktualismus (kurzfristiger Profit, momentane Glücksbefriedigung) nicht in Frage.[15] Für ein Geheimnis in der Natur und im Leben bleibe kein

Raum (so Bujo, Panikkar, Ungunmerr). De Mesa betonte, daß die Art, wie durch den modernen Entwicklungsprozeß nicht nur Wirtschafts- und Lebensweise, sondern unauffällig auch Weltanschauung und Religion (der Philippinos) verändert wurde, Voraussetzung für seine ungehindert volle Durchsetzung und damit zugleich für die globale Naturausplünderung sei. Doch nun zeigt er erst seine ganze Zerstörungsdynamik und weckt immer mehr Gegenkräfte.

Vertreter mehrerer Kulturen (v. a. Wilfred, Bujo, Ungunmerr, de Mesa und Panikkar) forderten eine Überprüfung des in der westlichen Neuzeit entwickelten und zum Maß erhobenen Begriffs des Säkularen, der nicht nur das Ernstnehmen von Welt und *Materie*, eine bestimmte Art Sachlichkeit und Rationalität fördere und die Menschen vom Naturzauber emanzipiere, sondern zugleich den Sinn für das Sakrale (Heilige, Ehrfurcht-Beanspruchende) und das Mysterium zerstöre und die Natur – zuletzt auch den Menschen – als reines *Material* der Manipulation zurücklasse. Verloren gehe das Gefühl für die religiöse Dimension (daß Mensch und alles *mehr* seien als die platten Dinge, die sich wissenschaftlich analysieren und technisch-ökonomisch verwerten lassen). Diese einseitig materialistische, reduktionistische Einstellung müsse korrigiert werden.[16] Gegenwärtig erfahren im Westen die Ersatzmythen Wissenschaft, Technik, Wirtschaftswachstum selber eine Entzauberung, die mit einer Wiederkehr von (allerdings vagabundierender) Religiosität einhergeht, in Drittweltländern findet eine Neubelebung der Volksreligion statt.

c) Die genuin religiösen Traditionen sind der Ganzheit und Integrität der Wirklichkeit verpflichtet. Keine Religion, am wenigsten jüdische und christliche, kann sich mit einer reduzierten, zerrissenen Wirklichkeit zufriedengeben und darum die Welt so lassen, wie sie ist. Jede weiß etwas davon, daß das, was ist, nicht alles ist, daß es deshalb anders werden kann, daß wir Menschen dieses andere aber immer nur partiell einholen können. Darin liegt ein (tief in den lokalen Gemeinschaften und den Psychen verankertes) Hoffnungs-, Widerstands- und Erneuerungspotential. In allen Religionen gebe es gute Ansätze für ein verträgliches Umgehen mit der Natur, die aber im Zuge des hochkulturell-modernen offensiven Weltzugriffs, jedenfalls solange dieser seine zerstörerische Kehrseite in ihrer ganzen Tragweite noch nicht zu erkennen gab, an den Rand gedrängt wurden (Okano). Deshalb wurde für Rückkehr zum jeweiligen religiösen Erbe bzw. zur gelebten Volksreligion plädiert, an die auch eine inkulturierte christliche Theologie kritisch anknüpfen müsse (Bujo, Ungunmerr, Liau u. a.).

Darüber hinaus scheint quer durch die Kulturen in vielen Kreisen ein Suchen nach Sinn und ein neues Bewußtsein zu entstehen, das durchaus eine religiöse Grundierung hat, weil es sich wieder öffnet für die Ganzheit der Wirklichkeit und ihre (kosmischen, psychischen, symbolisch-transzendenten) Tiefendimensionen. Wie diese ist allerdings auch das neue Bewußtsein ambivalent, es legt sich unterschiedlich aus (pantheistisch, buddhistisch, christlich, ästhetisch usw.), kann individualistisch-romantisches Kompensat zur reduzierten Alltagswelt sein; es könnte aber auch zum zivilreligiös verbindenden Hintergrundbewußtsein einer sich herausbildenden öko-sozialen Alternativkultur werden. Welche Kräfte es entfalten und welche Richtung es nehmen wird, hängt stark davon ab, inwieweit die Religionen selbst aus dem Unwesen in ihr Wesen kommen, wesentlich werden. Primäre Aufgabe der Religionen und Kirchen dürfte es sein, zu ihren ursprünglichen (mystischen, prophetischen, charismatischen usw.) Quellen zurückzugehen, die Menschen *dort* trinken zu lassen und eben dadurch Gegenkräfte und andere Kraftfelder aufbauen zu helfen.

2. Christliches Wirklichkeitsverständnis und Ethos

Die genuin christliche Wirklichkeitssicht ist *nicht* dualistisch, sondern dialogisch-kommunitär. Doch wurden ihre zentralen Elemente in der westlichen Neuzeit nicht rezipiert, sondern deformiert und verdrängt. Deren folgenreiche Entwicklungen[17] schlugen sich nämlich auch in einer dekadenten Schultheologie nieder: Eine dualistische Trennung von Gott und Welt reduzierte Gott zur weltjenseitigen, abstrakten Transzendenz, der außerhalb der Welt steht und in ihr nicht vorkommt (sog. Deismus), also von der Natur getrennt ist, und dem überdies mit Vorliebe das Attribut der unbegrenzten Willkür-Allmacht (nicht etwa Güte, Weisheit usw.) zugeschrieben wurde. Diese Entstellung Gottes konnte auf das Verhältnis des Menschen, seines Ebenbildes, gegenüber der Natur abfärben. Es kann nicht bestritten werden, daß solche Vorstellungen in der westlichen Neuzeit zu finden sind und in andere Kontinente – als vermeintlich christliche – exportiert wurden und daß sie naturzerstörerisches Verhalten begünstigten. (Wangari Maathai fand deshalb, wie sie bekannte, in ihrem von europäischen Missionaren gelegten christlichen Hintergrund keinen Anhalt zu Naturschutz, und der indische Umweltaktivist Alvares hat sich von seinem portugiesischen Barockkatholizismus ab- und der Hindufrömmigkeit zugewandt.) Doch entstammen diese Vorstellungen einem theologischen Reduktionismus, der auch die Lektüre der biblischen Quellen und der großen christlichen Tradition lenkte, die entsprechend selektiv geschah und ganze Traditionskomplexe verdrängte.[18] Kosmos- und Schöpfungsvergessenheit, Trinitäts- und Communio-Vergessenheit griffen um sich. Reiche Potentiale blieben unbeachtet und warten auf erneute kreative Rezeption.

Neuere Theologie beginnt sie wiederzuentdecken. Dabei sensibilisiert der Dialog mit anderen religiösen Traditionen für Übersehenes und Unterdrücktes oder nur am Rand Mitgeschlepptes in der eigenen Tradition, das es endlich aufzunehmen gilt. In einem Statement skizzierte der Herausgeber wesentliche Elemente des christlichen Verständnisses der Wirklichkeit (Gott–Natur–Mensch)[19]:

a) Ausschlaggebend ist die Sicht der ultimate reality oder des unbegreiflichen Geheimnisses (Gott) am Grund aller Wirklichkeit, das biblisch-christlich in drei komplementären Grundaspekten erfahrbar wird: (1) Als der unendlich weit aufgespannte, alles umfassende und tragende *überpersonal-transzendente Urgrund* (Symbole: Meer, All, Raum, Horizont usw.), der zunächst zweideutig alles, Liebe und Haß, zu rechtfertigen scheint, sich aber v. a. in der Geschichte Jesu als eindeutige, unbedingte Güte erweist (1 Joh 1,5; 4.8.16: Agape; Symbole: Hirt, Vater, Mutter). Deshalb (2) als das *freie, personal liebende* (nicht räumlich-gegenständliche) *Gegenüber* und große Du, das restlos für seine Geschöpfe entschieden und darum bereit ist zu kenotischer Solidarisierung mit allem, was leidet (Symbole: Exodus, Bund, Wort, Selbsthingabe usw.). Zugleich (3) als das allen Geschöpfen *zuinnerst immanente Geheimnis* (Symbole: Geist, Atem, Feuer, Lebenskraft, Einwohnung usw.), das alles durchpulst und mit seiner Güte erfüllen will, damit „Gott alles in allem“ sei (1 Kor 15,28).

b) Daraus ergibt sich für das Naturverständnis: (1) *Der gesamte kosmische Prozeß* ist schon immer in Gott, *von Gott umfangen*, in Gott von Gott hervorgebracht und begründet (Schöpfung meint nicht nur eine Initialzündung, sondern das ständige Gründungsgeschehen); es gibt kein Außerhalb Gottes: In ihm leben wir und bewegen wir uns, wir und alles Kosmische (Apg 17; Ps 139). (2) Kosmos, Natur und jedes konkrete Wesen sind von Gott selbst affirmativ bejaht (Gen 1; Ps 104: „gut“, „liebenswert“), sind beseelt (Gen 1,20f. 24.30; 2,7.19; expliziert im Schema anima vegetativa, sensitiva, intellectiva; anders erst Descartes), haben eigenen Seinswert (nicht nur Funktions- und Nutzwert), sind in endliche Eigenständigkeit hinein freigesetzt zu Selbstentfaltung in einem großen kosmischen Dialog und Zusammenklang, in dem „alles einander Antwort gibt“ (Hildegard, Liber vitae meritorum II 22), und sind dabei von Gott dialogisch begleitet; auch der tote Sperling, die Fleischnahrung der kleinen Leute, ist von Gott nicht vergessen (Lk 12,6). (3) *Gott* ist auch *im Kosmos und in jedem Geschöpf* immanent; mit seiner unvergleichlich heiligen Präsenz erfüllt und durchwaltet er alles (Jes 6,3; Jer 23,24; Weish 1,7 u.a.); Augustin gebraucht das Bild vom Kosmos als riesigem Schwamm in dem unermeßlichen Meer Gott, von diesem zugleich vollgesogen (Conf. 7), andere das Bild von der Atmosphäre, die alles umgibt und belebend durchatmet. Der Kosmos und die Dinge der Natur sind daher nicht bloß die Dinge, sie werden dem gottbezogenen und aufmerksamen Menschen diaphan auf ein Mehr, das sie zugleich in sich tragen, werden ihm zu Manifestationen, Spuren, Zeichen des göttlichen Geheimnisses, das in ihnen unerwartet frei begegnet und ihn anspricht (z.B. Bonaventura; Fridolin Stier).

c) *Der Mensch* ist Teil der Natur und nimmt doch *inmitten* (!) der Natur unvermeidlich eine Sonderstellung ein: Er ist das unfertige Wesen (sich gegeben und zugleich aufgegeben; möglicher Entfremdung von seinem Lebensgrund, von sich und anderen und so möglicher Ziel- und Selbstverfehlung ausgesetzt; seinen inneren Widerspruch in die Mit- und Umwelt hineintragend); ist das bewußte Wesen (in dem die Natur Bewußtsein erlangt, zu sich und zu ihrem Lebensgrund kommen kann, dem sich alles verdankt). Während Gott in *allen Wesen* zuinnerst präsent ist als der, der ihnen „Sein, Kraft und Eigenaktivität" gibt, möchte er im *Menschen* darüber hinaus noch in der neuen Weise des Innewohnens (der Gnade) präsent werden: nämlich indem der Mensch in Existenzoffenheit Gott mit seiner Güte und Liebe – ob nun seiner kognitiv bewußt oder nicht – praktisch in sich Raum gibt, ihn in sein Leben, seine Beziehungen und Verhältnisse einläßt (Thomas von Aquin, STh I 8,1 und 3; vgl. Röm 8,9–11 u.a.).

Nur wo das geschieht, kann Gott mit seinen Intentionen, seinem universal gutwollenden „Willen" zum Zug kommen und wird der Mensch zu einem besonderen Zeichen Gottes in der Welt, zum Bild Gottes, das ihn praktisch abbildet (Gen 1,26f.), und zum Treuhänder Gottes, der – an Gottes schonend-wohltuendem Umgang mit seinen Geschöpfen Maß nehmend (vgl. Weish 12,15f. 18 mit 9,2f.) – über „die Gott gehörende Erde und alles, was sie füllt" (Ps 24,1) wie ein Hirt und Gärtner „herrscht" (Gen 1,28–30), indem er sie „bewahrend" gestaltet (Gen 2,15). Dann fängt Gottes Herrschaft der Güte (Gottes Reich) partiell an: in den Taten der Gerechtigkeit und in der Annahme jenes Leidens, in das der Kampf *gegen* ungerechte Leiden führt. Anders ist die Menschenwelt noch nicht der Ort Gottes.

d) In diesen Zusammenhängen sieht die große christliche Tradition die Natur, den Menschen und dessen (seit dem 17. Jh. gründlich mißdeuteten) sog. Herrschaftsauftrag. Gott und Natur sowie Mensch und

Natur sind weder dualistisch getrennt noch monistisch platte Identität, sondern unterschieden und in intrinsischer Beziehung gesehen: Der Unterschied ist die Urchance der Liebe, die Agape-Liebe (also Frei- und Hingabe, nicht Besitzergreifen) aber ist die Weise, in der das fremde Sein freundlich wird, und darum christlich gesehen die Grundhaltung jedes Weltethos. – Etwas verstört *reagierten* Inder (Alvares, Wilfred) auf diese Ausführungen, die ihnen ein geläufiges Kontrastbild wegzogen; das Verhältnis von Gott und Natur sei im Christentum (und für Wilfred auch im Islam) unvollkommen gesehen, die Naturbasis sei verlorengegangen[20] (was historisch für die in westlicher Neuzeit vorherrschende Form von Christentum sicher zutrifft, von den Prinzipien her aber nicht so sein muß). Europäer forderten m. R. eine Rekontextualisierung der skizzierten biblisch-christlichen Perspektiven und eine noch kritischere Analyse unserer deformierten Traditionen.

e) Die Mißachtung der Natur wie der schwächeren Menschen hängt eng mit der *Unerlöstheit des Menschen* zusammen.[21] Der Mensch ist vom Geheimnis am Grund aller Dinge in die *Offenheit* gerufen, die nichts verdrängt. Nur in der Offenheit für die unverkürzte Wirklichkeit, d. h. auch im – und sei's unbewußten – offenen Bezogensein auf ihr tieferes göttliches Geheimnis vermag er sich und seine Stellung in der Natur recht wahrzunehmen. Wie aber kann der in existentieller Angst um sich verschlossene, selbstbezogene und zugleich vor seiner inneren Leere fliehende, grenzenlos unbefriedigte, betriebsam und aggressiv nach immer mehr und neuen Gütern, Zerstreuungen, Beschleunigungen greifende oder einfach träge, Unbequemlichkeiten und Unsicherheiten scheuende Mensch die Freiheit, den Willen und die Kraft zu solcher Offenheit finden? Gelingen kann das, wenn er sich unbedingt geliebt, unter allen Umständen gehalten erfährt; in solchem Geliebtsein, in dem die völlig neu geschenkte Berechtigung und Erlaubnis zum Dasein liegt, kann die Angst, kann der Krampf sich lösen, kann ein gelassenes, offenes und freigebendes Dasein gewagt werden. In der Geschichte Jesu von Nazaret bezeugt sich ein göttliches Geheimnis, in dessen vorgängiger absolut freier Güte der Mensch sich selber leben darf, weil diese Güte möchte, daß er sei. Es ist deshalb die wichtigste Aufgabe der Christen und der christlichen Kirchen in den verschiedenen Kulturen, die unbedingte Zusage (den kategorischen *Indikativ*) dieser unbedingten, *grenzenlosen* Güte in Wort und sie beglaubigender Tat auszurichten und so Räume und Kraftfelder der Güte schaffen zu helfen.

Christen und Kirchen, so wurde bemerkt, müßten Anwalt der Erde und der Fremden sein und für sie advokatorisch die Stimme erheben; sie müßten Zeichen persönlicher und gemeinschaftlicher Umkehr setzen und so auch anderen die Umkehr erleichtern; sie könnten viel mehr indikativisch einladen, statt Frustrationen zu potenzieren, die nicht aus den Sackgassen herausführen. Modellcharakter könnten der über die Kulturgrenzen hinweg von christlichen Gruppen begonnene konziliare Prozeß für „Gerechtigkeit, Frieden und Bewahrung der Schöpfung" sowie entsprechende Netzwerke von Basisgemeinschaften, Solidaritäts-, Frauen- und grassroot-Gruppen haben.

V. Realisierung: Grundhaltungen und Prinzipien eines ökologischen Weltethos und ihre rechtliche Umsetzung

Gegen alle Infragestellung bestanden die Teilnehmer aus dominierten Kulturen und Gruppen entschieden auf universalen Prinzipien: *Sie* müßten von der Notwendigkeit eines öko-sozialen Weltethos nicht mehr überzeugt werden, es vielmehr bei den Mächtigen der Welt und ihrer eigenen Länder und bei den Meinungsmachern (bis hin zu bestechlichen Dorfbürgermeistern) einfordern. Für die kleinen Ethnien, die unter die Räder bzw. einfach nicht auf den Tisch kommen, sei die Abkehr von universalen ethischen Prinzipien tödlich.

Welche Rolle kann ein öko-soziales Weltethos beim Kampf für mehr Gerechtigkeit und die Erhaltung der natürlichen Lebensgrundlagen spielen? Die Diskussion hierzu war kontrovers. Einigkeit bestand darüber, daß es nicht darum geht, ein abstraktes – von seinen lokal-kulturellen Quellen abgeschnittenes, auf kleinsten gemeinsamen Nenner reduziertes – Weltethos (eine Art ethisches Esperanto) zu konstruieren, das – wie Teilnehmer aus anderen Kulturen bemerkten – die Unrechtsverhältnisse verschleiere und einen (verschiedene Maßstäbe anlegenden) Umweltrassismus begünstige. Desgleichen helfe es wenig, Ethik auf Verfahrensethik und Normen*begründung* zu beschränken und etwa die tugendethische Tradition und gemeinschaftlich geteilte Vorstellungen vom Guten zu vergessen. Es gibt ja bereits als maßgeblich anerkannte und teilweise auch gelebte Normen und Grundhaltungen in den Ethosformen der Kulturen, Gruppen und Alternativbewegungen; man muß nicht erst – wozu teilnehmende Ethiker tendierten – allgemeine Prinzipien von irgendwo herleiten oder sich auf sie einigen, so daß man dann „jede Menge Prinzipien" (Wilfred) wie Gerechtigkeit usw., aber keine gerechte Praxis hätte. Vielmehr stecken in den praktizierten Ethosformen und Lebensstilen

Grundhaltungen und Prinzipien, die gemeinsam sind, die es zu bestärken gilt und auf die man sich notfalls berufen kann. Doch ist vorweg nochmals zu erinnern an das in II. Erläuterte.

1. Nichtdualistisches Weltverhältnis als Hintergrund und Leitbild eines ökologischen Weltethos:

Irrgang meinte, interkulturell sei keine gemeinsame Überzeugung bezüglich der Natur und der Stellung des Menschen voraussetzbar; es gebe fundamentale Differenzen. Diese Einschätzung bedarf der Differenzierung. Es scheint sich nämlich über die Kulturgrenzen hinweg in der Theorie und partiell auch in der Praxis ein nichtdualistisch-ganzheitliches Grundmuster (Paradigma, Erfahrungshorizont) aufzubauen, in dem zugleich auch die unvermeidlich herausgehobene Stellung des Menschen zunehmende Beachtung findet; freilich nicht im Sinne eines Alleinwertanspruchs des Menschen, sondern im Sinne seiner ethischen Verantwortung für die Mitnatur. Die Natur wird dabei nicht – in naturalistischem Fehlschluß – zum ethischen Vorbild und Maß erhoben, das sie schon wegen ihrer Ambivalenz (Überleben des Stärkeren, Destruktionsprozesse usw.) gar nicht sein kann; doch können auf dem Hintergrund bereits ausformulierter humaner Ziele natürliche Öko-Systeme als Vorbild dienen. Mit diesem nicht-dualistischen Wahrnehmungsmuster verbinden sich eine Grundeinstellung, die um das ganze oikos der Erde besorgt ist, und damit bestimmte ethische Grundhaltungen:

2. Ethische Grundhaltungen

Den Kern einer Spiritualität für unsere Zeit, die sensibel ist für die soziale und die natürliche Mitwelt (gerade indem sie in ihr und nur noch durch sie hindurch, nicht über sie hinweg und jenseits von ihr Gott erreicht), sieht Stockton in vier Grundhaltungen, die ähnlich auch von anderen Teilnehmern benannt wurden und hier erläutert seien:

a) *Mitfühlen–Mitleiden*: Gegen die öko-soziale Kälte und Distanz gilt es eine Beteiligungs- und Mitempfindungskultur aufzubauen. Mensch und Erde (konkrete Tiere, Pflanzen usw.) werden dann als zusammengehörig, füreinander bedeutsam und als ein großes Lebenssystem wahrgenommen. Das Bewußtsein, daß andere Wesen Eigenwert (nicht nur Nutzwert), einen Anspruch an uns und wir eine Verpflichtung ihnen gegenüber haben, ersteht wieder, mehr noch: eine auch affektive Beziehung zur Erde, Ehrfurcht, Einfühlungsvermögen, Empfinden für andere Lebewesen und ihre Verletzungen, Identifikation mit und „Zuneigung“ zu ihnen; nur für das, was man liebt, ist man zu einschneidender Verhaltensänderung bereit. Dieses Mitgefühl, das eine globale Solidarität tragen kann, ist die Frucht einer Regeneration aus unsern tieferen (religiös-mystischen) Quellen und eng mit unserer täglichen Lebensweise verknüpft.

b) *Geduldige Ausdauer*: Gegen die aushöhlende, zerstörerische und sinnlose Beschleunigung in nahezu allen Bereichen (z.B. Verkehr, Informationen, Finanzspekulationen, Wachstum, Zerstörung) werden bewußt Verlangsamung, Innehalten, Aufmerken und Hinhören auf den eigenen Leib und die eigene Seele, auf die äußere Natur, ihre Rhythmen und Signale und auf den andern (und in allem auf den tieferen Lebensgrund) gesetzt. Der Umgang mit der Zeit ist mitentscheidend für eine neue, naturverträglichere Lebensweise. Warum wohl ist die Natur so langsam? Und warum wollen wir alles immer schneller? Die Sehnsucht nach Ruhe und Stille wächst. Inneres Zuhören und Warten-können empfehlen Aborigines wie Buddha und Bibel (auch wenn sie dies je unterschiedlich begründen und akzentuieren). Solche Geduld und Gelassenheit schließt Empörung gegen Unrecht nicht aus, sondern setzt sie erst wieder frei.

c) *Güte*: Gegen die aus Abgeschnittensein, Beziehungslosigkeit und Angst aufsteigende gewalttätige Aggressivität steht die von innen kommende – letztlich religiös verankerte – mitfühlende Güte und Freundlichkeit zu sich selbst (wie soll, wer sich nicht mag, andere mögen können?), zu den Menschen und in einer alle material-anthropozentrischen Verengungen aufsprengenden Erweiterung – zu allen Wesen und Erscheinungen der Natur. Dies freilich nicht in einem platten, unterscheidungslosen und darum in ethische Beliebigkeit mündenden Holismus, sondern in einer „abgestuften Solidarität“ zwischen Mensch und anderen Wesen gemäß dem Grad ihrer Komplexität und Sensitivität. In dieser abgestuften Weise werden die Nächsten- und Feindesliebe – die Sorge, andere zu verletzen, und die verantwortende Fürsorge für sie – auf alle Wesen ausgedehnt.

d) *Einfachheit*: Gegen die Ansprüche der Konsummentalität und den Verschwendungswohlstand gilt es ein kräftiges Nein zu setzen durch bewußte Rückkehr zu einem einfacheren, sparsameren Lebensstil. Er macht dankbar Gebrauch von den Dingen, die er für ein menschliches Leben benötigt, ohne mehr zu verlangen, und gibt die andern Dinge frei (wird freigebig und teilt). „Die Erde hat genug für jedermanns Bedarf, aber nicht für irgendjemandes Gier“ (de Mesa[22]). Die Habenden werden durch Zurücknahme der Ansprüche, durch Bescheidung und erneute Genügsamkeit nicht ärmer, sondern reicher:

fähig zum Wahr-nehmen und Genießen auch kleiner Dinge, frei von zu viel Gepäck für zutiefst menschliche Erfüllungen, zufriedener und fröhlicher. Unsere fehlgeleiteten Bedürfnisse bedürfen der Korrektur und Rekultivierung. Das muß auch auf die Strukturen durchschlagen: Überall ist Begrenzung der Verbräuche und des Zulangens (bei Wissenschaftlern, Politikern, in der Wirtschaft usw.) und energische Rückkehr zu natürlich erneuerbaren Energien, abbaubaren Stoffen, Kreislaufprozessen angesagt.

3. Gemeinsame, universalisierbare Prinzipien

Lebensgrundsätze (Prinzipien) und Handlungsverpflichtungen, die man anderen zumuten will, müssen verallgemeinerbar und universal zustimmungsfähig sein; d. h., sie müssen das allgemeine Wohlergehen zur Richtschnur haben bzw. ein verallgemeinerbares Interesse verkörpern.[23] Faktisch gibt es in den differenten Kulturen und über ihre Grenzen hinweg solche immer schon geltenden, universal gültigen Prinzipien. Dabei können unterschieden werden:

a) Formale linguistische, logische und Diskursregeln wie die Reziprozitätsregel, die mit dem Menschsein strukturell gegeben sind, prinzipiell immer schon vorausgesetzt werden, daher nicht zustimmungsbedürftig und nicht kritisierbar sind. Hieraus erklärt sich die überkulturelle Gegebenheit einiger *oberster formal-ethischer Prinzipien* wie Universalisierung, Gleichbehandlung und Gerechtigkeit (z.B. Goldene Regel; nicht willkürlich eingrenzbare Anerkennung des andern als Subjekt).[24] Mit jedem menschlichen Akt werden indes auch elementare naturale Lebensbedingungen (Luft, Wasser, Energie usw.) in Anspruch genommen, so daß sich – auch in einer anthropozentrischen Erkenntnistheorie – zusätzlich das formale Prinzip ihrer Erhaltung ergibt, das in den Traditionen aller Kulturen verankert ist, in der Moderne jedoch wenig bewußtgemacht wurde.

b) Allen kulturspezifischen Normen und Regeln vorausliegende *inhaltlich gefüllte basale ethische Prinzipien* (bereichsbezogene mittlere Prinzipien), deren kulturübergreifend-universale Geltung sich aus der Logik der Praxis, der Auseinandersetzung der Menschen mit den relativ unbeliebigen Problemen der konkreten Lebensbewältigung im öko-sozialen Miteinander erklärt.[25] Hierzu zählen in allen Kulturen als verbindlich geltende soziale Pflichten wie die der zweiten Dekalogtafel (heute sind die Sorge um das Gemeinwohl und um die Lebenschancen der Enkel ausdrücklich hinzuzufügen) sowie selbstverständliche Pflichten gegenüber der natürlichen Umwelt (faktisch stets abgestufte Rücksicht gegenüber anderen Lebewesen, Verbot unnötigen

Tiere-Quälens, Wahrung der Regenerationsfähigkeit der Öko-Systeme, z. B. Vermeidung von Raubbau).

4. Plurale Ethosformen als Quellen eines Weltethos

Solche ethischen Grundhaltungen und Prinzipien finden sich faktisch bereits in allen Kulturen (und in den Religionen ebenso wie in Ethosformen ohne explizit religiöse Voraussetzungen). Es geht darum, daß möglichst viele Menschen *auf allen Ebenen und in allen Bereichen – bei jedem gegebenen Anlaß* – sich und anderen diese Prinzipien und Grundhaltungen ins Gedächtnis zurückrufen, sie aussprechen, befolgen und urgieren, sie verstärkt in der *öffentlichen Meinung*, im allgemeinen moralischen Bewußtsein, verankern[26] und gegebenenfalls Rückfälle hinter sie anprangern. Dazu ist es angesichts der globalen Bedrohungen unerläßlich, sich auch im Weltmaßstab der gemeinsamen Prinzipien zu vergewissern und sie – was manche Teilnehmer indes problematisierten – evtl. auch in einer Erklärung (nach Art der Menschenrechtserklärung) zu formulieren, auf die man sich berufen kann.

Angesichts der Weltprobleme steht die Notwendigkeit eines öko-sozialen Weltethos in diesem Sinne außer Frage. Es hat nicht nur eine negative Funktion (kritisiert Verletzungen dieser Grundsätze), sondern auch eine pädagogische (hilft das moralische Bewußtsein schärfen und wachhalten), eine regulative (gibt dem Handeln Maximen vor) und bisweilen auch eine gewisse prohibitive Funktion (kann von Gruppen bei ihrem Kampf gegen elementare Bedrohungen eingefordert werden); letzteres betonten Teilnehmer aus kleinen Ethnien sowie aus Solidaritäts- und Umweltgruppen.

Den erwähnten Grundhaltungen und Prinzipien liegen die – nicht selten gehalt- und anspruchsvolleren – *pluralen Ethosformen der Kulturen und Religionen* als beständige Quelle und Impulsgeber zugrunde. Kulturen und Religionen enthalten ethisches Kapital (Vorstellungen vom guten Leben, Muster solidarischen Verhaltens), das weit über ihre unmittelbaren Anhänger hinaus einzelnen, Gemeinschaften und der Menschheit als ganzer die öko-soziale Umkehr ermöglichen könnte. Gewiß sind auch Kulturen und Religionen wie alles Menschliche ambivalent und für Barbarei mißbrauchbar; sie müssen deshalb ihre moralische Dignität in der Konkurrenz und im Dialog mit anderen Optionen und durch ihre Kompatibilität mit den universalen ethischen Prinzipien und Grundhaltungen ausweisen.[27] Alle bräuchten das Korrektiv der andern, um zu sehen, ob sie auf dem richtigen Weg sind; unaufgebbar aber bleibe die Verankerung in konkreter Kultur und Religion, woraus wir unsere ethische Kraft schöpfen (Kandil).

5. Planetarisches Umweltethos und Umweltvölkerrecht

Die Umsetzung und Konkretisierung gemeinsamer moralischer Standards ist ein komplexer, schwer zu analysierender Vorgang. Dabei spielen viele Faktoren eine Rolle. Die Diskussion konzentrierte sich, angestoßen durch Hohmanns Beitrag, auf die rechtliche Kodifizierung und ihre Bedeutung.

a) Ethische Prinzipien und Ethos müssen, wenn sie die staatliche, regionale und Welt-Politik beeinflussen und steuern sollen, auch in Recht umgegossen werden. Anders als die allgemeinen ethischen Prinzipien bedürfen indes Rechtsregelungen, weil sie Setzungscharakter haben, einer Zustimmung: des Konsenses. Um aber zu einem Konsens über umweltrechtliche Regelungen zu kommen, bedarf es als Voraussetzung eines entsprechenden Umweltbewußtseins. Staatliches wie internationales Umweltrecht müssen durch ein kontextuell verwurzeltes ökologisches Ethos getragen sein. Ohne entsprechendes moralisches (und Rechts-)Bewußtsein kommt Recht nicht zustande und hat es auf Dauer auch keinen Bestand.

Da in den mit der Kodifikation betrauten Organen eine internationale, alle Rechtskreise der Welt vertretende Besetzung zwingend ist, ist das heutige Umweltvölkerrecht nach Hohmann imstande, unter Berücksichtigung der pluralen Kulturen zu einem Konsens zu kommen, derart, daß Pflichten, die für alle Staaten konsensfähig sind, als global gültiges Gewohnheitsrecht kodifiziert werden (ohne daß dadurch ein evtl. höherentwickeltes Umweltrecht einer Region beeinträchtigt würde). Freilich könne jedes Umweltproblem erst dann eine zufriedenstellende Rechtsregelung finden, wenn das Bewußtsein dafür reif sei; vor diesem Reifezeitpunkt käme nicht mehr zustande als rechtlich unverbindliche, bloß moralische Appelle oder „weiches Recht“ (die Grenze zwischen Ethos und Recht verschwimmt hier offenbar). Die Umwelt-Diplomatie suche diese dann – in mühsam erkämpftem Konsens der bewußtseinsbedingten ethisch-rechtlichen Überzeugungen und der Interessen – zu verbindlichen gewohnheitsrechtlichen Pflichten weiterzuentwickeln, und zwar mit Hilfe von Deklarationen und Protokollen, die später in präzisere Umweltabkommen umgegossen werden müssen.

b) Auf diesem Wege wurden umweltrechtliche Standards, denen sich die Kulturen unterwerfen können, als universelles Gewohnheitsrecht niedergeschrieben: Verbote (z. B. destruktiver Fangmethoden oder ernsthafter Schädigungen in fremdem Gebiet), Pflichten (z. B. zur Verschmutzungsvermeidung und -kontrolle), Kooperationspflichten (z. B. zu grenzüberschreitender Information und Umweltverträglichkeitsprüfung). Seit 1989 würden auch die Pflicht zum Technologietransfer (Meßgeräte, FCKW-Ersatzstoffe usw.)[28] festgeschrieben und erste Fonds zugunsten der Entwicklungsländer (für Tropenwald-Nutzungsverzichte, Erhaltungsmaßnahmen usw.) eingerichtet; im Rio-Prinzip 7 sei die Hauptverantwortung der Industrieländer für den Schutz der Umweltgüter anerkannt. Durch Regionalorganisationen und Bildung internationaler Regime seien eine veränderte Informationslage (Überwachung usw.) und politischer Druck zur Durchsetzung der völkerrechtlich kodifizierten Pflichten entstanden; bei mangelnder Umsetzung drohten Berichtspflicht oder – von den Staaten zumeist gescheute – weltöffentliche Anprangerung.

Es nötigte den Teilnehmern Respekt ab, wieviel harte, zukunftsweisende Arbeit hier von Juristen getan wird. Vom Umweltvölkerrecht könnten wesentliche Anstöße (z.B. auf ökologisch wenig sensible Staaten usw.) ausgehen. Die zentrale Rückfrage galt der Durchsetzbarkeit solcher „Rechtspflichten". Die Durchsetzbarkeit, die „Befugnis zu zwingen" (Kant), gilt ja gemeinhin als die eigentliche Stärke des Rechts. Gerade sie aber scheint in einem mehr oder weniger weichen Recht fraglich. Viele der kodifizierten Rechtspflichten würden ständig umgangen und verletzt. Es gelte, die realen Macht- und Unrechtsverhältnisse im Blick zu behalten (z.B. privatrechtliche Verträge bis 2018 zur Abholzung auf den Philippinen). Ohne Vertiefung des Umwelt- und des moralischen Bewußtseins sei, so räumte Hohmann ein, ein zufriedenstellendes Umweltvölkerrecht weder erstellbar noch durchsetzbar. Die nötige Änderung erfordert wohl alle (in II.–V. erwähnten) Kräfte.

c) Hohmann bemängelte die Nichtbeteiligung der Ethiker an der Präzisierung und Kodifizierung einer „sustainable development". Das ist in der Tat ein Mangel. Doch darf nicht übersehen werden: Ethische Grundhaltungen und Werte sind in vielen Gemeinschaften, Gruppen und Personen aller Kulturen und Religionen wirksam und von ihnen – längst vor den Ethikern – oft auch formuliert und öffentlich bewußtgemacht; und so leiten sie eben auch die Juristen bei ihrem unverzichtbaren Bemühen um international konsensfähige Regelungen. Solche ethischen Grundhaltungen und Prinzipien sind die tragende Basis von (interkulturell rezipierbaren) Rechtsformulierungen; jene sind deswegen in diesen auch wiederzufinden.

Was ist dabei Rahmen und was Gerahmtes? Die Titelfrage und These von Hohmanns Beitrag ist problematisch und nur von daher erklärlich, daß er – gegenüber dem hier entwickelten – offenbar ein anderes, abstrakteres Verständnis von ökologischem Weltethos hat, nämlich im Sinne eines prozedural erst zukünftig zu schaffenden, das natürlich dann nicht Rahmen für bereits entwickeltes Recht sein könnte. Setzt man das hier entwickelte Verständnis von einem in den Kulturen bereits gegebenen, sich aus deren pluralen Quellen speisenden, formulierbaren (ins öffentliche Bewußtsein zu bringenden und mehr zu lebenden) ökologischen Weltethos voraus, dann ergibt sich folgende Verhältnisbestimmung von Umweltethos und Umweltvölkerrecht. Da einerseits, wenn das Umwelt- und ethische Bewußtsein noch wenig gediehen ist, auch die Rechtskodifizierung vager und folgenloser ausfällt (so daß sie später durch Protokolle etc. weiterentwickelt werden muß), und da andererseits irgendwie einklagbare Rechtsformulierungen auch wieder das ethische Bewußtsein in den Gesellschaften aufrechterhalten helfen, besteht wohl eine Dialektik dieser beiden – und weiterer (Religion etc.) – Momente. Diese Dialektik bedeutet, daß ein Gewinn bei einem Moment auch auf die anderen positiv wirkt und in wechselseitiger Rückkoppelung den gesamten Prozeß fördert.

Dabei dürfte das Umweltvölkerrecht eher ein formaler Rahmen sein, der die hinter ihm noch Zurückbleibenden auffordert und die anderen stützt, während das planetarische Öko-Ethos seinerseits (in seinem zugrundeliegenden, religiös grundierten gewandelten Bewußtsein und in seinen Grundhaltungen und Prinzipien) die tragende Basis und den ermöglichenden Horizont für ein verändertes Umweltverhalten und -recht bildet.

Schluß: Kann man von einem ökologischen Welt-Ethos sprechen?[29]

Die Umstellung auf einen öko-sozial dauerhaft verträglichen Lebens- und Wirtschaftsstil ist unausweichlich. Dafür gilt es in allen Bereichen zu kämpfen. Die entscheidenden Kräfte dazu kommen aus dem pluralen Ethos (Ideale vom guten Leben, Grundhaltungen, Verhaltensmuster usw.) lokaler Gruppen im Kontext kulturell-religiöser Traditionen; Ethos ist an sie gebunden. Ist der Begriff Welt-Ethos also ein „hölzernes Eisen"? Die kontextuell verwurzelten Ideale, Grundhaltungen und Prinzipien können in elementaren Hinsichten konvergieren, einander ergänzen und verstärken und so (ganz konkret bis hin zu rechtlichen Vereinbarungen) zusammenwirken auf das gemeinsame Ziel einer Bewahrung der Erde für alle hin. Angesichts der Globalisierungsprozesse ist ein derart aus den pluralen Quellen sich speisendes ökologisches Welt-Ethos not-wendig.

Anmerkungen

[1] A. Ogoshi, in diesem Band, 122 (vgl. 124f.) bzw. 135.

[2] So auch – im Anschluß an Zhuangzi und unter Abwehr aller begrifflichen Unterscheidungen, daher auch aller ethischen Überlegungen – der weltbekannte chinesische Dichter Gu Cheng (1956–1993) in seinem letzten Vortrag „Das ziellose Ich. Zum Wirklichkeitsverständnis des Daoismus", den er bei einem Studientag von Theologie Interkulturell im Rahmen des in diesem Band dokumentierten Forschungsprojekts am 10. 7. 1993 in Frankfurt hielt, ehe er am 8. 10. 1993 in seinem neuseeländischen Exil seine Frau, die Schriftstellerin Xie Ye (1958–1993), erschlug und sich selbst erhängte. Vgl. den Bericht in: China heute 12 (1993) Nr. 6, 70.

[3] Einige der Prinzipien von Perma-Culture lauten z.B.: See solutions not problems, and become a conscious part of the solution; use everything to its highest capacity (use sunlight); bring food production back to the cities usw.; und dazu werden jeweils beispielhaft konkrete Anwendungsmöglichkeiten in diversen Situationen entwickelt. Das Konzept wurde erstmals 1974 in Tasmanien entwickelt und ist heute im großen in Australien angenommen. Es ist dargelegt in: Bill Mollison, Permaculture One: A Perennial Agricultural System for Human Settlements, Stanley/Tas. 1978; Permaculture Two: Practical Design for Town and Country in Permanent Agriculture, Stanley/Tas. 1979.

[4] Lynn White, Continuing the Conversation, in: Ian G.Barbour (Hrsg.), Western Man and Environmental Ethics. Attitudes toward Nature and Technology, Reading/Mass. 1973, 55–64, hier 62.

[5] Arne Naess, Self-Realization, in: Trumpeter 4 (1987) 35ff., hier 38 (deutsch in: John Seed u.a., Denken wie ein Berg, Freiburg 1989, 33ff.).

[6] Der Geldwert schiebt sich in alle Relationen (auch in die zwischen Mensch und Natur) dazwischen als dasjenige letzte Kriterium, auf das Bezug genommen wird und das alle religiös-kulturellen Werte umwertet; die Gier nach Geld macht sich alles untertan, Mensch und Natur. Vgl. zur Analyse und zu den zu lösenden Problemen Johannes Hoffmann. Das Mammondilemma des Sozialstaates und die Involviertheit der Kirche, in: Diakonia 26 (1995) 90–104. Außerdem Anm. 24 im Problemaufriß dieses Bandes.

[7] Vgl. dazu von Theologie Interkulturell: Johannes Hoffmann (Hrsg.), Die Vernunft in den Kulturen. Das Menschenrecht auf kultureigene Entwicklung, Frankfurt a.M. 1995.

[8] Gegen Selbstmitleid, Korruption und Untätigkeit afrikanischer Eliten wendet sich auch die kamerunische Entwicklungsökonomin Axelle Kabou, Weder arm noch reich. Eine Streitschrift gegen schwarze Eliten und weiße Helfer, Basel 1993, die Afrika die neuen Industrieländer in Südostasien vorhält, dabei aber zweierlei ignoriert: die andere Ausgangssituation Afrikas (willkürliche koloniale Grenzziehungen 1884 usw.) und die katastrophalen öko-sozialen Folgen des so bewunderten Wirtschaftsaufschwungs in Südostasien. Die gleichen Ausblendungen bei Dieter Weiss, Entwicklung als Wettbewerb der Kulturen, in: Aus Politik und Zeitgeschichte. Beilage zur Wochenzei-

tung Das Parlament B 29/95 (14. 7. 1995), 3–10, der erst am Ende auf das ökologische Problem kommt, ohne aus ihm Konsequenzen für eine Umdefinierung seines Entwicklungsbegriffs zu ziehen. Anders die Autoren in Klaus M. Leisinger/Vittorio Hösle (Hrsg.), Entwicklung mit menschlichem Antlitz. Die Dritte und die Erste Welt im Dialog, München 1995: Nicht mehr das Wirtschaftswachstum dürfe alleiniger Maßstab für alle Leistungen und Erfolge sein, mindestens ebenso wichtig sei die Einbindung aller materiellen Hilfe in das jeweilige kulturelle Umfeld.

[9] Genauere Begründung bei H. Kessler, Das Stöhnen der Natur. Plädoyer für Schöpfungsspiritualität und Schöpfungsethik, Düsseldorf 1990, 114–134.

[10] So beispielhaft Bundesministerium für wirtschaftliche Zusammenarbeit und Entwicklung (BMZ), Neunter Bericht zur Entwicklungspolitik der Bundesregierung, Bonn 1991, 38.

[11] In dem sonst differenzierten, für Übelminimierung, Übelabwägung, ökologische Steuerreform votierenden Artikel von Edgar Gärtner, Wie lange hält Nachhaltigkeit vor? Das Schlagwort „sustainable development" und die Ökologie, in: FAZ vom 7. 1. 1995, wird unbegründet die irreführende Falschbehauptung gemacht, es habe sich „herumgesprochen, daß die notwendige Senkung des Ressourcen-Verbrauchs durch eine 'Effizienzrevolution' auch ohne schmerzhafte Komforteinschränkungen zu haben ist".

[12] Vgl. etwa Robert N. Bellah, The Good Society, New York 1991; Michael Walzer, Zivile Gesellschaft und amerikanische Demokratie, Berlin 1992; Amitai Etzioni, Die Entdeckung des Gemeinwesens, Stuttgart 1995.

[13] Vgl. C. Geertz, Religion as a Cultural System, in: ders., The Interpretation of Cultures, New York 1973, 90 und 127.

[14] So charakterisiert Peter Sloterdijk, Zwischen Zivilreligion und Apokalypse. Über unfreiwillige Religiosität in der Spätneuzeit, in: epd-Dokumentation Nr. 18, 1987, 49–60, hier 52, die entsprechende neokonservative Religionstheorie Hermann Lübbes.

[15] Vgl. dazu in diesem Band 5f.: Problemaufriß II.1.

[16] Einige Teilnehmer mahnten eine Revision der Säkularisierung (im skizzierten Sinne) an. Hingegen dürfte die Säkularisierung im Sinne des historischen Prozesses der funktionalen Differenzierung und Emanzipation säkularer Sphären aus der (Vorherrschaft der) religiösen Sphäre unumkehrbar sein. Wird dieser Prozeß von den Religionen akzeptiert, so sind die oft angenommenen Folgen der Privatisierung und des Schwindens der Religion alles andere als zwangsläufig. Vielmehr bringen die Krisensymptome der säkularen modernen Gesellschaft gerade eine erneute öffentliche Mobilisierung der religiösen Traditionen mit sich. Überall verweigern diese – und zwar keineswegs nur in Gestalt der Fundamentalismen, die machtbesessen ihre religiöse Tradition deformieren – die marginale und privatisierte Rolle, die ihnen von manchen Theorien der Moderne und der Säkularisierung zugewiesen wurde. Vgl. hierzu Günter Frank, Die Säkularisierungstheorie und ihre geistesgeschichtliche Wertung, in: StdZ 120 (1995) 333–340.

[17] Siehe in diesem Band 5–16: Problemaufriß II.

[18] Dies hat u. a. Cameron Wybrow, The Bible, Baconianism and Mastery over Nature. The Old Testament and its Modern Misreading, New York u. a. 1991, für das AT herausgearbeitet.

[19] Vgl. zum Folgenden vorläufig Hans Kessler, Das Stöhnen der Natur (s. Anm. 9), 50–110; ders., Was heißt: Gott handelt? in: Ders., Sucht den Lebenden nicht bei den Toten. Die Auferstehung Jesu Christi in biblischer, fundamentaltheologischer und systematischer Sicht (Neuausgabe), Würzburg 1995, 284–298. 466–468. 471–474.

[20] In der abendländischen (speziell der römischen und germanischen) Theologie gibt es zunehmend Tendenzen in diese Richtung. Ihnen steht z. B. die verbreitete Psalmenfrömmigkeit (mit ihrem Gotteslob für alle Geschöpfe) und Naturfrömmigkeit entgegen, die sich in vielen Liedern (auch reformatorisch bei Paul Gerhardt oder Matthias Claudius) Ausdruck verschafft. Desgleichen naturbezogene keltische Theologie (Scotus Eriugena, Johannes Duns Scotus), kosmische Theologie bei Hildegard von Bingen, in den Schulen von Chartres (dazu Berner in diesem Band) oder Salerno, franziskanische (Bonaventura usw.) sowie mystische Theologie (Eckhart, Tauler, Johannes vom Kreuz, Nikolaus von Kues, Jakob Böhme), nicht zuletzt Neuere (wie Teilhard de Chardin, Fridolin Stier oder Ernesto Cardenal). Drei Beispiele: Wie Alanus (siehe Berner) gibt Hildegard Zeugnis von der im 12. Jh. noch starken Sensibilität für die Heiligkeit der Natur; diese werde durch den schweren Pflug und andere neue Techniken verletzt und verschmutzt, *die Natur-„Elemente erheben wilde Klage“ bei Gott* über die Menschen, die „alles von unterst zu oberst verkehren“ (Liber vitae meritorum III 2; 31). Wie andere mahnt Bonaventura im 13. Jh., die Sinne zu öffnen, „damit du in allen Kreaturen deinen Gott entdekkest, hörest, lobest, liebest und *verehrest*, damit nicht der ganze Erdkreis sich anklagend gegen dich erhebe“ (Itinerarium I 15). Und wie andere christliche Mystiker sagt Johannes vom Kreuz im 16. Jh., jedes einzelne Wesen in der Natur habe „ein Mitwesen mit Gott, kraft dessen es mit seiner Sonderstimme dartut, *was in ihm Gott ist*“ (Cántico espiritual 4f. 13f.). Genaueres bei H. Kessler, Das Stöhnen der Natur (s. Anm. 9), 72–110.

[21] Vgl. in diesem Band 14f. Zum Folgenden Hans Kessler, Erlösung als Befreiung, Düsseldorf 1972; ders., Christologie, in: Handbuch der Dogmatik, hrsg. von T. Schneider, Düsseldorf 1992, Bd. 1, 239–442, bes. 391–409.

[22] Max de Mesa berichtete in einem Statement von der Entwicklung einer philippinischen Umweltethik des „sapat“ (= nicht mehr oder weniger, sondern gerade genug), die zunächst in christlichen Gemeinden und Schulen initiiert, inzwischen in vielen Gruppen praktiziert werde und sich von vier Devisen leiten lasse: (1) Sapat/genug der Zerstörung der Umwelt, v. a. der eingeborenen Völker usw.; (2) nimm nur das, was genug ist, von der Natur (das Patentieren von Genen oder Getreidesamen sei unmoralisch); (3) esse genügend und kaufe nur das, was gebraucht wird (jeder Überschuß sei inmitten der Armut und des Hungers in der Welt obszön); (4) jede Person muß genug haben, um ein gesundes und würdevolles Leben zu führen (gerechte Verteilung).

[23] Der Maßstab, um eine national-egoistische Partikularethik (Japan: dazu

Okano in ihrem Beitrag) oder eine zu Vormachtzwecken mißbrauchte universalistische Ethik (Westen) zu kritisieren, können nicht wieder nur partikulär anerkannte (christliche, buddhistische usw.), sondern nur universale Prinzipien sein; diese können freilich von christlichem Liebes- oder buddhistischem Mitfühlensuniversalismus motivational gestützt sein.

[24] Nach Irrgang ist es „conditio sine qua non für die Entwicklung von Humanität", daß diese formal-ethischen Grundsätze über den Menschen hinaus erweitert werden, so daß auch Bestrebungen von Tieren usw., und zwar abgestuft nach dem Grad ihrer Komplexität und Leidensfähigkeit, berücksichtigt werden; irgendeinem Wesen ohne hinreichenden Grund zu schaden, ist eine Verletzung der Gerechtigkeit.

[25] Siehe hierzu im Problemaufriß zu Beginn dieses Bandes Anm. 70.

[26] Fuad Kandil (Kairo/Karlsruhe) kommt zu dem Urteil, daß die heute im Islam überall die Diskussion bestimmenden Islamisten, die den westlichen Ansatz mit starken Worten anprangern und unter dem Problem- und Legitimationsdruck viel Ökologisches in die Korantexte hineininterpretieren, und auch die Studie der Universität Jedda über „Bewahrung der Umwelt im Islam" kaum über heute allgemein anerkannte ethische Prinzipien und Postulate hinauskommen, denen – allen Beteuerungen zum Trotz – kein spezifisch islamischer Charakter zukomme. Daß sie islamisch-religiös legitimiert würden, habe dennoch große Bedeutung, weil dies die Chance eröffne, in den islamischen Gesellschaften das dringend benötigte neue Umweltbewußtsein zu fördern.

[27] Vgl. dazu außer dem Problemaufriß dieses Bandes noch die dort in Anm. 68, 69 und 80 erwähnten Beiträge von W. Huber (1993a, 88f.), T. Hausmanninger (1994, 312f.) und E. Schockenhoff (1995, 239ff.).

[28] Der Filipino de Mesa forderte eine praktizierte Ethik des Teilens. Umweltprobleme könnten nicht ohne internationale Solidarität gelöst werden: „Wir haben nicht einmal die Meßgeräte, um Verursacher von Umweltschäden namhaft zu machen"; „das bei uns verwendete FCKW vergrößert das Ozonloch auch für Sie, Sie müssen uns also schon aus eigenem Interesse mit Geld und Technologietransfer helfen". – Sein Landsmann Benigno Beltran, Pfarrer bei den 25000 im Tondo-Slum von Manila auf dem giftigen, ihre Gesundheit zerstörenden Müll der andern lebenden und ihn soweit möglich recycelnden Müllmenschen, zeigte sich eher pessimistisch, ob die gegenwärtige westliche Generation den Sinn für gegenseitige Abhängigkeit und Teilen entwickeln werde. Wenn jedoch das neoliberal-kapitalistisch dominierte Weltwirtschaftssystem nicht Zug um Zug geändert werde, helfe alles ökologische Bewußtsein nicht. Dann würden die Menschen ihre Lebensform erst ändern, wenn sie durch die ökologische Entwicklung dazu gezwungen wären; hoffentlich sei es dann nicht zu spät.

[29] Vgl. in diesem Band 16–22.

Ausgewählte Literatur

Auer, Alfons: Umweltethik. Ein theologischer Beitrag zur ökologischen Diskussion, Düsseldorf 1984.

Barros Souza, Marcelo de; Caravias, José Luis: Theologie der Erde (Bibliothek Theologie der Befreiung), Düsseldorf 1990.

Bellah, Robert N. u. a.: The Good Society, New York 1991.

Bergmann, Sigurd: Geist, der Natur befreit. Die trinitarische Kosmologie Gregors von Nazianz im Horizont einer ökologischen Theologie der Befreiung, Mainz 1995.

Beyer, Peter: Religion and Globalization, London 1994.

Binswanger, Hans Christoph: Geld und Natur. Das wirtschaftliche Wachstum im Spannungsfeld zwischen Ökonomie und Ökologie, Stuttgart/Wien 1991.

Boff, Leonardo: Eine neue Erde in einer neuen Zeit. Plädoyer für eine planetarische Kultur, Düsseldorf 1994.

Bujo, Bénézet: Ökologie und ethische Verantwortung aus afrikanischer Perspektive, in: Ders.: Die ethische Dimension der Gemeinschaft. Das afrikanische Modell im Nord-Süd-Dialog, Fribourg/Freiburg 1993, 197–214.

Creutz, Helmut: Das Geldsyndrom. Wege zu einer krisenfreien Marktwirtschaft, München 1993.

D'Sa, Francis X.: Das Recht ein Mensch zu sein und die Pflicht kosmisch zu bleiben, in: J. Hoffmann (Hrsg.): Begründung von Menschenrechten aus der Sicht unterschiedlicher Kulturen, Frankfurt a. M. 1991, 157–185.

Etzioni, Amitai: Die Entdeckung des Gemeinwesens. Ansprüche, Verantwortlichkeiten und das Programm des Kommunitarismus, Stuttgart 1995.

Ferré, Frederick: Persons in Nature. Toward an Applicable and Unified Environmental Ethics, in: Zygon 28 (1993) 441–453.

Fuchs, Josef: Weltethos oder säkularer Humanismus?, in: Stimmen der Zeit 211 (1993) 147–154.

Geertz, Clifford: The Interpretation of Cultures. Selected Essays, New York 1973.

Golser, Karl (Hrsg.): Verantwortung für die Schöpfung in den Weltreligionen, Innsbruck/Wien 1992.

Gorz, André: Kritik der ökonomischen Vernunft. Sinnfragen am Ende der Arbeitsgesellschaft, Berlin 1989.

Griffiths, Bede: A New Vision of Reality. Western Science, Eastern Mysticism and Christian Faith, London 1989 (deutsch: Die neue Wirklichkeit, Grafing 1990).

Habermas, Jürgen: Was macht eine Lebensform „rational"?, in: Ders., Erläuterungen zur Diskursethik, Frankfurt a. M. 1991, 31–48.

Hausmanninger, Thomas: Diskurs „Weltethos". Programmatische Notizen zur Diskussion um ein globales Rahmenethos, in: Catholica 48 (1994) 303–314.

Hengsbach, Friedhelm; Möhring-Hesse, Matthias: Globale Gerechtigkeit durch interkulturelle Sensibilität, in: A. Habisch; U. Pöner (Hrsg.): Signale der Solidarität. Wege christlicher Nord-Süd-Ethik, Paderborn 1994, 181–206.

Höffe, Otfried: Moral als Preis der Moderne. Versuch über Wissenschaft, Technik und Umwelt, Frankfurt a. M. 1993.

Hösle, Vittorio: Philosophie der ökologischen Krise. Moskauer Vorträge, München 1991.

Hohmann, Harald (Hrsg.): Basic Documents of International Environmental Law, London/Boston 1992.

Hohmann, Harald: Precautionary Legal Duties and Principles of Modern International Environmental Law, London/Boston 1994.

Huber, Wolfgang: Selbstbegrenzung aus Freiheit. Über das ethische Grundproblem des technischen Zeitalters, in: EvTh 52 (1992) 128–146.

Huber, Wolfgang: Menschenrechte und planetarisches Ethos, in: B. Jaspert (Hrsg.): Hans Küngs „Projekt Weltethos". Beiträge aus Philosophie und Theologie, Hofgeismar 1993, 69–90.

Illich, Ivan: Selbstbegrenzung. Eine politische Kritik der Technik, Reinbek 1975.

Irrgang, Bernhard: Christliche Umweltethik. Eine Einführung, München/Basel 1992.

Jonas, Hans: Das Prinzip Verantwortung. Versuch einer Ethik für die technologische Zivilisation, Frankfurt a. M. 1984.

Kessler, Hans: Das Stöhnen der Natur. Plädoyer für eine Schöpfungsspiritualität und Schöpfungsethik, Düsseldorf 1990.

Khoury, Adel T.; Hünermann, Peter (Hrsg.): Wie sollen wir mit der Schöpfung umgehen? Die Antwort der Weltreligionen, Freiburg 1987.

Korvin-Krasinski, Cyrill von: Kosmozentrik – Anthropozentrik? Eine religions- und kulturmorphologische Analyse, in: W. Strolz; H. Waldenfels (Hrsg.): Christliche Grundlagen des Dialogs mit den Weltreligionen, Freiburg 1983, 44–75.

Krieger, David J.: The New Universalism: Foundations for a Global Theology, Maryknoll, N.Y. 1991.

Krolzik, Udo: Natur zwischen Dogma, Mystik und Wissenschaft, in: Materialdienst der Evangelischen Zentralstelle für Weltanschauungsfragen 51 (1988) 129–140.

Krolzik, Udo: Säkularisierung der Natur. Providentia-Dei-Lehre und Naturverständnis der Frühaufklärung, Neukirchen-Vluyn 1988.

Küng, Hans: Projekt Weltethos, München 1990.

Küng, Hans: Auf der Suche nach einem universalen Grundethos der Religionen, in: Conc (1990) 154–164.

Küng, Hans; Kuschel, Karl-Josef (Hrsg.): Erklärung zum Weltethos. Die Deklaration des Parlaments der Weltreligionen, München 1993.

Loenhoff, Jens: Interkulturelle Verständigung. Zum Problem grenzüberschreitender Kommunikation, Opladen 1992.

Münk, Hans J.: Umweltkrise – Folge und Erbe des Christentums? Historisch-systematische Überlegungen zu einer umstrittenen These im Vorfeld ökologischer Ethik, in: Jahrbuch für christliche Sozialwissenschaften 28 (1987) 123–206.

Murray, Robert: The Cosmic Covenant. Biblical Themes of Justice, Peace and the Integrity of Creation, London 1992.

Naess, Arne: Ecology, Community and Lifestyle. Outline of an Ecosophy, Cambridge 1989.

Nasr, Seyyed H.: Man and Nature. The Spiritual Crisis of Modern Man (1968), London 1976.

Noichl, Franz: Das „Projekt Weltethos" aus moraltheologischer Sicht, in: Jahrbuch für Religionswissenschaft und Theologie der Kirchen 2 (1994) 7–43.

Nunner-Winkler, Gertrud: Ein Plädoyer für einen eingeschränkten Universalismus, in: W. Edelstein; G. Nunner-Winkler (Hrsg.): Zur Bestimmung der Moral, Frankfurt a.M. 1986, 126–144.

Oldemeyer, Ernst: Entwurf eines Typologie des menschlichen Verhältnisses zur Natur, in: G. Großklaus; E. Oldemeyer (Hrsg.), Natur als Gegenwelt. Beiträge zur Kulturgeschichte der Natur, Karlsruhe 1983, 15–42.

Panikkar, Raimon; Strolz, Walter (Hrsg.): Die Verantwortung des Menschen für eine bewohnbare Welt im Christentum, Hinduismus und Buddhismus, Freiburg 1985.

Panikkar, Raimon: Mythos und Logos. Mythologische und rationale Weltsichten, in: H.-P. Dürr; W. Ch. Zimmerli (Hrsg.): Geist und Natur, Bern u. a. 1989.

Panikkar, Raimon: Ecosofia: la nuova saggezza. Per una spiritualità della terra, Assisi 1993.

Ratschow, Carl H. (Hrsg.): Ethik der Religionen. Ein Handbuch, Stuttgart 1980.

Rippe, Klaus P.: Ethischer Relativismus. Seine Grenzen – seine Geltung, Paderborn 1993.

Robertson, Robert: Globalization, Social Theory and Global Culture, London 1992.

Rosenau, Hartmut: Das „Seufzen" der Kreatur. Das Problem der Anthropozentrik in einer Theologie der Natur, in: NZSTh 35 (1993) 57–70.

Ruether, Rosemary R.: Gaia und Gott. Eine ökofeministische Theologie der Heilung der Erde, Luzern 1994.

Sachs, Wolfgang (Hrsg.): Der Planet als Patient. Über die Widersprüche globaler Umweltpolitik, Berlin/Basel/Boston 1994.

Schenk, Richard: Der Mensch – Krone der Schöpfung?, in: IkaZ Communio 21 (1992) 397–418.

Scherhorn, Gerhard: Die Unersättlichkeit der Bedürfnisse und der kalte Stern der Knappheit, in: B. Bievert; M. Held (Hrsg.), Das Naturverständnis der Ökonomik, Frankfurt a. M. 1994, 224–240.

Schmidheiny, Stephan: Kurswechsel. Globale unternehmerische Perspektiven für Entwicklung und Umwelt, München 1992.

Schockenhoff, Eberhard: Brauchen wir ein neues Weltethos? Universale Ethik in einer geschichtlichen Welt, in: ThPh 70 (1995) 224–244.

Schreiter, Robert J.: Theorie und Praxis interkultureller Kommunikationskompetenz in der Theologie, in: E. Arens (Hrsg.), Anerkennung des Anderen. Eine theologische Grunddimension interkultureller Kommunikation, Freiburg 1995, 9–30.

Schwemmer, Oswald: Kulturelle Identität und moralische Verpflichtung. Zum Problem des ethischen Universalismus, in: L. Honefelder (Hrsg.): Sittliche Lebensform und praktische Vernunft, Paderborn 1992, 93–104.

Siller, Hermann P.: Die Frage nach kultureigenen Rationalitäts- und Entwicklungspotentialen, in: J. Hoffmann (Hrsg.), Die Vernunft in den Kulturen. Das Menschenrecht auf kultureigene Entwicklung, Frankfurt a. M. 1995, 39–55.

Stietencron, Heinrich von: Der Beitrag der indischen Religionen zu einem Weltethos, in: Zeitschrift für Kulturaustausch 43 (1993) Nr. 1 (Weltethos, Kultur und Entwicklung), 107–115.

Stolz, Fritz (Hrsg.): Religiöse Wahrnehmung der Welt, Zürich 1988.

Suhr, Dieter: Befreiung der Marktwirtschaft vom Kapitalismus. Monetäre Studien zur sozialen, ökonomischen und ökologischen Vernunft, Berlin 1986.

Sundermeier, Theo (Hrsg.): Die Begegnung mit dem Anderen. Plädoyers für eine interkulturelle Hermeneutik, Gütersloh 1991.

Taylor, Charles: Multikulturalismus und die Politik der Anerkennung. Mit Kommentaren von A. Gutmann, S. C. Rockefeller, M. Walzer, S. Wolf und einem Beitrag von J. Habermas, Frankfurt a. M. 1993.

Valentin, Reinerio Arce: Die Schöpfung muß gerettet werden. Aber: Für wen? Die ökologische Krise aus der Perspektive lateinamerikanischer Theologie, in: EvTh 51 (1992) 565–577.

Walzer, Michael: Zivile Gesellschaft und amerikanische Demokratie, Berlin 1992.

Weeber, Karl: Smog über Attika. Umweltverhalten im Altertum, Zürich 1990.

Weizsäcker, Ernst U. von: Erdpolitik. Ökologische Realpolitik an der Schwelle zum Jahrhundert der Umwelt, Darmstadt 1989.

Welsch, Wolfgang: Weisheit in einer Welt der Pluralität, in: W. Oelmüller (Hrsg.): Philosophie und Weisheit, Paderborn u. a. 1989, 214–249.

Wolfinger, Franz: Ein gemeinsames Weltethos?, in: T. Hausmanninger (Hrsg.): Christliche Sozialethik zwischen Moderne und Postmoderne, Paderborn 1993, 171–185.

Wybrow, Cameron: The Bible, Baconianism and Mastery over Nature. The Old Testament and its Modern Misreading, New York u. a. 1991.

Die Autorinnen und Autoren

ULRICH BERNER, geb. 1948, Studium der ev. Theologie, Philosophie, Religionsgeschichte und Indologie, 1974 Promotion und 1980 Habilitation für Allgemeine Religionsgeschichte in Göttingen. Seit 1985 Professor für Religionswissenschaft an der Universität Bayreuth. Veröffentlichungen in den Arbeitsgebieten Europäische Religionsgeschichte; Synkretismus-Problematik; Hermeneutik religiöser Symbole; Methodologische Probleme der Religionswissenschaft; Afrikanische und indische Theologie.

BÉNÉZET BUJO, geb. 1940 in Drodo/Zaire, Studium der Philosophie und Theologie in Zaire und Löwen/Belgien, moraltheologische Promotion (1978) und Habilitation (1983) in Würzburg, danach Professor an der Katholisch-Theologischen Fakultät in Kinshasa/Zaire, Lehrbeauftragter an der Katholisch-Theologischen Fakultät für AME-CEA-Countries in Nairobi. 1985 erster Gastprofessor bei „Theologie Interkulturell" am Fachbereich Katholische Theologie der J. W. Goethe-Universität Frankfurt a. M. Seit 1989 Professor für Moraltheologie an der Universität Fribourg/Schweiz. Veröffentlichungen u. a.: Moralautonomie und Normenfindung bei Thomas von Aquin (1979); Die Begründung des Sittlichen (1984); Afrikanische Theologie in ihrem gesellschaftlichen Kontext (1986; ital. 1988; engl. 1992); African Christian Morality at the Age of Inculturation (1990); Die ethische Dimension der Gemeinschaft. Das afrikanische Modell im Nord-Süd-Dialog (1993).

EDWIN CLAROS-ARISPE, geb. 1952 in Bolivien, Quechua, Studium der Philosophie, Religionswissenschaft und Pädagogik in Petrópolis/Brasilien, 1991 religionswissenschaftliche Promotion in Regensburg. Seit 1992 Professor für Religionswissenschaft und Pädagogik an der Universidad Católica Boliviana in Cochabamba/Bolivien. Sein Forschungsschwerpunkt sind die autochthonen andinen Kulturen und Religionen. Veröffentlichungen in deutscher Sprache: Illapa. Gott und Kult des Blitzes in den Anden Boliviens (Regensburg 1991); Technisches Denken der Andenvölker, in: P. Hünermann (Hrsg.), Technische Rationalität und kultureller Wandel (KAAD, Bonn 1990).

HARALD HOHMANN, geb. 1956, Studium der Rechts- und Politikwissenschaften in Münster und Genf, 1992 in Frankfurt a. M. Promotion zum Dr. jur. mit einer Dissertation über das Vorsorgeprinzip im Umweltvölkerrecht, zur Zeit Habilitand in Frankfurt (Thema: Systematisierung des deutsch-europäischen, amerikanischen und japanischen Außenwirtschaftsrechts). Chair der working group: cross media pollution des Water Resources Committee der International Law Association. Lehrbeauftragter an der European Business School. Forschungsaufenthalte an Universitäten in den USA (Michigan, Berkeley, Washington/D.C.) und Japan (Kobe). Veröffentlichungen zum Umwelt-, Wirtschafts-, Völker-, Europa- und Verfassungsrecht, darunter umfassende Editionen zum Umweltvölkerrecht.

BERNHARD IRRGANG, geb. 1953, Studium der Philosophie, kath. Theologie, Germanistik und Indologie in Würzburg, Passau und München; Promotion in Philosophie (1982) und Theologie (1991), Habilitation in Philosophie in Bamberg (1995). Mitherausgeber der Zeitschrift „Forum für interdisziplinäre Forschung". Seit 1994 Professor für Technikphilosophie an der Technischen Universität Dresden. Arbeitsgebiete: Theorie der Technikgestaltung, Natur und Technik im interkulturellen Vergleich. Zahlreiche Veröffentlichungen u. a.: Skepsis in der Aufklärung (1982); Christliche Umweltethik (1992); Grundriß der medizinischen Ethik (1995); Forschungsethik Molekulargenetik und neue Biotechnologie (1996).

FUAD KANDIL, geb. 1936 in Kairo/Ägypten, Muslim, Studium der Elektrotechnik, Wirtschafts- und Sozialwissenschaften in Darmstadt, Aachen, Köln und Karlsruhe, 1964 Dipl.-Ing., 1974 Promotion zum Dr. rer. pol., 1981 Habilitation für Soziologie der Entwicklungsländer in Karlsruhe. Professor am Interfakultativen Institut für Angewandte Kulturwissenschaft der Universität Karlsruhe. Mitarbeit in der Christlich-Islamischen Gesellschaft Köln und Pforzheim. Veröffentlichungen u. a.: Traditionale Werte im Entwicklungsprozeß (1975); Re-Islamisierung und Entwicklungspolitik (1982); Nativismus in der Dritten Welt (1983).

HANS KESSLER, geb. 1938, Studium der Philosophie, Theologie und Soziologie in Tübingen, Würzburg und Münster, 1969 Promotion zum Dr. theol. in Münster. Seit 1972 Professor für Systematische Theologie am Fachbereich Religionswissenschaften, seit 1987 am Fachbereich Katholische Theologie der Universität Frankfurt a. M. Derzeit Vorsitzender von „Theologie Interkulturell e. V." an diesem Fachbereich, Forschungsaufenthalte in Indien und Taiwan. Veröffentlichungen u. a.: Sucht den Lebenden nicht bei den Toten. Die Auferstehung Jesu Christi in biblischer, fundamentaltheologischer und systematischer Sicht (1985; span. 1989; ital. 1994; erw. Neuausgabe mit Erörterung der aktuellen Kontroversen: 1995); Das Stöhnen der Natur. Plädoyer für eine Schöpfungsspiritualität und Schöpfungsethik (1990); Christologie (1992); Beiträge zu Soteriologie, Eschatologie, Schöpfungstheologie, interkultureller und interreligiöser Dialog.

TIMOTHY YONG-XIANG LIAU, geb. 1946 in Taiwan, Studium der ev. Theologie in Taipei/Taiwan und Indiana/USA, Promotion zum Ph.D. in christlicher Ethik (Die Theorie vom gerechten Krieg bei Mo Tsu) an der Universität von Notre Dame/Indiana. Presbyterianischer Pastor und Professor für Christliche Ethik am Theological College and Seminary sowie am St. John's Mechanical Institute, beide Taipei, sowie am Presbyterian Bible College, Hsin-chu. Zusammen mit Luis Gutheinz S. J. Verfasser einer chinesischen „Theologie der Erde: Ökologische Theologie in chinesisch-christlicher Perspektive" (Taipei 1994); Autor zahlreicher Artikel über christliche Ethik und biblische Theologie, u. a. im neuen chinesischen Theologischen Wörterbuch (Taipei 1995).

WANGARI MUTA MAATHAI, geb. in Kenya, Studium der Veterinärmedizin in den USA (B. Sc. und M. Sc.), in Gießen und München (DAAD-Doktorandenstipendium), 1971 an der Universität Nairobi (in Kooperation mit der veterinärmedizinischen Fakultät der Universität Gießen) als erste Frau zum Ph.D. promoviert. Seit 1973 Professorin für Veterinärmedizin an der Universität Nairobi/Kenya. 1985 für das von ihr initiierte „Green Belt Movement" zur Wiederaufforstung Kenyas mit dem „Alternativen Nobelpreis" ausgezeichnet. Seit 1987 Mitglied des Club of Rome. Sprecherin der Kenyanischen Menschenrechts- und Demokratiebewegung „Forum of the Restitution of Democracy" sowie der Frauen-Umwelt-Organisation ihres Landes, als solche Delegierte bei der UN-Konferenz für Umwelt und Entwicklung in Rio 1992. 1992 Ehrendoktorin der Universität Gießen. Veröffentlichungen u.a.: The Green Belt Movement (1984); The Green Belt Movement: sharing the approach and the experience (1988).

AIKO OGOSHI, geb. 1946 in Kyoto/Japan, Buddhistin, Studium der Religionswissenschaften und Promotion an der Universität Kyoto, Professorin für Religionswissenschaften und Frauenforschung an der Universität Kinki in Osaka/Japan. Ihre Spezialgebiete sind Buddhistische und Feministische Religionswissenschaft. Vielfältige Publikationen in japanischer Sprache, darunter: Frauen im westlichen und östlichen Denken (1985), Sexismus im Buddhismus (1990), Dekonstruktive Analyse des japanischen Buddhismus (1994).

HARUKO KUNIGUNDE OKANO, geb. 1941 in Tokyo/Japan in einer buddhistischen Familie, Studium der Germanistik, Religionswissenschaften und Philosophie in Japan, während ihres Studiums Wende zum Christentum, dann 1965–1975 Studium der Vergleichenden Religionswissenschaft, Katholischen Theologie und Japanologie in Bonn, dort 1975 Promotion in Vergleichender Religionswissenschaft. Tätigkeiten als Übersetzerin und Rundfunkredakteurin in Deutschland, als Deutsch-Lektorin an japanischen Universitäten. Seit 1988 Professorin für Religionswissenschaft, seit 1993 an der Jissen Frauen-Universität in Tokyo. Im WS 1994/95 Gastprofessorin bei „Theologie Interkulturell" am Fachbereich Katholische Theologie der Universität Frankfurt a.M. Viele japanische Veröffentlichungen. Publikationen in deutscher Sprache: Die Stellung der Frau im Shinto. Eine religionsphänomenologische und -soziologische Untersuchung (1975); Universalreligiöser Absolutheitsanspruch mystischer Prägung (1985).

RAIMON PANIKKAR, geb. 1918 in Barcelona als Sohn einer spanischen (katholischen) Mutter und eines indischen (hinduistischen) Vaters, studierte in Spanien, Deutschland, Italien und Indien; Promotionen in Chemie, Theologie und Philosophie. Katholischer Priester, lebte lange Jahre in einem Hindu-Tempel. Lehrte an den Universitäten Madrid, Rom, Cambridge (Engl.) und Harvard sowie Mysore und Varanasi (Indien). Von 1971–1986 (bis zu seiner Emeritierung) Professor für Vergleichende Religionsphilosophie und Geschichte der Religionen an der Universität von Kalifornien, Santa Barbara. U.a. Präsident der Sociedad Española de las Ciencias de las Religiones (Madrid) und des Center for Crosscultural Religious Studies (Santa Barbara/California). Autor zahlreicher Beiträge und Bücher, in deutscher Sprache erschienen u.a.: Rückkehr zum Mythos (1985); Der unbekannte

Christus im Hinduismus (1986); Den Mönch in sich entdecken (1990); Gottes Schweigen: Die Antwort des Buddha für unsere Zeit (1992); Der Dreiklang der Wirklichkeit. Die kosmotheandrische Offenbarung (1995).

HEINER ROETZ, geb. 1950, Studium der Sinologie und Philosophie, Promotion zum Dr. phil. und Habilitation in Sinologie. Privatdozent an der J.W. Goethe-Universität Frankfurt a.M. Verfasser vieler sinologischer und philosophischer Beiträge. Seine Hauptwerke sind: Mensch und Natur im alten China. Zum Subjekt-Objekt-Gegensatz in der klassischen chinesischen Philosophie. Zugleich eine Kritik des Klischees vom chinesischen Universismus (1984); Die chinesische Ethik der Achsenzeit. Eine Rekonstruktion unter dem Aspekt des Durchbruchs zu postkonventionellem Denken (1992, engl. 1993); Konfuzius (1995).

EUGENE D. STOCKTON, geb. 1934 in Australien, Studium der Philosophie, Theologie, Anthropologie und Archäologie in Sydney (D.D. und Ph.D.), Rom (Lic. Sacr. Scr.) und Jerusalem. Archäologische Ausgrabungen und Vermessungen im Nahen Osten („Arabian Cult Stones“) und in Australien. Mitglied u.a. des Australian Institute of Aboriginal Studies/Canberra. 1962–1984 Lehrbeauftragter am Catholic Institute in Sydney, Studentenpfarrer an der Universität Sydney, Gemeindearbeit, zur Zeit in der Seelsorge unter katholischen Ureinwohnern in Riverstone/N.S.W. – Zahlreiche Veröffentlichungen zu Exegese, Biblische Archäologie, Australische und Altorientalische Vorgeschichte, in den letzten Jahren vor allem zur Lage, Kultur und Spiritualität der Ureinwohner, u.a.: Blue Mountains Dreaming: The Aboriginal Heritage (1993); The Aboriginal Gift: Spirituality for a Nation (1995).

MIRIAM ROSE UNGUNMERR, geb. 1950, australische Ureinwohnerin vom Volk der Ngangikurungkurr, ist eine bekannte Künstlerin und spirituelle Führerin ihres Volkes. Sie hat den B.A. (Educ.) erworben und lebt in Naviwu am Daly River im N.T./Australien, verheiratet mit einem Deutschen. Lehrerin und Leiterin einer Katholischen Schule. Viele Kunstgemälde, dazu Veröffentlichungen über die Spiritualität der Ureinwohner.

FELIX WILFRED, geb. 1948 in Indien, Studium der Philosophie und Theologie in Indien und Italien, Promotion in Rom, danach Professor für dogmatische Theologie in Tiruchirapalli, Tamilnadu/Indien. Seit 1993 Professor für systematische Theologie am Department of Christian Studies der staatlichen Universität Madras. 1983–1986 Präsident der Indischen Theologenvereinigung. Mitglied der Beraterkommission der Asiatischen Bischofskonferenz, der Internationalen Theologenkommission des Vatikans (einer von zwei asiatischen Vertretern) sowie des internationalen katholischen Zentrums der UNESCO (Paris). Er war Gastprofessor an den Universitäten von Nijmegen und Münster und wird im WS 1996/97 Gastprofessor bei „Theologie Interkulturell“ am Fachbereich Katholische Theologie der Universität Frankfurt a.M. sein. Veröffentlichungen: The Emergent Church in a New India (1988); Verlaß den Tempel. Antyodaya – indischer Weg zur Befreiung (1988); Sunset in the East? Asian Challenges and Christian Involvement

(1991); From the Dusty Soil. Contextual Reinterpretation of Christianity (1995); zahlreiche Beiträge zu Fragen der kontextuellen Theologie, der Ethik, des interreligiösen Dialogs und einer indischen Befreiungstheologie.

Außerdem werden im Schlußbeitrag des Herausgebers noch folgende Teilnehmer aus anderen Kulturen erwähnt:

Claude Alvares, geb. in Goa/Indien, promovierter Philosoph, Herausgeber der Other India Press, Kurator des Other India Bookstore und Umwelt-Aktivist (Sekretär der Goa Foundation) in Goa/Indien.

Judith Mbula Bahemuka, geb. 1946 in Kenya, Studium der Theologie, Philosophie (M. A.) und Soziologie in Nairobi und New York, Promotion in Soziologie, Professorin für Soziologie und Sozialanthropologie an der Universität Nairobi/Kenya.

Benigno Beltran, geb. 1946 bei Manila/Philippinen, Studium der Elektronik, dann der Philosophie und Theologie in Manila und Rom, Promotion in Theologie, Professor für Dogmatik in Tagatay City/Philippinen und zugleich Pfarrer einer Gemeinde der Müll-Menschen im Tondo-Slum von Manila, im WS 1987/88 Gastprofessor bei „Theologie Interkulturell“ in Frankfurt a. M.

Obiora Ike, geb. 1948 in Nigeria, Studium der Philosophie, Theologie und Sozialwissenschaften, theologische Promotion und Habilitation in Bonn, Professor für Sozialethik an der Theologischen Hochschule in Enugu/Nigeria, Direktor des Catholic Institute for Development, Justice and Peace in Enugu, Vizepräsident der Weltkonferenz der Gefängnisseelsorger.

Louis Mascarenhas, geb. 1933 in Karachi/Pakistan, Franziskaner, Studium der Theologie in Karachi, Münster und Rom (Promotion), dann der Arabistik und Islamwissenschaft in Kairo, Professor für Missionswissenschaften am Theologischen Nationalseminar in Karachi, wohnt in einem muslimischen Stadtteil und arbeitet dort zugleich mit schwerbehinderten muslimischen Kindern und im Jugendstrafvollzug, im WS 1993/94 Gastprofessor bei „Theologie Interkulturell“ in Frankfurt a. M.

Teodoro Max de Mesa, geb. 1944 in Manila/Philippinen, dort Studium der Philosophie (M. A.) und Theologie, erzieherische und organisatorische Tätigkeiten unter Bauern, Slum-Bewohnern und in kirchlichen Gruppen, gegenwärtig Generalsekretär des Philippine Environmental Action Network und Koordinator der Groups for Environmental Ethics and Endeavors.